海外中国研究丛书

——

到中国之外发现中国

Out of the Cloister

Literati Perspectives on Buddhism in Sung China, 960–1279

宋代文人的精神生活

Mark Halperin

［美］何复平 著 叶树勋 单虹泽 译

江苏人民出版社

图书在版编目（CIP）数据

宋代文人的精神生活/（美）何复平著；叶树勋，
单虹泽译. --南京：江苏人民出版社，2025.3.
（海外中国研究丛书/刘东主编）. -- ISBN 978 - 7 - 214
- 29312 - 1

Ⅰ. K820. 44

中国国家版本馆 CIP 数据核字第 2024C3C953 号

江苏省版权局著作权合同登记号：图字 10 - 2014 - 055 号

书　　　　名	宋代文人的精神生活	
著　　　　者	［美］何复平	
译　　　　者	叶树勋　单虹泽	
责 任 编 辑	金书羽	
装 帧 设 计	周伟伟	
责 任 监 制	王　娟	
出 版 发 行	江苏人民出版社	
地　　　　址	南京市湖南路 1 号 A 楼，邮编：210009	
照　　　　排	江苏凤凰制版有限公司	
印　　　　刷	苏州市越洋印刷有限公司	
开　　　　本	652 毫米×960 毫米　1/16	
印　　　　张	25.5　插页 4	
字　　　　数	288 千字	
版　　　　次	2025 年 3 月第 2 版	
印　　　　次	2025 年 3 月第 1 次印刷	
标 准 书 号	ISBN 978 - 7 - 214 - 29312 - 1	
定　　　　价	98.00 元	

（江苏人民出版社图书凡印装错误可向承印厂调换）

序"海外中国研究丛书"

中国曾经遗忘过世界，但世界却并未因此而遗忘中国。令人嗟呀的是，20世纪60年代以后，就在中国越来越闭锁的同时，世界各国的中国研究却得到了越来越富于成果的发展。而到了中国门户重开的今天，这种发展就把国内学界逼到了如此的窘境：我们不仅必须放眼海外去认识世界，还必须放眼海外来重新认识中国；不仅必须向国内读者移译海外的西学，还必须向他们系统地介绍海外的中学。

这套书不可避免地会加深我们150年以来一直怀有的危机感和失落感，因为单是它的学术水准也足以提醒我们，中国文明在现时代所面对的决不再是某个粗蛮不文的、很快就将被自己同化的、马背上的战胜者，而是一个高度发展了的、必将对自己的根本价值取向大大触动的文明。可正因为这样，借别人的眼光去获得自知之明，又正是摆在我们面前的紧迫历史使命，因为只要不跳出自家的文化圈子去透过强烈的反差反观自身,中华文明就找不到进入其现代形态的入口。

当然,既是本着这样的目的,我们就不能只从各家学说中筛选那些我们可以或者乐于接受的东西,否则我们的"筛子"本身就可能使读者失去选择、挑剔和批判的广阔天地。我们的译介毕竟还只是初步的尝试,我们所努力去做的,毕竟也只是和读者一起去反复思索这些奉献给大家的东西。

刘　东

1988 年秋于北京西八间房

目　录

致　谢

　　就好像一座寺院得以重建一样,这部书的写成也应归功于许多提供帮助的人。首先我要感谢的是由姜士彬(David Johnson)、魏斐德(Frederic Wakeman)和奚如谷(Stephen West)等人组成的论文答辩委员会,在材料分析和学术写作上,他们对我教益良多。这项研究始于日本,起初我关注的问题有所不同,在那里我得到了众多学人的帮助和鼓励,包括岸本美绪、斯波义信、王瑞来、小岛毅、渡边广义、安野诚一、石川茂雄等诸位先生。研究期间,我也受惠于加州大学伯克利分校的同窗学友,包括卡尔顿·本森(Carlton Benson)、葛思珊(Susan Glosser)、乔舒亚·霍华德(Joshua Howard)、徐元音(Madeline Hsu)、基思·克纳普(Keith Knapp)、麦瑞怡(Karin Myhre)、克里斯·里德(Chris Reed)、史瀚波(Brett Sheehan)、夏颂(Patricia Sieber)、魏定熙(Tim Weston)、米本玛西亚(Marcia Yonemoto)等人。此外,俄亥俄州立大学的安雅兰(Julia Andrews)、邓腾克(Kirk Denton)、林德赛·琼斯(Lindsay

Jones）和加州大学戴维斯分校的罗伯特·博根（Robert Borgen）、张家宁（Chia-ning Chang）、奚密（Michelle Yeh）等诸位师友，也提供了很多帮助。

研究宋史的一大乐处是可以和众多学识丰富而乐于助人的学者一起工作。我很感激几位宋史专家，他们在过去几年里对拙著提出了很多指正意见，其间包括包弼德（Peter Bol）、阿里·博雷利（Ari Borrell）、爱德华·戴维斯（Edward Davis）、韩森（Valerie Hansen）、韩明士（Robert Hymes）、宁爱莲（Ellen Neskar）等人。我还要感谢几位宗教学专家和佛教研究专家，如格里菲斯·福克（Griffith Foulk）、詹密罗（Robert Gimello）、黎惠伦（Whalen Lai）、雷夫琳（Miriam Levering）、谢定华（Ding-hwa Hsieh）、黄敏枝（Min-chih Huang）、莫舒特（Morten Schlütter）、罗伯特·沙夫（Robert Sharf）、丹·史蒂文森（Dan Stevenson）等人，他们的作品以及他们对本项研究的回应，使我确信并非所有情况都能在唐代发现。此外，我还要感谢巴瑞特（Timothy Barrett）、詹姆斯·本恩（James Benn）、柯嘉豪（John Kieschnick）、麦大维（David McMullen）等人，在唐朝灭亡以后即公元 907 年之后的一些重要问题上，他们的研究给我很大的启发。

有几位学者对本书提出了细致且必要的批评意见。柏文莉（Beverly Bossler）多次追问隐藏在碑铭之后的主线是什么。包筠雅（Cynthia Brokaw），一位非常认真负责的学者，很有针对性地指出了一些需要继续思考的地方。周绍明（Joseph McDermott）则向我推荐了非常有用的研究工具，促使我思考本项研究如何获得一个更广阔的视野，并且他也一直在鼓励我克服研究上的一些困难。对于那些在百忙之中帮忙校读文稿的学友，我也心存感激,他们的意见使此书水平得到很大的提高,当然,对于此书的缺陷本人将负全部责任。

这项研究的很多工作在加州大学伯克利分校东亚图书馆里面开展。其间,托马斯·黑文斯(Thomas Havens)、布鲁斯·威廉姆斯(Bruce Williams)以及卡尔·斯林卡德(Karl Slinkard)等人提供了许多帮助。我还要感谢日本东洋文库、静嘉堂文库、内阁文库等处的工作人员,当我希望在那些地方花比较多的时间来开展研究时,他们让我可以专项使用课题的相关资料。这项研究受到俄亥俄州立大学种子基金以及蒋经国国际学术交流基金的资助。本书第三章的部分内容曾在《亚洲学刊》(*Asia Major*)发表,感谢该刊同意我在此书中加以使用。

最后,要感谢晓梅(Xiaomei),此书要探访的东西和现在相离甚远,且研究过程耗时良多,但晓梅给予了很大的包容。还要感谢米里亚姆(Miriam),她对日本寺庙佛像的自发的敬畏之心,使我相信佛教对 21 世纪的孩子仍有很大的吸引力。

何复平

引　言　信仰、碑铭与黄庭坚的去世

黄庭坚去世于公元 1105 年农历九月三十日，享年六十岁。同时代的文人以及后世的学者都尊他为北宋时期（960—1127）最伟大的诗人和书法家之一。不过，黄庭坚的去世却不是一件很体面的事情，他是死于被贬的途中——毒瘴之地宜州，此处大概在今天广西境内。黄庭坚是王安石变法的反对者，在新党重新当权以后，他遭到了新党的报复，成为变法的牺牲品。与此同时，女真族则在今天的河北省和东北地区建立了金朝（1115—1234），并将他们的势力延伸到黄河流域。因此，后来南宋（1127—1279）的文人都将黄庭坚视作殉道者。①

黄庭坚之所以被贬，并不是因为个人腐败或提出了令人反感的政治主张，而是因为他在一篇文章里批评朝政。这篇文章写于 1102 年，是为江陵某寺院的佛塔重建所撰。在此之前（1095 年），他曾在该寺住过一段时间，该寺的住持请他写一篇碑文，他欣然应许。他的文集类似于其他宋代学者的文集，包含了很多与佛教相关的作品，诸如高僧大德的墓志铭、僧人诗文的序

---

① 这些文人学者主要有范公偁（12 世纪晚期在世）、袁文、洪迈、王明清、杨万里、朱熹、楼钥、魏了翁、岳珂，等等。详参傅璇琮编著：《黄庭坚和江西诗派卷》，第 81—82、97—98、100—101、122—123、126、129—130、144—145、156—157 页。（注释中所引专著的出版信息从略，读者可参阅书后的参考文献。——译者注）

跋、有关佛寺的记文,等等。在日常生活中黄庭坚以居士自处,常与各地僧人交游。① 在那篇为江陵某寺院所写的碑文里,为了更能体现江陵地区的文化底蕴,他以当地的历史开篇,而在最后则是以寺院住持的功德收尾。

在此文中,黄庭坚的一些评论触怒了某些人。该寺的一处佛塔原是为了纪念唐代的僧伽大师,这位高僧在宋代很受尊崇。② 僧伽大师的声望以及当地人对重修佛塔的期待,促使黄庭坚在文章中联想到佛教和文人的关系,以及寺院繁荣和国家昌盛之间的关系:

僧伽本起于盱眙,③于今宝祠遍天下,其道化乃溢于异域,何哉? 岂释氏所谓愿力普及者乎?

儒者常论一佛寺之费,盖中民万家之产,实生民谷帛之蠹,虽余亦谓之然。然自余省事以来,观天下财力屈竭之端,国家无大军旅勤民丁赋之政,则蝗旱水溢,或疾疫连数十州。此盖生人之共业,盈虚有数,非人力所能胜者耶?

然天下之善人少,不善人常多。王者之刑赏以治其外,佛者之祸福以治其内,则于世教岂小补哉! 而儒

———————————

① 时人认为黄庭坚前世是位女子,由于她对《法华经》的虔诚,今世投生为男子,并获得很高的声望。参见丁傅靖编:《宋人轶事汇编》,第593页。

② 僧伽大师是唐代的一位高僧。他去世以后,遗体被风干涂漆,保存了起来,是最早接受这种待遇的中国僧人之一。关于这种做法的寓意,参见佛尔(Bernard Faure)《顿之修辞:禅宗的文化批判》(*The Rhetoric of Immediacy:A Cultural Critique of Chan/Zen Buddhism*),第148—178页。人们对僧伽大师的崇信显然持续到了宋代,苏轼在1092年担任扬州知州的时候,曾向僧伽大师祈雨,以解除当时淮南地区的旱灾和饥荒。详见苏轼《祈雨僧伽塔祝文》,《苏轼文集》,第1926页。

③ 盱眙是今天江苏省的一个县。

者尝欲合而轧之,是真何理哉![1]

这里的评论其实并没有直接让黄庭坚处于不利的位置。据他的孙子说,当时有些官员请求黄庭坚将他们的名字加入碑文,但黄庭坚拒绝了。[2] 这些官员为了泄愤,便将碑文的拓本交给了黄庭坚的政敌赵挺之。赵挺之认为黄庭坚在此文中以灾害影射变法,遂以"幸灾谤国"之罪将他贬到偏远的广西,而黄庭坚最终也客死在那湿热之地。

　　这篇碑文及其导致的严重后果,引出了一系列值得探讨的问题。为什么黄庭坚要通过这件本与政治无关的事情来议论朝政?佛教场所是否以某种特殊的方式让黄庭坚获得了公开指责当权者的空间?为什么其他人会希望他们的名字也被记入碑文?也许,他们是希望和这位声望甚隆的人物扯上点关系,借以提高自己的名声,虽然人们对这个人物的评价还存有争议。此外,他们对此事表现得积极,也可能和宗教方面的动机有关。或许他们觉得,参与佛塔重修是一件行善积德之事,这将使他们获得善果。若是如此,那他们后来为什么又去"告发"黄庭坚,让他获罪而被贬?对于这些问题,在现今掌握的材料中只能获得一些不甚完整的回答。不过,这一事件至少反映出在宋代文官的生活中那些非政治的场合是如何被政治化的。

　　问题的复杂性还不止于此。为什么黄庭坚在文章中要提到他以前也认为佛教建筑劳民伤财?这一话语是否应该被理

————

① 黄庭坚:《江陵府承天禅院塔记》,《黄庭坚全集》,第 1488—1489 页。本书的英译若引自他人作品,将会随文说明,除此以外皆为作者本人翻译。
② 杨希闵:《黄文节公年谱》,《十五家年谱丛书》,第 18 页下—19 页上。这些官员包括新法的拥护者陈举、李植和林虞。另外,石碑的出资者马瑊后来也死于流放中。

解成他在以前也是基于儒者的立场排斥佛教？黄庭坚声称，经过了怀疑和思考之后，他已经抛弃了以前的反佛观念。那么，这种情况在当时的文人身上是否普遍存在呢？莫非黄庭坚是自己设计出一个假想敌，以此来凸显他的高见？更进一步来说，他为什么将对手定位为儒者，而不是一般的士大夫呢？为什么他不将自己也视作儒者呢？[①] 也许在他看来，儒者往往都是反佛的，就好像程颢、程颐兄弟，他们努力捍卫儒家的信念，对于佛教则持排斥的态度。除开上述的情况，这一事件也反映出当时士大夫对佛教的态度是很复杂微妙的。如同包弼德（Peter K. Bol）和田浩（Hoyt C. Tillman）所揭示的那样，围绕思想遗产的广泛争论其实反映了士大夫心灵的多重面向。[②] 当我们考察同一社会阶层围绕佛教问题的论争时，将会看到其间的价值取向是多种多样的。

黄庭坚的文章还反映出佛寺地位的复杂性。在当时，文人学者给寺院写碑文是很普遍的现象，从这些文章可以看到，作者们对佛教的态度纷杂多样。唐代文人给佛寺写碑文，基本上是出于虔诚，而宋代的作者则表现出更加复杂的考虑。在黄氏的文章中，那座佛塔不仅是一个宗教场所，同时还是一个政治符号、社会制度的一种表现以及当地文化的一个标志，原来的单一视角已经被多重视角所取代。佛教场所的意义开始变得多样，这是否意味着信仰的虔诚度已有所降低呢？也许，只有当宗教

---

① 黄庭坚在其作品中往往是将自己和儒者区别开来。关于这方面的情况，可参包弼德（Peter K. Bol）：《中国 11 世纪的文与道》（"Culture and the Way in Eleventh Century China"），普林斯顿大学博士学位论文，第 489—558 页，尤其是第 524 页。

② 包弼德（Peter K. Bol）：《斯文——唐宋思想的转型》（"This Culture of Ours": Intellectual Transitions in T'ang and Sung China）；田浩（Hoyt C. Tillman）：《儒家话语与朱子学说的主流化》（Confucian Discourse and Chu Hsi's Ascendancy）。

信仰被认为必然是某种单纯的努力时,它才会和纯世俗的领域明确区分开来。这种截然二分的视域,曾被用来解释西方自工业革命以来的思想转型。在研究中国历史上的宗教问题时,这种视域同样很流行。然而,接下来我们将会看到,宋代的文人学士对待佛教是一种很微妙的态度,这种态度也许可以被概括为"俗世的虔诚"(worldly devotion)。① 从字面上看,这一语词似乎是自相矛盾的,因为传统的二分法已在宗教和世俗之间画上了泾渭分明的界线。② 不过,如果我们采用的是"俗世的"(worldly)的宽泛之义,那么这一术语也许能够反映当时那些文人所具有的复杂微妙的、虔诚而又不乏通达的佛教观。

我们将这一术语运用到宋代,并不是说此前的文人对佛教都是采取一种单纯的态度,只拥有超世俗的信仰。实际上他们并非如此,正如当时许多文集所反映的那样。只是,那种在宋代文人作品中所看到的微妙复杂的佛教观,在六朝和唐代的文章中表现得没有那么显著。接下来还会谈到,文人佛教观的变化其实是诸多历史情况变化的综合性结果,包括佛教内部各个宗派的形成及其复杂的关系,还有文人士大夫和各个宗派的关系,

---

① 《宗教百科全书》(*Encyclopedia of Religion*)对"虔诚"(devotion)一词的解释是:"在宗教的领域里,'虔诚'意味着热情、依恋、忠诚、奉献、崇信、敬畏、专注、尽责,或者意味着对某个对象、某个人的一种爱,又或者意味着一种庄严的、圣洁的、可贵的神性,此外,'虔诚'也可能指一种行动,比如崇拜、祈祷和起誓。"接下来,在同一个条目中编者进一步解释为:"(a)人们对'虔诚'的对象持崇拜和敬畏的态度;(b)虔诚者坚信所崇拜的对象是真实存在的;(c)'虔诚'以专心致志为特点。"详见伊利亚德(Mircea Eliade)编:《宗教百科全书》(*Encyclopedia of Religion*),第 4 册,第 321—326 页。

② 《牛津英语词典》(*Oxford English Dictionary*)对"俗世的"(worldly)的解释反映了这一点。详见《新版简短牛津英语词典》(*The New Shorter Oxford English Dictionary*),第 2 册,第 3721 页。不过,《美国传统辞典》(*American Heritage Dictionary*)对此词则提供了两种定义。详见《美国传统辞典》大学第二版(*The American Heritage Dictionary: Second College Edition*),第 1391 页。

等等,而这些变化可以说都是唐宋思想转型的重要方面。

到了宋代,佛教的根基已经深深扎入中国文化的土壤,最明显的表现莫过于无所不在的佛寺了。本书将要考察的重点是,宋代的文人学士如何看待作为佛教中心符号的寺院。围绕佛教的学说、教义以及佛教的制度、建筑等一系列的问题,大家更关心的往往是前者。虽然柯嘉豪(John Kieschnick)的近作已经在留意后者,①但总的来说,研究者仍然很少关注中国人如何接受佛教在物质方面的影响。

长期以来,历史研究者更关注的是,当时一些文人对佛寺的大量修建是如何反感。但在另一方面,佛教的诸类建筑也向人们提供了一场视觉的盛宴,此等情况同样值得关注。黄庭坚的评论"于今宝祠遍天下",反映出在当时佛教带着它的仪轨,还有那些身穿长袍的僧侣,以及遍地的塑像和宝塔、钟声和檀香,已经成为对世人具有普遍影响的一种宗教,甚至于有超过本土儒教和道教的趋势。佛教的这些特征让中国人在很多时候都把它视为一种"像教"。正如我们在那些有关佛教建筑的作品中所看到的,很多情况下世人对佛教教义和修行其实兴趣不高。与此同时,以黄庭坚为代表的文人们也不仅仅留意那些佛教建筑何等华丽,此外他们还关注,这些华丽的建筑和世人的日常生活如何结合起来。在此情况下,他们将佛教的信仰带出了寺院,带进了世俗生活当中。

有关寺院建筑的各种"记",常常出现于地方志、地域性文集、碑铭文集和个人文集等各类文献中。当时的各种佛寺,包括

---

① 柯嘉豪(John Kieschnick):《佛教对中国物质文化的影响》(*The Impact of Buddhism on Chinese Material Culture*)。

位处京都的大寺院,遍布各地的名山名刹,还有那些地处偏远的小寺院,都会时不时地修建一些具有纪念性的建筑物,这也就成了上述诸类作品中那些"记"的一项重要内容。对于各种"记",社会史和经济史的研究者已经在关注,他们由此了解当时佛寺的财产状况,尤其是所受捐助的情况;而那些撰写人物传记的作者们,则是通过这些文章来考察名士和僧人的交往关系;还有宗教学方面的研究者,主要是围绕这些文章来研究寺院的活动和僧人的生活。然而,这些研究者往往是从各自的角度出发,一般不会将上述的几个方面结合一起以作系统考察。此外,值得注意的是,比起那些为佛经所写的序、为僧人所题的词,文人们为寺院建筑所写的"记"要多得多。后者的数量远非前者可比拟,并且,在内容上若总括来看的话,可以说这些"记"集中反映了当时的文人学士是如何看待佛教的。因是之故,本书的研究将不涉及佛教的教义和戒律,而是关注它的物质性一面,尤其是寺院的各种建筑及其周边的环境情况。在接下来的叙述中将会看到,那些记文的作者们对寺院的记述并没有固定的套路,而是表现出明显的多样化取向。

唐宋之变

黄庭坚生活在唐宋转型接近尾声的那段时期。从公元前221年秦王朝一统天下,一直到19世纪西方工业文明的传入,在这两千年的历史长河里,没有一段时期像晚唐到北宋中期(公元9—11世纪)那样出现巨大的社会变化。这段时期里,中国的人口数量增长了一倍,并且出现了从北到南的大规模的人口流动; *6* 新的农耕技术大大提高了农业生产率;城市开始繁荣起来,商业也大有发展,各地的市场和新的金融机构,还有纸币,都在全国范围内不断兴起。早期帝国的时代,或者说中古时期已渐趋终结,一个新的晚期帝国的时代已然来临。① 伴随着经济方面的变化,科举制度也日趋成熟,一种新的精英文化逐渐形成。这种选官方式在汉代(公元前206—公元220)已有了雏形,在唐代取得了比较大的突破,而到了宋代则成为一项普遍应用的制度。② 在北宋初期,几个世纪以来的割据混战局面已经结束,各地文化精英与中央政府的联系变得更加密切,政府官员大多数是通过科举获得他们的官职。③ 在当时,科举考试的形势是非常严峻的,一方面是通过的比例很低,这意味着会有很多的应试者名落孙

---

① 关于以上情况的概述,参见郝若贝(Robert M. Hartwell):《750—1550年期间中国的人口、政治与社会转型》("Demographic, Political, and Social Transformations of China, 750—1550"),《哈佛亚洲研究学报》(*Harvard Journal of Asiatic Studies*),1982年第42卷,第365—442页。有关经济史方面的情况,可参斯波义信的研究,他的相关文章被收入《宋代商业史研究》《宋代江南经济史的研究》,前一部著作在伊懋可(Mark Elvin)所翻译的《中国宋代的商业与社会》(*Commerce and Society in Sung China*)一书中有摘要。关于宋代乡村秩序的综述,参见葛平德(Peter J. Golas):《中国宋代的农村》("Rural China in the Song"),《亚洲研究学报》(*Journal of Asian Studies*),1980年第39卷第2期,第291—325页;周绍明(Joseph P. McDermott):《绘制空白的空间和有争议的地区》("Charting Blank Spaces and Disputed Regions"),《亚洲研究学报》(*Journal of Asian Studies*),1984年第44卷第1期,第13—41页。关于城市的变化,参见加藤繁:《中國經濟史考證》,第263—307、308—338页;谢和耐(Jacques Gernet):《蒙元入侵前夜的中国日常生活(1250—1276)》(*Daily Life in China on the Eve of the Mongol Invasion*,1250—1276)。
② 贾志扬(John Chaffee)在其书中曾提到,崔瑞德(Denis Twitchett)认为唐代官员中有15%到16%是通过科举考试获得官职,但孙国栋认为这个比例更低,只有6%左右。见贾志扬:《棘闱:宋代科举与社会》(*The Thorny Gates of Learning in Sung China:A Social History of Examinations*),第214页。
③ 政府通常是录用那些通过了科举考试的登科者,或是录用那些虽然屡考屡败但在这一过程中仍然很坚持的人,这种坚持让他们赢得了与登科者相当的效果。贾志扬在他的书中提到,在宋代越来越多的政府职位会任用那些在优惠配额下通过特殊考试的人,或是任用官员贵族的后代,这是祖荫特权的漏洞。(转下页)

山，另一方面，即便是通过考试的考生，也不一定能获得官职，因为登科者的数量远远超过了政府职位的数量。然而，这种考试制度仍然得到了读书人的普遍承认，尽管他们面临很大的困难，但报考者的数量仍然与日俱增。对于读书人来说，通过这一考试就意味着他们的精英地位得到了确认。①

这种考试制度的形成，加之经济方面的一些变化，导致一种新的文人士大夫群体的出现。不像在唐代，人们的社会地位往往有赖于家庭出身，在宋代人们的社会地位还有政治权力，则主要来源于他们自身的学识。士子们经过自己的多年努力，最终通过科举考试，便能够获得相应的地位。在此过程中，他们所学的知识都是建立在儒家经典的基础上。② 为数众多的士人都投入到这一机制当中，因而关于重振儒家传统的意识在此过程中也渐渐兴起，不管是在国家行政方面，还是在个人生活方面。传统的儒家经典在宋代思想家的重新解释下，获得了新的意义和价值。③ 但是，他们在很多关键的问题上却没有取得共识，诸如

（接上页）到了公元 1213 年，有 39.3％的政府官员和为数一半的军官通过这类途径获得他们的职位。参见贾志扬：《棘闱：宋代科举与社会》(*The Thorny Gates of Learning in Sung China：A Social History of Examinations*)，第 23—30、95—115 页。

① 参见包弼德(Peter K. Bol)：《宋代科举与士》("The Sung Examination System and the *Shih*")，《亚洲学刊》(*Asia Major*)，1990 年第 3 卷第 2 期，第 149—171 页。

② 这些儒家经典主要是五经和四书，前者包括《尚书》《诗经》《周易》《春秋》《礼己》，后者包括《论语》《孟子》《中庸》《大学》。其他重要的儒家经典还有《周礼》《尔雅》(一部词源学作品)、《孝经》(关于孝德的初级读本)。

③ 有很多论著涉及这方面的情况。关于此情况的简介，可参见陈荣捷：(Wing-tsit Chan)《中国哲学文献选编》(*A Source Book in Chinese Philosophy*)，第 460—653 页；狄培理(Wm. Theodore de Bary)编：《中国传统文化资料选编》(*Sources of Chinese Tradition*)，第 452—513 页。关于个别作品和思想家的讨论，可参见范佐仁(Steven Van Zoeren)：《诗与人格：中国传统经解与阐释学》（转下页）

为学的方法、治国的方式、有关中国文化史的看法、个人的修养以及宗教活动,等等。宋代灭亡以后,元代(1279—1368)的统治者将朱熹的经典注解奉为科举考试中的标准解释,这些问题也就在官方层面取得了统一的结论。[①]

唐宋之变中的佛教

在这段历史里,佛教的角色似乎充其量也只是儒学复兴运动的一个陪衬而已。儒者们在尝试建构一种具有形而上学根基的儒家世界观时,每每会公开批评佛教。在这场儒学复兴运动中,那些最有影响的思想家都曾公开地指责过佛教,包括欧阳修、程颐、朱熹等人。欧阳修认为,佛教已经严重损害了传统习俗,导致中国人忘却了那些源远流长的曾经指导世人生活的古老准则。程颐和朱熹则不去争论这个问题,他们把批判的对象对准佛教的本体论(Ontology)。在他们看来,佛教当中万法皆空的观念导致了一种严重的虚无主义,此等观念否认了这个世界的真实存在,和儒家对世界真实性的肯定、对现世价值的

(接上页)(*Poetry and Personality:Reading,Exegesis,and Hermeneutics in Traditional China*),第151—249页;苏德恺(Kidder Jr. Smith)等编:《宋代对〈易经〉的应用》(*Sung Dynasty Uses of the* I Ching);刘子健(James T. C. Liu):《欧阳修:11世纪的新儒家》(*Ou-yang Hsiu:An Eleventh-Century Neo-Confucianist*),第85—99页;葛瑞汉(A. C. Graham):《两位中国哲学家:程明道与程伊川》(*Two Chinese Philosophers:Cheng Ming-tao and Cheng Yi-chuan*)。

① 学界有一种观点很强调朱熹思想得以成为正统的政治因素,参见刘子健(James T. C. Liu):《一个新儒家学派何以成为官方正统?》("How Did a Neo-Confucian School Become the State Orthodoxy?"),《东西方哲学》(*Philosophy East and West*)1973年第23卷,第483—505页。《中国转向内在:两宋之际的文化转向》(*China Turning Inward:Intellectual-Political Changes in the Early Twelfth Century*)。

肯定截然相反,在道德上是极不负责任的。①

　　在很多人看来,这些思想家的态度是中国思想史的一个转折点,然而在另一方面,他们又从被视作对手的佛教那里吸收养分。这场运动将关注点投向了形而上学的问题、道统的问题、精神修炼的工夫以及书院的推广,这些情况在不同程度上都有佛教的影响在其间。关于佛教对儒家的影响,以及两家的同异之处,学界已有很丰富的研究。② 一般来说,大家都认为在这场儒学复兴运动中,佛教扮演了一种不被当时人所承认的潜在的角色。

　　长期以来,我们都认为佛教在宋代历史上扮演了上述的角色,除此以外似乎并无其他。某种程度上,这种观点立足于这样的一个假设:这场运动的领导人物就是这个时代的代表人物。与此同时,这种观点也是源于长期以来的汉学研究和佛教研究各自为政的形势,前者从儒家思想出发,而后者则取径于佛教。实际上,此中有很多重要的情况值得注意,尤其是那些跨越上述领域的话题,更需要我们加以重视。思想史研究者多是关注某个时期能够成为重点的学说体系,这种偏好使他们聚焦于 6 世纪到 8 世纪逐渐形成的天台宗、华严宗、法相宗、密宗、禅宗,从而将唐代的思想文化贴上“佛教”的标签。与之类

---

① 参见陈荣捷(Wing-tist Chan):《中国哲学文献选编》(*A Source Book in Chinese Philosophy*),第 646—653 页。

② 参见常盘大定:《支那に於ける仏教と儒教道教》。近年来对儒佛两家进行比较研究的著作有万安玲(Linda Walton):《中国南宋的书院与社会》(*Academies and Society in Southern Sung China*);魏伟森(Thomas Wilson):《道统——晚期中华帝国儒家传统的建构与运用》(*Genealogy of the Way：The Construction and Uses of the Confucian Tradition in Late Imperial China*)。此外,涉及这种比较的还有荒木见悟:《宋元时代の佛教道教に関する研究回顾》,《久留米大学比較文学研究所紀要》1987 年第 1 期,第 87—96 页。

8 似地,他们对宋代的关注点则是其间被视作新儒家思想之代表的"理学"和"心学"。似乎有很多的证据可以用来确认这样的思想史版图,例如排佛运动的日益盛行。因此,佛教在宋代似乎成了一种过时失效的力量——没有出现新的宗派、没有产生新的教义,唯一能够说明它还存在的迹象,是各个宗派纷纷记载先祖的历史和曾经的辉煌。总言之,思想史研究容易走向标签化,即针对一个时期的知识学问、宗教信仰、思想文化等种种情况,整体上给贴上标签,并且通常只有一个标签。

不过,近来的一些研究已开始对这种方式作出调整了。例如麦大维(David McMullen)的著作,便将关注点放在了唐代的经学发展。[①] 而在另一处,中国方面的佛教学者也开始重视佛教在宋代的文化意义。可以确定的是,佛教在这一时期的影响并没有被完全忽视,这尤其要感谢日本学者的努力。[②] 在近期召开的一个学术研讨会上,甚至还出现了这样的观点:"如果要在中国历史上找一个足以称之为中国佛教'黄金时代'的时期,那么宋代可以说是最适合的。"[③]

在唐宋之变的过程中,佛教也经历了一系列的变化。比起唐代,宋代佛教表现出很多明显不同的地方。在这一系列的变化中,头等重要的事情应该是禅宗的兴起,这一宗派后来在中国

① 参见麦大维(David McMullen):《唐代中国的国家与学者》(*State and Scholars in T'ang China*)。
② 其间比较重要的研究著作有高雄義堅:《宋代仏教史の研究》;鈴木中正:《宋代仏教結社の研究》;阿部肇一:《中國禪宗史の研究》;牧田諦亮:《中国仏教史研究》;黄启江:《北宋佛教史论稿》。
③ 格雷戈里(Peter N. Gregory):《宋代佛教的生命力》("The Vitality of Buddhism in the Sung"),收入格雷戈里(Peter N. Gregory)、盖茨(Daniel A. Getz Jr.)合编:《宋代佛教》(*Buddhism in the Sung*),第2页。

佛教中一直居于主导的地位。[1]　一般情况下，大家都将禅宗的确立追溯到晚唐时期。在 840—950 年间，北方的佛教逐渐衰落，而禅宗以南方为中心，且其对寺庙和经文的依赖性更低，因而比起其他教派更容易得到恢复。让禅宗倍感自豪的是，其他教派的传承谱系都有不同程度的中断，而禅宗的历史从创立者到当代宗主，从未有过间断。从宋代开始，禅宗又分化出五个相对独立的教派，但对于禅宗法统的连续性，各个教派基本上都予以信奉。

可以说，禅宗打破了佛教原有的一些传统，诸如经文研习、寺院戒律、宗教仪式以及渐悟修行，等等。在早期中国佛教中，佛教内部的辩论并不多见，而到了宋代，内部的辩论则明显多了起来，这在很大程度上改变着中国佛教的景象。其他的教派纷纷指责禅宗，一些文人学士也参与其间，他们认为禅宗改变了佛教本来的宗旨，对经文研习和仪轨修行的轻视会带来很多的弊端，并且禅宗所宣称的法统，以及它对教义的极端简化，其实是一种虚张声势的反传统主义。正如同它吸引其他教派那样，禅宗也受到了官府以及各地士绅的关注和捐助。虽然近来有些研究怀疑禅宗作为一个教派的独特性，[2]但在当时大多数文人都接受了禅宗所

---

[1]　福克(T. Griffith Foulk)认为，禅宗作为一个教派到了宋代才形成。据其考察，禅宗到了宋代，主要的努力并不是放在教派史的记录，而是放在了建构它作为一个教派的正当性。见福克(T. Griffith Foulk)：《宋代禅宗的神话、仪轨与寺院修行》("Myth, Ritual, and Monastic Practice in Sung Ch'an Buddhism")，收入伊沛霞(Patricia B. Ebrey)、格雷戈里(Peter N. Gregory)合编：《中国唐宋时期的宗教与社会》(Religion and Society in T'ang and Sung China)，第 147—208 页。

[2]　参见伊沛霞(Patricia B. Ebrey)、格雷戈里(Peter N. Gregory)合编：《中国唐宋时期的宗教与社会》(Religion and Society in T'ang and Sung China)，以及佛尔(Bernard Faure)：《顿之修辞：禅宗的文化批判》(The Rhetoric of Immediacy: A Cultural Critique of Chan/Zen Buddhism)。总要来看，在此二书所考察的禅宗言论中，涉及具体修行方面的内容比较少，而有意将禅宗和其他教派区分开来的内容则比较多，后一种言论是为了赢得声望，吸引更多的信徒，同时也是（转下页）

具有的,同时也是其批评者所指责的那些独特品质。总言之,禅宗的出现大大改变了中国佛教(包括出家人和居士)的面貌。

　　另一个重要的变化是佛教与政府的联系在不断加强。北宋皇帝都很支持佛教,他们发起了修建寺院、翻译经文、印刷佛典等一系列的活动,此外,他们还将佛教寺院区分为公(十方庙)、私(子孙庙)两类。子孙庙的住持是由寺院内部自行选出,而十方庙的住持则主要是由当地行政长官任命,其来源更加广泛。后一种寺院往往规模更大、更为富有,也更便于政府管理。一类寺院如果要转为另一类,需要经过政府的批准。① 但凡这些措施,都反映出当时政府对佛教活动的介入程度。起初,宋代统治者严格控制着僧众数量的发展,但后来又放松了限制,到 11 世纪晚期,政府官员常常是通过出售度牒来筹集赈灾资金。② 在 12 世纪初,出台了一个有关度牒的控制令,这对于当时的佛教活动而言,并没有产生太大的影响,不过,到了南宋期间影响就比较大了。在 1142 年到 1161 年间,政府有效地控制了新度牒的发放。

　　除此以外,政府也开始对寺院施行新的税收政策,这些措施一直被执行到南宋灭亡的时候,导致不同地区的寺院出现了很大的差异,尤其是在那些受国家赞助的、免税的大寺院和那些未享受优

（接上页）为了从政府和社会精英那里获得更多的关注和赞助。

① 参见福克(T. Griffith Foulk)：《宋代禅宗的神话、仪轨与寺院修行》("Myth, Ritual, and Monastic Practice in Sung Ch'an Buddhism")，收入伊沛霞(Patricia B. Ebrey)、格雷戈里(Peter N. Gregory)合编：《中国唐宋时期的宗教与社会》(Religion and Society in T'ang and Sung China)，第 147—208 页；高雄義堅：《宋代仏教史の研究》，第 60—69 页。

② 学者们已留意到这种政策牵涉到很大的利益,但它对僧人的影响尚不清楚。参见高雄義堅：《宋代仏教史の研究》，第 13—33 页；塚本善隆：《宋の財政難と仏教》，第 1—43 页；竺沙雅章：《中國佛教社會史研究》，第 17—82 页。

惠政策的、散布于全国各地的小寺院之间。在京都及其周边的富庶地区，也就是今天的苏南和浙北一带，佛教活动得以继续兴盛发展。① 但是，在曾经一度是佛教中心的福建，情况却每况愈下，② 10 到了13世纪，中国南部许多小寺院都面临着经济上的危机。

　　然而，寺院所面临的这些困境并没有阻止佛教的发展，反而可以促使更多的人在家修行，这种影响在整个宋代都有。特别是天台宗，让在家修持变得更加流行，尤其是在江南地区，僧人们开始修改戒律仪轨，以适应在家修行者的需要。③ 在家修行的流行也和净土宗的兴起密切相关，这一教派对不同阶层的人都有比较大的吸引力。④ 此外，观音信仰在民间也非常流行，人们用女性形象取代了之前的男性形象，并为她绘就了基本的外形轮廓，这位女菩萨至今仍非常出名。⑤ 特别是在南宋时期，

① 参见黄敏枝：《宋代两浙路的佛教寺院与社会经济的关系》，收入《宋代佛教社会经济史论集》，第165—200页；刘欣如：《宋代扬子江下游的佛教机构》（"Buddhist Institutions in the Lower Yangtze During the Sung Dynasty"），《宋元研究学报》（*Bulletin of Sung-Yüan Studies*），1989年第21卷，第31—51页。这两篇文章的研究在很大程度上都立足于南宋时期编纂的地方志。

② 参见竺沙雅章：《中國佛教社會史研究》，第145—198页，尤其是第160—169、181—182页。

③ 参见史蒂文森（Daniel B. Stevenson）：《权力的协议——慈云遵式（964—1032）与宋代天台宗仪式》（"Protocols of Power：Tz'u-yün Tsun-shih（964—1032）and T'ien-t'ai Lay Buddhist Ritual in the Sung"），盖茨（Daniel A. Getz Jr.）：《天台净土社会与净土宗住持的创造》（"T'ien-t'ai Pure Land Societies and the Creation of the Pure Land Patriarchate"），收入格雷戈里（Peter N. Gregory）、盖茨（Daniel A. Getz Jr.）合编：《宋代佛教》（*Buddhism in the Sung*），第340—408页、第477—523页。

④ 参见盖茨（Daniel A. Getz Jr.）：《天台净土社会与净土宗住持的创造》（"T'ien-t'ai Pure Land Societies and the Creation of the Pure Land Patriarchate"）；望月信亨：《中国净土教理史》，第381—438页；黄启江：《北宋佛教史论稿》，第417—466页。

⑤ 参见于君方（Chün-fang Yü）：《观音——观世音菩萨的中国化》（*Kuan-yin：The Chinese Transformation of Avalokitesvara*）；石川重雄：《宋代祭祀社会と観音信仰—「迎請」をめぐって》，收入《柳田節子先生古稀記念 中国の伝統社会と家族》。

在家修行表现出持续增长的趋势。在僧人的引导下，在家修行者会组织为会社，这些人被称为"道民"。他们会自行组织宗教活动，做一些具有社会公益性的事情。① 此外，世家大族也常常在先人坟旁建一小屋，延请僧人居住于此，以诵经超度他们的先人。② 还有，人们也经常邀请僧侣来主持家里的丧事，在佛教观念的影响下，火化遗体达到了空前的规模。③

伴随着禅宗的兴起，以及政府、民众和佛教关系的加强，一种新的文学类型——佛教文学——也在逐渐形成。其间最重要的两种体裁是由禅师们所编写的"灯录"和"语录"。正如禅宗史研究者所指出的那样，这两类作品早在公元 8 世纪的时候就已经出现了。④ 不过，民间普遍流传的第一部灯录是成书于 11 世

---

① 政府官员可能会和他们合作，或是持着怀疑的态度，也可能寻求禁止他们的办法。参见竺沙雅章：《中國佛教社會史研究》，第 261—292 页；欧大年（Daniel L. Overmyer）：《中国宋元时期的白云宗》（"The White Cloud Sect in Sung and Yüan China"），《哈佛亚洲研究学报》（*Harvard Journal of Asiatic Studies*），1982 年第 42 卷第 2 期，第 615—642 页；田海（B. J. Ter Haar）：《中国宗教史上的白莲教》（*The White Lotus Teachings in Chinese Religious History*），第 17—71 页。

② 参见竺沙雅章：《中國佛教社會史研究》，第 111—144 页；黄敏枝：《宋代的功德坟寺》，收入《宋代佛教社会经济史论集》，第 241—300 页。

③ 参见伊沛霞（Patricia B. Ebrey）：《中国宋代的火葬》（"Cremation in Sung China"），《美国历史评论》（*American Historical Review*），1990 年第 95 卷第 2 期，第 406—428 页。

④ 关于灯录的情况，可参马克瑞（John R. McRae）：《北宗与早期禅宗的形成》（*The Northern School and the Formation of Early Ch'an Buddhism*），第 73—97 页。关于语录的早期形式，柳田圣山已做了大量的研究工作，可参氏著：《中国禅宗的"语录"文本》（"The 'Recorded Sayings' Texts of Chinese Ch'an Buddhism"），收入兰卡斯特（Lewis R. Lancaster）、黎惠伦（Whalen Lai）合编：《汉藏的早期禅宗》（*Early Ch'an in China and Tibet*），第 185—205 页；《語錄の歷史——禅文献的成立史的研究》，《東方学報》，1985 年第 57 卷，第 211—663 页。此外，也可参见白灵（Judith A. Berling）：《佛陀入世：作为佛教文学形式的语录的出现》（"Bringing the Buddha Down to Earth: Notes on the Emergence of Yü-lu as a Buddhist Genre"），《宗教史》（*History of Religions*），1987 年第 27 卷第 1 期，第 56—88 页。此外，关于"语录"当中所体现的思维模式与言说模式，可参 （转下页）

纪早期的《景德传灯录》(北宋景德年间关于禅宗史的一部作品)。① "灯录"主要是通过编纂从释尊到当世僧人的历史,建立起禅宗的传承谱系,其间很强调的一种理念是,修行的法门并不在于那些学术性的研究和注疏,而是在于师徒之间的以心传心,编纂者试图以此确立其历代禅师作为佛陀教义之真实继承人的无可置疑的地位。"语录"这种形式则主要是记录禅师们在不同场合中的各种精言妙论,包括他们的开坛讲法,与别人的会话,尤其是和弟子之间的会话。

　　这两种形式让中国本土佛典具有了和印度佛典截然不同的地方。以往的印度经文是通过一种精致古典的语言,描述佛陀 11 和追随者之间充满善意和敬意的情形。不过,在中国本土佛典中,读者们读到的是各种由半白话写成的言辞和故事,其间禅师们常常是用一些高深莫测的谜语、姿势来教导学生,有时候还会使用一些暴力。这些方式很怪异,甚至让人感到震惊,但它们却能够给弟子还有那些世俗读者带来极大的启发,让大家突破传统的认知,迈向一个全新的境地,这也正是禅师们所追求的效果。② 上述两类作品中收集了很多有关前辈祖师的公

(接上页)见贾德讷(Daniel K. Gardner):《宋代的思维模式与话语模式——对"语录"文本的一些思考》["Modes of Thinking and Modes of Discourse in the Sung: Some Thoughts on the Yü-lu('Recorded Conversations')Texts"],《亚洲研究学报》(Journal of Asian Studies),1991 年第 50 卷第 3 期,第 574—603 页。

① 张钟元对这部作品有选译,见氏著:《禅宗的原始教义》(Original Teachings of Ch'an Buddhism)。

② 这些方法往往会激发出很多的思想学问,关于这方面的研究,可参布斯韦尔(Robert E. Buswell Jr.):《看话禅的捷径:中国禅宗顿悟的演变》("The 'Short-cut' Approach of K'an-hua Meditation: The Evolution of a Practical Subitism in Chinese Ch'an Buddhism"),收入格雷戈里(Peter N. Gregory)主编:《顿与渐:中国思想里的觉悟之道》(Sudden and Gradual: Approaches to Enlightenment in Chinese Thought),第 321—377 页;马克瑞(John R. McRae):《机缘问 (转下页)

案,例如《碧岩录》《无门关》等,都体现了早期禅宗作品的这种
特点。①

　　总之,这些新的文学体裁让宋代僧人有机会去营建一个新
的话语空间,由此他们可以从经文和注释的重负中解放出来,构
建一种贾德讷(Daniel K. Gardner)所称的话语模式。虽然传统
的经文也一直在被阅读、被记诵、被崇敬,但很多的迹象表明,这
些新形式的文学作品在宋代文人学佛的过程中扮演了更重要的
角色。例如,有一位文人便声称他是在研习《景德传灯录》以后,
才真正领会到佛法的真义,②而另一位文人也在他的作品中说到
了同样的情况。③ 当然,这些新的文学形式也可能存在像黄庭坚
所说的无师自通的危险,④但不管怎么说,这些新体裁让佛教教
义得以通过一种比较新奇有趣的方式呈现出来,让世人可以从
新的视角接近佛教。

　　佛教文学的出现,使得士人和佛教的联系得以加强。虽然
禅宗声称自己是教外别传、不立文字,但其宗内仍然产生了很多
优秀而多产的作家,包括那个时代最著名的一些僧人,如明教契

(接上页)答与中国禅精神之道的转变》("Encounter Dialogue and the Transformation
of the Spiritual Path in Chinese Ch'an"),收入布斯韦尔(Robert E. Buswell Jr.)、
詹密罗(Robert M. Gimello)合编:《解脱的法门:佛教思想中的道及其演变》
(*Paths to Liberation: The Marga and Its Transformations in Buddhist Thought*),第
339—369页。

① 近来对这些作品进行多角度考察的一部著作是由史蒂文·海因(Steven A.
Heine)与戴尔·赖特(Dale S. Wright)编著的《公案——禅宗的文本与语境》
(*The Kōan: Texts and Contexts in Zen Buddhism*)。

② 这位文人是指苏辙。见苏辙:《书传灯录后》,《苏辙集》,第1231—1236页。苏轼
的佛教观也受到灯录和语录的影响。参见陈荣捷(Wing-tsit, Chan):《朱子新探
索》(*Chu Hsi: New Studies*),第527—532页。

③ 参见胡寅:《〈传灯玉英〉节录序》,《崇正辩 斐然集》,第399—400页。

④ 黄庭坚:《福州西禅暹老语录序》,《黄庭坚全集》,第420页。

嵩禅师、慧洪觉范禅师、圆悟克勤禅师和大慧宗杲禅师，等等。①
其他教派的一些高僧如赞宁大师、知礼大师、遵式大师、元照大
师等，也在撰述类似的作品。②　总的来看，比起唐代的前辈，宋代
僧人更乐于通过撰述各类诗文作品让世俗读者认识佛教，包括诗
歌、碑记、墓志铭、序言、书函等各种不同的形式，此外他们也乐于　12
汇编自己的笔记。这些著述通常被归为文学作品，由此文人们对
佛教获得了更丰富的理解途径，他们和佛教的关系也变得更加
紧密。

如何研究世俗中的佛教

对于佛教和世俗社会的关系，多数研究是从社会史和人物
两个角度展开的。③　社会史研究主要是关注与此问题相关的政

---

① 关于明教契嵩禅师的情况，参见黄启江：《融合的尝试——契嵩禅师与 11 世纪的
中国佛教》("Experiment in Syncretism：Ch'i-sung（1007—1072）and Eleventh-
Century Chinese Buddhism")，亚利桑那大学博士学位论文，1986 年；牧田谛亮：
《赵宋仏教史における契嵩の立場》。关于慧洪觉范禅师的情况，参见阿部肇
一：《中國禪宗史の研究》，第 473—489 页；黄启江：《北宋佛教史论稿》，第 312—
358 页。关于大慧宗杲禅师的情况，参见雷夫琳（Miriam L. Levering）：《禅的大
众启迪——大慧禅师与宋代的新宗教文化》("Ch'an Enlightenment for Laymen：
Ta-hui and the New Religious Culture of the Sung")，哈佛大学博士学位论文，
1978 年。
② 关于赞宁大师的情况，参见牧田谛亮：《贊寧とその時代》；戴利亚（Albert A. Dalia）：
《佛教史学家赞宁大师的政治生涯》("The 'Political Career' of the Buddhist Historian
Tsan-ning")，收入查普尔（David W. Chappell）主编：《中国中古社会里佛教与道教的
修行：佛教与道教研究 II》（Buddhist and Taoist Practice in Medieval Chinese
Society：Buddhist and Taoist Studies II），第 146—180 页；魏雅博（Albert Welter）：
《儒家复兴的佛教回应——赞宁大师与宋初关于文的论辩》("A Buddhist Response
to the Confucian Revival：Tsan-ning and the Debate over Wen in the Early Sung")，收
入格雷戈里（Peter N. Gregory）、盖茨（Daniel A. Getz Jr.）主编：《宋代佛教》
（Buddhism in the Sung），第 21—61 页。
③ 关于汉代至清代居士佛教的情况，参阅潘桂明：《中国居士佛教史》。

府管理制度、税收政策、寺院的财产以及佛教在世俗中的各种影响等等，在此之中，竺沙雅章和黄敏枝两人的研究是比较典型的。此外，田海（Barend Ter Haar）曾专门研究居士生活，他指出，居士们虽然都乐于在家修行，但他们对这种修行的意义其实有着不同的认识。①

在人物研究方面，苏轼作为文人居士的一个典型，最受研究者关注。② 通过考察苏轼的生平及其诗文作品，可以看到当时的士大夫在重新调整他们和僧侣的关系，并且他们是带着一种思考的态度，有时甚至是怀疑的精神，去接触佛教。特别是，如同艾朗诺（Ronald C. Egan）所指出的，基于佛教的慈悲为怀、力行功德的观念，苏轼坚定了他的社会行动主义的信念，即便是在被贬谪的时候，这种信念也从不间断。③ 有一种观点认为，在士大夫生活中儒家思想始终是起到主导的作用，而佛教和道教只是在他们遭受挫折或退休的时候才发生一定的作用。对此，艾朗诺的研究是一种很好的纠正。

另一位典型人物是张商英，他的情况和苏轼在有些地方是比较相似的。张商英在政治斗争中也扮演了很重要的角色，甚

---

① 田海的研究主要取材于各种人物轶事，围绕这些材料，考察文人居士向僧人求教的各种途径，同时也考察僧人们如何物色有缘的士大夫，向他们进行"法布施"。见田海（B. J. Ter Haar）：《佛教影响下的选择：1100 至 1340 年间长江下游居士宗教生活的种种》（"Buddhist-Inspired Options：Aspects of Lay Religious Life in the Lower Yangzi from 1100 until 1340"），《通报》（T'oung Pao），2001 年第 87 卷，第 92—152 页。

② 关于这方面的研究，可参竺沙雅章：《蘇軾と仏教》；管佩达（Beata Grant）：《重访庐山——苏轼生活与作品中的佛教》（Mount Lu Revisited：Buddhism in the Life and Writings of Su Shih）。

③ 艾朗诺（Ronald C. Egan）：《苏轼生活中的言语、意象和事迹》（Word，Image，and Deed in the Life of Su Shi）。

至还短期出任过宰相。① 他曾写过一本《护法论》的书,此书旨在为佛教辩护,对当时的排佛言论进行反批评。② 此外,张商英也曾撰文记述自己前往五台山参拜的过程。在此文中他表达了他对文殊菩萨的极度信奉。③ 根据这些作品,研究者们发现他和当时的很多著名禅师都有密切的交往,都将他视作一位禅宗信奉者。

总的来看,通过对苏轼、张商英以及其他文士的研究,可以发现佛教在宋代文人的生活中扮演着不同意义的重要角色。④与此同时,佛教学者也受到了研究者的关注,例如已有研究者考　13察大慧宗杲及其作品对居士生活的影响。⑤

---

① 施寒微(Helwig Schmidt-Glintzer):《张商英(1043—1122)——北宋时期一位尴尬的政治顾问》("Zhang Shangying（1043—1122）—An Embarrassing Policy Adviser Under the Northern Song"),收入衣川強主编《劉子健博士頌壽紀念宋史研究論集》(Collected Essays on Sung History Dedicated to Professor James T. C. Liu in Celebration of His Seventieth Birthday),第521—530页。

② 安藤智信:《張商英の護法論とその背景》,《大谷学報》,1963年第42卷第1期,第29—40页;《宋の張商英について:佛教關係の事蹟を中心として》,《東方學》,1961年第22卷,第57—66页。

③ 詹密罗(Robert M. Gimello):《张商英在五台山》("Chang Shang-ying on Wu-t'ai Shan"),收入韩书瑞(Susan Naquin)、于君方(Chün-fang Yü)合编:《中国的朝圣者与圣地》(Pilgrims and Sacred Sites in China),第89—149页。

④ 范仲淹、王安石、晁迥和晁说之等人,也已经成为重要的研究对象。关于范仲淹,参见黄启江:《北宋佛教史论稿》,第133—152页。关于王安石,参见蒋义斌:《宋代儒释调和论及排佛论之演进——王安石之融通儒释及程朱学派之排佛反王》,第22—58页。关于晁氏家族,参见詹密罗(Robert M. Gimello):《天台宗与北宋文人关系札记》("Notes on the Relationship Between T'ien-t'ai Buddhism and Northern Sung Literati Culture"),宋代佛教研讨会参会论文,伊利诺伊大学,1996年4月20—22日。

⑤ 参见雷夫琳(Miriam L. Levering):《大慧与居士——禅宗关于死亡的布道》("Ta-hui and Lay Buddhists: Ch'an Sermons on Death"),收入大卫·查普尔(David W. Chappell)编:《中国中古社会里佛教与道教的修行:佛教与道教研究Ⅱ》(Buddhist and Taoist Practice in Medieval Chinese Society: Buddhist and Taoist Studies II),第181—206页;篠原亨一:《大慧对曾开的指导——（转下页）

不同于以上视角,也有学者通过研究诗歌来考察佛教对世俗社会的影响。谈起文人和僧人的交往,往往会让人联想到这样的一幅图景,那些禅师和文士们聚在一起吟诗作词,相互鉴赏,彼此评论。文人和方外朋友之间有很多著名的友谊,在此之中诗歌可谓交往的一个主题,或者说是一件首要的事情。众所周知,自唐代以来文人们常常借用禅宗的语言和概念来评论诗歌。① 而关于诗歌在禅宗中的地位,我们可以联想到那次著名的衣钵传授,也就是弘忍将衣钵传给惠能的故事,还有就是诗歌在最著名的两部公案集(《碧岩录》和《无门关》)中起到了非常关键的作用。但是,本书的研究重点并不在于文人们在佛教影响下所写的诗歌,也不在于文人和僧人围绕诗歌的交往关系,这些重要而复杂的情况在其他学者的研究中已经得到了比较充分的探讨,而在此之外,还有其他的重要情况等着我们去处理。

在诗歌以外,散文也是值得关注的对象。限于篇幅,这里不打算对诗歌和散文这两种体裁作出具体比较。对于研究佛教之于世俗社会而言,关注文士笔下的散文作品具有多个方面的优势。首先是,那些涉及杰出人物的文章往往能够给我们提供一些具有典型意义的事例,例如朱熹在文章中提到类似于苏轼或

（接上页）新儒家语境中佛教的"自由"》("Ta-hui's Instructions to Tseng K'ai: Buddhist 'Freedom' in the Neo-Confucian Context"),收入卜爱莲(Irene Bloom)、傅佛果(Joshua A. Fogel)合编:《思想的交融:东亚思想传统中的知识分子与宗教互动》(Meeting of Minds: Intellectual and Religious Interaction in East Asian Traditions of Thought),第175—208页。

① 参见林理彰(Richard John Lynn):《中国诗歌评论中的顿与渐——对禅诗喻义的一种考察》("The Sudden and the Gradual in Chinese Poetry Criticism: An Examination of the Ch'an-Poetry Analogy"),收入格雷戈里(Peter N. Gregory)编:《顿与渐:中国思想中的觉悟之道》(Sudden and Gradual: Approaches to Enlightenment in Chinese Thought),第381—427页。

张商英的人物时，会流露出自己对佛教的某种态度，作者感到有必要将他的态度写在纸上，主动表达自己对佛教的一些意见。其次，文人与僧人交往过程中的诗歌被保存下来的比较少，①并且禅宗以外的其他教派在这个时期不如禅宗那么繁盛，这些教派中的僧人也不像禅师那样喜爱诗歌。再其次，广泛关注散文作品也能够让我们了解到当时文人士大夫的日常生活，更具体地把握他们对佛教的态度。

　　"记"这类作品殊为重要，它能够反映文人们对佛教的复杂多样的态度，相比而言，为佛教经论所写的序言，以及为僧人所写的墓志铭等，则难以起到这种作用。大多数为经论而作的序言是出自居士之手，这种序言不像其他类型的序言，可以涉及广泛的情况，它们一般都是围绕某部佛典，强调其教义的功德和自身信仰的虔诚。至于那些为僧人所写的墓志铭，基本上都是依照墓志铭的传统模式，严格按照死者的生平来写，大概是记述那位僧人的出家情况、他的师尊、所在的寺院，以及他和文人、官员之间的交往情况，等等。这些作品极少会脱离上述的结构而去写更大的主题。此外，很重要的一点是，"记"作为一种记录性的文章将要保证寺院及其重建者的名声能够流传下来。由于本书的研究主要是围绕此类作品展开，所以接下来我们对它的情况作一基本考察。

---

① 本书所说的"士"（shih），一般是指那些接受了儒家经典教育的文人（literati），这些人通常是（并非完全是）参加了科举考试，并在政府机构担任公职。我不把他们称作儒者，是因为这种称呼在现代学术语境中具有明显的学派意义。从体制上说，"士"的地位和平民、僧人有所不同；但从文化角度来看，他们的界线是模糊不清的。总之，在本书的使用中，"士"和"文人"这两个语词是可以相互替换的。

碑记:文本和语境

在宋代,那些常用来记录寺院建设的碑记都可以归入记文的范围,这类作品主要是用来叙述、纪念某些特殊的人或某些特殊的事情。作为一种文学体裁,记文的兴起比其他文体要晚一些。成书于公元 6 世纪的一部重要文集——《文选》并没有收入这类作品;中古时期最重要的一部文学批评作品——《文心雕龙》也没有对这种文体给出评论。[①] 这种文体的大量出现是 8 世纪后期到 9 世纪的事情,[②]如同麦大维(David McMullen)在其研究中所指出的,安史之乱之后文人士大夫的独立精神不断提高,记文这种体裁也随之大量出现。[③] 在当时,各个地方的记文多是出自那些被贬的官员,他们远离了腐败的帝国中央,出于某种理念而记录当地的具有特殊意义的事情。

如同叶适所注意到的,这种体裁真正成为一种独立的文体是在 11 世纪中期,其中比较有代表性的作品包括欧阳修、曾巩、王安石和苏轼等人所写的相关文章。[④] 到了叶适的时代,这些人已经成为具有某种特殊意义的文化符号。在那场著名

---

① 《文选》收录了一篇寺记,即王巾所写的《头陀寺碑文》。王氏此文虽然被收入了这一部具有很高声望的文集中,但它对后世的影响,尤其是对宋代的影响却很小。关于此文的译介,见马瑞志(Richard B. Mather):《王巾的〈头陀寺碑文〉作为佛教骈文的一个例子》("Wang Chin's 'Dhuta Temple Stele Inscription' as an Example of Buddhist Parallel Prose"),《美国东方学会杂志》(*Journal of the American Oriental Society*),1963 年第 83 卷第 3 期,第 338—359 页。

② 例如《文苑英华》,作为唐五代诗文最大的总集之一,其中就包括了 310 篇"记"。见《文苑英华》,第 42—52 页。

③ 麦大维(David McMullen):《唐代中国的国家与学者》(*State and Scholars in T'ang China*),第 153—158、187—205 页。

④ 叶适:《习学记言序目》,第 733—734 页。

的古文运动中，他们倡导平实而简练的文风，使得文人们的写作具有了可资参照的统一标准，由此塑造出一种新的士人文化。因此宋代的文集编纂者、文学评论家在结集、评论之时，都会把"记"作为一种重要文体考虑进来，并为它的性质和写作方式作出相关说明。他们认为，"记"作为一种叙事文应该做到简明扼要，例如真德秀在《文章正宗》的序言中说道，《尚书》的篇章是叙事文的典范，记、序、传记、墓志铭等各种形式都应该以《尚书》篇章为向导，使用"简严"的文字。① 王应麟，类书《玉海》的编纂者，很赞同真德秀的看法，并且提供了更多的建议和样例。他认为，"记"的作者应当清楚地记述一个事件，交代具体的时间、地点，结构上要连贯一致，表意要清晰，要避免繁冗的修饰。此外，他还强调，并非所有内容都适合用"记"来写作，不乏一些文人在写作"记"时将那些适合用议论文或诗词来写的内容也包括进来，这是不恰当的。②

　　在叶适所推崇的那些记文中，有些文章其实并不符合王应麟所说的规则。③ 之所以发生这种情况，主要是因为这种文体在当时还没有形成统一的写作规范。④ 随着这种文体的发展，宋代

15

① 真德秀：《文章正宗·纲目》，第 3 页下—4 页上。
② 王应麟：《辞学指南》，《玉海》卷二百四，第 7 页上—11 页上。在更早的时候，陈师道曾提到，韩愈作"记"只是用它来记录事件，而现今的"记"则是一种议论文。见洪本健编：《欧阳修资料汇编》，第 142 页。
③ 包括欧阳修的《吉州学记》、王安石的《桂州新城记》、苏轼的《放鹤亭记》《超然台记》《石钟山记》。见《宋文鉴》卷七十八，第 101 页—112 页上；卷七十九，第 11 页下—13 页上；卷八十二，第 10 页—13 页上。叶适在评论这部文集时给出了如上看法，另外，这部文集里未收录苏轼的后两篇文章。
④ 或是由于这个原因，在真德秀《西山文集》的 20 篇记文和 9 篇碑文中，并没有关于佛教的文章。而在吕祖谦所编的《宋文鉴》里，90 篇记文当中有 7 篇是关于佛教的。

文人开始用它来讨论一些更大的、更根本性的问题。① 当涉及这些问题时，"记"更受宋代文人青睐，它可以将文人们所思考的很多不同的方面都糅合起来。② 同样，在涉及佛教主题时，记文也是特别合用的。当他们的生活和佛教相联系时，意味着他们首先要面对一种庞杂的世界观；并且，他们往往是按照他们所希望的样子去解释佛教信仰，这和僧人的纯粹信仰可能有所不同。因此，在涉及佛教题材时，文人们更喜欢这种形式灵活、内容可以多样化的"记"，尤其是在需要为寺院建设撰写文章时，他们更倾向于选择这种文体，以便展开非常个性化的论述。

此外尤为重要的是，文人们记述某寺院的修建情况，是为了让它留存在历史当中。在这种情况下，记文的作者将会帮助当地的居民和外来的游客记住寺院及其相关人员的存在。当那些相关人员陆续去世之后，作者在记文中所记载的内容将使得某些人和某些事留在记忆中，而那些被他忽略的信息也就渐渐地从人们的生活中消失。僧人们以及那些赞助者之所以热衷于请人写文章，是因为他们意识到新建的建筑物最终将会腐烂、消失，如果要让他们的事迹流芳后世，那么就需要请那些和寺院建设没有联系的杰出人物写一篇记文，借助后者的名声，他们的事迹才能在历史中被记住。虽然这种行为会烘托出文人学者的某

---

① 尽管那个时代的文士们在历史上享有持久的声望，但后来的文学评论家对记文转向议论文的现象仍持批评态度。参见徐师曾：《文体明辨续说》，第 145 页。

② 狄培理（Wm. Theodore de Bary）曾注意到，宋代文士为后世设定了一种可怕的标准："不知怎的，宋代的大学问家发现了赋予复杂多样的世界以某种统一秩序的力量，而不是否定世界的多样性。朱熹的包罗万象的思想体系，使得理性和道德秩序得以重聚；司马光通过记录有关历史事件与道德事例的宏大图景，几乎囊括了当时所有的历史；各种类书、通书的编纂人，如郑樵、王应麟、马端临等人，都在追溯从远古到当时的社会文化的发展。"见狄培理（Wm. Theodore Bary）：《明代思想中的自我与社会》(*Self and Society in Ming Thought*)，第 9 页。

种高尚姿态,但毋庸置疑地,在很多情况下作者们都能够准确地
扮演他们应有的角色,记载、称赞那些请求者的功绩,让他们的
名声在后世流传。

对于请求者所希冀的流芳后世,文人们其实也有共鸣,他们
之所以愿意撰文,同样有着让自己留名后世的考虑。正如宇文
所安(Stephen Owen)在他的一项关于中国古典文学的重要研究
中所说的,"在记住别人的同时我们也将被记住"①。例如陆游, 16
当僧人请求其撰文时,他对僧人的质朴和不谙礼节感到惊讶,但
他仍然为之撰文,因为他知道为其撰写记文的意义所在。② 不同
于此,对那些不懂文章真义的僧人,李觏则表现得很愤怒。他曾
说,那些僧人居住在新的寺院里,享受着齐全的设施和器具,但
他们当中又有多少人知道笔墨文章是应该受到尊敬的? 为什么
那么多的僧人受权威驱动,从一些浪得虚名的人那里重金购买
那些陈词滥调,而使得金石蒙羞?③ 不管怎么说,也就只有通过
各种碑铭记文,一个寺院才能获得更多的意义,这些意义将会超
出它对当时当地的影响。

并且,对于这些作品,读者们往往会带着很挑剔的眼光来阅
读。例如,楼钥在为某个寺院撰写碑记时,便对那些以前刻写在
那里的碑记提出了批评。④ 此外,在 12 世纪有一位不太出名的
文人,要为四川一座寺庙的观音菩萨像撰写记文。他发现那里

---

① 宇文所安(Stephen Owen):《追忆》(*Remembrances*),第 17 页。
② 陆游:《云门寿圣院记》,《陆放翁全集》,第 96 页。
③ 李觏:《承天院罗汉阁记》,《李觏集》,第 264 页。
④ "遂隐括其语,为之大书,且告之曰:大慧千僧阁之成,一时称为盛举,善乎李资政
　之记,以为在杲公何足道;而循袭龌龊者以为奇特,不亦陋甚矣哉!"见楼钥:《径
　山兴盛万寿禅寺记》,《攻媿集》卷五十七,第 10 页下—14 页下。文中提到的"李
　资政"是指李邴。李氏的文章见《千僧阁记》,《径山志》卷七,第 8 页下—9 页下。

已经有了苏轼的文章,而他的文章到时候会出现在苏文的旁边,读者们很自然就会拿他们俩的作品进行比较。于是他用了很多的篇幅去赞颂菩萨的功德,希望这样做可以使他不那么难堪。①

　　围绕寺院的碑记,作者、请求者以及读者之间会发生各种各样的关系,引发一系列值得探讨的问题。首先,请求者和作者的关系往往是复杂多样的,某些情况下寺院会向作者提供一定的酬劳,即便它的经费已经所剩无几。② 一般来说,那种涉及寺院修建过程中一些有趣细节的文章,更受僧人以及居士的欢迎。③作者多数是士大夫,相比于请求者,他们往往拥有更高的社会地位。④ 文士之间的交流可能会比较随意,但作为请求者的僧人或居士则不能那么随意。并且,作者对文章内容的考虑,很可能和请求者的考虑不同。作者们知道,那些前来游历的文人墨客将会读到他们的作品,并且有可能将其临摹或抄录,由此流传出去。例如前文说到的,黄庭坚为僧伽塔所写的碑文后来就流传到了全国各地。

---

① 赵抃:《增修大悲阁记》,《成都文类》卷三十九,第 19 页上—21 页下。目前已知的对赵氏此文的研究,仅仅是提到这一篇文章,并将赵氏认定为元丰年间(1078—1085)人物,这使人对苏文和赵文的写作时间产生混淆。参见李国玲:《宋人传记资料补编》,第 1544 页。
② 关于请求者向作者提供报酬的情况,可参阅洪迈:《文字润笔》,《容斋随笔》,第 285—286 页;《宋史》卷四百四十二,第 13069—13070 页;王明清:《挥麈录》,第 210 页。
③ 文章中可能会提到寺院修建的花费。在佛教语境中乐于捐赠以及捐赠的能力,都可以证明参与者的虔诚。
④ 当然,其间也有例外情况,比如作者是受到朝廷的委派,或者是那些受朝廷尊奉的僧人前来请求。如果作者不能以一种合适的方式遵守请求者的要求,那么将有被贬职的危险。参见刘子健(James T. C. Liu):《欧阳修的治学与从政》,第 112 页。

　　另需提到的是,在这项研究中有些情况是目前难以明确的, 17
比如说,请求者为何选择这位文人而不是另一位,他们遭到拒
绝的几率有多大,为什么会遭到拒绝等。关于这些,我们都知
之甚少。此外,请求者会不会让作者对文章内容进行改动,或
者拒绝使用他们的文稿。关于这些,也难以找到直接的材料。
还有,现有的材料很少说到农民、商人、妇女以及占寺院人员绝
大多数的僧侣具体是如何开展宗教活动的,一般的惯例不允许
这些情况在材料中出现。① 并且,本书所考察的记文大多数是
出自文人的个人文集,而不是出自专门性的碑铭文集,因而对
于这些文章最终有多少被刻在了石碑上,很难给出精确的判
断。有些记文在写完之后便被刻到石碑上了,但有些作品并未
这样处理。此外,我们对制作、运输石碑的情况也不甚明了,并
且当它们到达了某个地方,我们也难以确知到底是什么因素决
定它们被安放的位置,也不知道在安放过程中会举行什么样的
仪式。

　　作者们都希望自己的文章可以流传后世,甚至是永垂不朽。
显然,很多记文都会被刻写到寺院的石碑上,这些记文也被称作
碑记。因此,我们接下来将考察这项研究所涉的形物方面。

---

① 明代也有类似的情形,这方面的情况可参阅吴百益(Pei-yi Wu):《17 世纪一位前
往泰山的有矛盾心理的朝拜者》("An Ambivalent Pilgrim to T'ai Shan in the
Seventeenth Century"),收入韩书瑞(Susan Naquin)、于君方(Chün-fang Yü)编:
《中国的朝圣者与圣地》(*Pilgrims and Sacred Sites in China*),第 65—88 页。不
过,宋代文人对他们的拜佛经历显得比较坦率。参见詹密罗(Robert M.
Gimello):《张商英在五台山》("Chang Shang-ying on Wu-t'ai Shan"),收入韩书瑞
(Susan Naquin)、于君方(Chün-fang Yü)合编:《中国的朝圣者与圣地》(*Pilgrims
and Sacred Sites in China*),第 89—149 页;李流谦:《瓦屋山瑞像记》,《澹斋集》卷
十六,第 2 页下—4 页上。

石碑及其文化意义

　　没有什么东西能像石头那样体现恒久。在中国传统文化中，金石学具有非常重要的地位。石头的恒久性和人类生命的短暂性形成了鲜明的比照，这种意象在中国古代文学作品中很常见。① 然而，成为永恒并不意味着失去生机，历史上的神话传说赋予石头以神奇的繁殖能力，使得它们成了天地间灵气的凝聚。② 宋代的画家画石头，主张"贵气韵而不贵枯燥"。③ 人们喜欢收藏各种奇石怪料，把它们用于人工园林的布景，其中最为痴迷的两个人可以说是北宋时期的米芾和宋徽宗（1101—1125年在位），在当时很少人可以和他们相提并论。④ 于是，那些刻有文字的石头也将具有某种神圣性，给人一种威严的力量感。各地的名流喜欢树立石碑以赞颂那些有功绩的官员，而那些挺立在大地上的石碑也将促使人们对官员产生崇拜。⑤ 从宋人的一些作品来看，当时人们很崇信石碑，认为它具有某种神

18

---

① 这方面的作品可参阅《古诗十九首》，《文选》，第411页。有关中国石碑文化的综合考察，可参叶昌炽：《语石》；金其桢：《中国碑文化》。

② 王静：《石头的故事——互文性、中国古代石头的传说和〈红楼梦〉〈水浒传〉〈西游记〉中石头的象征意义》（*The Story of Stone：Intertextuality，Ancient Chinese Stone Lore，and the Stone Symbolism in* Dream of the *Red Chamber，Water Margin，and The Journey to the West*），第92页。

③ 语出韩拙的《山水纯全集》。参见卜寿珊（Susan Bush）、时学颜（Hsio-yen Shih）合编：《早期中国绘画文献》（*Early Chinese Texts on Painting*），第168页。

④ 参见海约翰（John Hay）：《能量的核心、大地的骨骼——中国艺术中的石头》（*Kernels of Energy，Bones of Earth：The Rock in Chinese Art*）。

⑤ 乐维（Jean Lévi）：《官吏与祝卜：六朝唐代传奇故事中神与地方官的权力斗争》（" Les fonctionnaires et le devin：Luttes de pouvoirs entre divinités et administrateurs dans les contes des Six Dynasties et des Tang"），《远东亚洲丛刊》（*Cahiers d'Extrême-Asie*），1986年第2卷，第81—110页。

奇的力量。根据洪迈的记录,12世纪有两个官员在饥荒救济中工作不力,在睡梦中受到一块石碑的杖刑惩罚。他们在巨大的疼痛中醒来,接下来便加倍努力地援助饥民。[1]　总之,石碑崇拜在中国宋代很流行,[2]在人们心目中,如果得罪石碑将会受到神的惩罚。例如有位宦官为了重建寺庙,下令打碎一些石碑,紧接着他便倒地身亡了,当时人们就把他的死因归于神的惩罚。[3]

在中国历史上,石碑最初是被统治者用于某种政治仪式,这种情况在公元前8世纪的时候就已经出现了,而久负盛名的一个典型则是中国第一个统一王朝创立者秦始皇所遗留下来的石碑。[4]　后人也许会谴责秦王朝(公元前221—公元前206)的残暴,但那些石碑遗迹却赢得了后世学者的赞赏。[5]　那些屹立不倒的石碑能够体现君主的权力,同时也暗示着它的永恒性和神圣性。统治者在大地上精心选址,建造有标志性的石碑,意味着周围的领土都归属其下。[6]　随后,在西汉时期人们则将石碑用于丧

---

[1] 洪迈:《夷坚志》,第1630页。在另一个梦中,石碑显灵以警告游客不要闯进阴鬼的地方。同上书,第1400—1401页。
[2] 洪迈:《夷坚志》,第86、1360页。
[3] 李焘:《续资治通鉴长编》,卷一百六十,第2468页。
[4] 关于这方面的简介,参见钱存训:《书于竹帛——中国书籍与碑铭的开端》 (*Written on Bamboo and Silk：The Beginnings of Chinese Books and Inscriptions*),第66—69页。关于秦代石碑在政治仪式上的意义,参见柯马丁 (Martin Kern):《秦始皇石刻——早期中国的文本与仪式》(*The Stele Inscriptions of Ch'in Shih-huang：Text and Ritual in Early Chinese Imperial Representation*)。
[5] 如刘勰曾言道:"至于始皇勒岳,政暴而文泽,亦有疏通之美焉。"见《文心雕龙》,第83页。刘跂的《泰山秦篆谱序》中曾提到宋人评价秦代石碑的一个例子,见《宋文鉴》卷九十二,第13页下—15页下。
[6] 皮日休:《移成均博士书》,《皮子文数》,第90—91页。

葬,以纪念已故者的功绩。① 到了宋代,石碑还被用作政治斗争的武器。在 1090 年代,王安石的追随者在朝廷的命令下将已故政敌的墓碑推倒,以表示对他们的打压;②后来在 1100 年代,太师蔡京则建造了一个刻有政敌名字的石碑,将他们全部列入石碑上的黑名单,包括死去的和活着的。③ 但具有反讽意味的是,后人却将那些被列入黑名单的官员看作殉道者,人们都努力保护着石碑及其所承载的荣誉。④

　　一般来说,被刻在石碑上的文章和碑石具有相同的分量。碑文的内容可能是一种警告,也可能是一种赞扬,因此石碑在外观上一定得够高大,够气势。⑤ 人们倘若要纪念一些特殊的人和事,那么石碑就成了最佳的选择,在中古和近世,人们经常用它来纪念各种各样的人和事。⑥ 当然,这里边可能会有夸大吹嘘的

---

① 王静芬(Dorothy C. Wong):《中国石碑——一种象征形式在佛教传入前后的运用》(Chinese Steles: Pre-Buddhist and Buddhist Use of a Symbolic Form),第 27—34 页。
② 两位受害者是司马光和吕公著。此次事件的发起人包括章惇、蔡卞和张商英。见《宋史》卷三百三十六,第 10769 页;卷三百四十六,第 10973、10990 页;卷三百五十一,第 11096 页;卷四百七十一,第 13716 页。
③ 朝廷制作了两份名单。第一份制作于 1102 年 9 月,包括了 120 个人的姓名。第二份制作于 1104 年 6 月,包括了 309 个人的姓名。1106 年 1 月,天空出现彗星,人们认为这是不吉利的天象,于是朝廷下令将石碑摧毁。石碑上的名字包括了当时很多的知名人物,这些人都是王安石政策的反对者,他们当中大多数人都曾在元祐年间任职,于是被贴上了"元祐党人"的标签。有关这方面的情况,参见《金石萃编》,卷一百四十四至一百四十五,尤其是卷一百四十四,第 11 页上—13 页上。
④ 《金石萃编》卷一百四十四,第 6 页下。
⑤ 刘勰:《文心雕龙》,第 86 页。刘勰注意到,碑文上也可能用到铭文所使用的文字。同书,第 93 页。
⑥ 一部 16 世纪晚期的作品注意到:"后汉以来,作者渐盛,故有山川之碑,有城池之碑,有宫室之碑,有桥道之碑,有坛井之碑,有神庙之碑,有家庙之碑,有古迹之碑,有风土之碑,有灾祥之碑,有功德之碑,有墓道之碑,有托物之碑。皆因庸器(彝鼎之类)渐阙而为之,所谓'以石代金,同乎不朽'者也。"见徐师曾:《文体明辨序说》,第 144 页。

成分,①这种现象会遭到文人的谴责,他们强调石碑上的文字其实并不能保证那些所谓的功绩会永垂不朽。例如,白居易在他的一首诗里就曾对这种情况表示反感,认为那些碑文只是在吹嘘一些官员的所谓功绩,而更值得被记住的官员,却只能在人们的传说中流传。② 陆游也曾嘲讽过江西某寺里记录南唐(937—975)事迹的石碑。尽管这个短暂的小政权面临着巨大的危险,当时的官员竟然宣称,他们主上的权力已遍布天下,已实现了佛的意旨,并且还大大促进了文学事业的发展,这些夸大其词的说法,都被陆游在他的文章里加以讽刺。③ 不过,批评者并不认为这种现象很普遍,在他们看来这些言不符实的情况只是特例而已。在唐宋时期到处都立有碑文,如同后文将会谈到的,白居易和陆游其实也写了不少这方面的文章。

　　收集、誊写以及评价碑文是文人生活的一个部分,他们对这些事情有很大的兴趣和热情。通过碑文的记载,人们可以在一定程度上考证出以往的事迹。在欧阳修《集古录》的带动下,金石学在宋代达到了新的高度。④ 在欧阳修以及其他相关学

①　按唐代法律规定,官员们所建石碑如果有言辞不实的现象,将会受到流放一年的惩罚,民众若有此行为,将会受到杖打八十的惩罚。见《唐律疏议》,第 217 页。宋代法律也作出了类似的规定。见《宋刑统》,第 173—174 页。

②　白居易在他的诗中写道:“铭勋悉太公,叙德皆仲尼。复以多为贵,千言直万赀。为文彼何人,想见下笔时。但欲愚者悦,不思贤者嗤。岂独贤者嗤,仍传后代疑。古石苍苔字,安知是愧词。”见白居易:《立碑》,《白居易集》卷二,第 33 页。

③　陆游在他的文章中写道:“此碑立于己巳岁,当皇朝之开宝二年,南唐危蹙日甚,距其亡六年尔。熙载大臣,不以覆亡为惧,方且言其主鼎新文物,教被华夷,固已可怪。又以穷佛旨,举遗文,及兴是碑为盛,夸诞妄谬,真可为后世发笑。”见陆游:《入蜀记》,《陆放翁全集》上《渭南文集》卷四十七,第 287 页。

④　关于宋代金石学的介绍,参见鲁道夫(R. C. Rudolph):《宋代金石学初探》(“Preliminary Notes on Sung Archaeology”),《亚洲研究学报》(*Journal of Asian Studies*),1963 年第 32 卷第 2 期,第 169—177 页。

者看来,对于确认事实或纠正史籍上的错误而言,金铭和石刻提供了很有价值的证据,相比于纸上的记录,它们是更值得信赖的材料。① 文人们出外游历,参观各地遗迹,这在他们的生活中具有很重要的意义,在此过程中他们可以阅读到各种各样的碑文作品,并给出自己的评论,诸如评判碑文的笔法,鉴赏作品的风格,查验其中所载事迹的真实性等。因而,石碑在有些时候也就成为了展现读者学识和鉴赏能力的一个途径。例如吕陶,他在年轻时曾和当地官员一起参观某间寺院,对于碑文当中的每一处记载,他可以毫无遗漏地进行讲解,这让同行的官员们称道不已。② 此外,一些著名作品的拓片也受到人们的追捧,甚至有可能以此导致政治上的腐败。据苏轼记载,当时一些商人为了逃税,曾用欧阳修所写碑文的拓片来收买关卡的官员。③ 在这种情况下,官员们有可能因为他的占有欲而断送自己的仕途生涯。④

如上所见,寺院里边一般都立有石碑。王静芬(Dorothy C. Wong)曾指出,在六朝时期信徒们往往通过建立石碑来纪念某

① 参见欧阳修:《集古录目序》,《欧阳修全集》第一册《居士集》卷四十二,第599—600页;刘跂:《赵氏金石录序》,《宋文鉴》卷九十二,第12页下—13页下。欧阳修热衷金石之学,但批评那种以此相标榜的虚荣心理。参见宇文所安(Stephen Owen):《追忆》(Remembrances),第26—32页。
② 《宋史》卷三百四十六,第10977页。借石碑展现自己学识的事例,还可参阅《宋史》中有关刘恕的传记,卷四百四十四,第13119页。
③ 这篇颇受赞誉的文章是《醉翁亭记》。见《欧阳修资料汇编》,第325页。
④ 据称,荥阳的地方官王怡彦因沉迷金石而被免官。他将大部分时间都花在和他的夫人一起拓印碑铭上。尽管王怡彦后来因此被免官,但他并没有感到后悔。参见刘跂:《金石苑序》,《学易集》卷六,第12页下。在宋代,夫妻二人都热衷金石之学的,最著名的也是最悲惨的一对是赵明诚和李清照。北宋灭亡以后,他们在南迁途中丢失了以往的所有收藏,而在此之前,赵明诚对金石的痴迷其实已经使得他们的夫妻关系恶化。参见宇文所安(Stephen Owen):《追忆》(Remembrances),第80—98页。

些特殊活动，希望以此获得神灵的护佑，因而这些石碑一般都具有宗教的寓意。① 就当时而言，石碑上主要是刻写经文，②但是到了晚唐和宋代的时候，石碑上刻写文士学者的文章则成了主流。寺院的观光者在参观之余，可能会选择住在该寺院，很自然地他们也就有机会去评议寺里边的各种碑文。③ 作为寺院的必要组成部分，碑文的内容可能是记录僧人们的生活，也可能会涉及当地的历史。在僧人们看来，制作石碑作为一项功德行为，是宗教虔诚的一种体现。④ 在其他人眼里，石碑也是一种很珍贵的艺术品，包括像欧阳修这样的反佛者，也对此多有褒扬。尽管他不喜欢碑文里边的内容，但他还是不忍心丢弃那些石碑的拓片，⑤这种情况也发生在曾巩身上。在当时，寺院的石碑得到了人们普遍的尊敬和维护，包括在西北地区的部族，人们有可能对抗政府、欺压其他人，但他们不会破坏佛寺和里边的石碑。⑥ 寺院里的石碑被人们普遍珍视，不管大家受教育的程度如何，石碑

---

① 王静芬（Dorothy C. Wong）：《中国石碑——一种象征形式在佛教传入前后的运用》（*Chinese Steles：Pre-Buddhist and Buddhist Use of a Symbolic Form*），第69—70 页。

② 关于经文碑刻的介绍，参见钱存训：《书于竹帛——中国书籍与碑铭的开端》（*Written on Bamboo and Silk：The Beginnings of Chinese Books and Inscriptions*）第72—73、79—82 页。

③ 例如，有些文人曾在江西庐山这一佛教圣地住过，这会引起人们对石碑的关注。参见刘禹锡：《送景玄师东归》，《刘禹锡集》，第402 页；陆游：《入蜀记》，《陆放翁全集》，第282—283 页；范成大：《吴船录》，第30—31 页。

④ 在天台山的智圆大师看来，碑文是一种优秀的文学作品。参见盖茨（Daniel A. Getz Jr.）：《天台净土社会与净土宗师的创造》（"T'ien-t'ai Pure Land Societies and the Creation of the Pure Land Patriarchate"），收入格雷戈里（Peter N. Gregory）、盖茨（Daniel A. Getz Jr.）合编：《宋代佛教》（*Buddhism in the Sung*），第477—523 页。

⑤ 欧阳修：《与蔡君谟求书集古录目序书》，《欧阳修全集》，第1022—1023 页。

⑥ 曾巩：《唐安乡开元寺卧禅师净土堂碑铭》，《曾巩集》，第685 页。

的恒久存在都能够让人感受到佛寺及其所在之地的神圣性。①

寺院、胜地与宗教学

本书将集中关注寺院及其碑铭等形物方面的情况,尽量避免各种基于宗教学理论的预设。萧邦(Gregory Schopen)提出的超越形物表现、关注学说教义的研究进路,曾一度引领宗教学的研究。② 在这种方法下,对宗教信仰的研究主要是对经文的解释和哲学性的论述,且学说理论的发展成为宗教发展的根本动力,包括教会组织、仪式活动、建筑风格在内的一系列复杂现象,都源于学说理论的发展。如此一来,佛教和中国古典文化的关系在很大程度上只是一种观念之争,二程和朱熹所代表的基于理学立场的辟佛论在宋代思想史上便居于主流地位,而佛教徒最终没能充分回应来自理学家的指责,在当时的辩论赛中他们失败了,退出了中国思想的制高点。实际上,这样的观点是亟需修正的。数百年间,虽然改朝换代对佛教的发展也产生了某些影

---

① 关于石碑在这方面的意义,日本诗人松尾芭蕉的作品里有很好的说明。他晚年曾去日本北部游历,见到一块 8 世纪的石碑,他写道:"诗歌提到了古代的很多物事,但是山崩了,河流消失了,新路取代了旧路,石头被埋在地里,树变老了,而树苗变成了树。时间流逝,万物都在变化,过去的事物都在某种不确定性中变成了遗迹。然而,现今在我眼前的,是一座耸立了一千多年的石碑!我想,这是此番游历的一大乐事,也是我人生当中的一大乐事。我浑然忘记了旅途的疲惫,不禁潸然泪下。"见松尾芭蕉:《奥之细道》("The Narrow Road of Oku"),收入基恩(Donald Keene)编译:《日本文学选集——从早初到 9 世纪中期》(*Anthology of Japanese Literature : From the Earliest Era to the Mid-Nineteenth Century*),第366—367 页。

② 萧邦(Gregory Schopen):《印度佛教研究中的考古学与宗教学前提》("Archaeology and Protestant Presuppositions in the Study of Indian Buddhism"),《宗教史》(*History of Religions*),1991 年第 31 卷第 1 期,第 1—23 页。

响,但佛教对于中国人生活的意义却是丰富多样,远不只是一种宇宙论或是一套道德观。

对于本项研究而言,某些史地资料也是有用的资源,对此本书也将作出考察。比如,讨论寺院所在地的环境,有助于将传统中国的宗教和有关圣地、建筑、方志的文献联系起来。宋代文人所写的寺院碑记往往难以适应宗教学的理论模式。^①佛寺作为一种建筑和道观、宗庙显得很相似,^②即便它们在信仰、仪式和组织机构等方面存在很大的不同,但这些差异不会在建筑的空间形式上马上表现出来。如同韩书瑞(Susan Naquin)和于君方(Chün-fang Yü)所编的一部书里提到的,中国古代的香客一路跋山涉水,来到他们所膜拜的圣地,在这个时候寺院便成为了最好的配角。^③一般来说,中国人心目中的圣地并不是那些建筑,而是那里不寻常的自然景观,或是仪式过程中所产生的某种东西。

此外,当时的文人居士在观念上和13世纪德国或意大利的文人平信徒很不一样,后者虽然不是正式的神职人员,但他们如同其他的平信徒那样,会将自己视作基督教徒的一员,而宋代文

① 大量文献与此相关。伊利亚德(Mircea Eliade)将寺院视作圣俗联系的一个象征,因而寺院的重建也就成为恢复圣俗联系的一种努力。乔纳森·史密斯(Jonathan Z. Smith)和一些学者将注意力放在圣地的环境、建筑及其政治影响等方面。也有研究者在努力证明圣地与建筑的同源性,有关文献,可参见林德赛·琼斯(Lindsay Jones):《宗教建筑的诠释学:经验、解释与比较》(*The Hermeneutics of Sacred Architecture: Experience, Interpretation, Comparison*),尤其是第14章。
② 参见夏南悉(Nancy S. Steinhardt):《道教的建筑》("Taoist Architecture"),收入斯蒂芬·利特尔(Stephen Little)编:《中国道教与艺术》(*Taoism and the Arts of China*),第57页。
③ 韩书瑞(Susan Naquin)、于君方(Chün-fang Yü)编:《中国的朝圣者与圣地》(*Pilgrims and Sacred Sites in China*)。

人居士的观念往往不是这样，他们和佛教的关系未免有些模糊不清。在中国古代，宗教和世俗的界线本来就比较模糊，不仅佛教这样，道教、儒教也如此，因而对所谓教外人士，其实不易给出明确的界定。

尽管寺院没有成为研究者通常所认为的圣地，但它们仍然是非常特别的场所，可以保证文人的作品在里边长久存续，这一点是其他绝大多数建筑所做不到的。寺院里的碑记将涉及有关场所的问题，尽管是以一种比较抽象的方式。文人们撰写有关寺院的文章一般都带着对佛教的敬意，但除此以外他们要考虑的情况还有很多，一篇文章里不仅要谈到寺院过往的历史、它周边的环境，还要面向朝廷政府，也将涉及作者本人的情况。在写作过程中，作者们自然要选择对自己有利的位置，尽可能找到一种适合自己的定位。由此也就使得寺院当中会包含各种特异的东西，以至于可以就此质疑它们的合法性。在公共场所和私人场所之间，很难将寺院明确地归到哪一类。首先，它们不是私人场所，尽管僧侣们在那里常住，有些居士也会在那里住上几年。但它们也不完全是公共场所，它们在国家政治中的地位未免有些模糊不清。寺院所具有的这种灰色地带的特性给文人们提供了相当大的空间，让他们可以在自己的作品中作出灵活的定位。

22

走出寺院

对于宋代文人来说，佛教几乎贯穿了他们的一生。在孩提时代，他们就开始接触佛教，他们会经常听到亲人们在唱诵佛经，或者是和父母一起去寺院烧香。在求学阶段，他们可能会在一个佛寺里准备科举考试，参加科举考试通常要远赴他乡，在此期间他们可能会寄宿在佛寺里，并向僧人卜问前程。有时候，科举考试也会被安排在寺院进行。① 当他们到地方上任，作为地方官他们需要向寺庙征税，并要维持寺院及其周边的秩序，有些情况下他们可能还要为寺院选任新的住持。在桥路建设或是赈灾扶贫的工作中，他们也可能要求助于寺院。在他们的家庭生活中僧人扮演着重要角色，比如丧葬事宜上，包括对亲人坟墓的选址，都离不开僧人的帮助。对于那些被贬或退休的官员来说，佛寺也是一个颇为重要的地方，如黄庭坚等人，他们在这个时期都和僧人有比较多的交游。总之，尽管大家的人生际遇各不相同，但佛寺以及僧人在他们一生当中都扮演着很重要的角色。

　　不管佛教扮演了什么角色，这个宗教在文人生活中都是无所不在的。佛寺往往给人一种稳定恒常的感觉，但这种特征在某种程度上又和它的教义相矛盾，因为佛教的一个基本看法是所有现象都是短暂的、不真实的。然而，正如大家日常所看到的，佛寺确实有着长久存在的品性，其他的一些建筑可能会衰败乃至消失，但寺院却仍然随处可见。作为中国传统景观的一个重要组成部分，它们在数量上也超过了其他的具有宗教意义的场所，例如道教的寺观、供奉当地神灵的寺庙以及儒家的书院，等等。② 很多寺院都有着数百年的历史，在周边极少有建筑可以和它们的长寿相提并论。尽管一直以来大家都说 9—10 世纪的动荡曾对佛寺造成了很大损害，有些寺院甚至已是不能恢复了，

---

① 参见魏了翁：《眉州创贡院记》，《重校鹤山先生大全文集》卷四十八，第 15 页上—17 页上。
② 有些作者会把书院和佛寺对立起来，认为佛寺掌握了大量的财产，而这些财产几乎都没有用于建设和维护书院。参见李璜：《重建州学记》，《乾道四明图经》卷九，第 2 页上—3 页上；刘发：《华亭县学记》，《至元嘉禾志》卷十九，第 3 页上。

但对于宋代人来说，他们却感觉不到佛教有中断。① 戒律的森严、环境的简陋，以及僧人持之以恒的毅力，都赢得了士大夫的敬重。这些情况在很多方面都和他们所经历的情况形成了鲜明的对比。古典文化的传统遭到破坏，同时他们个人的生活也有很大的不确定性。受科举制度和朝廷政策等各方面因素的影响，他们的仕途生涯在各种戏剧性的突发事件中有可能遂意，也有可能不成功。此外，士大夫也看到世道在变化，比如频繁的战争、大规模的人口迁移以及不断增长的金钱力量，等等。总之，相比于他们所看到的各种物事的无常，寺院则代表着恒常不变。

话虽如此，佛教内部的情况却变得越来越复杂，使得俗家信众对它的理解也变得纷纭不一，包括对教义、制度、仪轨、文本以及佛像等各种统摄在佛教主题之下的物事，人们的看法都很不一样。这种复杂性源自佛教在中国土地上几个世纪以来的演变。在不同的人看来，佛教修行可以是具备观音菩萨的慈悲精神，也可以是基于禅宗公案的一种顿悟，还可以是有关忏悔的一种仪式。不仅俗世中人作如是观，即便是僧人自己对佛教的理解也存在很大的差异。虽然在某些基本的信念上僧人们的看法是一致的，但佛教内部却缺乏一个可以决定正统和执行教会纪律的权威，这也就意味着僧人们可以从不同的角度看待他们的修为。有些僧人以熟知经文为荣，包括印度传来的以及中国本土产生的各种经典和评注，但在另一些僧人看来，半文盲的状态是最好的。此外，在世人眼中僧人也是多样的，他可以是导师、苦行者、先知，也可以是法师、医师，又或者是江湖骗子。再者，

---

① 参见赵抃：《龙游县新修舍利塔院记》，《清献集》卷十，第 24 页下—26 页上；叶梦得：《建康府保宁寺轮藏记》，《石林居士建康集》卷四，第 769 页下—770 页上；牟巘：《普照千僧海会堂记》，《陵阳集》卷十，第 8 页上—10 页上。

各地的寺院也表现出很大的差异性。大寺院往往拥有大量的寺产和财富，不仅可以免税，而且朝廷对它还有资助，此外，帝王留下的笔墨也使得那些建筑熠熠生辉。这些寺院往往住有几百位僧人，其间大多数的建筑都显得特别庄严。但也有一些寺院，则是坐落在偏远地区，显得昏暗、幽隐，只有很少的僧人住在这荒凉的建筑里边。

　　佛教自身的变化也使得它对俗世社会的影响越来越广泛。如前所述，随着禅宗的兴起，新的文学体裁正在形成，民间佛教组织不断增加，而寺院和政府的关系也不断增强，这些变化都影响了士大夫对佛教的看法。此外，愈演愈烈的教派分化则反映出僧人们可以通过不同的方式去解释他们的传统，而如同僧人所做的，世俗中人也有着各自不同的理解，往往是从一些新的角度来看待佛教。例如，禅宗作为佛教中国化的杰出代表，强调实现觉悟只需要最低限度地把握经典，与之相应地，俗世信众会认为，他们的修行未必需要僧人的引导。再者，在地方官员那里，他们对佛教事务也变得更为熟悉，指派新住持已成为他们职权 *24* 的一个部分。总的来看，这些情况在不知不觉间改变了文士们看待佛教的方式。

　　佛教观变化的第三个因素则涉及文人自身的一种观念，即作为一名文人将意味着什么。唐代的前辈给宋代文士留下了很多思想遗产，其间也包括排佛的主张，其中最为杰出的倡导者便是言辞激昂的韩愈。韩愈对古文运动的推动、对儒家传统的推崇，以及他的大无畏的文士形象，激励了无数的知识分子。但也如同艾朗诺（Ronald C. Egan）所注意到的那样，北宋文人对韩愈的反对声音比起他们对此前其他文人的反对声音要多得多。① 当然,也许是作为一种回应,一些寺院里的碑文会否认因果业报的信仰,或者是,碑文的作者尝试说明他提供文章这一行为的合理性,他们似乎在担心唐代的前辈会谴责他们背叛了儒家传统。即便是持韩愈的观点,也不意味着他对佛教的看法就会一成不变。在前文所述的黄庭坚所写的碑文中,他说到文人当中存在一种反佛情绪,他本人也曾有过,不过后来他改变了看法,将排佛看成一件和王安石政策一样愚蠢的事情。虽然其他的一些文人有时候也会站在韩愈的一边,但他们仍会对佛教表现出相当多的兴致。② 当然,在给寺院提供碑记时,他们的排佛立场也会增强其自觉意识。

    宋代文人对佛教的看法复杂多样,甚至有些时候显得自相矛盾。这种变化一方面使得佛教更加贴近世人生活,但同时也会和另一种观念产生冲突,也就是中国的正统文化已然宣称这种信仰是一种异端。对于某些人来说,以往对待佛教的方式已变得不恰当了,然而另一些人却还是用很虔诚的语言纪念佛教的寺庙,就如同他们的唐代前辈那样。作者们在写作相关记文时,会在参与者和观察者之间不断切换身份,寻求一种更有利的位置。在各种不谐的声音之中,文人们写作的时候也会赋予佛寺以某些新的意义,或是把它们看作一种新奇之物,或是带着政治的眼光去看它们。总之,他们对佛教的看法明显各异,打破了唐代以来的相对的一致性。文士们应僧人之邀写作记文时可能

---

① 艾朗诺(Ronald C. Egan):《苏轼生活中的言语、意象和事迹》(*Word*,*Image*,*and Deed in the Life of Su Shi*),第 198 页。

② 比如说洪迈,他虽然赞同韩愈的观点,认为文人们在写作时不应使用佛教的语词,但他又曾整理校对佛经的翻译。见洪迈:《容斋随笔》,第 744—745 页。即便是胡寅,一位重要的道学家、严厉的佛教批评者,也写了一篇带有佛教情怀的文章。见胡寅:《罗汉阁记》,《崇正辩 斐然集》,第 455—456 页。

会附加一些解释，当他们依照僧人所认为的恰当方式去展开写作时，某种程度上也就扮演了教义解释者的角色。如此一来，便造就了一种世俗性的虔诚，在此观念中对三宝的信仰并不排除实用的观点，即佛教应服务于帝国的统治。

　　中国宗教在宋代发生了很多变化，对传统思想文化造成了复杂多样的影响，以上所说只是其中的一些方面。除了那些已经被学者从形而上学或宗教仪式等角度进行过充分研究的变化，两宋期间的佛寺建筑在儒学复兴运动的影响下，某种程度上也体现了儒家的价值观。[①] 在宋代的儒学复兴运动中，竖立在各地的佛教建筑往往成为拜佛的场所，有些文士还会寄宿在佛寺里，能够得到来自僧人的很好的照料。道教也经历了类似的变化，在朝廷的资助下，各种新的仪轨得以汇编，并且在 12、13世纪传得很广泛。[②] 地方官员积极参加道教的相关活动，用宗教仪式来包装自己，而有些文人也会通过他们在这方面的学问来赢得声誉。[③] 寺观里所供奉的诸神灵以及新的地方神祇越来越

[①] 参见宁爱莲（Ellen G. Neskar）：《先贤崇拜——宋代儒家先贤祠研究（960—1279）》，（"The Cult of Worthies: A Study of Shrines Honoring Local Confucian Worthies in the Sung Dynasty（960—1279）"），哥伦比亚大学博士学位论文，1993 年。

[②] 参见司马虚（Michel Strickmann）：《12 世纪道教的复兴》（"The Taoist Renaissance of the Twelfth Century"），第三届道教研究国际学术研讨会参会论文，瑞士安特拉格里，1979 年 9 月 3—9 日；鲍菊隐（Judith M. Boltz）：《道教文献概观：10 到 17 世纪》（A Survey of Taoist Literature: Tenth to Seventeenth Centuries），第 23—52 页。

[③] 参见鲍菊隐（Judith M. Boltz）：《不惟官印：与超自然斗争中的新武器》（"Not by the Seal of Office Alone: New Weapons in Battles with the Supernatural"），收入伊沛霞（Patricia B. Ebrey）、格雷戈里（Peter N. Gregory）合编：《中国唐宋时期的宗教与社会》（Religion and Society in T'ang and Sung China），第 241—305 页；戴维斯（Edward L. Davis）：《中国宋代的社会与超自然》（Society and the Supernatural in Song China）。

多，人们立起了各种各样的崇拜对象，其中很多神祇被一直保留到帝国灭亡的时候。[①] 在道教和佛教的影响下，宋代出现了一种用以具体评估个人品德的功过格，这种开创性的做法后来影响了晚期帝国的道德文献。[②]

追寻唐宋之际文人佛教观的变化，很难画出一条清晰的界线，其间缺乏明确的转折点、关键人物，或是可以表明文人相互影响的证据。在当时，佛教并未成为一个引发广泛争论并要求政府或士人作出裁决的问题。并且，虽然目前学界对宋代的一些高僧已开展研究，但对于宋代末期和元代佛教的情况，我们的认识仍比较粗略。即便有些学者已留意到，在政府的支持下以及藏传佛教的影响下，汉地佛教在那个时期里发生了比较大的 26 变化，但具体发生了怎样的变化，我们仍不甚清楚。[③] 由于我们对佛教在这一时期的发展不甚了然，因而在考察文士们如何看待佛教的问题时，也只能就其间的某些方面而言。

---

① 参见约翰逊(David Johnson)：《中国唐宋时期的城隍信仰》("The City-God Cults of T'ang and Sung China")，《哈佛亚洲研究学报》(*Harvard Journal of Asiatic Studies*)，1985 年第 45 卷第 2 期，第 363—457 页。

② 参见包筠雅(Cynthia J. Brokaw)：《功过格——晚期中华帝国的社会变迁与道德秩序》(*The Ledgers of Merit and Demerit：Social Change and Moral Order in Late Imperial China*)，第 35—52 页。

③ 针对大慧宗杲去世(1163)以后的情况，目前研究比较缺乏。当然也不是完全没有，可参野上俊静：《元史釋老傳の研究》；戴密微(Paul Demiéville)：《马可·波罗时代中国的宗教情况》("La situation religieuse en Chine au temps de Marco Polo")，收入氏著：《汉学论著选(1921—1970)》(*Choix d'études sinologiques，1921—1970*)，第 166—209 页；冉云华(Yün-hua Jan)：《大都的佛教：新形势与新问题》("Chinese Buddhism in Ta-tu：The New Situation and New Problems")，收入陈学霖(Hok-lam Chan)、狄培理(Wm. Theodore de Bary)合编：《元代思想：蒙元时期中国的思想与宗教》(*Yüan Thought：Chinese Thought and Religion Under the Mongols*)，第 375—417 页；于君方(Chün-fang Yü)：《中峰明本与元代禅宗》("Chung-feng Ming-pen and Ch'an Buddhism in the Yüan")，收入上书，第 419—477 页。

　　因此,如果借用列文森(Joseph Levenson)和高彦颐(Dorothy Ko)的话来说,那么此书便是一种网状研究,而不是线性研究。它将要呈现的是一幅以佛寺为中心的宋代文化景观,其间将会标示出文人学士看待寺院的诸种背景和位置。为了铺垫叙事框架和提供历史背景,第一章将专门考察晚唐时期的寺院碑记。这些文章的论调比较一致,透露出当时人们对佛教的虔诚,这让唐代获得了"中国佛教黄金时代"的称号。接下来几章则是依次考察宋代文人如何看待佛教的教义、佛教和国家的关系、佛教和社会的关系以及佛教在文人自身生活中的角色,从不同的方面呈现当时文人的佛教观。其中,第二章通过考察宋代文人所写的与佛教有关的文章,说明在当时虽然有一些士人在重复唐代的论调,但更多的士人则是借此机会参与到佛教内部的辩论中。第三章主要考察佛教在帝国宗教中的地位,如前所述,一种宗教能吸引人,一定程度上是由于它的力量,而这种力量在它和国家的联系中得以表现,并得到加强。第四章将要说明一些文人如何将寺院及其赞助者视作美德的典范,当然,对于另一些文人来说,寺院和僧人只是时代腐败的反映。最后一章则讨论佛寺何以能够唤起人的孝顺之德和怀旧之情。此上的分类只是一种用来考察寺院碑记的临时性框架,这是一种寺院以外者的视角,并且,此间的考察也不能囊括所有的文章。

　　总而言之,本书主要是考察在唐宋之变过程中文人学士对佛教的看法出现了哪些重要的变化,亦即他们的看法如何变得复杂多样并一直持续到宋代结束。这些变化源于佛教和本土传统关系的变革,并且在某些时候也使得佛教和寺院成为评价世俗社会的一个参考框架。由此来看,佛教远没有被推到中国文化的边缘,而是融入到士大夫的日常生活中,成为他们生活的一个重要部分。

27

第一章　唐代的视域

> 唐世士大夫重浮屠，见之碑铭，多自称弟子，此已可笑。柳子厚《道州文宣庙记》云："《春秋》师晋陵蒋坚，《易》师沙门凝誓。"①安有先圣之宫，而可使桑门横经于讲筵哉！此尤可笑者。然《樊川集》②亦有《敦煌郡僧正除州学博士僧慧菀除临坛大德制》，则知当时此事不以为异也。③

这一段愤慨的言辞出自南宋文人周密。这是当时文坛的一位重要人物，一部四百多年以前的作品激怒了他。周密的这种表现在宋代文人中并不是孤例，宋代文人发现他们在很多事情上的看法都和唐代人有较大的分歧。沈括生活在一个精英地位在很大程度上取决于国家支持的时代，但在他看来，中古时期在政治和文化上居于主导地位的门阀士族，完全是一种源自外国的社会形式。④

---

① 柳宗元：《道州文宣王庙碑》，《柳宗元集》，第 120—124 页。

② 此书是杜牧的作品。周密所引文章是杜牧所撰的《敦煌郡僧正慧菀除临坛大德制》，见杜牧：《樊川文集》，第 305—306 页。

③ 周密：《癸辛杂识》，第 40—41 页。

④ 沈括撰、胡道静校证：《梦溪笔谈校证》，第 772—773 页。沈括把中国中古时期的门阀制度和印度的种姓制度放在一起进行比较。关于这方面的情况，亦可参见崔瑞德（Denis Twitchett）：《唐代统治阶层的形成：基于敦煌的新证据》（"The Composition of the T'ang Ruling Class: New Evidence from Tunhuang"），（转下页）

洪迈,南宋时期一位著名的文人,认为如果以宋代的标准看,唐代对两性关系的要求其实并不严格。[①] 此外,在唐代击鞠是一项很受文人欢迎的活动,但宋代文人对这项活动却不怎么感兴趣。[②] 对于宋代文人来说,唐代诗歌具有非常崇高的地位,达到近乎完美的水平,这让他们既感到欢欣鼓舞,又感到沮丧无比。[③]

在周密所处的 13 世纪后期,人们往往会将他们的不安归因于同时代儒家学者所发起的论争。这种论争主要是来自道学家,他们一方面力主排佛,而在另一方面,却又向佛教借用在当时思想界居于主导地位的形而上学。在周密去世以后的第十六年,道学家的学说得到了政府承认,成为一种官方哲学,但道学家的观点在当时并非没有异议。[④] 在周密之前,已经有人对道学家的思想提出批评,这些意见散见于他们的作品当中。在周密看来,程颐、朱熹等人是可敬的学问家,但他们的继承者却格局很小,并且高度自以为是。周密更关心的是具体的文献和史料,而不是形而上学的探索。前面所说的士大夫的排佛,并不是说

28

(接上页)收入芮沃寿(Arthur F. Wright)、崔瑞德(Denis Twitchett)合编:《唐代研究诸视角》(*Perspectives on the T'ang*),第 47—85 页。

① 参见洪迈对白居易《琵琶行》的评论,收入陈寅恪:《元白诗笺证考》,第 50—52 页。

② 刘子健(James T. C. Liu):《马可·波罗与文化变迁:从唐代到宋代》("Polo and Cultural Change: From T'ang to Sung China"),《哈佛亚洲研究学报》(*Harvard Journal of Asiatic Studies*),1985 年第 45 卷,第 203—244 页。

③ 萨进德(Stuart H. Sargent):《后来者能够居上吗?——宋代诗人与唐诗》("Can Latecomers Get There First? Sung Poets and T'ang Poetry"),*Chinese Literature*, *Essays*, *Articles*, *and Reviews*,1982 年第 4 卷,第 165—198 页。

④ 参见石田肇:《周密と道学》;普雷斯顿(Jennifer Jay-Preston):《周密(1232—1298)及其朋友的生活与忠诚》("The Life and Loyalism of Chou Mi(1232—1298)and His Circle of Friends"),《远东史研究集刊》(*Papers on Far Eastern History*),1983 年第 28 卷,第 49—105 页。在周密的笔记中,他曾提到观音菩萨如何将一位官员从危难中救出。这个事情让周密感触颇深,以至于他在书中为读者抄写了一遍解厄的咒语。见周密:《癸辛杂识》,第 161 页。

当时的排佛都源于道学的成功,更主要地,它是源于当时一些文人学士对本土思想遗产及其文化特质的一种自我意识。从他们的角度来看,儒佛边界不清晰、轻易授予僧人以思想权威地位等现象都是不可思议的。

这一章主要通过一些与佛教有关的碑文,探讨唐代知识精英对佛教的态度。在当时,不乏一些文人会写文章以纪念寺院的修建、住持的任命以及佛像的制作等,他们往往是用当时的两种惯用语气,或是虔诚,或是带有歉意。在前一种情形中,作者们会积极宣讲佛教的某些教义,并通过大量的引经据典来渲染教义的威严。有的时候,这些文章倒像是学生们在老师要求下对某个主题展开论述的提纲。相对而言,在另一种情形中作者们的语气则会带有一种歉意,这些文章所面向的对象主要是那些对佛教具有怀疑倾向、态度不甚友好的读者,其间会提到一系列准备接受论辩的论题。这两类文章都反映出文人对佛教普度众生之信念的高度认同。佛教对于碑文的诉求是如此的强烈,以至于当时的文人几乎想不出其他的纪念方式。对于这一段历史,目前学界往往是用帝国晚期的视角去看待,而在帝国晚期,佛教在文人当中的诉求已经大大减弱了。因此,在考察那些碑记以前,我们先来看看那个时代一度处于主流地位的排佛运动。

被围攻的僧伽

讨论晚唐时期的排佛运动,首先要考察当时的社会基本形势。在这一时期里,社会秩序比较混乱,前有安史之乱,后有黄巢起义。前者源于一位将军对朝廷给他的待遇不满,后来这场叛乱虽然被平定,但朝廷的权威也在这次战争中被大大削弱了。中亚以及黄河以北的大片土地都落入了外族或节度使的手中,虽然南方还有一大片土地仍处于朝廷的统治范围内,但比起北方,尤其是比起首都长安,这些地区是欠发达的。在这个逐渐走向衰落的帝国里,各级官员、宦官和君王等都卷入了权力斗争中,流血事件时有发生。

政治上的动荡不安却激发了思想文化的繁荣,国运的突然衰落促使人们去寻求匡正时弊的途径。人们对制度和文化的规范进行了深入的反思,以至于引发了一场影响中国数个世纪的文化运动。① 这也就是晚唐出现的"古文运动",它是一次文学事件,但其间却包含了有关道德使命和文化革新的深刻意味。后来,这场运动在宋代取得了成功,到了 12 世纪早期,继任者已然建立起文学的基本范式。在诗歌领域,晚唐时期也涌现了一大批优秀的诗人,他们的诗篇具有几乎与中国古典文化本身同义的地位。②

佛教在这一时期里得到了繁荣的发展,诸如天台宗、华严宗等教派在僧人的持续努力下恢复了自身的活力。③ 禅宗在这一时期也逐渐变得成熟,一些新的修行法门、新的经典陆续出现。这些情况不仅影响中国佛教的发展,也波及日本和朝鲜。在僧人的努力之下,越来越多的人开始信仰佛教,其中包括了那个时代很多杰出的文人。在很大程度上,是他们的虔诚让唐代获得了"中国佛

---

① 参见麦大维(David McMullen):《唐代中国的国家与学者》(*State and Scholars in T'ang China*),第 12—13、101—112、154—158、203—205 页。

② 参见宇文所安(Stephen Owen):《韩愈与孟郊的诗》(*The Poetry of Han Yü and Meng Chiao*);《中国"中古"的终结:中唐文学文化论文集》(*The End of the Chinese 'Middle Ages': Essays in Mid-T'ang Literary Culture*)。

③ 参见格雷戈里(Peter N. Gregory):《宗密与佛教中国化》(*Tsung-mi and the Sinification of Buddhism*)。

教的黄金时代"这一称号。

晚唐时期佛教的活力主要体现于它具有一种自我恢复的能力,在遭受了重大挫折以后,它可以自我修复,继续发展。当时佛教遭受了两次主要的挫折,分别是以韩愈为代表的士大夫的排佛主张,以及唐武宗会昌年间(841—846)朝廷的灭佛运动。韩愈是儒学复兴运动开始的一个标志,这一场思想运动后来在宋代大有所成。① 韩愈对汉代以来的文学和思想给予严厉的批评,使得儒学和古文的地位大为提高,这让他成为当时文坛最为重要的人物。在韩愈看来,若要复兴儒家的文化传统,就必须坚决排佛。他认为,佛教是一种外来的赘疣,应该马上将它从中国文化中剔除掉。② 为此,针对朝廷支持佛教的态度,他曾上表直言反对,这差点让他丢了性命。

在会昌年间的灭佛运动中,唐武宗下令大规模地拆毁佛寺,

---

① 根据陈荣捷的论述,韩愈和李翱之所以伟大,在于他们使儒家思想从可能消亡的危境中挺立起来,并且确立了儒学复兴的方向和性质。见陈荣捷(Wing-tsit Chan):《中国哲学文献选编》(*A Source Book in Chinese Philosophy*),第 450 页。关于这方面的论述,亦可参见蔡涵墨(Charles Hartman):《韩愈与唐代对统一的追求》(*Han Yü and the T'ang Search for Unity*);包弼德(Peter K. Bol):《斯文——唐宋思想的转型》("*This Culture of Ours*": *Intellectual Transitions in T'ang and Sung China*),第 123—136 页。关于蔡涵墨之书的评论,可参麦大维(David McMullen):《韩愈:另一种面相》("Han Yü: An Alternative Picture"),《哈佛亚洲研究学报》(*Harvard Journal of Asiatic Studies*),1989 年第 49 卷第 2 期,第 603—657 页。

② 韩愈在其文章中明确提出要彻底地禁止佛教,包括其僧侣、经典以及寺院,等等,都要受到禁止。这给儒家思想提供了强有力的维护。他认为,佛教只是一种外来的赘疣,它已经威胁到中国以儒家为代表的古典文化的生存。第二篇文章写于公元819 年,当时朝廷决定迎取佛骨,为此举行了各种庆典,耗资巨大,且一时间掀起了信佛的热潮。在此情况下,韩愈力谏君王,试图阻止朝廷迎取佛骨。这种冒犯天威的行为虽然没有让他因此丧命,但给他带来了被贬斥到偏远的潮州的惩罚。参见狄培理(Wm. Theodore de Bary)编:《中国传统文化资料选编》(*Sources of Chinese Tradition*),第 372—374、376—379 页;蔡涵墨(Charles Hartman):《韩愈与唐代对统一的追求》(*Han Yü and the T'ang Search for Unity*),第 84—86 页。

粉碎其砖瓦,焚烧其木材。在此之前,北魏太武帝和北周武帝也采取过类似的措施,但这两次运动主要是在中国北方开展,而会昌年间的灭佛运动很快就遍及全国。① 唐武宗对佛教的打击意味着朝廷内部的反佛声音越来越强。② 唐代前期的统治者和文人学者已经争论过如何对待佛教的问题,在安史之乱破坏了国家的稳定和政府的财政以后,这个问题就变得愈发紧要了。在某些官员的眼中,中国大地上星罗棋布的寺院、日益增多的僧众,大大耗费了国家的资源。唐德宗(780—805 年在位)率先对佛教寺院采取严厉的政策,③甚至达到了韩愈所主张的那种程度;唐宪宗(806—820 年在位)则力图限制平民百姓剃度出家;④唐文宗(826—840 年在位)是同情佛教的,但朝廷中的反对派却总是在阻挠他以及他的拥护者去施行鼓励佛教的政策。⑤ 和文宗恰恰相反的是,武宗对佛教则大为不满,他采取了一系列的措施,力图将佛教寺院削减到以前的规模。每个州只能建一所寺院,即便是在宗教活动很频繁的长安和洛阳,也只允许它们各自建两所寺院。现今常被提到的一组数据是,在当时 20 多万的僧人还俗了,4600 座寺院和 40000 多所庙宇被拆毁,不可胜数的佛经也在这场运动中

---

① 北魏太武帝(424—451 年在位)与北周武帝(561—578 年在位)的灭佛举措被看作唐代以前最著名的反佛运动。参见陈观胜(Kenneth Ch'en):《中国佛教》(*Buddhism in China*),第 147—151、186—194 页。关于会昌年间的灭佛运动,参见威斯坦因(Stanley Weinstein):《唐代佛教》(*Buddhism Under the T'ang*),第114—136 页。

② 有趣的是,在 9 世纪三四十年代的相关法令中,强调得更多的是要抑制僧尼人数的增长,而不是控制寺院数量的增多。参见《钦定全唐文》卷七十四,第 12 页下—14 页上;卷九百六十六,第 7 页下—9 页下。

③ 威斯坦因(Stanley Weinstein):《唐代佛教》(*Buddhism Under the T'ang*),第 89—92 页。

④ 同上书,第 101—102 页。

⑤ 同上书,第 106—114 页。

被烧毁。

当时,不乏一些士人和韩愈、唐武宗一样,也是持反佛的态度。这其中就有一些是韩愈的盟友,如李翱①、皇甫湜②、张籍等人。另外,沈亚之③对佛教的蔓延和儒学的衰落也深感痛惜,当他看到陕西的僧人被勒令还俗,财产被从寺院里收了回来,则大表庆贺。④ 在一次迎接佛像归还杭州某寺的庆典活动中,沈亚之继续开展他的这种斗争。他不太关心佛像的神圣性,而是分析它的材料组成,并且还用儒家的美德去类比它的功能:

31
其或范金铁以为之,合土木以为之,坚之以脂胶,饰之以丹漆五色,然后形神俨然,成其像……

其性之旨为戒慎,正邪去恶为济渡,力道盲聋,警沉溺,使民无不善,如我仁谊慈惠然。⑤

在不考虑佛像之宗教意义的情况下,它只是一件供人鉴赏的艺

---

① 参见巴瑞特(Timothy Barrett):《李翱:释子、道士还是新儒家?》(*Li Ao: Buddhist, Taoist, or Neo-Confucian?*),尤其是"李翱思想中的佛教、道教与儒家"("Buddhism, Taoism and Confucianism in the Thought of Li Ao")一章。
② 皇甫湜曾撰写有关韩愈思想的碑文以及韩愈的墓志铭。研究者还注意到,在公元808年举行的一次特殊考试中,一些士人借此抨击朝政,皇甫湜也参与其间。一般的观点认为,这一事件触发了后来影响9世纪唐代政治的"牛李党争"。参见崔瑞德(Denis Twitchett)编:《剑桥中国史》(*The Cambridge History of China*),第3卷,第649—650页。在皇甫湜的作品中,有一篇序言是称赞一位熟人所写的抨击佛教之文,另一篇序言则是称赞一位僧人对韩愈受贬斥所表现出的同情。在交往当中,皇甫湜发现这位僧人"虽佛其名而儒其行,虽夷狄其衣服而人其知"。见皇甫湜:《送孙生序》《送简师序》,《皇甫持正文集》卷二,第6页下—7页上、第6页上—6页下。
③ 参见朱传誉:《沈亚之研究资料》,第4页下。
④ 沈亚之:《复戒业寺记》,《沈下贤文集》卷六,第63页下—64页下;《移佛记》,同书卷六,第60页上—61页下。
⑤ 沈亚之:《移佛记》,《沈下贤文集》卷六,第60页上—61页下。

术品而已。① 杜牧便持这种态度。当时杭州某寺院被拆毁以后，那些拆下来的材料被用来修建一个亭子。对此杜牧大加称赞，并言道那个亭子将会使唐武宗的功绩永垂不朽。②

然而，这些在当时并不是主流。武宗的继任者宣宗（847—859 年在位）以及接下来的懿宗（860—874 年在位），对这种文化斗争都不怎么感兴趣。在他们当政期间，朝廷又转向支持佛教，尽管支持的力度还不算特别大。③ 韩愈曾在张籍的支持下，在一场辩论中首次申明自己的排佛立场。他提出排佛的几项理由，并且针对论敌的观点也作出有力的回击。④ 加入张籍的行列，让韩愈成为人们批评的靶子，虽然后来他仍是坚守自己的立场，但由此也说明了在当时那种激进的排佛主张其实是比较少见的。柳宗元是韩愈在古文运动中的主要盟友，但他对佛教的态度和韩愈不同，他认为韩愈的排佛主张未免流于形式，并且带有恐惧外国文化的情绪。⑤ 在公元 845 年以后，那些撰写文章纪念寺院建筑的作者们将武宗的灭佛政策看成一种必要的净化工作，认

---

① 佛教作品在描述佛像时也会关注其物质结构。在沈亚之的文章中，他对佛像的描述是带有轻蔑态度的，这一点在僧人所写的同类作品里是看不到的。
② 杜牧：《杭州新造南亭子记》，《樊川文集》，第 153—156 页。杜牧年谱未记录此文的写作时间。编纂于 13 世纪的杭州地方志《咸淳临安志》未收录此文。
③ 威斯坦因（Stanley Weinstein）：《唐代佛教》（Buddhism Under the T'ang），第 201 页。关于唐宣宗李忱庙号的英译（T'ang Hsüen-tsung），我参照了威斯坦因的做法，以便和此前更著名的唐玄宗（T'ang Hsüan-tsung）区别开来。
④ 这些文字写于公元 795 年，见载于《韩昌黎文集》，第 76—79 页。关于这些文字的解读，可参海陶玮（James R. Hightower）：《作为幽默作家的韩愈》（"Han Yü as Humorist"），《哈佛亚洲研究学报》（Harvard Journal of Asiatic Studies），1984 年第 44 卷第 1 期，第 5—27 页。
⑤ 柳宗元：《送僧浩初序》，《柳宗元集》，第 673—675 页。此文的英译，可参翟理斯（Herbert A. Giles）：《中国文学史》（A History of Chinese Literature），第 191—194 页。

为佛教其实是从中获利了。① 总之,韩愈的排佛主张到了 11 世纪早期才开始变得显要,这个时候士大夫对儒家文化愈发重视,思想界的风向也开始发生显著的变化。

面对韩愈和唐武宗对佛教的打压,人们反而更关注佛教当中那些有益的因素,这一点在晚唐五代时期(907—960)给佛教的发展提供了良好的环境。会昌灭佛以后,各地的寺院陆续得到重建,它们重新获得财政上的支持,文士们也纷纷为之撰写记文。虽然他们所受的教育是以儒家经典为主,但其间很少有人觉得有必要在他们的世界和僧人的世界之间画上清晰的界线。正如接下来将要看到的,面对各种排佛论调,他们当中的很多人会努力地为佛教作出辩护。在后面的讨论中,我们先考察晚唐时期那些与佛教有关且具有时代特色的碑文,透过这些材料将会看到,文人们在表达某种信仰的同时,也透露了他们对佛教世界的熟稔。

为了一种信仰

晚唐的寺记贯穿着一个宗教性的主题。在作者们看来,为一座经阁或佛堂的完工撰写碑文,要有本自内心的虔诚,还要有像菩萨一样的慈悲心肠。一位研究者曾指出,在需要的情况下,当时大多数士人都能创作出一种模仿佛教语言的文章,比如说为新落成的寺院建筑撰写碑文。② 这些场合确实需要做

---

① 蔡京:《李肇东林寺碑阴记》,《全唐文》卷七百六十,第 1 页上—1 页下;邵朗:《兜率寺记》,《全唐文》卷八百六十,第 16 页上—19 页上。
② 巴瑞特(Timothy Barrett):《李翱:释子、道士还是新儒家?》(*Li Ao*:*Buddhist*,*Taoist*,*or Neo-Confucian*?),第 17 页。

出这样的回应，这也说明了，佛教在文人生活中享有一定的特权。不过，前节所述的沈亚之的文章却是这些热情声调中的一个显著例外。他的事例说明了，那些虔诚的表述是一种有意识的选择，并不是盲目地遵从常规，也不是简单地应付了事。当然了，还有一种可能是，作者们是为了在同行以及高僧面前展示自己是如何的博学。但从另一角度来看，并不是要完全否定上述的看法，作者们是将自己定位为俗世中的传道者，希望借此让佛教的教义在世间广为流传。这种情况在当时的士大夫群体中是很常见的，在那些知名人物所写的诸多文章里，我们可以清楚地看到当时的士大夫是如何将佛教的普度众生的慈悲精神也视作自己的使命。

　　士大夫将自身定位为俗世中的传道者，源于他们以佛教信徒自居，这种情况让周密感到失望。① 当时的一些文人，也确实像麦大维（David McMullen）所指出的那样，很羡慕僧人的师徒关系，希望在文人之间也能够建立起这样的关系。② 关于这点，梁肃的作品便是一个很好的说明。梁肃出身于北方的一个世宦家族，这一家族的祖辈自隋朝（581—618）开始便世代为官。③ 他

---

① 关于这方面的例子，可参姚暮：《大唐润州句容县大泉寺新三门记》，《金石萃编》卷一百十三，第 14 页下—18 页上；孙遇：《百严寺奉敕再修重建法堂记》，《金石续编》卷十一，第 30 页上—32 页下；檀执柔：《大唐福田寺□大德法师常俨置粥院记》，《山右石刻丛编》卷九，第 1 页上—3 页下。

② 麦大维（David McMullen）：《唐代中国的国家与学者》（*State and Scholars ia T'ang China*），第 48 页。

③ 这一简介在很大程度上受惠于神田喜一郎的《梁肃年谱》。此外，也可参见浦立本（Edwin G. Pulleyblank）：《唐代士大夫生活中的新儒家与新法家（755—805）》（"Neo-Confucianism and Neo-Legalism in T'ang Intellectual Life, 755—805"），收入芮沃寿（Arthur F. Wright）编：《儒家的教化》（*The Confucian Persuasion*），第 77—114 页，尤其是第 94—95 页；巴瑞特（Timothy Barrett）：《李翱：释子、道士还是新儒家？》（*Li Ao: Buddhist, Taoist, or Neo-Confucian?*），第 162—181 页。

33 出生在泾川，一个临近黄河和渭河汇流处的地方。在他年幼的时候，因安史之乱，他和家人移居东南部的常州市，因而梁肃一生的大部分时间都是在江南地区度过。他在公元 780 年前往首都长安，而后于公元 789 年回到江南，直至去世。在独孤及担任常州刺史期间，梁肃成为他的门生。独孤及是 8 世纪中叶士大夫当中的一个领袖，在公元 774 年被朝廷任命为常州刺史。① 独孤及去世之后，梁肃为他撰写了祭文和行状。此外，梁肃还编纂了他老师的文集，并为之作序。② 后来，梁肃继承他老师在文坛上的事业，培养一批有才华的年轻人，并且整顿了当时文坛的风气。受惠的年轻人中，便有韩愈和李翱，③因而梁肃也被视为古文运动的一个先驱人物。

虽然梁肃以独孤及的门生自居，但除了独孤及，他其实还有一位非常重要的老师，这便是天台宗九祖荆溪湛然大师。湛然大师对天台宗作出了伟大的贡献，此宗自创始人智顗大师去世以后，曾一度停滞不前，后来是湛然大师使它重新兴盛起来。④ 湛然大师是一位多产的作家，他将自己的大部分精力都用在了给智顗大师的作品作疏论上，⑤其中的一部大部头作品便是为《摩

---

① 关于独孤及的更多介绍，参见麦大维（David McMullen）：《8 世纪中叶的历史与文学理论》（"Historical and Literary Theory in the Mid-Eighth Century"），收入芮沃寿（Arthur F. Wright）、崔瑞德（Denis Twitchett）合编：《唐代研究诸视角》（*Perspectives on the T'ang*），第 307—342 页。

② 梁肃：《毗陵集后序》，《唐文粹》卷九十三，第 12 页上—14 页下。

③ 韩愈：《与祠部陆员外书》，《韩昌黎文集》，第 116—118 页；王定保：《唐摭言》，第 76—77、80—81 页。

④ 关于这两位重要人物的评介，参见郝理庵（Leon Hurvitz）：《智顗（538—597）：对一位中国僧人的生活与思想的介绍》（"Chih-i（538—597）：An Introduction to the Life and Ideas of a Chinese Buddhist Monk"），《汉学与佛学丛刊》（*Mélanges chinois et bouddhiques*），1962 年第 12 卷，第 1—372 页。

⑤ 关于湛然作品及其学说的研究，参见日比宣正：《唐代天台学序说：湛然の著作にかんする研究》《唐代天台学研究：湛然の教学にかんする研究考察》；（转下页）

诃止观》——天台宗关于冥思和修行的核心经典——所作的评注。① 他在晚年的时候认识了梁肃，当时他居住在浙江东部的天台山。②

　　在湛然大师的指导下，梁肃为天台宗的传播作了不少努力，其中最受关注的便是由他所编纂的《删定止观》。湛然大师曾给智颛大师的《摩诃止观》作评注（《止观辅行传弘决》），而梁肃所编的此书则是对湛然大师的评注进行摘要。③ 这部书编纂于湛然去世后不久，主要面向世俗读者，针对一些重要的佛教术语，梁肃结合中国传统的思想文化，用比较简练的语言作出解释。④ 此外，梁肃还曾为佛像写过不少的"赞"，⑤为湛然大师的《维摩诘经略疏》撰写序言，⑥并为昙一和尚塔撰写碑记等。⑦ 梁肃为《维摩诘经略疏》所写的序将《略疏》完成的时间定在公元 765 年，关于昙一和尚塔的碑记则记录了昙一法师在公元 771 年圆寂。如果

（接上页）潘霖德（Linda L. Penkower）:《唐代天台宗：湛然与佛教中国化》（"T'ien-t'ai During the T'ang Dynasty：Chan-jan and the Sinification of Buddhism"），哥伦比亚大学博士学位论文，1993 年。

① 《止观辅行传弘决》，《大正新脩大藏經》，经号 1912，卷 46。关于智颛所著《摩诃止观》（《大正新脩大藏經》，经号 1911，卷 46）的翻译和研究，参见唐纳（Neal Donner）、史蒂文森（Daniel B. Stevenson）:《摩诃止观：智颛〈摩诃止观〉第一卷的研究与译注》（*The Great Calming and Contemplation：A Study and Annotated Translation of the First Chapter of Chih-i's Mo-ho chihkuan*）。他们在书中还考察了湛然的贡献，指出湛然对《摩诃止观》的解释后来主导了东亚地区对这一文本的理解。见上书，第 43—49 页。

② 日比宣正:《唐代天台學序說：湛然の著作にかんする研究》，第 79—81 页。

③ 见《大日本續藏經》卷九十九，第 59—103 页。

④ 神田喜一郎认为此书始写于公元 784 年。见《梁肅年譜》，第 271 页。梁肃还为湛然的舍利塔撰写记文，可惜此文现已佚失，相关的摘录见于《隆兴佛教编年通论》，《大日本續藏經》，卷一百三十，第 303—304 页。

⑤ 《全唐文》卷五百十九，第 11 页上—20 页下。

⑥ 同上书，卷五百十八，第 23 页上—24 页下。

⑦ 《全唐文》卷五百二十，第 10 页上—11 页下。

这些文章都是在刚才所提到的时间之后不久写成的,那么也就意味着梁肃在 20 岁之前便开始在僧人的邀请下写作有关佛教的文章。这是一种明显的早熟,说明梁肃可能很早就引起了湛然大师的注意,并得到他的教导。不管怎样,两百年后佛教史学家赞宁大师对梁肃的成就给予了很高的评价,认为他是唯一一位能够切实理解湛然思想的居士。① 后来在南宋时期所编的一部天台宗史书里,梁肃也被放在了一个很重要的位置。②

34

梁肃还写过三篇有关佛寺的记文,表明了自己和僧人的共同立场。在梁肃 20 岁的时候,湛然大师曾让他为一个佛寺的讲堂撰写记文。③ 通过此文,我们可以了解到当时的文人是如何被佛教深深吸引的:

> 沙门释法颢,④启精舍于建安寺西北隅,与比丘众劝请天台湛然大师转法轮于其间。尊天台之道,以导后学,故署其堂曰"止观"。

---

① 赞宁:《宋高僧传》,《大正新脩大藏經》,经号 2061,卷 50,第 740 页上。

② 《佛祖统纪》,《大正新脩大藏經》,经号 2035,卷 50,第 438 页中—440 页下;《隆兴佛教编年通论》,《大日本續藏經》,卷一百三十,第 305 页中、下;《释门正统》,《大日本續藏經》,卷一百三十,第 379 页下—380 页上。唐纳(Neal Donner)和史蒂文森(Daniel B. Stevenson)指出,梁肃的观点及其相关话语到了宋代成了僧人在辩论中的常用语。见唐纳(Neal Donner)、史蒂文森(Daniel B. Stevenson):《摩诃止观:智颢〈摩诃止观〉第一卷的研究与译注》(*The Great Calming and Contemplation: A Study and Annotated Translation of the First Chapter of Chih-i's Mo-ho chihkuan*),第 50 页。

③ 在湛然大师的邀请下,梁肃还为智颢所在的天台山的寺院写了一篇文章。这篇文章见载于《佛祖统纪》,《大正新脩大藏經》,经号 2035,卷 50,第 438 页中、下;也见载于《全唐文》卷五百二十,第 7 页下—10 页上。神田喜一郎注意到湛然曾邀请梁肃,而梁肃也没有提及湛然已去世,故将此文的写作时间定在公元 781 年。见神田喜一郎:《梁肃年譜》,第 270 页。

④ 沙门是指出家修行的人。《全唐文》所收此文中,"法颢"写作"法禺"。陈垣的《释氏疑年录》和赞宁的《宋高僧传》都没有提到这位僧人。

　　初南岳祖师①受于慧文禅师②，以授智者大师，③
于是乎有止观法门。大旨：止谓之定，观谓之慧。④
演是二德，摄持万行。自凡夫妄想，讫诸佛智地，以契
经微言，括其源流，正其所归。圆解然后能圆修，⑤圆
修然后能圆证，此其略也。

　　自智者五叶传至今，大师当像法之中，诞敷其教，使
在家之徒，拨邪反正，如大云降雨，无草木不润。⑥升其
堂者甚众，其后进入室，不十数人，⑦法颙与居一焉。⑧

———————————

① 南岳祖师是指慧思大师。关于他的传记，见道宣：《续高僧传》，《大正新修大藏经》，经号 2060，卷 50，第 562 页下—563 页中。
② 一说是天台宗的始祖。见《佛祖统纪》，《大正新修大藏经》，经号 2035，卷 50，第 178 页中—179 页上。
③ "智者大师"指智颛大师。
④ 也有人将"止观"理解为关于冥想的准备和修行。如唐纳（Neal Donner）和史蒂文森（Daniel B. Stevenson）将"止""观"分别译为"平静"（calming）和"沉思"（contemplation）。
⑤ "圆解"是"圆教"的一部分，后者代表了天台宗修行的最高境界。唐纳（Neal Donner）和史蒂文森（Daniel B. Stevenson）曾言："'圆教'是最高的修行法门，比等法门只为菩萨准备。……在圆教的修行中，任何情况——健全的或者不健全的、染污的或者清净的、圣洁的或者俗尘的——都可以成为修行的基础。此等修行不仅不排除什么，也不改变什么，不增不减，一切都将如其本然地保持中道。"见唐纳（Neal Donner）、史蒂文森（Daniel B. Stevenson）：《摩诃止观：智颛〈摩诃止观〉第一卷的研究与译注》（*The Great Calming and Contemplation：A Study and Annotated Translation of the First Chapter of Chih-i's Mo-ho chihkuan*），第 16 页。
⑥ 这种自然的隐喻意味着天台宗的教义基础——《法华经》包藏了一切力量和善行，有普度众生的大功德。见《妙法莲华经》，《大正新修大藏经》，经号 262，卷 9，第 19 页上、中。
⑦ "入室"是说僧人之间师生关系的确立。参见唐纳（Neal Donner）、史蒂文森（Daniel B. Stevenson）：《摩诃止观：智颛〈摩诃止观〉第一卷的研究与译注》（*The Great Calming and Contemplation：A Study and Annotated Translation of the First Chapter of Chih-i's Mo-ho chihkuan*），第 58—59 页。
⑧ 赞宁所撰的湛然大师的传记没有提到这位僧人。见赞宁：《宋高僧传》，《大正新修大藏经》，经号 2061，卷 50，第 739—740 页。

予以为法门有三观，①遂征之此堂：盖非缘不成，空也；有之以为利，假也；不广不狭、不奢不陋，中也。又以净名之喻宫室，谓于虚空然后不能成。②随其心净，则一切境净。③作一物而观者获数善焉。④

又况我大师居之，为斯人之庇乎！小子忝游师门，故不敢不志。时大历九年冬十一月日记。⑤

作为唐代作品中比较有代表性的一篇，此文的主题集中在佛教教义上。在文章的前面我们可以了解到该寺讲堂的起源、讲堂名字的寓意、僧人之间的师承关系、大师的超凡魅力及其弟子的名字，等等。在文章的后面，梁肃是对天台宗的核心教义作出解释，并以该讲堂作为具体的例子，阐发"三观"的义理。总的来看，此文旨在宣扬天台宗的教义及其功德，我们从中看不出作

---

① 在智颉大师对天台学说的阐述中，"三观"是非常关键的概念，包括了"空观""假观"和"中观"。"空观"是认识到诸法空无自性，而"假观"则认识到诸法依因缘生假相，第三种即"中观"则是以中道的方式将前两种对立的观点归结为一，认识到诸法非空非假、亦空亦假之实相。参见史万森（Paul J. Swanson）：《天台宗的哲学基础》（*Foundations of T'ien-t'ai Philosophy*），第116—123页；《佛光大辞典》，第706页下—711页上。
② 见《维摩诘所说经》，《大正新脩大藏经》，经号475，卷14，第538页上；亦见《维摩诘的教诲》（*The Teaching of Vimalakirti*），莎拉·博恩（Sara Boin）据艾蒂安·拉莫特（Etienne Lamotte）的法译本所译，第15—16页。在《维摩诘所说经》中，此语的原文是："譬如有人，欲于空地造立宫室，随意无碍；若于虚空，终不能成。"玄奘亦曾译述此经，见《说无垢称经》，《大正新脩大藏經》，经号476，卷14。
③ 梁肃在此应是解释《维摩诘所说经》的一个章节。在这一章节里，释迦牟尼教诲舍利弗，心净乃见佛土大光明。见《大正新脩大藏經》，经号475，卷14，第538页下—539页上；亦见莎拉·博恩（Sara Boin）：《维摩诘的教诲》（*The Teaching of Vimalakirti*），第24—25页。
④ 此句是进一步阐述前文所说的观念。
⑤ 梁肃：《常州建安寺止观院记》，《文苑英华》，第4318页；又见《全唐文》卷五百十九，第6页上、下。

者竟然是属于不同的职业和阶层，也看不出他在关注彼岸世界。文章虽然写得很短，但作者乃是将自身定位为佛门弟子、教义的诠释者、为高僧大德立传的作者。他仿佛成了佛教的一种宣传工具，在努力地宣扬这一宗教教化世人、普度众生的宏愿。至于该讲堂的设置、建筑的过程以及建成后的景观等方面，我们无法得知其间的具体信息。因为相比于这些细节，梁肃显然是更关注天台宗的教义，尤其是其间有关"三观"的思想。对于那些不熟悉天台宗教义的读者来说，这些古奥而简略的叙述可能很难发挥作用，但是，梁肃在文章中所体现的对佛教的强烈信念仍会影响到一些人。他对天台教义的阐释，某种程度上也是一位年轻人在向他的师尊表达自己的虔诚。在湛然大师去世以后，梁肃继续撰写佛教相关的作品，努力宣扬其师的思想。当然，梁肃在后来并没有为此出家，而是走上了仕途，并且身居高位，而这些情况在他的佛教文章中则没有被提到。①

　　梁肃成了天台宗的信徒，这让他在同时代的文人当中显得有些特别，但在当时成为佛教居士的文人也不止他一个。在此之中，最受人们关注的便是那个时代著名的诗人白居易。② 白居易在很年轻的时候就已表现出文学上的天赋。他在公元 800 年考取了进士，③此后便在京师为官，直到 811 年因母亲去世而回到陕西，守孝三年之后再回到京城，此后因事被贬到江州（庐山

---

① 梁肃官至监察御史、翰林学士。见神田喜一郎：《梁肅年譜》，第 272—273 页。
② 白居易和王维是唐代深受佛教影响的两位诗人，他们常常被研究者相提并论。赞宁的《宋高僧传》频频提及白居易，通过其间的记述可知，白居易在 10 世纪中期即以虔诚的居士著称。见《大正新脩大藏經》，经号 2061，卷 50，第 768 页上、中、775 页下、804 页上、806 页下、807 页上、807 页中、817 页中、880 页上。
③ 在科举考试制度中，殿试是最高层次的考试。因在皇宫里举行，故称殿试，考试合格者即为进士。

36 所在地),再后来则被派往四川,任忠州刺史。公元 820 年以后,
白居易先后到杭州、苏州任刺史,这时候他对为官作宰的观念逐
渐变得淡薄,身体也开始变得衰弱。公元 829 年之后,他在洛阳
担任各种闲职。

在他仕途生涯的早期,白居易和僧人之间已经有所来往,在
他的诗文中佛教的教义每每可见。从京师被贬到地方,更是加
强了他对佛教的兴趣。在江州任职期间,白居易有比较多的闲
暇,可以到处探访名刹古寺。等到任职苏杭的时候,他作为居士
的身份变得更加明显了,在此期间他曾两次出资重修寺院,并且
在四种不同的场合中将他的诗文作品赠送给寺院。① 在白居易
的诗文当中,他常常征引佛教典籍,这一情况已经引起了研究者
的注意,尤其是在那些关于白居易宗教观的研究当中。② 令人不
解的是,白居易的某些诗歌表现出对佛教的一种虔诚,而在另一
些诗歌里佛教的修行却成为笑柄。这种情况让研究者很感困
惑,他们认为,在白居易的诗文中对佛教的虔诚与轻率构成了一
种张力。③ 可以看到的是,白居易所写的有关佛教的诗文时间跨
度比较大,所展现的思想面貌也比较复杂。因而,关于他对佛教

---

① 陈观胜(Kenneth Ch'en):《佛教的中国化》(*The Chinese Transformation of Buddhism*),第 185 页。
② 白居易和佛教的关系是当前备受关注的一个研究领域。关于他的信仰问题,研究者的看法各有不同。有关这方面的情况,可参陈观胜(Kenneth Ch'en):《佛教的中国化》(*The Chinese Transformation of Buddhism*),第 184—289 页;平野顯照:《白居易の文学と仏教》;堤留吉:《白楽天研究》,第 75—90 页;孙昌武:《白居易的佛教信仰与生活态度》;华兹生(Burton Watson):《白居易诗歌中的佛教》("Buddhism in the Poetry of Po Chü-i"),《东方佛教》(*Eastern Buddhist*),1988 年第 21 卷第 11 期,第 1—22 页。在宇文所安(Stephen Owen)看来,白居易的诗歌标志着中国佛教诗歌的开始。见宇文所安(Stephen Owen):《中国诗歌的黄金时代:盛唐诗》(*The Great Age of Chinese Poetry:The High T'ang*),第 44 页。
③ 华兹生(Burton Watson)将此归为白居易的谦逊,但孙昌武却认为这是白居易轻浮的表现。

的态度，自然也就不能进行简单化的理解。

在那些与佛教相关的作品里，白居易常常将自己定位为"专道"者，这种态度在他所写的寺院碑记中得到了直接体现。公元819年，他出资为庐山东林寺重修了一条走廊。此前，白居易曾应一位僧人之请撰写塔碑，对方回馈绢布百匹。他将所得的绢布全部捐献给东林寺，以作重修之用，并为之撰写碑记。① 在这篇文章中，白居易先是描述走廊的破损，而后写道："僧坊众惜之，予亦惜之。"在中国古代诗文中，对仗结构是很常见的，而这里的表述则体现了白居易对僧人的心志具有很强的认同感。

几年以后，白居易为杭州的华严经社撰写了一篇碑文，希望经社的参与者能够持之以恒，不至于让经社中断。在此，他对僧人的誓愿表现出更强的认同感：

> 噫！吾闻一毛之施，一饭之供，终不坏灭，况田千亩，斋四时，用不竭之征，备无穷之供乎？
> 噫！吾闻一愿之力，一偈之功，终不坏灭，况十二部经，常出于千人口乎？况十万部经，常入于百千人耳乎？吾知操②徒，必果是愿。③

这些劝勉性的话语说明作者已是将自身定位为佛教的传道者，并且把推动经社发展看作自己的责任。其他一些被请求撰写碑记的文人，可能会将自己和僧人区分开来，基于这种

---

① 白居易：《东林寺经藏西廊记》，《白居易集》，第 940 页。
② 这是指华严经社的创立者南操和尚。
③ 白居易：《华严经社石记》，《白居易集》，第 1429—1430 页。此文的英译见陈观胜（Kenneth Ch'en）：《佛教的中国化》（*The Chinese Transformation of Buddhism*），第 210—212 页。

立场为后者记录过往的功德。但白居易并非如此,在此之前他本人已经加入了经社,这种关系使得他对撰写碑文之事更为上心。在这篇碑记的上引文段之前,白居易先介绍南操和尚的情况,说到他已是一位生命垂危的老人,很担心经社的未来。这样的格调主要是为了提醒读者,那些没能完成老僧临终遗愿的人将是可耻的,而那些继续认真参与经社的人则功德无量。

白居易为佛寺写过不少碑记,其中流传最广的一篇应该是在公元 829 年为苏州重玄寺石壁经所写的文章。① 在此文中,他先描述了石壁的四周环境,然后用精炼的语言分别概括了所刻八部佛经各自的特点;②此外,他还提到了那些参与石壁经工作的僧人,不过没有给出很多的称赞;文章最后则回到了经文的主题,并强调,将这些佛经刻在石壁上,将能够永久地保存佛祖的教诲。文中没有记录一些奇闻异事,也没有对某位僧人大加赞颂。并且,作者也没有将自己摆在被请求的位置上,而是自归为佛教中虔诚的一员。对于这八部佛经的功德,白居易给出了非常精辟的概括,这仿佛是一位大夫在给患者开药方,对于那些对佛教感兴趣但又不知从何下手的人来说,他的提炼是一种相当

---

① 白居易:《苏州重玄寺法华院石壁经碑文》,《白居易集》,第 1448—1449 页。编纂于 12 世纪的苏州地方志《吴郡志》并没有提到这座寺院。

② 所刻佛经包括《妙法莲华经》《维摩诘经》《金刚般若波罗蜜经》(《大正新脩大藏經》,经号 235,卷 8)、《佛顶尊胜陀罗尼经》(《大正新脩大藏經》,经号 968,卷 19)、《阿弥陀经》(《大正新脩大藏經》,经号 366,卷 12)。另三部佛经,一部被白居易称作《观音普贤菩萨法行经》,在《大藏经》中标题同时列出这两位菩萨的,只有《观自在菩萨说普贤陀罗尼经》(《大正新脩大藏經》,经号 1037,卷 20);一部被白居易称作《实相法密经》,可能是指《实相般若波罗蜜经》(《大正新脩大藏經》,经号 240,卷 8);最后一部是《心经》,全称是《般若波罗蜜多心经》(《大正新脩大藏經》,经号 251,卷 8)。

简明的指引。① 姑且不论白居易在文章里所表现的谦逊和幽默，此文已经很好地反映了他要成为佛教布道者的重大决心。

　　在白居易为寺院所写的诸多文章中，最富有感情且最能体现其信仰的，当数他在公元 837 年为一个佛堂所写的碑文。② 该佛堂位于苏州南禅院，十年以前，白居易曾在那里经历了一次顿悟，③后来，白居易还将自己的文集赠送给该寺院。④ 在此文中，白居易提到了一位僧人朋友，他曾赠送这位朋友很多的诗歌。⑤很明显，这位僧人对白居易有着非比寻常的意义，尤其是在白居易晚年生活中，这位僧人对他有很大的影响。如同那篇写给华严经社的文章，此文也是希望借重白居易的声望，以提高该寺的影响力，让它不至于随着时间流逝而有所衰退。 ³⁸

　　这篇文章提到了苏州南禅院僧人关于写碑文的请求，也记录了该禅院修建过程的一些细节，包括所涉的人物、修建的日期、花费以及建筑外观，等等，此外还说到了住持和作者商议的情形，而对于佛教的教义，作者也给出了自己的理解：

---

① 南宋文人洪迈很赞赏白居易在此文中对各部佛经之要义的提炼，他在自己的笔记中对这些内容给予全文引录。见洪迈：《容斋随笔》，第 904—905 页。

② 陈观胜（Kenneth Ch'en）翻译了此文的结语部分。见氏著：《佛教的中国化》(The Chinese Transformation of Buddhism)，第 223 页。关于此文的写作时间，《白居易集》记为"开成二年"，《文苑英华》与《吴郡志》记为"开成四年"。陈观胜以后者为是，但《白居易集》的点校整理者顾学颉则只是在注释中提到后者，并没有以之为准。朱金城同意顾的看法。见氏著：《白居易年谱》，第 273、296 页。这三位研究者对他们的判断都没有给出相关的解释。

③ 范成大留意到白氏此文，但说该寺院的位置不得而知。见《吴郡志》卷二十一，第 21 页下。

④ 白居易：《苏州南禅院〈白氏文集记〉》，《白居易集》，第 1489 页。

⑤ 这位朋友是指清闲上人。见堤留吉：《白乐天研究》，第 190—191 页。白居易在不少诗文中都曾提到他的这位友人，见《白居易集》第 497、627、687、698、788、836 页。

　　师①既来，教行如流，僧至如归。供施达衬，随日而集，堂有美食，路无饥僧，游者学者得以安给，惠利饶益，不可思量。

　　师又日与苾刍众升堂，焚香合十，指礼千佛，然后启藏发函，鸣犍椎，唱伽陀，授持读讽十二部经。

　　经声洋洋，充满虚空，上下近远，有情识者，法音所及，无不蒙福，法力所摄，鲜不归心。佻然巽风，②一变至道，③所得功德，不自觉知。由是而言，是堂、是藏、是经之用，信有以表旌觉路也，脂辖法轮也，示火宅长者子之便门也，④开毛道凡夫生之大窦也，亶其然乎。⑤

　　又明年，院之僧徒，三诣雒都，请予为记。夫记者，不唯记年月，述作为，亦在乎辨兴废，示劝戒也。我释迦如来有言："一切佛及一切法，皆从经出。"然则法依于经，经依于藏，藏依于堂。若堂坏则藏废，藏废则经坠，经坠则法隐，法隐则无上之道，几乎息矣。

　　呜呼！凡我国土宰官支提⑥上首暨摩摩帝辈，得不虔奉而护念之乎？得不维持而增修之乎？经有缺必补，藏有隙必葺，堂有坏必支。若然者，真佛弟子，得福

---

① 师，是指来自妙喜寺的元遂禅师。
② 巽风，《汉语大词典》解释为："东南风。又称清明风、景风。"并引《淮南子·墬形训》和白居易此文作为依据。见《汉语大词典》第四卷，第78页。
③ 一变至道，语出《论语·雍也》。
④ 这是《法华经》中的一个寓言。
⑤ "亶其然乎"，语出《诗经·小雅·常棣》，见《十三经注疏》，第320—322页。本书所引的是理雅各（James Legge）的翻译，见其所译《诗经》，第253页。
⑥ 支提，梵文 caitya 的汉译，指未存放舍利子的佛塔，"有舍利云塔婆，无舍利云支提"。见《佛光大辞典》，第1416页下—1417页上。

无量;反是者,非佛弟子,得罪如律。①

比起白居易所写的其他同类文章,此文在篇幅上更长一些。在其他文章里,白居易往往喜欢引经据典,说一些带有说教性的话语,不过在此文中他主要是提出一种愿景,希望信徒们能够虔诚修行,普度众生,而在最后他则是以一种严厉的警告结尾。此外,白居易在这篇文章中也更加关注佛教的物质性方面。在佛门当中,大师与门徒,仪轨与修习,祷告与超度等一系列的活动和景象都是建基于物质性的要素——经、藏、堂。如果这些东西由于自然因素或人为疏忽而丧失了,那么佛门当中的一切活动和景象都将不复存在。白居易还强调,如果人们对此未能加以妥善保护,那么将会遭到可怕的报应。在关于惩罚的警告中,白居易认为所有正直的人都会希望成为佛教徒。很明显,他所强调的保护责任不仅仅是针对僧人而言,也包括了政府官员。若不是为了强调保护经、藏、堂这些物质性要素的重要性,白居易一般不会对俗人和僧人进行有意的区分。

　　类似于此的表达佛教信仰的文章在唐代经常出现。对于白居易而言,仕途的不顺加深了他对佛教的信仰,而梁肃的信仰则主要是在湛然大师的指引下形成。当然了,佛教信仰的形成不一定都如此,在段成式和李肇(820 年在世)这两位作者身上,我们看到了不同的情形。段成式是宰相段文昌之子,曾在朝廷任高级官员,是一位虔诚的佛教徒。段成式只有 17 篇作品流传于世,在文学创作方面他没有留下很多的印记。对于今天的读者

———————————
① 白居易:《苏州南禅院千佛堂转轮经藏石记》,《白居易集》,第 1487—1488 页。白居易在文中用了"律"这一术语,这是一个既关乎唐代法律又关乎佛教戒律的关键词。

而言,大家最为熟悉的是他的《酉阳杂俎》。这是一部很特别的笔记小说,记录了中古时代很多的奇闻异事,①其中有不少是关于佛教的,包括对寺院和僧人的记述,②对《金刚经》中诸种神迹的描绘,以及对佛教宇宙论的简短讨论等。在其余的 16 篇作品中,有 5 篇是涉及佛教主题的,说明段成式的佛教信仰并非一朝一夕。

40 在公元 859 年,段成式曾为江西庐陵龙兴寺多闻天王的塑像写过一篇碑文。③ 同样在这个地方,梁肃曾向他的导师许下宏愿,白居易也曾向佛法表达他的虔诚,而段成式的文章则体现了当时文人对佛教天神的敬畏。在佛教传说中,多闻天王是位于须弥山的一尊天神。大概在公元 8—9 世纪,多闻天王崇拜从中亚的和阗地区传入中原。传说中多闻天王在公元 8 世纪 40 年代第一次显灵,当时吐蕃人、阿拉伯人和粟特人的联军包围了唐帝国在中亚的要塞安西城。忧心忡忡的唐玄宗(712—755 年在位)求助于来自印度的不空大师,不空大师口念仁王护国咒,感动了多闻天王。于是,天王显灵,帮助唐军击退了敌兵。战争胜利以后,唐玄宗满怀感激,下令各地驻军以及寺院都要挂上多闻天王的神像。这样一来,多闻天王也就成了一尊

① 关于这部作品的简介,可参倪豪士(William H. Nienhauser, Jr.)编:《印第安纳中国古典文学指南》(*The Indiana Companion to Traditional Chinese Literature*),第 940—941 页;薛爱华(Edward H. Schafer):《段成式及其著作》("Notes on Tuan Ch'eng-shih and His Writings"),《亚洲研究》(*Asiatische Studien*),1963 年第 16 卷,第 14—33 页。
② 关于这部分的翻译,可参梭柏(Alexander C. Soper):《唐代长安寺院概观》("A Vacation Glimpse of the T'ang Temples of Ch'ang-an"),《亚洲艺术》(*Artibus Asiae*),1960 年第 23 卷,第 15—40 页。
③ 段成式:《塑像记》,《全唐文》卷七百八十七,第 5 页上—7 页上;又见《唐文粹》卷七十六,第 7 页上—8 页上。

保家护国的神祇。① 这个故事说明佛教也有好战的一面,佛教
神灵会去击败佛法及其信徒的敌人。

段成式在文中描述了多闻天王的神威。他提到了龙兴寺在公
元 845 年被毁坏的情况,而后则详细记述了该寺的重建过程。寺
院被毁坏以后,该寺住持在梦中得到启示,立誓要为多闻天王立神
像。② 当地的官员很支持这个计划,他们当中的一员去请求段成
式为此撰写记文。在文章的后面,段成式还描绘了天王的形象,并
强调天王施恩和辟邪的神力,而在结尾处则提到天王两次挽救向
其求助的官员的神迹。

人们崇拜多闻天王,竟不是因为他的智慧或慈悲,而是源于
他在战场上的英勇表现。段成式在文中强调,自佛教从中亚地
区传入中国,已过去了好几个世纪,但它仍具有一股神奇的力
量,不断地吸引着中国人:

在世间攘巨寇,③必思祛金浴铁强矫雄毅者,虽空
门亦忿怒鏖扑,为法大防也。

---

① 关于这方面的情况,参见戴密微(Paul Demiéville)的叙述,收入列维(Sylvain
Levi)等人所编《法宝义林》(Hobogirin),第 79—83 页。亦可参《佛光大辞典》,第
2331 页上—2332 页上;韩森(Valerie Hansen):《墙壁上的神像:印度对中国世俗
宗教影响的一个案例》("Gods on Walls: A Case of Indian Influence on Chinese
Lay Religion?"),收入伊沛霞(Patricia B. Ebrey)、格雷戈里(Peter N. Gregory)
编:《中国唐宋时期的宗教与社会》(Religion and Society in T'ang and Sung
China),第 75—114 页;赖富本宏:《中国密教の研究》,第 147—183 页。
② 段成式在文中把神像称为"变":"昉誓造北方变。"
③ 段成式在文中对佛理的阐释很大程度上是吸收了《正法念处经》的观念(《大正新
脩大藏經》,经号 721,卷 17)。这部经对六道轮回有详细的描述,旨在为世人提供
一个明确的指引。关于此经的介绍,参见《佛光大辞典》,第 1992 页下—1993 页
上;《佛书解说大辞典》,卷 5,第 329 页下—330 页上。段成式在《酉阳杂俎》中对
佛教的相关述论也吸收了这部经的观念。见今村与志雄译注:《酉陽雜俎》,第
139—200 页。

据内典,下天处苏迷卢之半,为忉利尉候,①北方毗
沙门,统药叉众,②所治水精宫城③护世④。其住处曰纷
陀利,曰质多罗,曰七林,曰摩偷,曰如意等。⑤ 下压象
迹,当欢喜之地;上接蜂歌,杂庄严之境。常憍尸迦将
破怨敌圣者,夺勇健臂,出甲胄林,独揭胜幢,不顿一
戟。鼙迦娄⑥而垂翅,按修罗而束手。⑦ 犹怒折莲柄,
狂搜藕丝。⑧ 盖多闻位居初地,离十二失。⑨ 故经云:
毗沙门得方便救护之门。

昔缚喝伽蓝北庑,感梦而忏悔,⑩近于阗聚落西羌,

① 按佛教说法,忉利天是欲界六重天当中的第二重。见《正法念处经》,《大正新脩
　大藏經》,经号721,卷17,第143页中、下。
② 虽然在某些语境中"药叉"("夜叉")是指恶鬼,但它们在多闻天王的统领下也可
　以发挥护法的功能。
③ 四大天王作为佛教的护法天神,分别居于须弥山腰犍陀罗山的四个山头。见《增
　壹阿含经》,《大正新脩大藏經》,经号125,卷2,第735页下—736页上;《佛光大
　辞典》,第1673页下—1674页下。四天王天是欲界六天的第一层,在忉利天(帝
　释天所居)之下。四天王天又分为四层,分别是鼙持天、迦留波陀天、常恣意天、
　三箜篌天,而此间每一层又包括了十个住地。
④ "护世"是用来说明天王功德的另一术语,在这一方面四天王中的多闻天王最
　为显著的。
⑤ 这些是四天王天第三层常恣意天十个住地的部分名字。见《正法念处经》,《大正
　新脩大藏經》,经号721,卷17,第133页中、下,第135页中。
⑥ 迦娄是一种可怕的鸟,因其专吃龙族而著名。见《佛光大辞典》,第3974页下—
　3975页中。
⑦ 阿修罗是统治低等生物的魔族。它们总是为情欲所困,与和天王、帝释天发生冲
　突,与善的力量作斗争。
⑧ 这些隐喻的来源不是很清楚。
⑨ "十二失"是指天王在和阿修罗的斗争中所遭受的十二种挫折。
⑩ 根据玄奘的西行记录,一位突厥军官打算去侵占缚喝国的一个寺院,但在行动的
　前一天晚上,多闻天王进入他的梦中对他进行惩罚——用一把长戟刺穿其胸背。
　这位军官醒来后非常震惊,将他的梦告诉众军士,然后赶忙去寺院忏悔,不过最
　终还是死在了回来的路上。见玄奘:《大唐西域记》,《大正新脩大藏經》,经号
　2087,卷51,第872页下。

睹相而来降。① 其威神营卫，肹蠁灵应，事无虚译，世不
绝书。相传北方天王与瞻部有缘，谓西域瞿萨国，本天
王栖神之处也。②

直到公元 8 世纪中期，人们还都认为多闻天王没什么慈悲心肠，
只是公共秩序的一个维护者而已。而段成式在文中则首先描述
他的居所，以此体现他的慈悲。在这个地方，他可以遍观世间一
切景象，在人们需要的时候作出回应。他曾显示过一次神威，使
天界的敌对者投降，这一战绩让尘世间的官员和将帅在面对敌
人时变得放心。在 9 世纪中叶，由于唐王朝的军事失败，以及边
塞诗歌的大量涌现，中亚地区往往被看成一个无比野蛮的区域，
在这里多闻天王也通过显示一些战绩来维持他的神威。对于多
闻天王在佛教宇宙论层级中的地位，段成式在文章中没有展开
很多的叙述，而是将重点放在了人世间。在作者笔下，多闻天王
不再是只保护某个区域的地方神，并且本土的神祇也会分享他
的神力。他的神力是综合性的，而唐朝统治者只强调其中的一
个方面，并且命令各地借此矮化他们的对手。段成式也没有将
天王的神性局限在佛教领域，因为这样做可能会拉开他和读者
的距离。一些同辈中人对佛教并无好感，在面对这些读者的时
候则要谨慎对待，在他的文章中则不存在这方面的忧虑。这种

---

① 参见列维（Sylvain Levi）等主编：《法宝义林》（*Hobogirin*），第 81—82 页；韩森
（Valerie Hansen）：《墙壁上的神像：印度对中国世俗宗教影响的一个案例》
（"Gods on Walls：A Case of Indian Influence on Chinese Lay Religion"），收入伊
沛霞（Patricia B. Ebrey）、格雷戈里（Peter N. Gregory）编：《中国唐宋时期的宗教
与社会》（*Religion and Society in T'ang and Sung China*），第 75—114 页；赞宁：
《大宋高僧传》，《大正新脩大藏经》，经号 2126，卷 54，第 254 页上、中。
② 段成式：《塑像记》，《唐文粹》卷七十六，第 7 页上—8 页上。

42 不受拘束的语言风格在唐代碑文中可以经常看到,而到了 12 世纪,这样的情形就变得不常见了。①

对于晚唐文人而言,佛教的神灵已经进入到他们的观念空间,而佛教传统的源远流长同样也是如此。这一宗教在中国已走过了好几个世纪的历程,拥有史诗般的气质,这是作者们在文章中每每要去回顾总结的。在佛教传播发展的过程中,有众多的传道者穿越中亚的大沙漠,来到中国传道布法。而在中国本土,也有数不清的译经者,他们为翻译佛典努力了好几个世纪,他们要将原本为梵文或其他文字的佛经,用汉语尽量准确地表达出来。

在当时,没有什么比佛典传播更能引起士人的共鸣,这一点在李肇的碑文中可以明显看到。李肇于公元 821 年入翰林院,不久因在一次宴会中批评当权者,被贬为澧州刺史。② 在十年以前,也就是他在江西任职的时候,他曾为庐山东林寺经藏的落成撰写碑记。李肇认为这是一件大功德,应为此作一表彰。在他的文章里,他对佛典的起源和传播给出了比较完整的叙述:

佛有天龙大会,未尝不以契经为事。佛灭后,大迦叶召千罗汉,结集法藏,阿难传焉。西土以胡文纪

---

① 类似的歌颂多闻天王功德的文章,还可见于元友谅:《汶川县唐威戎军制造天王殿记》,《全唐文》卷六百二十,第 15 页中—17 页上;黄涛:《灵山塑北方毗沙门天王碑》,《全唐文》卷八百二十五,第 11 页上—15 页下。

② 新旧两部《唐书》都没有给李肇专门立传。他在公元 821 年进入翰林院,见《旧唐书》卷十六,第 475、493 页;卷一百七十一,第 4456 页。李肇最著名的作品是《唐国史补》,此书收集了 8—9 世纪的一些奇闻异事。

之,谓之梵书,科斗文字之类也;①著以贝叶,谓之梵夹,②杀青为简之类也。

后汉天竺人摩腾,始至中国,出其文二十四章,翻为隶书。其后稍稍不绝。至晋沙门法护,遍游西国,达言语之不通者,究三十六书之体而还。③梵书之诂训音义,然后大备。

虽为道滋广,而难能亦甚。盖以事生六合④之外,教出五常⑤之后,时人无能知者。小则误于文句,大则失其宗旨。道安尝叹释经有五失本、三不易。⑥故信奉之代,亦以名臣佐而成之。

自汉永平⑦至唐开元,祖述之士凡一百七十六人。

43

---

① 蝌蚪文是中国在笔墨出现之前所使用的一种文字。见諸橋轍次:《大漢和辭典》,第 24950 页。

② 这里用的是太史文(Stephen Teiser)的译语(Brahma-style boards)。见氏著:《〈十王经〉与中国中古佛教地狱观的形成》(*The Scripture of Ten Kings and the Making of Purgatory in Medieval Chinese Buddhism*),第 47 页。

③ 竺法护是一位来自月氏国的僧人。他在西域收集了大量的佛典,后来在长安和洛阳致力于宣扬佛教。许理和(Erik Zürcher)认为这里的"三十六"是指西域的三十六个国家。见氏著:《佛教征服中国》(*The Buddhist Conquest of China*),第 273 页。

④ "六合",是天、地和四方的合称,源自《庄子》书中的《齐物论》篇,见《庄子集释》,第 83—85 页。葛瑞汉(A. C. Graham)将其译为"the cosmos"(宇宙),整句话是"What is outside the cosmos the sage locates as there but does not sort out"("六合之外,圣人存而不论")。见葛瑞汉(A. C. Graham)译:《庄子》(*Chuang-tzu*),第 57 页。

⑤ "五常",是指仁(*jen*; humaneness)、义(*i*; righteousness)、礼(*li*; a sense of ritual)、智(*chih*; wisdom)、信(*hsin*; trust)。

⑥ 见僧祐:《出三藏记集》,《大正新脩大藏經》,经号 2145,卷 55,第 52 页中。亦见理查德·罗宾逊(Richard H. Robinson):《印度与中国的早期中观派》(*Early Madhyamika in India and China*),第 77—78 页。

⑦ "永平",是汉明帝在位时期(58—75)的年号。汉明帝梦见一位来自西方的"金人",于是遣使求法。一般都认为,这是佛教开始传入中国的标志。

> 有桑门之重译,有居士之覃思,有长老之辨论,有才人
> 之撰集。校其经、律、论、传、记、文集删改之,总五千
> 四十八卷,号为实录。①

对于佛典传播所表现的那种非凡的连续性,李肇在文章中大表钦佩,而这一点也正是佛教在很多中国文人心目中具有非凡地位的一个重要理由。对于有学问的中国人而言,他们主要是通过经文来领会佛教的教义。中国本土的很多经典在过去因为秦代的焚书以及战火的影响而遭受破坏。面向那些熟知佛典传播之重要,但对此间具体情况不甚了解的读者,李肇详细说明了这些经典如何从千年以前的印度贤哲手上传到当时江西寺院的藏经阁里。文中的这种叙述说明了唐代文人是将各地寺院以及他们自己都看成佛教不朽遗产的继承者。② 历史沿着一个向上、乐观的轨迹在前进,并没有发生悲剧或突然的破裂。那些有才的人(包括僧人之中和僧人之外)依据经典在不断思索、修行、写作,而佛教的传统也正是在此过程中得到积累和延续。

上面几篇文章正体现 8 世纪晚期到 10 世纪的佛教碑记的主旋律。这几位作者虽然都是一些具有特殊才能的人,但他们有关虔诚的表达却是司空见惯的。类似的情况也见于其他文人,例如韦皋,8 世纪后期的西川节度使,曾平定当地的一次叛乱,尽管他宣称忠于朝廷,但他却很少留心到朝廷

---

① 李肇:《东林寺经藏碑铭》,《全唐文》卷七百二十一,第 2 页下—5 页下。
② 另一些作品叙述了佛典的其他方面,如颜真卿曾为一个新建的戒坛撰写文章,在文中他先从"律"在印度的起源讲起,然后则详细说明它在中国传播的过程。见颜真卿:《抚州宝应寺律藏院戒坛记》,《全唐文》卷三百三十八,第 3 页上—5 页下。

的意愿。再如顾况,因其诗文深受道教影响而受到人们关
注。不过,在他们所写的佛教相关作品里,对佛教的虔诚与
热情如出一辙。① 在韦皋的作品里,最著名的一篇应该是他为 44
一只鹦鹉所写的记文。这只鹦鹉会唱诵很多的佛偈,可说是一
个奇迹,韦皋在文章中将其视作国泰民安的一个瑞征。对于顾
况而言,参与佛教活动让他获得了表达虔诚的机会,他的叙述中
往往会用到比较深奥的语言,并且常常引经据典。

　　这些人都不像韩愈和他的同道那样,以一种外在者的态度
批评佛教。当我们去考察《全唐文》,可以很清楚地看到这一点。
这部文集编纂于 1819 年,是唐朝和五代十国文章的最大总集。
编纂者对佛教并无特别偏好,但其间包含了大量的和佛教有关
的碑铭文,有些可能只是很简单地记录一个活动,或只是讨论一
个非宗教的话题。② 在这些文章中,我们可以清楚地看到,当时

① 韦皋的相关文章有:《西川鹦鹉舍利塔记》,《全唐文》卷四百五十三,第 11 页下—
13 页上;《宝园寺传授毗尼新疏记》,同上书,第 9 页下—11 页下;《窦历寺记》,同
上书,第 8 页上—9 页下;《再修成都府大圣慈寺金铜普贤菩萨记》,同上书,第 6
页下—8 页上。顾况的相关文章有:《虎邱西寺经藏碑》,《全唐文》卷五百三十,第
2 页上—5 页上;《苏州乾元寺碑》,同上书,第 5 页上—6 页下;《广陵白沙大云寺
碑》,第 6 页下—10 页上。关于顾况的更多介绍,可参倪豪士(William H.
Nienhauser, Jr.)编:《印第安纳中国古典文学指南》(The Indiana Companion to
Traditional Chinese Literature),第 486—487 页;特伦斯 • 罗素(Terence
Russell):《顾况的道教诗歌》("The Taoist Elegies of Ku K'uang"),《唐学报》
(T'ang Studies),1989 年第 7 卷,第 169—195 页。
② 根据春日礼智所编的《全唐文》佛教相关作品索引(《全唐文佛教関係選述目録》,
第 36—46 页),我一共搜集了 110 篇与佛教有关的文章,从韦皋开始,接下来是梁
肃,而最后一位则是李运,10 世纪中期的一位官员,他是《全唐文》中出现的最后
一位居士作者。在这 110 篇文章中,有 74 篇表达了很强烈的佛教信仰,另有 10
篇则显得冷淡一些,剩下的 26 篇或是称赞某位捐赠者,或是记录某个工程。其
间,仅有两篇作品是带有批评性的,分别是沈亚之的文章(前文已述)和元稹(白
居易的挚友)的文章。元稹在文中对佛教有不敬言辞,是因为僧人强求他写文
章,其论带有某种报复性,这不能代表他对佛教的真实态度。见元稹:《永福寺石
壁法华经记》,《元稹集》,第 557—559 页。

一些文人的佛教信仰是发自内心的,而不是有意去奉行某种规范。

在整个唐代,中国文人作为教外人士参与到佛教的各种庆典(例如庆祝一个堂阁的竣工或一座佛像的落成),丝毫不会冲淡佛教作为一种宗教的神圣性。当然,正如前面已提到的,佛教在当时也不乏敌对者,其中包括一些位高权重的人。推崇佛教的文人很留心他们的对手,他们当中的一些人会跟那些反佛的文人展开辩论。他们在数量上超过了后者,在对佛教的辩护中他们的态度显得自信而坚定,有时候甚至是对抗性的。

护教者的防线

在那些与佛教相关的记文中,很多文人直接以信徒的口吻叙事,但这种做法容易淡化佛教在中国社会的角色问题。某些文人也会直面排佛人士,对后者的批评进行反批评。早期的排佛者看到,佛教的繁荣往往伴随着政治上的混乱,基于一种对社会政治秩序的焦虑,他们对佛教大加排斥,尤其是在安史之乱之后帝国临近崩溃的情况下。[1] 唐武宗时期的灭佛运动意味着排佛人士在方式上已经有所调整,他们已将敌意转化成一种压制佛教的政策。正如前文所说的,白居易曾以一种严厉的警告作为其文章的结语,说明当时的文人居士确实有一种不安的感觉。

45 在他记文的这个部分,我们可以察觉到,文人当中那些虔诚的佛

---

[1] 在隋代以前,已经有人将六朝的混乱局面归因于佛教。有关于此,参见陈观胜(Kenneth Ch'en):《南朝的辟佛宣传》("Anti-Buddhist Propaganda During the Nan-Ch'ao"),《哈佛亚洲研究学报》(*Harvard Journal of Asiatic Studies*),1952年第15卷,第185页。

教徒已经开始直面佛教的敌对者。

晚唐的文人居士往往更喜欢说服别人而不是警告别人，他们会尽量说明佛教教义和中国本土思想的相通性，尤其是佛教与儒家思想的共同之处。当然，一些更加激进的护佛者还会去论证佛教较之本土思想的优越性。虽然这些方式在某种程度上会改变佛教的教义，但它们却贯穿了六朝以来关于佛教的各种辩护之中。另一类护佛的方式则是不直接参与意识形态的争论，而是出资赞助佛教的活动，以此维护佛教在中国社会的地位。有意思的是，大多数的捐赠者在历史上没怎么留下痕迹，说明那些人当中也不乏一些身份低微者，可见当时佛教的影响已经延及中下层士人，并不限于少数的上层名士。

由此可见，依照佛教教义积德行善也是减轻排佛者敌意的一种好方式。它避免了公然的对抗，用行动来说明佛教能够适合中国社会。众所周知地，在佛教最初传入中国之际，佛教学者曾借助中国文化中与之相似的思想来解释教义，这些被借助的资源包括玄学和道教等。[①] 他们认为，佛教的修行方式和本土文化中原有的修养方法具有很大的相通性。[②]《维摩诘经》讲到维摩诘居士在俗世中依佛法修炼成菩萨，这部佛经之所以在中国流行，主要便是源于这位居士对士人阶层的吸引力。

在晚唐时期，有些文人留意到儒佛两家的相似性。例如，一部新修的佛藏可能会提醒人们，佛教与儒家的发展皆有赖于经

① 参见许理和（Erik Zürcher）：《佛教征服中国》（*The Buddhist Conquest of China*），第 86—92 页；汤用彤：《汉魏两晋南北朝佛教史》，第 87—152 页。
② 参见陈观胜（Kenneth Ch'en）：《南朝的辟佛宣传》（"Anti-Buddhist Propaganda During the Nan-Ch'ao"），《哈佛亚洲研究学报》（*Harvard Journal of Asiatic Studies*），1952 年第 15 卷，第 171、174—175、183 页。陈氏举的例子涉及中国人在其心灵当中建立本土信仰的某些方式。

典的保存。① 此外,如同在下文将要看到的,一个新建的戒坛也可能会促使人们留意到两家在观念和仪式上的相似之处:

> 正觉出乎道,而道以支,或得其儒,或得其佛。儒曰仁,佛亦曰仁;儒曰义,佛亦曰义。而佛之云戒义者,禁人为非者也。

46

在作者看来,佛教与儒家的教义在根本上是相同的。强调了这一点之后,作者的叙述则转向了二者仪式的相似性:

> 且事得其宜,故将祭、将征,必设坛为埠,以重宗戒者,岂亦禁人为非者耶? 将事亦坛亦场,以傃其限,原筮者何来?② 自前教祇园之初,位序以立,其徒从之流我中原。③

关于此文作者李辅的情况,我们所知不多。但在文章里可看到,他认为有必要告诉读者,他是一位儒者,并且此文是写给那些退休官员看的。④ 李辅着眼于儒佛的共性,他注意到佛教的剃度仪

---

① 李肇:《东林寺经藏碑铭》,《全唐文》卷七百二十一,第 2 页下—5 页下。

② "原筮",语出《易经·比卦》的卦辞,意指占卜师。见《周易正义》,《十三经注疏》,第 36—37 页。注释者对此语有不同的解释,见伍华编:《周易大辞典》,第 298—299 页。本书采用夏含夷(Edward Shaughnessy)的翻译,见夏含夷(Edward Shaughnessy)译:《易经》(*I Ching:The Classic of Changes*),第 75 页。

③ 李辅:《魏州开元寺琉璃戒坛碑》,《全唐文》卷七百四十五,第 13 页上—15 页上。祇园精舍是释迦牟尼长期修行传法的一个重要场所。

④ 按当时法令,只有长安和五台山才有权对僧人作出授职,但北方地区(如魏州)的节度使往往漠视朝廷的这一法令,正如他们后来还拒绝执行会昌年间的禁佛命令。参见赖肖尔(Edwin. O. Reischauer)译:*Ennin's Diary:The Record of a Pilgrimage to China in Search of the Law*(《圆仁日记——入唐求法巡礼行记》),第 45—46、64、207、388 页。

式和儒家的祭祀之礼都带有区分圣凡的意味,尽管它们的具体意义有着一定的区别。前者的目标在于使个人圣洁化,而儒家的礼则是追求使参与者的职务变得神圣,参与者会借此宣称自己的职务是源自上天的任命,以缓解生活当中可能遭遇的各种阻挠力量。将佛教仪式的主持者称为"原筮者",正是寻求儒佛共性的一种努力。事实上,当人们经历了长期而困苦的磨难、选择出家为僧时,已经排除了任何的需要占卜的不确定性。

　　除此以外,作者们还会在中国历史中为佛教寻求更早的渊源,认为佛教在中国历史上很早就存在了。一个显著的情况是,他们将神话传说中的英雄,如伏羲和女娲,都说成是大慈大悲的菩萨,认为他们的出现正是为了解除中国大地上人们的苦难。① 在后来,这种大胆的想法虽然变得比较少,但仍有人坚持认为佛教在中国很早就已存在。例如崔鹏在一篇写于公元860年的文章中写道:"伏羲氏之王天下也,始画八卦、造书契,由是文籍生焉。② 然后历尧舜,至周孔,由是释像兴焉。及乎东被大汉,尤加崇饰。"③

---

① 这些构想源于一部可疑的经书《须弥四域经》。牧田谛亮注意到,道安在他的论述中使用了这部经典。见牧田谛亮:《疑经研究》,第47—49页。此外,在初唐时期,傅奕曾发动了一次有关佛教的辩论,这种观念也被佛教徒在辩论中加以运用。见道宣:《广弘明集·决对傅奕废佛法僧事》《大正新脩大藏经》,经号2103,第52卷,第174页下—175页上;亦见许理和(Erich Zürcher):《佛教征服中国》(*The Buddhist Conquest of China*),第318—319页。在敦煌第285号藏经洞有一幅完成于538—539年的壁画,此画也体现了这种观念。见《中国美术全集·绘画编》第14卷《敦煌壁画》,第107页。关于傅奕的相关情况,参见芮沃寿(Arthur F. Wright):《傅奕与反佛》("Fu I and the Rejection of Buddhism"),《观念史杂志》(*Journal of the History of Ideas*),1951年第12卷第1期,第33—47页。
② 有关文化开端的这种看法,源自《尚书序》。见《尚书正义》《十三经注疏》,第5页。
③ 崔鹏:《吴县邓蔚山光福讲寺舍利塔记》,《全唐文》卷八百四,第24页上—28页上。编者在对此文的注释中区分了崔鹏和早期的一位同名者,但没有提供更详细的说明。

这种看法在后来的一些文章里也曾出现,即便到了公元944年,南唐的一位官员沈彬还重申了这种观点。[1] 他的文章让古代圣王获得很大的解释空间,暗示着佛教在中国历史上很早就已经出现。作者重述了那个古老的故事,即周昭王曾留意到释迦牟尼的诞生,[2]而后还提到了老子在佛教上的贡献。这种看法的持续性说明佛教如何在最大限度上获得士大夫的尊重和信仰,在他们眼里,中国文化起初是由远古圣贤所开创的,而在后来的发展中佛教一直扮演着不可或缺的角色。

此外,还有更显自信的观点认为,比起中国本土文化,佛教具有很多的优越性。这种立场会让人回想起六朝时期护佛者在论辩之中的好斗性,此外,这也反映了中古晚期的一种悲观情绪,每每在国家动荡之时,佛教可以为士人提供一个逃避现实的心灵城堡,尽管外边正处于风雨飘摇之际。在 10 世纪初期,一篇为庐山某禅院而写的碑记强调了佛教较诸本土文化的优越性。文章开篇处歌颂尧、舜、周、孔的伟大成就,但接下来又说到这些人的影响只是限于中国,而相比之下,佛教则是"慈悲遍洽于含生,行愿广宏于沙劫"[3]。

另一个不太著名的人物,叔孙矩,在 9 世纪初写了一篇文章,认为佛陀是"兆朕于胚浑之前,昭临于曦舒之表"[4]。卢肇

---

① 沈彬:《方等寺经藏记》,《全唐文》卷八百七十二,第 7 页上—10 页下。

② 许理和(Erich Zürcher)将记载这个故事的最早资料定在公元 520 年。见氏著:《佛教征服中国》(*The Buddhist Conquest of China*),第 273 页。

③ 陆元浩:《仙居洞永安禅院记》,《全唐文》卷八百六十九,第 8 页下—11 页上。此文写于公元 932 年,是陆元浩所写文章中现今仅存的一篇。另外,《新唐书·艺文四》著录有"陆元皓《咏刘子诗》三卷"。见《新唐书》卷六十六,第 1615 页。

④ 叔孙矩:《大唐扬州六合县灵居寺碑》,《全唐文》卷七百四十五,第 15 页上—21 页上。类似于陆元浩的情况,《全唐文》也是仅收录了叔孙矩的一篇文章。有证据显示,这篇文章写于唐文宗时期(827—840)。在公元 838 年,圆仁大师和他的随行者曾打算游访灵居寺,但后来没有成行。见赖肖尔(Edwin. O. Reischauer)译:(转下页)

47

（843 年考中进士）也加入了这场论辩，同样是为佛教的优越性提供论证。①　在他看来，佛教的修行是成圣的必经途径："惟圣者独知，非崇夫金轮氏之教，则焉得穷理尽性，齐万法于物我哉？"②"穷理尽性"的说法源自《周易》，③然而在很长的一段时间里，佛教人士却每每借用这一话语，来说明他们所向往的境地，用它来表示圆融智慧之达成。④　在卢肇的表述中，他将"穷理尽性"和佛教教义作了区分，强调前者必须通过后者来实现，以此凸显佛教修行在精神修养中的核心地位。这些作品都是将佛教教义摆在头等重要的位置，说明对于当时某些文人来说，佛教在他们的思维世界里已然取得主导性的地位。

48

　　面对排佛人士的种种批评，卫教者会考虑如何直接回应，而

（接上页）《圆仁日记——入唐求法巡礼行记》（*Ennin's Diary：The Record of a Pilgrimage to China in Search of the Law*），第 24 页。小野健成认为，圆仁所要去游访的"灵居寺"应为"西林寺"，但未作出相关解释。见周一良编：《入唐求法巡礼行记校注》，第 24—25 页。

① 新旧两部唐书都没有给卢肇立传。公元 840 年代，卢肇在朝廷供职；公元 850 年代，他在地方任职。有趣的是，卢肇和李德裕（会昌灭佛的推动者之一）似乎是好朋友。见《全唐诗》，第 6381 页；《太平广记》卷一百八十五，第 1355 页。

② 卢肇：《宣州新兴寺碑铭》，《全唐文》卷七百六十八，第 29 页上—34 页上。

③ "穷理尽性"，出自《周易》的《说卦传》。见《周易正义》，《十三经注疏》，第 183 页。高亨将此句解释为：天地万物各有其理，各有其性，各有其命，作《易》者作《易经》以穷究其理、性与命。见高亨：《周易大传今注》，第 609 页。在宋代，程颐和朱熹将此语的意义加以推展，用它来说明成圣必需的自我修养的功夫。

④ 参见柳田圣山：《临济义玄の人间观》，尤其是第 74 页；蔡涵墨（Charles Hartman）：《韩愈与唐代对统一的追求》（*Han Yü and the T'ang Search for Unity*），第 187—198 页；格雷戈里（Peter N. Gregory）：《探寻人性的起源：宗密〈原人论〉的现代译注》（*Inquiry into the Origin of Humanity：An Annotated Translation of Tsungmi's* Yüan jen lun *with a modern commentary*），第 74—76 页。蔡涵墨在其书中讨论了梁肃在阐发天台宗教义时如何使用"穷理尽性"这一话语。裴休曾为宗密的《注华严法界观门》写序，在序言中裴休写道："此经极诸佛神妙智用，彻诸法性相理事，尽修行心数门户，真可谓穷理尽性者也"。见《注华严法界观门序》，《大正新修大藏经》，经号 1884，卷 45，第 683 页中。

不是向那些批评者妥协,正如同上文所提到的那些人物那样。在卫教者看来,中国历史在很大程度上已经为佛教所改变。他们认为,自汉亡以后,从公元221年到公元589年,中国一直处于分裂割据当中,而在这个动荡不安的年岁里,是佛教安顿了人们饱受折磨的心灵,防止了中华文明的彻底崩溃。[①] 比如邵朗在一篇写于9世纪中期的记文中写道,中国人在上古时期曾经过着太平富足的田园生活,但自从进入战国时期(公元前475—公元前221),社会就开始走向混乱,孔子和老子的学说却无能拯救这个昏乱的世道。尽管作者没有在文中叙述一些有关佛陀神迹的细节,但他依然强调,中国人需要佛陀前来解救,需要佛教为大家受伤的心灵提供一个安憩之所。[②]

基于类似的思路,卢肇在一篇写给宣州新兴寺的记文里也强调了佛教的优胜之处。在文中他先引用了一个无名僧人的话,那位僧人认为文化的盛衰与学说教义无关:"何昏迷暴虐,无减于秦汉之前;福慧聪明,不增于魏晋之后?"[③]但是在最后,卢肇仍是对佛教的价值给予肯定:"设使像法至今未行,将尽堕恶道,为鬼为蜮乎!"在他看来,中国人不仅接受了佛教,并且,在此以前的几个世纪的动乱岁月里,中国人正是有赖于佛陀的教诲和感化。虽然卢肇没有直接将佛教与儒道两家进行对比,但他显然是同意邵朗的观点,即认为孔老之教未能挽救昏乱的世道,中

---

① 许理和(Erik Zürcher):《佛教征服中国》(*The Buddhist Conquest of China*),第263—264页。
② 邵朗:《兜率寺记》,《全唐文》卷八百六,第16页上—19页上。《全唐文》没有收录邵朗的其他文章,《宋高僧传》提到他曾为浙江的一位高僧(释藏奂)题写匾额,并提到他的身份是"金华县尉"。见《大正新脩大藏经》,经号2016,卷50,第779页上。
③ 卢肇:《宣州新兴寺碑铭》,《全唐文》卷七百六十八,第29页上—34页上。

国人需要佛教前来解救。

护教者还会通过记述一些高僧大德的言行来为他们的信仰做辩护，比如寺院的碑铭便是其中的一个主要途径。① 一个寺院的重修，往往会促使人们去关注佛寺中的高僧大德。在这种方式中，崔黯对慧远大师的记述便是一个典型的例子。崔黯是唐代进士，官至监察御史。② 在一篇写于公元 864 年的文章里，他将慧远定位为乱世当中一位独立的信持者。如同前文所提到的李肇的情况，崔黯此文也是关于庐山东林寺的。这是慧远所建的一个宗教中心，也是士大夫佛教的一处圣地。不过，对于崔黯来说，引起他注意的倒不是东林寺的藏经功德，而是慧远大师的高德懿行，尤其是他身上所体现的在乱世当中特立独行的风格：　*49*

　　　自远公至今若干岁，而传法之地灭矣。……余尝观《晋史》，见惠远之事。③ 及得其书，其辨若注，其言若锋，足以见其当时取今之所谓远师者也。

　　　吾闻岭南之山，峻而不秀；岭北之山，秀而不峻。而庐山为山，峻与秀两有之。……

　　　且金陵六代，代促时薄。臣以功危，主以疑惨。

---

① 例如，白居易在早期所写的一篇文章几乎完整记录了他和一位寺院住持的会话。见白居易：《传法堂碑》，《白居易集》，第 911—913 页。再如，九华山（中国佛教四大名山之一）中最早的碑文之一，对新罗僧人金地藏的功德大加赞颂。正是这位僧人，使九华山在后来成为地藏菩萨的圣地。见费冠卿：《九华山化成寺记》，《全唐文》卷六百九十四，第 16 页下—19 页上。

② 崔黯在公元 828 年考取进士。见《旧唐书》卷一百二十一，第 3404 页。

③ 崔黯的说法未免让人疑惑，史书对慧远的事迹多是顺带提及。见《魏书》卷一百一十四，第 3029—3030 页；《晋书》卷一百，第 2634 页；《宋书》卷九十三，第 2278、2280、2292—2293 页；《陈书》卷二十九，第 386—387 页；《南史》卷七十五，第 1860页。崔黯或是参考了《高僧传》中关于慧远的传记。见《大正新脩大藏經》，经号2059，卷 50，第 357 页下—361 页中。

> 浔阳为四方之中,有江山之美。惠远岂非得计于
> 此而视于时风耶!然鸷者搏膻,袭者拘素,①前入不暇,
> 自叹者多,则远师固为贤矣!
>
> 是山也,以远师更清;远师也,以是山更名。畅佛
> 之法,如以曹溪以天台为号者,不可一二。故寺以山,
> 山以远,三相挟而为天下具美矣。②

在佛教徒眼里,慧远和庐山是一组具有重要象征意义的符号。作者也提到其他的高僧和圣地,以进一步强调他的佛教信仰。在他眼里,庐山在佛教史上拥有着至关重要的地位,而这种地位乃是源于慧远的伟大。慧远是一位怀抱至德的隐居者,和世俗中那些品行不端的人形成了鲜明对比。这些人包括了身居高位的官员,他们"不以归元返本以结人心,③其道甚桀,几为一致"④。在此,崔黯用中国历史上的第一等罪人(夏桀)来类比那些残暴的排佛者。当此之时,会昌之难已过去近 20 年,那些主要的煽动者已然去世,这个时间距离给作者提供了一个相对安全的环境,因此他可以放心地进行类比,以发泄他对排佛者的不满。

最后,崔黯也说到佛教后来又重新获得朝廷的支持。唐宣宗继位以后,很快结束了武宗的禁佛政策,转而支持佛教的发展,此事赢得了崔黯的赞扬。与之类似,当时的其他护教者也会提到政府对佛教的支持。王朝的很多行为都是这样,从传统惯

---

① 这段奇怪的话可能是说某些品行不端的人,而慧远和这些人迥然不同。
② 崔黯:《复东林寺碑》,《全唐文》卷七百五十七,第 1 页下—4 页上。
③ 意思是说,他们并没有守住最根本的东西,不能以此感化人心。
④ 这篇文章大概写于公元 864 年,此时距武宗时期宰相李德裕去世十年有余。

例当中获得它们的合法性,而以往朝代对佛教的宽容政策也被
归为传统的惯例。护教者们援引王权,可以避免和排佛人士的
直接对抗,从而将佛教信仰安顿在君王的龙袍之中。佛教和政
权的合作关系在他们的言论中被进一步强化,尽管其间不乏张
力,但那些护教的文人仍常常说到这种关系,并将它理想化。于
是,官员们和佛教徒之间的交往便变得更加理所当然了。举例
来说,卢肇在他的文章中记述了裴休和一位无名僧人的交往,前
者是晚唐名相,同时也是当时文人中最虔诚的居士之一。① 在说
到二者交往之前,卢肇还细述了裴休在政治上的成就,以及朝廷
对佛教的支持态度。在卢肇眼里,裴休等诸多官员信持佛教乃
是理所当然之事。

佛教获得了朝廷的支持,吸引了政府的官员,那么很自然
地,它就要服务于朝廷所需了。在另一篇写于会昌法难之后的
文章里,陈会将佛教的功德类比于周王的功绩:"我皇驭九土,怀
八荒,以为我之提大化也,②无欲其一事之不得其所于我也。而
况释之教,毗我之为理者,深可取焉。"③在陈会看来,佛法的广泛
流传可以"澄上流,禁浮俗",因此他得出结论:"曾何以异我之理
焉?"尽管二者之间并非没有区别,但是大部分被损坏的寺院又
得到复建,说明在大家看来佛教和政府承担着相同的道德使命。

除了诉诸佛教的实用性以及它与本土文化的相似性,护教 *51*
者还会提到历代王朝对佛教的支持。他们会强调,佛教在中土
的广泛传播并非出于内部的阴谋策划,而是基于政府的肯定与

---

① 参见吉川忠夫:《裴休传》。
② 在原始文本中,"大化"说的是周王所具有的引领天下思想风气的道德责任。见
《尚书》的《大诰》篇,第 193 页。
③ 陈会:《彭州九陇县再建龙兴寺碑》,《全唐文》卷七百八十八,第 22 页上—
24 页下。

鼓励。因而,那些谴责佛教的言论将会使政府与佛教变得两相对抗,对于既定的社会政治秩序而言,这是一种带有破坏性的言辞。在晚唐时期,还有一位文人也很关注佛教和政府的关系,此人便是舒元舆。舒元舆是进士出身,官至监察御史,最后在甘露之变中不幸丧生。在这一事变中,文官们为了从宦官手中夺回权力,密谋诛杀之,不幸被宦官察觉,于是这些官员遭到了可怕的报复。①

舒元舆对佛教的强烈同情显示,以文人即排佛者、宦官即卫教者的视角来解释晚唐政治是不可行的。公元824年,舒元舆为中部某寺写了一篇碑记,文中提出佛教得以广泛传播,是由于它被纳入了国家的体制:

> 官寺有九,而鸿胪其一,②取其实而往来也。胪者,传也,传异方之宾礼仪与其言语也。寺也者,府署之别号也,古者开其府,置其官,将以礼待异域宾客之地。竺乾之教,盖西土绝徼者也。自汉氏梦有人如金色之降,其流来东。吾之鸿胪待西宾一支,特异于三

---

① 舒元舆和其他官员经由长安街市奔逃,宦官们下令关闭城门,于是奔逃的队伍被分成两截,有些官员逃出去了,而那些没能逃出去的则遭到了截杀。关于舒元舆的传记及其相关情况,见《旧唐书》卷十七,第542、557、559、561页;卷七十四,第2624页;卷一百六十九,第4404、4408—4409页;崔瑞德(Denis Twitchett)主编:《剑桥中国史》(The Cambridge History of China),第3卷,第654—659页;珍妮弗·杰伊(Jennifer W. Jay):《李训党派与公元835年的甘露之变》("The Li Hsün Faction and the Sweet Dew Incident of 835"),《唐学报》(T'ang Studies),1989年第7卷,第39—58页。

② 舒元舆在此使用了术语"寺"(ssu),意即"寺院"(monastery)。其所言"官寺有九",说及政府的九个职能部门。自周朝(公元前11世纪至公元前221年)起,这些部门具有不同的名称。其中,鸿胪寺主要负责处理外交事宜及其他事务。参见贺凯(Charles O. Hucker):《中国古代官名辞典》(A Dictionary of Official Titles in Imperial China),第2906页。

方,厥后斯来委于吾土。吾人仰之如神明焉,伏之如
风草焉。

　　至有思觌厥貌,若盼然如见者,则取其书,按其云
云之文,熔金琢玉,刻木扶土,运毫合色,而强拟其形
容,构厦而贮之。犹波之委于渎,渎之注于溟,昼夜何
曾知停息之时。其如是非官寺之一而能容焉。故释寺
之作由官也。其非九而能拘也,其制度非台门旅树而
能节也。①

　　故十族之乡,百家之间,必有浮图,为其粉黛。② 国
朝沿近古而有加焉,亦容杂夷而来者,有摩尼焉,大秦
焉,袄神焉。合天下三夷寺,不足当吾释寺一小邑之
数也。其所以知西人之教,能蹴踏中土,而内视诸
夷也。③

此文写于韩愈去世的那一年。文中描述了当时的帝国如何将 52
欢迎外来教义视作理所当然之事,政府既留意到某些观点基于
本土文化对佛教进行责难,同时又显示出世界主义的开放性。
舒元舆还提到其他的被允许传播的外来宗教,而在多种宗教中
他却强调"吾释",有意将佛教和其他宗教区别开来。可见,在
佛教所受威胁被缓解的情况下,所谓本土文化的界限也是可以
延展的。

　　此外,舒元舆还抓住佛教与政府之间的一个相似术语——
"寺",如此一来,佛教机构也就变得近似于政府组织,寺院及僧

① "台门旅树",见《礼记》卷一、卷五,《十三经注疏》,第 422、487 页。
② "粉黛",意思是粉刷成白色与黑色。
③ 舒元舆:《唐鄂州永兴县重岩寺碑铭》,《唐文粹》卷六十五,第 2 页下—4 页上。

侣在中国大地上的合法地位也就不言而喻了。① 不同于前面提到的一些作者,舒元舆对那些抽象议论不怎么感兴趣,而是关心那些无可争辩的具体史实,这样也就无声地拒绝了和排佛者之间的论战。强调佛教的优胜性而否定本土文化的价值,往往是一种不受欢迎的做法,只有一些比较大胆的文人才会这样做。在接下来的文段中,舒元舆还叙述了永兴县县衙的迁移、重岩寺的随迁过程以及该寺近来的一些功德事业。最后,作者总结道:"呜呼! 域外之教而入于域中,如此而大邪,人谓沙门之无才,吾不信也。"舒元舆用这种直率的言辞提出他的结论,类似于史家在史传最后所作的简要点评,这也反映了舒元舆写作此文的一个目的——宣示一种毫不妥协的护佛立场。

　　总言之,在唐代寺院碑记往往是推动佛教发展的一种有力工具。寺院建筑的新修或重建,为文人护佛提供了一个很好的契机,他们所写碑记的内容往往是超出寺院范围而延及世间大众。那些对佛教怀有好感的文人使用各种各样的方式去论述佛教的优点,努力地将佛教融入本土文化。需要注意的是,其间有些人的作品仅仅是在他人作品中被提到,而在成书于 10 世纪晚期和 11 世纪早期的唐史书目里并未载录。他们的言论能够反映那些不知名文人的态度,而在中古晚期历史的研究范式里这些情况却经常被忽视。

① 三个世纪以后,周必大采用了类似做法。在一篇碑记中,他通过"殿"这个语词来说明佛教和政府的相通性。见周必大:《庐山圆通寺佛殿记》,《周文忠集》卷八十,第 10 页下—12 页下。

柳宗元

讨论唐代文人对佛教的态度,不能不考察柳宗元的作品。53
在宋代文人心目中,他是一位地位仅次于韩愈的大文豪。在今
天,柳宗元最为人熟知的地方便是他与韩愈一起倡导古文运
动。在这一运动中,他们主张回到古代文学简约质朴的风格,
重建"文以载道"的写作方式。柳宗元曾任礼部员外郎,在唐顺
宗时期的永贞革新中扮演了比较重要的角色。① 但在几个月以
后,他所属的政治集团遭到打压,于是他被相继贬到南方的两个
地方——永州和柳州,最后去世于柳州任上。

不同于当时一些文人将佛教看作有害的宗教,柳宗元对佛
教则是持一种推崇的态度。在大家眼里,他是一位有慈悲心肠
的官员,一位擅长描述山水的散文家,一位具有自然主义倾向的
非正统思想家。在谪居外地的岁月里,柳宗元曾在一个寺院住
过一段时间,并且和那里的僧人交往甚密。其间,他写下了很多
与佛教相关的文章,包括为寺院建筑撰写碑铭、为僧人作品作序
等。这些作品不仅代表了晚唐文人对佛教的一种态度,并且其
中的某些观点也预示了宋代文人的看法,这就使得柳宗元成为

---

① 有些观点将永贞革新看作一次改革运动,但也有观点认为这是新君即位之后,以
王叔文为首的新贵们所发起的一次政变。数月以后,随着唐顺宗的被迫禅位,这
一运动也宣告失败。柳宗元和王叔文交往甚密,这不仅影响了柳氏接下来的政
治生涯,还影响了他身后的名誉,尤其是在 11 世纪 40 年代的古文运动之后。参
见崔瑞德(Denis Twitchett)编:《剑桥中国史》(The Cambridge History of
China),第 3 卷,第 601—607 页;陈弱水(Jo-shui Ch'en):《柳宗元与中国唐代的思
想转变》(Liu Tsung-yüan and Intellectual Change in T'ang China),第 66—80
页;副岛一郎:《宋人の見えた柳宗元》,《中国文学》,1993 年第 47 卷,第 103—
145 页。

一个具有过渡性的关键人物。

自宋代以来,柳宗元所写的佛教相关文章一直很受关注。佛教史学家在记述唐代佛教时,往往会将他的作品放在比较显要的位置。比如,一部成书于 12 世纪的佛教史著作就提到了柳氏所写的不少于 11 篇的作品,并将他视作伟大的护教者。① 在宋代文人当中,苏轼特别欣赏柳宗元所写的佛教碑记,②当然,那些对佛教持有敌意的人并不认可苏轼的看法,比如欧阳修就认为,柳氏的这些作品意味着他已经叛离了古文运动。③ 这种观点后来得到朱熹、黄震以及南宋至明代其他一些文人的赞同。④ 在当前的研究中,柳氏的这些作品也使得大家对他的评价变得复杂。在柳氏的一些著名文章里,例如《天说》《非国语》等,他否认天道和人事的任何关联,这使得他被归入"唯物主义者"的阵营;但在他所写的佛教相关文章里,他的看法又与这种定位显得不协调。

54　　在现代研究中,柳宗元和佛教的关系是备受关注的问题。⑤

---

① 《隆兴佛教编年通论》,《卐续藏经》卷一百三十,第 327 页下。另外,《佛祖统纪》也提到了柳宗元的 3 篇作品,将他对佛教的贡献定位在仅次于梁肃的位置。见《大正新脩大藏经》,经号 2035,卷 49,第 440 页下—441 页下。

② 苏轼:《书柳子厚大鉴禅师碑后》,《苏轼文集》,第 2048—2049 页。

③ 欧阳修:《唐柳宗元般舟和尚碑》《唐南岳弥陀和尚碑》,《欧阳修全集·集古录跋尾》,第 2276、2278 页。

④ 这些批评柳宗元的人包括王十朋、李途、王世琛等。参见河内昭圆:《柳宗元における仏教受容の一齣》,《大谷学报》,1967 年第 47 卷第 1 期,第 46—58 页;副岛一郎:《宋人の見えた柳宗元》,《中国文学》,1993 年第 47 卷,第 103—145 页。

⑤ 关于这方面的研究,可参苏文擢:《柳宗元与佛教之关系》,《大陆杂志》,1977 年第 55 卷第 5 期,第 41—48 页;吴文治:《关于佛学对柳宗元的影响及其禅理诗的评价问题——与邓潭洲先生商榷》,《文史哲》,1981 年第 147 卷,第 53—62 页;赖永海:《柳宗元与佛教》,《哲学研究》,1984 年第 3 期,第 59—65 页;孙昌武:《试论柳宗元的"统合儒释"思想》,收入氏著《唐代文学与佛教》,第 56—76 页;陈弱水:《柳宗元与中国唐代的思想转变》(Liu Tsung-yüan and Intellectual Change in T'ang China),第 159—162、172—180 页;陈晓芬:《柳宗元与苏轼崇佛心理比较》,《社会科学战线》,1995 年第 74 卷第 2 期,第 219—226 页。

研究者已陈明柳宗元在本土思想和天台教义之间如何求得一种平衡，并且他还为自己对佛教的兴趣提供了心理上的解释，以说明他为什么会成为一位居士。此外，不乏研究者认为柳宗元思想中存在一种矛盾，这种观点源自一种通识，即认为哲学与宗教是截然分离的，佛教以及其他宗教都属于追求彼岸世界的精神领域。然而，在唐代文人眼里，哲学与宗教并没有截然的界限，他们在日常生活的世界中，从佛教那里寻求精神的根源和行动的方向，在这一点上柳宗元也不例外。

　　在处理一个通常被视作特别人物的个案时，考察该人物如何适应他那个时代的主流是比较可行的方式。柳宗元被贬到永州后不久，曾为当地的龙兴寺撰写碑记（见后文）。那篇文章可能是写于公元 807 年或 808 年，当时柳宗元住在该寺，和寺里的重巽和尚交往甚密。这位和尚除了在此文被提到，在另一篇为该寺所写的记文里也被提到，此外柳宗元还为他写过序，写过六首诗，[①]这些作品大致上都是写于同一段时间。在那篇序文里柳宗元说到，虽然他在很年轻的时候就开始学习佛理，但只有到了永州，遇见重巽上人，他才开始真正明白其间的义理。[②] 这样的赞誉，自然要对它持保留的态度。柳宗元原本官居高位，现今突然降职，被贬到帝国的边远地区，这是一种颇有戏剧性的命运逆转。在这段艰难的岁月里，重巽和尚一直陪伴着他，在此情况下，他对重巽和尚的赞誉也许可以解读为对那位和尚的感激之情。与此同时，柳宗元还

---

① 柳宗元：《送巽上人赴中丞叔父召序》《永州龙兴寺西轩记》《酬巽上人以竹间自采新茶见赠》《巽公院五咏》，《柳宗元集》，第 671—673、751—752、1136、1234—1237 页。在为重巽和尚所作的诗篇里，柳宗元的语气甚是恭敬，这比起写给其他僧人的诗文显得更浓重。亦见《柳宗元诗笺释》，第 562 页。
② 柳宗元称赞重巽和尚的博学，同时也批评那些对佛典无知、常作无稽之谈的僧人。

为重巽和尚等人精心撰写过其他诗文,同样也无法完全解释里面的赞美之辞。

在那篇为龙兴寺净土院所写的碑记里,柳宗元将自己定位为佛教的代言人。不同于那些已受到较多关注的文章,此文并没有直接致力于护教,而是对佛教的传统作出回顾:

> 中国之西数万里,有国曰身毒,释迦牟尼如来示现之地。彼佛言曰:"西方过十万亿佛土,有世界曰极乐,佛号无量寿如来,其国无有三恶八难,①众宝以为饰;其人无有十缠九恼,②群圣以为友。有能诚心大愿,归心是土者,苟念力具足,则往生彼国,然后出三界之外。③其于佛道无退转者,其言无所欺也。"④
>
> 晋时庐山远法师,⑤作《念佛三昧咏》,⑥大劝于时。其后天台顗大师,著《释净土十疑论》,⑦弘宣其教。周

---

① "三恶"指三种恶道,分别是地狱道、饿鬼道、畜生道。"八难"指不得遇佛、不闻正法的八种障难,包括了"三恶",此外还有"在长寿天难""在边地之郁单越难""盲聋喑哑难""世智辩聪难""生在佛前佛后难"。见《佛光大辞典》,第624页下—625页中。

② "十缠"是指缠缚众生身心、使其不得出生死和证涅槃的十种烦恼,包括"无惭""无愧""嫉""悭""悔""眠""掉举""惛沉""忿""覆"。见《佛光大辞典》,第504页中。

③ "三界"是指欲界、色界、无色界,众生在三界的生灭变化中流转轮回。

④ 这段话出自最著名的净土经——《佛说阿弥陀经》。见《大正新脩大藏經》,经号366,卷12,第346页中—348页中。

⑤ 这是指慧远大师。关于他的传记,见《高僧传》,《大正新脩大藏經》,经号2059,卷50,第357页下—361页中;亦见许理和(Erik Zürcher):《佛教征服中国》(*The Buddhist Conquest of China*),第204—254页。

⑥ 道宣《广弘明集》收有此篇,题为《念佛三昧诗集序》,见《大正新脩大藏經》,经号2103,卷52,第351页中、下。该文对"三昧"的属性和功能给出言简意赅的解释。据说,《念佛三昧诗集》中的诗篇大多已佚,其中慧远的作品是尝试用诗歌的方式来启发他的弟子。见《净土宗大词典》卷三,第162页中、下。

⑦ 见《大正新脩大藏經》,经号1961,卷46。

密微妙,迷者咸赖焉,盖其留异迹而去者甚众。

　　永州龙兴寺,前刺史李承旺,①及僧法林,②置净土堂于寺之东偏,常奉斯事。逮今余二十年,廉隅毁顿,图像崩坠。会巽上人居其宇下,③始复理焉。

　　上人者,修最上乘,解第一义。无体空折色之迹,④而造乎真源;通假有借无之名,而入于实相。⑤ 境与智合,事与理并。故虽往生⑥之因,亦相用不舍。

　　誓葺兹宇,以开后学。有信士图为佛像,法相甚具焉。今刺史冯公作大门以表其位,余遂周延四阿,环以廊庑,缋二大士之像,⑦缯盖幢幡,以成就之。

　　呜呼! 有能求无生之生者,知舟筏之存乎是。⑧ 遂

---

① 此人未见唐代史料或其他作品所载。参见傅璇琮等人编撰:《唐五代人物传记资料综合索引》。

② 赞宁的《宋高僧传》和陈垣的《释氏疑年录》未叙录此僧人。

③ 在此柳宗元用"上人"称呼重巽和尚,这是对高僧大德的一种尊称。

④ "折色"读作"析色",是指"析色入空"的观空法门。"体色入空"(体空)和"析色入空"(析空)是观空的两种法门。前者是指不待析破诸法、直观"因缘所生法,当体即空",属天台四教(藏教、通教、别教、圆教)的通教;后者是指次第析破诸法以入于空,属天台四教的藏教。这两种观空法门均为不了义。见郝理庵(Leon Hurvitz):《智𫗱(538—597):对一位中国僧人的生活与思想的介绍》("Chih-i (538—597):An Introduction to the Life and Ideas of a Chinese Buddhist Monk"),《汉学与佛学丛刊》(*Mélanges chinois et bouddhiques*),1962年第12卷,第260—262页;唐纳(Neal Donner)、史蒂文森(Daniel B. Stevenson):《摩诃止观:智𫗱〈摩诃止观〉第一卷的研究与译注》(*The Great Calming and Contemplation: A Study and Annotated Translation of the First Chapter of Chih-i's Mo-ho chihkuan*),第14—15页。

⑤ "真源"和"实相"代表了柳氏所说"修最上乘、解第一义"的两种途径。在此柳氏阐述了两种途径的融合,这一点在梁肃的文章中也可看到。

⑥ "往生"是指往生极乐世界。

⑦ 这是说门神的画像。

⑧ "舟筏"是佛教中常见的比喻。见智𫗱:《净土十疑论》,《大正新脩大藏经》,经号1961,卷46,第77页下。"无生之生"是说从轮回中解脱,往生极乐世界。

以天台《十疑论》书于墙宇,使观者起信焉。①

这篇文章分为三个部分。首先是讲佛教在印度的起源,值得注意的是,柳宗元不是对其进行自己的阐释,而是直接引用《佛说阿弥陀经》,让释迦牟尼显现他普度众生的神力。紧接着,文章讲到了佛教在中国的传播和影响,并描述了西方极乐世界。如同我们在前面所看到的,到了晚唐时期慧远和智顗在文士心目中已是圣人形象。对于净土信仰而言,智顗的作品像是一种入门读物,其间主要是针对世人可能有的疑惑作出回应,例如关于信仰阿弥陀佛的意义,去往净土世界的资格。通过对这些问题的解答,智顗希望能够排除世人的疑惑,发起他们的信仰,劝导众生从因果报应的轮回中超脱出来,往生极乐净土世界。在柳氏文章的后面,也是此文内容最多的部分,他主要是讲佛教修行在当下的一些情况。可以说,地方官员和寺院僧人之间的交往预示了柳宗元和重巽和尚的关系。在讲述天台大义以及某些细节之后,作者以一种虔诚的态度结束了此文。

柳氏此文将寺院修建看作佛教长期发展的自然结果。他没有关注那些老生常谈的问题,例如佛教在何时传入中国。这种处理方式暗示着,佛教传入中国并不像李肇描述的那样,作为一种突然的文化入侵,需要中国人努力去化解。在柳氏看来,从释迦牟尼创教到慧远、智顗弘法,这一切是注定要发生的。这当中既没有地理上的障碍,也没有语言上的困难,更没有文化上的差异。在对这段历史的简述中,净土修行从印度传到偏远的湖南被赋予了一种必然性。

---

① 柳宗元:《永州龙兴寺修净土院记》,《柳宗元集》,第 754—755 页。

在此文中,柳宗元是基于一位虔诚佛教徒的身份展开写作。柳氏的其他文章每每会表现出某种让人印象深刻的特别之处,如有关《国语》和《春秋》的议论文、有关风土人情的记叙文或是那些阐述道德人伦的文章,但此文并不具备这样的特点。此外,在柳氏所写的多数序文以及为寺院所写的其他记文里,他一般都会提到周边的景观,或是努力证明佛教教义与本土文化的一致性,但在此文中他都没有这样做。这篇文章的平淡无味也许可以解释在当下的有关研究中为什么它容易被忽视。虽然我们对柳宗元在家修行的情况不是很清楚,但从其他的俗家信众以及柳宗元所作的碑文来看,龙兴寺里有一个净土修行的团社。柳氏提到了"第一义",并且说到人事和教理的融合("事与理并"),这可以说明他何以要捐资重修佛寺。这种将净土和天台相结合的观念,说明在唐 57 代文化语境里尝试从宗教修行中考察出哲学义理的做法很可能是徒劳无功的。总的来看,这篇碑记很好地体现了柳宗元对佛教信仰的虔诚态度,正因如此,薛爱华(Edward Schafer)曾把他视为"9世纪士大夫中一个几乎完美的典范"①。

将此文和柳氏的其他佛教作品结合来看,可以发现他在宗派上比较倾向于天台宗。这种情况在当时文人身上并不多见,不过,到了11、12世纪则变得很常见了。就宋代文人的情况而言,柳氏身上的情况多少具有一些前兆的意味。不过,柳氏并不认同那种后来被称作"通俗佛教"(generic Buddhism)的情况。在另一些作品里,他对僧人的评价因人而异:对于那些守清规、勤修行的僧人,柳氏大加赞扬,倡导大家以这些大德为榜样;而

---

① 薛爱华(Edward H. Schafer):《朱雀——唐代南方的意象》(*The Vermillion Bird: T'ang Images of the South*),第116—117页。

对于那些轻视修行、不守戒律的僧人,则毫不客气地给予批评。①
特别是对禅宗的和尚,他的批评尤为严厉。在一篇碑记当中,他
对禅宗牛头派的一位和尚曾有如下言说:

> 佛之生也,远中国仅二万里;其没也,距今兹仅二
> 千载。故传道益微,而言禅最病。拘则泥乎物,诞则离
> 乎真,真离而诞益胜。故今之空愚失惑纵傲自我者,皆
> 诬禅以乱其教,冒于罔昏,放于淫荒。②

在此文中,柳宗元没有提供那些为他所批评的僧人的细节,
也没有具体叙说如何防止人们去学习那些被他称为"禅"的教
义。不无矛盾的是,柳宗元又曾接受朝廷委派,为禅宗六祖惠能
撰写碑记。③ 他所写的碑记虽然赢得了很多的赞誉,但他没有提
到禅宗当中极为重要的"顿悟"的观念,也没有说及禅宗在中国
佛教中所具有的较高的地位。

柳宗元对佛教的这些态度可能具有不同的思想渊源。首先,

---

① 关于柳宗元对僧人的批评,见苏文擢:《柳宗元与佛教之关系》,《大陆杂志》,1977
年第 55 卷第 5 期,第 41—48 页。在寺记和序文以外,柳宗元还写过一篇有关"东
海若"(东海之神)的寓言,这里反映出他对僧人的不同态度。这一篇寓言写道,
东海若离海游陆,得到两个葫芦,掏空去籽以后,盛以粪壤、蚯蚓,继而投入海中;
过后,东海若问它们是否要清洗掉里边的污秽,其中一个葫芦拒绝了,并且还从
本体论角度给出自己的理由,另一个葫芦则表示"吾毒是久矣",欣然接受清洗。
这两个葫芦喻指两种僧人,一种执着于尘世娑婆,另一种则是勤修三昧,往生极
乐之境。见柳宗元:《东海若》,《柳宗元集》,第 565—568 页。这种带有批评性的
言辞在他所写的寺记中一般不会出现,只是见于其他类型的作品。到了宋代,内
容和体裁之间的这种关系倒了过来,序文及佛塔碑铭基本上是颂扬佛教,而不是
对它进行全面的讨论。
② 柳宗元:《龙安海禅师碑》,《柳宗元集》,第 159 页。
③ 柳宗元:《曹溪第六祖赐谥大鉴禅师碑》,《柳宗元集》,第 149—152 页。

社会秩序的明显的脆弱性使得人们不怎么欢迎教义和戒律上的变化，即便这种威胁比起真实情况显得有些夸大。与此同时，他的观念也直接受到重巽和尚和其他戒律僧的影响。柳宗元的情况和梁肃有些类似，后者也是对天台宗情有独钟，这让他成为当时少见的宗派主义者。作为内部批评的角色，梁氏经常与其他教派展开辩论，在这一方面，他的声调和一般的卫佛者显然不同。 58

　　后来的一篇文章则反映出柳宗元对佛教与世俗之关系的思考。此文撰写于他谪居柳州之时。当地的本土宗教已严重影响人们的正常生活，以至于人们有病不治，空待神的搭救，并且那些繁琐的仪式也浪费了大量钱财。① 在那里，中原地区的文化、礼仪和法律往往是不起作用的。柳宗元尝试改变这种情况，遂着力于修复佛寺，招募僧人，"使击磬鼓钟，以严其道而传其言"②。在他的努力之下，当地习俗得到了一定的改善，以往那些与本土宗教狂热有关的现象减少了许多。对此，一些研究者认为柳宗元这样做仅仅是利用佛教，以实现政治教化的目的。在柳氏的文章中，他确实提到了"教化"这一语词。但是，如果说修复寺院、提倡佛教是为了让当地的秩序和风气变得更好，那么他这样做的宗旨便和僧人无异，亦即，将这些事为看作普度众生的方便法门。若认为柳宗元的这些作为是某种实用主义的表现，那么僧人们的修行也可以作比定位。然而，当我们将柳氏的这些作为和前述的碑文结合起来看，可以发现他在长期的漂泊生活中，对社会大众具有一种源自佛教的慈悲心肠，因此，他的这些作为可以被看作更大范围地源于佛教

---

① 在其他地方，柳宗元以一种怀疑的态度看待当地的宗教信仰。参见倪豪士（William H. Nienhauser, Jr.）：《韩愈、柳宗元与文人虔诚的界限》（"Han Yü, Liu Tsung-yüan, and Boundaries of Literati Piety"），《中国宗教学刊》（*Journal of Chinese Religions*），1991 年第 19 卷，第 75—104 页。
② 柳宗元：《柳州复大云寺记》，《柳宗元集》，第 752—754 页。

慈悲精神的改善社会的努力,而不仅仅是出于政治上的目的。总的来看,他身上所体现的源于佛教的慈悲精神,以及前文所提到的教派意识,都预示了佛教在宋代文人中的情况,关于这些,我们在后文将会陆续谈到。在韩愈和柳宗元之间,虽然前者对宋代文人造成了更大范围的影响,但就佛教观而言,则是后者更具有典型意义,更适合作为过渡时期文人佛教观的代表。

总　结

对于佛教而言,文人所写的碑记往往是促进发展的一种工具,无论是称引经文,还是驳斥那些排佛论调。前一种方式主要是内部的,它面向那些虔诚的信众,当然,他们对佛陀教义的另一种胜利也喜闻乐见。后一种方式则超出了信仰共同体,试图将佛教安顿在一种更大范围的文化环境中。在后一种情境里,有关佛教和政治、文化关系的争论持续了好几个世纪,作为俗家信众的文人们试图说服那些怀疑者和敌对者。不管怎样,他们的目标和僧人们是一致的——为了佛教信仰在中国大地的广泛传播。唐代的碑记里比较少讲到有关地理环境、建筑过程或是捐赠者的情况,但是到了宋代,这些更显世俗的事情则引起了文人的注意。唐代碑文的内容主要是围绕寺院和僧人展开,作者的注意力显得比较固定,他们更关心高僧大德的行状,尤其是一些带有传奇意味的故事。① 并且,作者们也乐意接受布道

---

① 参见石文素:《白鹿乡井谷村佛堂碑铭》,《全唐文》卷七百五十七,第 23 页下—25 页下;李浦:《通泉县灵鹫佛宇记》,《全唐文》卷八百一十八,第 25 页上—26 页下;徐纶:《龙泉寺禅院记》卷八百五十六,第 2 页上—4 页上;《元化长寿禅院记》,《全唐文》卷八百五十六,第 4 页上—5 页上;费冠卿:《九华山化成寺记》,《全唐文》卷六百九十四,第 16 页下。

者的角色,他们和其他俗家信众一起,形成了一种受僧人化导的信仰共同体。因此,他们也乐于在文章中代表僧伽的立场去使用他们的言辞。①

在唐代文人中,信佛者到底占了多大比例? 一定程度上,答案取决于佛教在文人生活中扮演着怎样的角色。唐代中国也许还说不上是佛教国家,但那些杰出的僧人,无论是过去的还是现在的,都拥有着化导众生的慈悲心怀。在科举制度确立和儒家思想复兴之前的几个世纪里,不少有活力的思想家会出家做和尚。在儒家书院和宗族私塾等教育组织出现之前,寺院还起到了教育年轻人的作用,当然这也引起了儒家坚定分子的不满。② 很多年轻人离开了家庭,去到一些比较偏远的寺院,通过学习经文来获得知识和技能,而其间的一些内容对于进入精英文化圈来说是必需的。③ 在那里,教导他们的可能是一些大德高僧,这些人对佛教以外的知识也非常博学。即便是韩愈,这位以排佛著称的大文豪,为了教育他那不成器的侄子,也将其送入长安的一座寺院,希望他在那里能够潜心读书。④ 这些情况对唐代文人造成了很深的影响,到了晚唐考生们甚至会借助佛教手势,来联络他们和监考官的

---

① 士人作品对佛教言辞的使用,曾受到韩愈和元稹的批评,但由此亦见佛教语言在当时的流行。见韩愈:《送浮屠文畅师序》,《韩昌黎文集》,第 147—148 页;元稹:《永福寺石壁法华经记》,《元稹集》,第 557—559 页。

② 蔡涵墨(Charles Hartman):《韩愈与唐代对统一的追求》(*Han Yü and the T'ang Search for Unity*),第 165 页;麦大维(David McMullen):《唐代中国的国家与学者》(*State and Scholars in T'ang China*),第 65 页。

③ 严耕望:《唐人习业山林寺院之风尚》,收入《唐史研究丛稿》,第 367—424 页。

④ 见吴文治编:《韩愈资料汇编》,第 49 页。这里引录了段成式《酉阳杂俎》的一段材料,书中其他地方也引录了类似的材料。最后,这位年轻人通过令人惊异的园艺技术解救了自己。

感情。①

作者们在撰写寺记时，会将自己暂定为导师的角色，而将信众视作自己的学生。这种写作是一次严肃的思想展示，在一种强化信仰的宗教氛围里获得信众的支持。此外，在作者们看来，写作碑记作为致敬寺院的一种行为，也是自己积德行善的表现。在文章中他们每每强调因果业报，暗示着他们希望此举将获得好的回报。并且，他们也正是以此教导他人，这里的他人可能还包括了寺里的僧众。作者们知道，寺里的高僧大德也许更关注教义，忙于教义的抽象讲论，而对于具体的戒律清规，则难免有所忽视；而另一些僧人则可能出现不端行为，从而对政教关系造成威胁。因此，对于后一种僧人而言，一位博学而热忱的俗家信徒也能起到提醒的作用，让他们的言行更符合佛陀的旨意。

围绕唐代文人和佛教的种种关系，有些地方限于材料，我们只能给出初步的解释，这些还不是最终的结论。没有作者留下一个陈述，以澄清他所写的碑记为何是颂扬菩萨的伟大而不是风景的美丽。尽管如此，那些保存下来的碑记仍能够在整体上说明，以后来的新儒家取得主导地位的视角来看待晚唐，其实是严重偏离了当时大多数文士对佛教的态度。在安史之乱被平定之后，士大夫们都在探求如何重建思想文化的秩序。在此之中，认为这种秩序只能建基于未受佛教影响的本土文化的观点，只是少数人所持的比较极端的看法。这种观点仅仅是看到了文化资源的一个部分，而试图抛却几个世纪以来的历史经验。

面对唐帝国晚期的社会疾病，佛教最终也没能开出一个好

---

① 奥利弗·莫尔(Oliver Moore)：《感恩的礼仪》("The Ceremony of Gratitude")，收入周绍明(Joseph P. McDermott)编：《中国的国家与朝廷礼仪》(*State and Court Ritual in China*)，第197—236页。

药方,但它确实为世人提供了一种富有生机和活力的精神理念。在多闻天王那里,唐代文人看到了一种与罪恶作不懈斗争的勇气。在慧远大师身上,他们看到了困境当中如何守持自己的信念,他们发现自己和慧远在处境上很相似,后者的事迹让他们获得精神上的动力。如果将佛教的追求仅仅定位为消极、退避或是空寂,那么它的教义就会显得完全地超世离俗,与俗世生活也就出现不可逾越的鸿沟。然而,唐代的思想文化则表现出一种更大的灵活性和创造性。当时的文人学士在佛典当中以及僧侣的生活里,发现了很多有关毅力、勇气、才智和坚守信念的美德典范,这些典范激励着他们,让他们在帝国晚期的乱局中养就一种坚韧不拔的精神。①

　　在后来,宋代的文人和佛教之间表现出更多样、更紧密的联系,这便是本书接下来将要具体考察的内容。不同于唐代的前辈,宋代文人在写作有关佛教的文章时,考虑的情况变得更加复杂多样,包括佛教宗派的区别、朝廷的相关礼仪、社会的各种批评以及个人的生活经历,等等。与此同时,佛教也表现出一些新的趋势,它和寺院之外的联系变得更加复杂,也更为密切。此外,在宋代很多文士都成了虔诚的佛教徒,类似于唐代的前辈,他们也常常通过写作佛教相关的文章来体现自己的信仰。在接下来的四章里,本书将围绕这些作品,具体考察佛教在他们的生活中何以具有更多样的意义。我们将从当时文化环境的两个重大变化——禅宗的主流化和儒学的复兴——谈起,透过这两个变化来观察宋代士大夫如何看待佛教。

---

① 麦大维(David McMullen)认为,对佛教的精神皈依让柳宗元等人具备了一种智慧,由此他们能够对国家制度和政治问题提出透彻的批评。见氏著:《唐代中国的国家与学者》(*State and Scholars in T'ang China*),第157—158、205页。

第二章　护持信仰

佛教初由梵僧至中国，不知其道而务驾其说，师徒相乘，积数百年。日言天宫地狱，善恶报应，使人作塔庙，礼佛饭僧而已。厥后菩提达摩以化缘在此土。

始传佛之道以来，其道无怪谲，无刊饰，不离寻常，自有正觉。思而未尝思，故心不滞于事，动而未尝动，故形不碍于物。……

然末俗多敝，护其法者有非其人。或以往时丛林，私于院之子弟，闭门治产。……圣上莅祚体，闻释部之缺，因诏：凡禅居为子弟，前旅有者，与终其身，后当择人以主之。①

以上内容出自李觏在公元 1036 年为江西某寺所撰的一篇碑记。里面讲到了寺中选任新住持的事情。前任住持圆寂后，朝廷官员前来征询长老的意见，以确定新的住持。长老们举荐了一位僧人，他曾跟随一名德高望重的禅师研习佛法。后来这位僧人得到了政府的认可，成为新的住持。这位新住持在堂上回答问题时"如钟之鸣，如谷之响"。事后，当地的士绅前来请求

_____

① 李觏：《太平兴国禅院什方住持记》，《李觏集》卷二十四，第 258—259 页。

李觏撰文,以记录此事并赞颂朝廷的卓识。这让李觏很为难,因为他从来就没有以居士自居,有时还会严厉地批评僧侣,甚至还曾有过将佛教从中国完全剔除的提议。[①]　然而,作为当时的著名文人,李觏的身份又使他常常受到为佛寺撰文的邀请。在撰写这些文章的过程中,李觏对佛教和寺院的情况也渐渐熟悉起来。63

　　李觏此文反映了佛教在宋代出现的一些重大变化。第一,在佛教诸个宗派中禅宗逐渐取得了主导地位。这不是源于少数人的支持,也不是受到政治风向的影响。在 11 世纪,禅宗的主导地位已经成形,到了 12 世纪,这种地位则得到了进一步巩固。第二,这种变化促使佛教中的宗派主义变得更加显著。佛寺被分为禅院、戒律院,或是被贴上其他教派的标签,诸如天台宗、华严宗等。在禅宗内部,法脉传承具有相当重要的意义。李觏的文章曾说道,新任住持建安崇俨乃得法于石霜楚圆,而石霜楚圆则是唐朝著名禅师临济义玄(866 年圆寂)的第十代传人。崇俨法师之所以得到认可,法脉上的渊源提供了很大的帮助。

　　第三,在两宋期间,政府、士大夫与寺院的关系变得更加密切。公共寺院或十方丛林的住持须经政府任命,并且这些寺院也经常参与皇室的宗教活动。俗家信众里开始出现各式的会社,有些会宣称自己拥有成百上千的成员。在此情况下,一些高僧在传道布教时常常会想到士大夫。佛教经历了一段时期的衰落以后又出现新的活力,这段历史在现代学界受到越来越多的

---

① 关于李觏思想的研究,参见谢善元(Hsieh Shan-yuan):《李觏的生平与思想,1009-1059》(*The Life and Thought of Li Kou*, 1009—1059);白乐日(Etienne Balazs):《王安石的先行者》("A Forerunner of Wang An-shih"),收入《中国的文明与官制》(*Chinese Civilization and Bureaucracy*),第 277 页—289 页 。

关注。① 一般情况下,研究者会将反映佛教内部情况的前两种变化和涉及佛教和世俗之关系的第三种变化相对分开。某种程度上,这是由于研究视角的不同,有些学者更关注学说和教义方面,而有些学者则更关注佛教机构及形物方面,只是很少有人同时兼顾二者进行深入的研究。

64 　　第四,李觏的文章也反映出禅宗的教义何以会引起人们对寺院机构质疑的。建寺造塔本是要为僧侣和俗家信众提供一种维系修行生活的物质基础,但在新的观念中,它的合理性开始受到怀疑。自佛教传入中国以来,建寺造塔已成为获得功德、加快解脱进度的一种重要手段;此外,寺院在布施活动中也扮演着核心的角色,使得僧伽与施主紧紧联系在一起。然而,禅宗对于顿悟和内在性的强调,削弱了功德善举传统的意义,使得士大夫对建寺造塔的看法变得更加复杂。

　　本章主要是围绕中国佛教在宋代所面临的两大挑战,考察当时文士对佛教的看法。第一个挑战是来自内部的,也就是禅宗的兴起,士大夫如何看待此等情况,这是我们将要考察的第一个重点。其间,有些士大夫的看法是比较激进的,他们追随禅宗激进者的观念,也在质疑寺院以及其他形物存在的合理性,即便是在他们给寺院撰写碑记的时候;而有些士大夫则试图遏制这种反传统的风向,支持建寺造塔等形物方面的工作,甚至将寺院以及其他形物看作佛教传统的核心。第二个挑战则是来自外部的儒学复兴运动。围绕于此,我们关注的是:如

① 关于这些变化的概述,可参福克(T. Griffith Foulk)《宋代禅宗的神话、仪式与寺院修行》("Myth, Ritual, and Monastic Practice in Sung Ch'an Buddhism"),收入伊沛霞(Patricia B. Ebrey)、格雷戈里(Peter N. Gregory)合编《唐宋时期的宗教和社会》(*Religion and Society in T'ang and Sung China*),第147—208页。

果说"道"只在儒家经典中,那么儒者们应该如何对待佛教? 释迦牟尼的教义与中国古代圣贤的思想有没有共同点? 如果有,那是什么? 它是否重要到可以以此为由容忍或支持佛教的发展? 众所周知,欧阳修和朱熹等一些杰出人物皆力主排佛,不过也有不少士大夫持不同看法,他们更关心的是佛教和儒家思想的相通性。

这两个相对独立的问题关涉到一个更加普遍的问题,即宋代的文人居士如何评估当时的佛教以及它在中国传统中的地位。 总而观之,在他们身上可以看到多种不同形式的护法行为。"护法"这个词通常是用来表示统治者和俗家信众捍卫佛教的活动,而我们这里是关注文人居士的卫教行为。 在他们身上,主要有三种不乏内在矛盾的护法方式:第一种是支持禅宗激进者的观念,认为在禅宗出现以前,大家对佛教教义多有误解,这些误解已将信徒引入歧途,故须对此加以杜绝;第二种恰恰相反,他们肯定传统的修行方式,防止禅宗激进者对佛教教义的歪曲;第三种则是针对排佛之儒者提出批评,肯定佛教与儒家思想的相通性。 护法文士的斗志主要是源于9、10世纪佛教史,尤其是韩愈的排佛主张、唐武宗和后周世宗的灭佛运动以及佛教内部禅宗的兴起。 这些文人往往是采取独立且带有批判性的视角,这与唐代碑文中的虔诚语气大为不同。 在宋代,文人和寺院之间的距离明显缩小,前者成为一个更加自信的信众团体,并且他们已充分意识到佛教所面临的内外矛盾。 在具体考察他们如何开展护法之前,我们先来解读一位士大夫的文章,这些文章能够反映居士们如何发现禅宗与其他宗派的差异。

苏辙的例子

在 11 世纪,日趋成熟的禅宗大大改变了中国佛教的面貌,尤其是在佛典的形式上。禅僧们发展出灯录、语录和公案等一些新的形式,[①]比起以往传统中占主导地位的经论,这些典籍显得格外不同。第一,它们将重点放在禅宗的高僧上,占据佛教舞台中心的不再是释迦牟尼和印度的高僧,而是中国本土的僧人。第二,它们的语言生动活泼,与经论的行文模式明显不同。第三,其内容主要是记载师徒间的会话,有关传记的信息则涉及较少。启发读者的往往是一些非常规的言语和行为,自相矛盾的说法,或是带有暴力的行为都会时常出现。第四,这些书籍在内容上显示出对传统的教义和修行的极大怀疑,导致信众往往是以两分的模式看待它和传统佛教。对于这些书籍,文人们多有研读,66 并常常为之作序,其间也会说及他们从中受到了启发。[②] 然而,却很少有人去直接评论禅宗的典籍如何打破旧有的模式,以及它们如何影响到俗家信众对佛教的看法。因此,我们需要采用

---

① 佛教中属于这些形式的文献非常丰富。有关这些文献的评介,可参柳田圣山:《中国禅宗的语录文本》("The 'Recorded Sayings' Texts of Chinese Ch'an Buddhism"),收入《汉藏的早期禅宗》(*Early Ch'an in China and Tibet*),第 185—205 页;布斯韦尔(Robert E. Buswell Jr.):《看话禅的捷径:中国禅宗顿悟的演变》("The 'Short-cut' Approach of K'an-hua Meditation: The Evolution of a Practical Subitism in Chinese Ch'an Buddhism"),收入格雷戈里(Peter N. Gregory)主编:《顿与渐:中国思想里的觉悟之道》(*Sudden and Gradual: Approaches to Enlightenment in Chinese Thought*),第 321—377 页;海因(Steven A. Heine)、赖特(Dale S. Wright)合编:《公案——禅宗的文本与语境》(*The Kōan: Texts and Contexts in Zen Buddhism*)。

② 例如,曾敏行就把禅师的对话看作充满喜剧感的场景。见氏著:《独醒杂志》,第 78 页。

间接的方法,即比较他们对不同教派之典籍的评述。围绕于此,我们在苏辙的作品中发现了一个比较好的例子。

　　苏辙和其兄苏轼同为北宋后期的精英文士。对于王安石的新政策,苏辙也多有异议,由于政见上不合,他人生最后的十九年基本上是处于隐退状态。在此期间,他写下了大量作品,包括古代历史、轶事笔记以及对《道德经》的注释等。这些作品透露出苏辙谨慎而恭顺的性格,并且也能反映出他的好奇心和谦虚作风。像他那位杰出的兄长那样,苏辙也常和僧人交游,对佛教物事一直饶有兴致。这种兴致并非单纯来自好奇心,在他生命的最后几年时光中,苏辙曾说到尽管自己"经历忧患",但佛法让他"真心不乱,每得安乐"。① 这说明苏辙和那些浅尝辄止的文士很不一样,他以一种相当认真的态度对待佛教。

　　苏辙晚年曾为《楞严经》《金刚经》《景德传灯录》这三部佛典撰写书后语。② 这三部典籍是宋代禅徒的基本功课,尤其是《景德传灯录》,这是一部奠定禅宗传统的典籍,被视作当时最有影响力的禅宗作品。它描述了佛法祖祖相传的谱系,即从过去佛传至释迦牟尼,再由印度祖师菩提达摩传至唐代祖师的过程。

① 苏辙:《书楞严经后》,《苏辙集》,第 1112—1113 页。此话令人想起《孟子·告子上》第 15 章的"然后知生于忧患而死于安乐也"。刘殿爵把此句译为"Only then do we learn that we survive in adversity and perish in ease and comfort"。见刘殿爵译:《孟子》(Mencius),第 181 页。
② 苏辙:《书金刚经后》,《苏辙集》,第 1113—1114 页;《书传灯录后》,同书,第 1231—1236 页。对后一文的介绍,可参见魏雅博(Albert Welter):《〈祖堂集〉与〈传灯录〉中的法系和语境》("Lineage and Context in the Patriarch's Hall Collection and the Transmission of the Lamp"),收入海因(Steven A. Heine)、赖特(Dale S. Wright)合编:《禅宗圣典——对经典文本的解读》(The Zen Canon: Understanding the Classic Texts),第 137—179 页。有关《景德传灯录》《祖堂集》的历史背景及其与其他佛典的关系,可参石井修道:《宋代禅宗史の研究》,第 1—122 页。

67 这种祖祖相授的谱系是禅宗信仰的基石,那些不在谱系中的僧人,即便他再杰出,也和禅宗毫无关系。正如马克瑞(John R. McRae)所指出的,这部典籍开辟了一片新的天地,其间不仅展示了师父们高妙的传法方式,同时也记录了弟子们独特的发问和领悟。① 总体而言,《景德传灯录》给大家提供了一个最大的公案资料库,呈现出一个个有关禅师传道的幕后故事。在此后的数百年中,这部书成为了中国和日本禅宗的核心功课。在公元1004年,此书被献于朝廷,随后即编入大藏经,这在一定程度上也促进了它的传播。禅师们一直在追求禅宗的主流地位,而朝廷对《景德传灯录》的肯定为此提供了极大的政治合法性。②

通过比较苏辙为传统经书和禅宗典籍所写的书后语,我们可大致了解禅宗如何改变宋代文人(至少是一位文人)的佛教观。在那两篇为传统经书所写的书后语中,苏辙既没有提到经书的起源及流传情况,也没有对它们加以颂扬,只是叙述了自己研习经书的一些心得和体会。其中,在《书楞严经后》,他说到通过研习此经,"乃知诸佛涅槃正路,从六根入。每跌坐燕安,觉外尘引起六根,根若随去,即堕生死道中。根若不随,返流全一,中中流入,即是涅槃真际"。而后,他表示自己将"誓愿心心护持,勿令退失"。③ 在《书金刚经后》,苏辙继续讨论前一篇的主题,并引了《楞严经》的一段话,即观音菩萨所说的"初于闻中,入流无所。所入既寂,动静二相。了然不生,如是渐增。……空所空灭,生灭既灭"。苏辙关心的是,如何从外境对六根的牵引中解

---

① 马克瑞(John R. McRae):《由禅谛观:中国禅宗的应遇、转变与谱系》(*Seeing Through Zen: Encounter, Transformation, and Genealogy in Chinese Chan Buddhism*)。
② 参见石井修道:《宋代禅宗史の研究》。
③ 苏辙:《苏辙集》,第1112—1113页。

脱出来,而那种对轮回和涅槃、主体和客体、道德和非道德等二元结构的超越,似乎被推后了。① 总的来看,在这两篇文章中作者并没有谈到具有禅宗标志的内容,也没有对经书本身给出很多评论,他主要是想勾勒两部经书之间的某种内在联系,以便阐述他自己所关心的问题。可以说,在这两篇文章中苏辙均以一位虔诚信徒的形象出现,他意识到自身的不足,对佛法渐渐有了一些心得和体悟。

68

苏辙在 1108 年为《景德传灯录》所写的书后语则表现出明显的不同。第一,佛教的名相术语已不再出现,诸如"四果""六根""入流""三空"等诸种语词,在早先的文章里屡屡可见,但在此文中却销声匿迹了,取而代之的则是有关禅僧的各种趣事。第二,他采用了一种更加个人化的论调。文中说道,尽管自己研习《楞严经》数年,然而"道久未进",直至去年冬,始读《景德传灯录》,于是"心有所契,手必录之,置之坐隅"。第三,他对此书给予了高度赞扬,说"自达磨以来,付法必有偈,偈中每有下种生花之语"。他所说的"偈"其实是指那些后来成为公案的故事。最后,也许是最重要的一点,在评价禅宗时苏辙显得更加自信,那位勤勉刻苦而又缺乏自信的佛家子弟不见了,取而代之的是一位多才多能的评论人。

苏辙的这篇文章共包括十五个小段,整体上可分作觉悟前和觉悟后两个部分。第一部分包括三段,记述自己此前研习佛法的经历。第二部分中,讲到了两则和六祖惠能有关的公案,一则是发生在惠能和慧明之间,一则是发生在惠能和官员薛简(生

---

① 《书金刚经后》包括两则,第二则比较短,其间述及佛陀的五眼,并解释佛陀何以具有肉眼和天眼。苏辙:《苏辙集》,第 1114 页。

活在公元 707 年前后）之间。① 对于两位的提问，惠能答以"不思
善，不思恶，正恁么时，阿那个是明上坐本来面目"，"一切善恶都
莫思量，自然得入清净心体"。人人都有"本来面目"，即便在迷
惘之中，这是在提醒他们要察识自身本有的佛性。② 对此，苏辙
感叹道："祖师入处倘在是耶？ 既见本来面目，心能不忘，护持不
舍，则谓下种也耶？"念念不忘善恶之别，关注由六根而得解脱，
或是思虑修道的不同阶段，反而使人偏离了真正悟道的方向。

69 这一部分还讲到了禅师药山惟俨和李翱之间的一次问答。李翱
求问戒、定、慧，药山答道："公欲保任此事，须于高高山顶坐，深
深海底行。如闺阁中物，舍不得便为渗洒。"③对于这些箴言妙
语，苏辙表示"欲书此言于绅，庶几不忘也"。苏辙要将这些言辞
记录起来，随身携带，说明禅师的英勇精神以及他们对自我觉悟
的敦促，以一种传统经书所未曾有过的方式深深地打动了他。

　　苏辙在文章后面辑录了十二则公案。在他看来，这些公案
使他对佛法有了更深的领悟，因此他也希望以此来阐述他悟道
的心得。在他所辑的公案中，最著名的一则应该是"香严上树"，
这个故事后来被收入禅宗的公案集《无门关》。此则公案是说，
有个人在千尺悬崖上，足无所履，手无所攀，只能以牙紧紧咬住
一根树枝。正当此时，有个人来向他请教达摩西来之意。这一
问让悬挂之人好生为难，如果回答，那么他就要身坠悬崖，但如

---

① 参见菲利普·阎波尔斯基(Philip B. Yampolsky)：《六祖坛经：敦煌写本的翻译、
评介和解释》(*The Platform Sutra of the Sixth Patriarch : The Text of the Tun-huang Manuscript , with Translation , Introduction , and Notes*)，第82—83页。
② 前一则被《无门关》收为第 23 则公案。
③ 见《景德传灯录》，《大正新脩大藏經》，经号 2076，卷 51，第 312 页中。有关药山和
李翱的会面，《祖堂集》的记述比《景德传灯录》更详细。有关内容，可参巴瑞特
(Timothy Barrett)：《李翱：释子、道士还是新儒家？》(*Li Ao : Buddhist , Taoist , or Neo-Confucian?*)，第 46—57 页。

果不回答,又违背了发问者的意愿。① 在苏辙看来,此时此刻人的趋生避死之本能和弘扬佛法之心愿便出现了矛盾。对此,他表示自己只关心弘扬佛法,哪怕是坠崖殒命,也要告诉对方达摩西来之意。不过,在《无门关》中慧开和尚对此则公案的点评却和苏辙的看法大相径庭。慧开没有从自我牺牲的角度作出评论,而是强调在此情境下,再雄辩的口才、再丰富的学识都无济于事。如果从禅宗角度来看,也许可以说苏辙误读了这一则公案。它并不是要倡导无私的精神,而是提醒大家要抛弃关于所谓正确的成见。

　　在对其他公案的评说中,苏辙也使用了这种二元论的方法,就好像他在前两篇书后语中所表现的那样。这种思维在禅宗当中自然是要抛弃的,但苏辙还没有完全跟上禅宗的思路。有一则公案说,仰山慧寂曾对六祖惠能所言的"本来面目"表示怀疑,有人对此不理解。苏辙借用《周易》的"无思无为,感而遂通天下之故"解释道,惠能此说"得其体,未得其用,故仰山以为未足耳"。② 尽管苏氏此论不无新意,但整体上看,儒家的思想框架并不适合用来解释禅宗和佛教的教义。此外,还有一则公案讲到⁷⁰马祖道一和隐峰和尚的故事,苏辙的评论也表现出这种风格。③此则公案说,隐峰正推着土车,而马祖在路上伸腿而坐;隐峰请求马祖把腿收起来,但马祖拒绝了,于是隐峰推车直进,碾伤了马祖;后来,马祖在法堂上集结僧侣,并拿出一把斧头,让那位碾伤自己的人走出来;于是隐峰走了出来,并伸出自己的脖子,而马祖则把斧头放在了一边。对此,苏辙评论道,前一事(碾伤马

---

① 见《景德传灯录》,《大正新脩大藏經》,经号 2076,卷 51,第 284 页中。
② 同上书,第 283 页上。
③ 同上书,第 259 页中、下。

祖)显示出隐峰的"狂直之病",后一事(主动走出来,引颈而俟)则说明他"犹可取也"。接下来,苏辙继续说道,隐峰圆寂时,不坐不立,乃倒立而逝,说明他"狂病犹未痊也"。尽管在当时禅宗的非常规的一面已引起大家的注意,但在苏辙看来,禅僧们依然要遵循那些一般僧人都要遵守的行为规范。至少,在这位士大夫眼里,禅宗对佛教的贡献并不在于对成规的超越或是对自由的承诺,而那些由禅宗作家所写的古怪的甚至自相矛盾的故事,只是以一种更加生动而有效的方式传达佛教的某些基本原理。

　　通过对苏辙三篇书后语的考察,可以得出两个重要的看法。首先,士大夫研习禅宗典籍的方式已然不同于以往的研习方式。他们不再为之写评注,而是常常收集一些有关高僧的奇闻趣事和隽言妙语。在这些工作中,他们渐渐获得了评价同行和僧人的权力。他们决定着哪些应该被记住、对于过去又应该如何解释。就好比他们生活中的其他方面一样,在如何对待佛教上也存在着一定的竞争关系。《景德传灯录》所记述的僧人生活,让文士们产生强烈的共鸣,这比以往佛典所引起的共鸣要远远大得多。它叙述的内容充满着机锋和戏剧化的情节,既有笔记作品的某些特点,同时也有点类似于古代中国的师生对话录。吊诡的是,这些典籍本是提倡不起分别心,但为其所吸引的人却在此中强化了对觉、迷的分别。其次,对于禅宗里的公案,他们可以从自己的角度进行解释,而不必和禅宗里所讲的义旨完全吻合。值得注意的是,无论是在所推崇的教义上,还是在修行实践上,苏辙都没有表现出从其他教派转向禅宗的过程,至少从上述文章来看是这样的。虽然灯史和公案在现代读者眼中已成为深奥或莫名其妙的代名词,但在当时文士们正是通过这些作品对佛教教义获得了更深入的理解。

71

顿悟及其热衷者

对于禅宗和其他教派的差异，苏辙没有加以评论，但其他的一些文人则很关注其间的不同。禅宗在宋代吸引了大批的文人学士，对于这些人来说，禅宗具有多方面的魅力，至少在诗词创作上就能给他们带来灵感，而写诗作词对于当时的读书人而言，其重要性则是不言而喻的。此等情况已超出了目前所要探讨的范围，不过，我们从以下情况已足以看出端倪：即便是那些和佛教没有显著关系的文士，诸如杨万里、严羽等人，在他们的诗词作品中也会大量使用禅宗的言辞。① 对于禅宗，人们一般会首先想到它的十六字心传——"不立文字，教外别传；直指人心，见性成佛"。这十六个字已是司空见惯，但其间也暗示了禅宗对士大夫的吸引力。就佛教自身而言，这十六个字至少在两个方面直接影响到它的面貌。首先，"教外别传"暗示着禅宗将要从根本上重塑佛教在中国的历史。其次，也许更重要的是，"直指人心，见性成佛"则意味着禅宗将要拒绝那些违背顿悟原则的修行。

被重塑的佛教史

宋代的碑记表明，许多文人都很赞同禅宗对中国佛教史的重写。禅宗的叙述提供了很多具有戏剧性的、充满英雄主义的

---

① 参见林理彰（Richard John Lynn）：《中国诗歌评论中的顿与渐——对禅诗喻义的一种考察》（"The Sudden and the Gradual in Chinese Poetry Criticism：An Examination of the Ch'an-Poetry Analogy"），收入格雷戈里（Peter N. Gregory）编：《顿与渐：中国思想中的觉悟之道》（*Sudden and Gradual：Approaches to Enlightenment in Chinese Thought*），第381—427页。

结论,这些结论往往令人惊喜。由于初写者的错误记忆和后随者的以讹传讹,佛教的历史已然失真,现如今在禅宗大师的努力下,佛教史得以以一种新的面貌呈现在世人面前。禅师们抓住原始教义的核心,而忽略了那些掩盖真相的各种解释。正如詹密罗(Robert Gimello)所指出的那样,这一大刀阔斧的改写工作,使人们联想到道学家对儒家历史的重塑,他们也是不满于此前人们对儒家历史的叙述,而要重新确立一个道统。① 当然,那些致力于重塑道统的儒者往往是把佛教看作一种障碍,而不是把它看作榜样或灵感的来源。回到佛教问题上,这种被重塑的历史使得宋代文人在理解佛教时拥有了一种更加独特而便利的途径,尽管他们和释迦牟尼相隔更远,但他们仍深深自豪于自己对佛法的理解超过了前辈文人。

　　禅宗笔下的历史特别关注达摩和惠能两人。有关他们的很多细节已经模糊不清了,不过,这反而有助于对他们的故事展开丰富的阐述。达摩被认为是禅宗在中国的始祖,他在 6 世纪初离开印度,前来中国宣扬佛法。在文人为寺院、高僧和佛经所写的诸种文字中,每每可以看到这样一种言论,即只有等到达摩前来传法,佛教才真正传入中国。比如,在杨亿为《佛祖同参集》所写的一篇序言中,就可以看到这种言论。杨亿是一位诗人,同时也是北宋初年最著名的文人居士。《佛祖同参集》是一部已失传的有关禅宗史的作品。石井修道和魏雅博(Albert Welter)等人都认为,杨亿和其他人一起奉真宗之诏修订了此书,并以此为基

---

① 詹密罗(Robert M. Gimello):《道与文化:北宋禅宗里的知识、文字与解脱》("*Marga and Culture*:*Learning*,*Letters*,*and Liberation in Northern Sung Ch'an*"),收入布斯韦尔(Robert E. Buswell Jr.)、詹密罗(Robert M. Gimello)合编:《解脱的法门:佛教思想中的道及其演变》(*Paths to Liberation*:*The Marga and Its Transformations in Buddhist Thought*),第 371—437 页。

础编纂《景德传灯录》。众所周知,杨亿也曾为《景德传灯录》作
序,研究者通过比较两篇序文,认为此篇更有宗派主义的色彩,
更强调禅宗的独特性和优越性。① 相比之下,《佛祖同参集序》的
视野显得更广阔些,并引述了宗密的作品。在此,杨亿也是以一
种戏剧化的方式描述达摩来华的情景:

> 至达摩大师,哀此土之人,昧即心之理。分别名相
而不已,类入海以算沙;攀缘生灭而为因,但认贼而作
子。② 聿来震旦,宴坐少林,不事语言,不立文字。既得
人而传付,乃趣寂以返真,是为东方之初祖也。③

73

在这种叙述中,佛教在传入中国的最初几个世纪里,也就是许理
和(Erik Zürcher)所说的"佛教征服中国"的时代,并没有让中国
人真正受惠。长期以来,大家忙于翻译经书、建寺造塔,但这些
努力都是徒劳无功的,中国人仍是深陷于生灭轮回之苦。人们
试图理解和阐述佛教教义的精妙之处,却恰恰因此而陷入分别
名相的困境之中。值得注意的是,杨亿既说了达摩祖师不做什
么,也说了达摩祖师做什么。达摩祖师既"不事语言",也"不立
文字",他只是坐而悟道,并将其传付后人。唐代的解释者一般
是将达摩和《楞严经》联系在一起,杨亿应该是知道这一点的,但

---

① 石井脩道:《宋代禅宗史の研究》,第 8—25 页;魏雅博(Albert Welter):《〈祖堂集〉
与〈传灯录〉中的法系和语境》("Lineage and Context in *the Patriarch's Hall
Collection and the Transmission of the Lamp*"),收入海因(Steven A. Heine)、赖
特(Dale S. Wright)合编:《禅宗圣典——对经典文本的解读》(*The Zen Canon:
Understanding the Classic Texts*),第 137—179 页。
② 意即错把虚幻当成真实。见《佛光大辞典》,第 5917 页。
③ 杨亿:《佛祖同参集序》,《武夷新集》卷七,第 24 页上—26 页下。

他在文中没有提及它,而是去刻画达摩反传统的形象。对于这种做法,人们也许会解读成禅宗建构其优越性的一种努力。

其他文士中也有把达摩看作中国人之救星的,认为正是达摩帮助中国人从对外部世界的专注中解脱出来。侯溥在一篇写于公元 1074 年的碑文中,对杨亿的观点作了推展。这一个鲜为人知的人物,曾在北宋政府短暂为官,所撰部分文章被收进了《成都文类》这部川地作家的文集。① 其中,有一篇碑记讲到了10 世纪成都某寺的建造,此外还提到了一位歌女皈依佛门而使其府主异常苦恼的事情。在文中侯溥对佛教在中国的历史有如下总结:

> 始《四十二章》之文,虽有性说,而学者溺于浅近,以教自缠。不知己之无垢,乃外求清净;不知佛之在我,乃从事土木。有大通人曰达摩,为法隐痛,聿来兹土,始于一花而枝传叶布,乃浃天下。②

74　类似于杨亿的叙述,侯溥在此也采用了从沉沦到解脱的叙事结构。他将中国禅前佛教的起点定在被公认为汉译第一部佛经的《四十二章经》,③但认为这部作品并没有让大家真正明白佛法。当然,随后大量翻译的佛经提供了更丰富的解释,但这些在侯氏

---

① 目前只找到两处有关侯溥的资料。第一处提到了接下来要讲到的一篇文章以及另三篇和佛教有关的记文。见李国玲:《宋人传记资料索引补编》,第 760 页。另一处则提及他在举制科时"称灾异皆天数,又用王安石洪范说","众皆恶其阿谀而黜之"。见李焘:《续资治通鉴长编》卷二百十五,第 5246 页。

② 侯溥:《寿量禅院十方住持记》,《成都文类》卷三十八,第 15 页上—17 页下。

③ 关于这部经书的翻译和简介,参见沙夫(Robert H. Sharf)译:《四十二章经》("The Scripture in Forty-two Sections"),收入洛佩兹(Donald S. Lopez, Jr.)主编:《中国宗教的实践》(*In Religions of China in Practice*),第 360—371 页。

文中都没有被提及。此外，不同于杨亿文章凸显译经著论的徒劳无功，侯溥则继承李觏的一个看法，即强调建寺造庙是一种无效的甚至是愚昧的虔诚。在那次著名的达摩和梁武帝的会面中，前者断然否定了建造寺院和积累功德之间的联系。[①] 但现实当中禅师们仍在不停地兴造寺院，比如侯溥此番撰文所要记述的正是某寺的建造，这或许就是他在文中不愿直接言及此事的原因。最后，正如前文也述及的，对佛教史的叙述和碑记所在地并无直接关系，它的主旨乃在于提醒读者，只有等达摩祖师来华以后，佛法才真正地造福中国人。

对于六祖惠能，这位禅宗法脉上最重要的人物，大家的赞颂有不少相似之处。众所周知，惠能传道布教的主要道场在广东北部的南华寺。到了 11 世纪初，附近的豪门侵占了寺产，对寺院造成了破坏，后来朝廷指派得力的僧人去重修该寺。在重修工作结束以后，广东士大夫余靖在 1041 年为此撰写了一篇碑铭，记录了此番重修的成果，同时也讲到了惠能的一些事迹。在文中，余靖对六祖的功德及其深远影响大加赞颂，并强调基于此等功业，六祖足以置身圣人的行列。此外，他还将话题延及禅宗诸祖，讲到禅宗出现前后佛教徒的不同处境：

> 故翻经著论，得以纷纶其说，昏愚迷妄，贪着福报，沦家耗国，弃实趋权。

75

[①] 这个情节自从在《南宗定是非论》出现之后，已成为禅宗文献中达摩传记的一个重要部分。参见拉齐曼（Charles Lachman）：《祖师缘何一苇渡江？重新认识菩提达摩》（"Why Did the Patriarch Cross the River? The Rushleaf Bodhidharma Reconsidered"），《亚洲学刊》（*Asia Major*），1993 年第 3 期。

> 亦赖诸祖以实际理地,密相付嘱,①然后知佛不外
> 求,见于自性,造恶修善,俱同妄作。所以遣空破有,不
> 陷邪观者,宗乘维持之力也。不然者,天下嗷嗷,奔走
> 有为之果,何能已乎!②

余靖发展了杨亿和侯溥的观点,他的语气显得更加强烈。在禅宗出现以前,佛教徒受困于经论,实在可悲;幸运的是,禅宗祖师们跳开了言语文字,向世人指明"佛不外求,见于自性"。在赞颂了祖师们的成就之后,余靖又强调所谓修善、造恶,皆是妄作,对禅宗所带来的转变进行肯定。

禅宗对佛教史的叙述迥然有异于其他教派,前者以一种比较激进的方式对佛教史进行了简化处理。在唐代文人看来,佛教在中国大地上经历了一个不断进步、逐渐成熟的过程,在此过程中,慧远、鸠摩罗什、智顗、玄奘等众多的高僧大德为弘扬佛法作出了杰出的贡献。然而,在宋代一些文士看来,在达摩来华以前,人们仍是沉沦于苦海当中,僧人在译经著论上固然做了很多工作,但这些工作非但没有助人悟道,反而成了一种误导;如果说佛教确实减轻了中国人的苦难,那么也只是在禅宗出现以后。

为何士大夫会接受禅宗对佛教史的这种叙述呢? 第一,这种观点提供了一幅简单而清楚的佛教史图景。认同这种观点,

---

① "密相付嘱"的英译(transmission of the dharma secretly and in person),是参考了福克(T. Griffith Foulk)的翻译。见福克(T. Griffith Foulk):《宋代关于禅宗分传的争论》("Sung Controversies Concerning the 'Separate Transmission' of Ch'an"),收入格雷戈里(Peter N. Gregory)、盖茨(Daniel A. Getz Jr.)合编:《宋代佛教》(*Buddhism in the Sung*),第 258 页。
② 余靖:《韶州曹溪宝林山南华禅寺重修法堂记》,《武溪集》卷八,第 12 页上—15 页下。

意味着此前人们所争论的某些棘手问题只是基于一种错误的观念,大可不必理会。第二,这种观点也让宋代文人比起他们的前辈更具优势。他们常常感叹自己和儒家圣人相隔时间太长,千余年过去了,这使得他们在把握孔孟思想时将要面临层层纱雾。然而,佛教当中却是另一番景象。禅宗祖师的谆谆教诲,出自其门徒的充满奇光异彩的典籍,让 11、12 世纪的士人有幸领悟到真正的佛法,而在六朝和唐代初期的前辈那里,他们就没有此等幸运了。① 76

第三,原来的不断发展的历程被重塑为从混乱到觉悟的过程,在这种新的历史叙事中,文士们对寺院和僧侣的看法便获得了调整的空间。新的历史叙事意味着此前的僧人,至少是其中的一部分,对佛法可能是深有误解的。出现这种情况,其部分原因在于宋代寺记中缺乏一个宗教权威。这和唐代寺记形成了鲜明对比,后者闪烁着佛教学说的寓意,并富含令人联想到经文的种种意象。然而,当一些著名的僧人将佛教中的某些传统给轻易地否定掉时,宋代的文士们也开始纷纷效仿。并且,正如我们将要看到的,一些文人居士开始认为他们也具有批评当代僧伽的资格。

对“方便”的质疑

禅宗对“方便”往往持轻蔑和怀疑的态度。所谓“方便”,是指那些用以引导能力有限者,让其对佛教有基本了解并通过诸种善行逐渐迈向解脱的临时性的方法,这主要在佛教的其他宗派中被加以运用。此等观念在《法华经》的火宅喻、药草喻和化城喻等一

---

① 参见叶梦得:《避暑录话》,第 21 页。

些著名的比喻中即有体现。同时,"方便"也可能是指经文内容,甚至是经书本身。它能够体现佛陀普度众生的大慈大悲的精神,但它终归是传道布教过程中的一种权宜之计,并不代表佛教的究竟了义。起初,这一观念被大乘佛教徒用来批评小乘佛教,后来,它也给从事判教的中国佛教徒们提供了便利,他们可以以此来确定哪些教义和经书是觉悟道上的垫脚石。①

禅师们之所以对此不作肯定,是因为他们担心这种做法容易滋生新的束缚,让人们从一种错觉转入另一种错觉。② 禅宗文献中有关这方面的例子很多,比如惠能反对神秀用树、镜子和尘土的比喻来阐述如何觉悟,便是一个典型。③ 此后,禅宗对于包括建寺造塔在内的功德行为也多有质疑。建造庄严的寺院,固然让人心生敬畏,但这也容易使人分心,忘却了更为根本的东西。从达摩与梁武帝的会谈中就可以看出,禅宗在很早的时候就对建寺造塔这种行为表现出担忧和怀疑。然而现实当中建寺造塔的行为仍不断进行,其间的矛盾引起了士大夫的注意。此外,禅师们的这种态度一定程度上也是源于"空"的观念,既然万

① 参见格雷戈里(Peter N. Gregory):《宗密与佛教中国化》(*Tsung-mi and the Sinification of Buddhism*),第97—99页、第103—105页。
② 参见佛尔(Bernard Faure):《顿之修辞:禅宗的文化批判》(*The Rhetoric of Immediacy: A Cultural Critique of Chan/Zen Buddhism*),第53—65页。
③ 参见阎波尔斯基(Philip B. Yampolsky):《六祖坛经:敦煌写本的翻译、评介和解释》(*The Platform Sutra of the Sixth Patriarch: The Text of the Tun-huang Manuscript, with Translation, Introduction, and Notes*),第130—132页。关于这些隐喻的研究,可参戴密微(Paul Demiéville)的《心镜》("The Mirror of the Mind")和戈梅斯(Luis O. Gómez)的《炼金:佛教思想及实践中工夫和直觉的隐喻》(Purifying Gold: The Metaphor of Effort and Intuition in Buddhist Thought and Practice),收入格雷戈里(Peter N. Gregory)主编:《顿与渐:中国思想里的觉悟之道》(*Sudden and Gradual: Approaches to Enlightenment in Chinese Thought*),第13—40页、第67—165页。

法皆空,那为何还要如此推重寺庙呢?①

　　许多士大夫都注意到这一问题,比如张商英,在此事上兴致颇高。张商英作为王安石的门生踏入仕途的,因而他的政治命运也随着新党的兴衰而起伏不定。他在公元 1110 年官拜尚书右仆射,但后来因为和权倾一时的蔡京政见不合而遭贬抑。② 他曾撰写《护法论》,驳斥排佛之论,为佛法作辩护。③ 作为当时著名的文人居士,张商英对华严宗兴致浓厚,不过,他同时又是临济宗大师兜率从悦的得法弟子,因而他在佛教中所留的印迹主要是在禅宗方面。他积极参与禅宗的内部事务,曾举荐慧照禅师做从悦禅师的法席继承人,④并与清凉惠洪、大慧宗杲等著名禅师交往甚密。⑤

　　如同其他士大夫那样,张商英也常为寺院撰写碑铭。这项工作相当于为他提供了一个论坛,可以借此讨论庄严的寺院如何与万法皆空的观念发生矛盾。其中,最主要的一篇文章是他在 1091 年为江西一座佛塔所撰的碑记。此塔供奉着洪觉道膺禅师(逝于 902 年)的遗体,他曾跟随唐代著名禅师洞山良价研

----

① 佛尔(Bernard Faure)曾注意到这一问题。他对禅宗的思想和道教的圣地观念进行比较,而不是对禅宗和佛教其他宗派进行比较。见佛尔(Bernard Faure):《中国宗教传统中的圣地与道场》("Space and Place in Chinese Religious Traditions"),《宗教史》(*History of Religions*),1987 年第 26 卷第 4 期,第 337—356 页。

② 参见詹密罗(Robert M. Gimello):《张商英在五台山》("Chang Shang-ying on Wu-t'ai Shan"),收入韩书瑞(Susan Naquin)、于君方(Chün-fang Yü)合编:《中国的朝圣者与圣地》(*Pilgrims and Sacred Sites in China*),第 89—149 页。

③ 参见安藤智信:《宋の张商英について:仏教关系の事蹟を中心として》,《东方学》,1961 年第 22 卷,第 57—66 页;黄启江:《北宋佛教史论稿》,第 359—416 页。

④ 参见阿部肇一:《中国禅宗史の研究》,第 352—353、385—412、453—454 页。

⑤ 参见雷夫琳(Miriam L Levering):《大慧宗杲与张商英:宋代禅师教育中一位士人的重要性》("Dahui Zonggao and Zhang Shangying: The Importance of a Scholar in the Education of a Song Chan Master"),《宋元研究学刊》(*Journal of Sung-Yuan Studies*),2000 年第 30 卷,第 115—139 页。

习佛法,《宋高僧传》和《景德传灯录》中都有关于他的记载。① 不过,这些信息并不是作者所关注的,他关注的是塔寺存在的意义。他在文章开头提出,佛以万法为虚幻,"其于身如此之薄,于死生如此之轻",自然不会看重塔庙之建造;遗憾的是,后世遗忘了佛的旨意,于是建寺造塔就成了一件大事。接下来,文章简单记述了道膺禅师的丧葬情况,并提到僧人请他撰写碑铭之事。对此,作者回应道:

> 生,幻也;死,幻也;塔,亦幻也。以幻葬幻,则子之二塔有余矣。虽然,吾将为之订之,庶几不坏世间相,不灭一切法,有以示庄严,有以起大信。凡坐脱立亡不乱、与阇维而两舍利、若诸根不坏者,得立塔如洪觉故事。勿已,则从子之规,不亦通乎?②

张商英首先摆明自己的立场,然后才说到僧人的请求。对此,他在默许的同时又夹杂着相当大的讽刺。作者没有去描述这座塔的外观情况,更不用说去赞美它。虽然过程中他也提到了"庄严",但对于佛塔的意义仍是持怀疑态度。此外,他还建议要对僧侣的葬礼严加限制,这成为他重申佛祖旨意的最后努力。在过去,对于那些德望不足的僧人,也会在其死后为之建造舍利塔,建塔行为本来就违背了佛祖的旨意,实不应大肆推广。借此机会,张商英宣示了自己对佛法的精通。虽然求文的僧者将会

---

① 赞宁:《宋高僧传》,《大正新脩大藏經》,经号 2061,卷 50,第 781 页;道原:《景德传灯录》,《大正新脩大藏經》,经号 2076 部,卷 51,第 334 页下—336 页上。

② 张商英:《云居山真如禅院三塔铭》,收入傅增湘:《宋代蜀文辑存》卷十四,第 20 页上—21 页下。

如愿,但前提是作者要揭示出他们的做法已然偏离了正道。

在其他寺记中,张商英也持这种态度。公元 1092 年,他曾就某寺僧堂撰写一篇记文。文中赞颂了古代高僧不耽形物的朴素作风,并劝勉当代的僧人要奉此修行,以免为恶障所侵扰。最后,他总结道: ⁷⁹

> 然则作此堂者,有损有益;居此堂者,有利有害,汝等比丘宜知之。汝能断毗庐髻,截观音臂,刳文殊目,折普贤胫,碎维摩座,焚迦叶衣,如是受黄金为垣,白银为壁,①汝尚堪任,何况一堂! 戒之勉之,吾说不虚!②

文中所言的"益""利"是指新落成的僧堂,而所言"损""害"则是说一种险境,即此等舒适的物质条件可能会导致僧侣们偏离正道。张商英有意削弱僧侣们在完成此项工程以后的成就感,他对佛堂的这种态度,不禁令人想起临济慧照大师的断喝:"逢佛杀佛,逢祖杀祖,逢罗汉杀罗汉,逢父母杀父母。"③类似于此,张商英也将人们对神明的敬畏置于禅修之外,并提醒僧侣,一切诸法乃是无常。这里再次体现出,在禅宗思想的影响下,张商英用一种新的标准看待寺院和僧侣,他提醒大家莫把方便当真理,就好像禅宗寓言所说的莫把手指当明月。

张商英的碑文表现出对"方便"的极大怀疑。其他作者所写的碑记也能反映出禅宗思想给士大夫带来的影响,即便它们的

① 这是说不看重黄金白银,只是将它们视作普通的建筑材料。
② 张商英:《抚州永安禅院僧堂记》,收入傅增湘:《宋代蜀文辑存》卷十三,第 22 页上—23 页下。
③ 慧然:《镇州临济慧照禅师语录》,《大正新脩大藏經》,经号 1985,卷 47,第 500 页中。

表现形式并不完全一样。其中一例是北宋后期士大夫李昭玘为一座佛殿所撰的记文。① 作者在文中没有提到寺院的地理情况，我们只是通过碑文的标题了解到该寺位于任城（在今天山东西部）。对于该寺的历史、僧侣的情况，甚至该文因何而写，我们也一无所知。作者在描述该寺外观时运用了两汉六朝辞赋的写法，这种缺乏独特性的手笔似乎是有意将寺院从圣地变成普通场所，意味着这座寺院比起其他寺院，甚至比起其他建筑，并无特别之处。

李昭玘在文中主要是强调寺庙建筑并不能有助于觉悟。文中先讲佛法无边、不可说，进而说及佛陀"色所不能见，意所不能取。以三十二相观则相相非真，以七宝布施修则布施随尽。故非去非来，非有非无"②。这里的叙述运用了中观学说，它在此处出现是值得注意的，在传统的看法中佛陀具足三十二相，而寺庙之造也有赖于受赠的七宝。

文章的第二部分则讲到信徒对寺院的虔诚，正所谓"瞻儴引仰，胝足血颡，歌呗环绕"③。作者认为，这些人自以为得法，实则已偏离正道。但他也说道，这种虔诚至少能够让他们不至沦为暴民恶徒；并且，凡夫俗子虽自性本有清净心，但他们不自知，要依赖寺院等外境条件。此说很好地解释了"方便"的本质与功用，尤其是在寺院建筑这一点上。作者的这种态度体现了佛教的二谛思想，这在很多宗派中都有详细讲论。通过二谛论，李氏调和了真俗之境，以此肯定佛殿的功能和价值。当然，这种做法在其他作者的文章里也有体现。

---

① 关于李昭玘的传记，见脱脱等：《宋史》卷三百四十七，第10998页。
② 李昭玘：《任城修佛殿记》，《乐静集》卷六，第9页上—第10页下。
③ 李昭玘：《任城修佛殿记》，《乐静集》卷六，第9页上—第10页下。

　　不过,在文章最后作者还是回到了批评"方便"的基调。此
外需提到的是,他在文中还引用了道家经典《列子》的一则典故。
故事中的主角生于燕而长于楚,[①]年老后要返回故乡,路过晋国;
同行者指着神社说这是燕地的神社,于是那人喟然而叹,又指着 ⁸¹
房舍说这是先人的房舍,于是那人潸然泪下;后来同行者告诉他
只是到了晋国,此前只是戏弄他而已;而当他真正到了燕国,看
到了燕地的城社、先人的庐冢时,反而没有此前那么激动了。李
在文中用此典故主要是想减少信徒们对寺庙的依赖,就好像他
在文中最后一句所言:"向之所谓塔庙像貌者,乃聚块积薪而已,
其于佛也奚有!"[②]根本上而言,寺庙佛像等一些外在的形物,终
归是偏离正道的。也许会有人把作者的这种讲论看作某种修辞
手法,但文章结尾处的文句已清楚显示出作者的倾向。虽然文
章中没有讲到顿悟或是禅宗的心传法脉,但它对"方便"的拒斥
已反映出禅宗对士人产生的影响。

　　禅宗对佛教在中国之历史的重塑以及对修行上所用方便
的否定,在宋代士人中都得到了一定的认同。为何如此? 围绕
这一问题,我们需注意诸种碑记所透露的信息。禅宗使文人居
士获得了一种相对于平民居士和普通僧人的优越性,这样一
来,信徒的水平便被作出一定的区分。正如佛尔(Bernard
Faure)所说的,"顿悟之说不无自相矛盾之处,它否认水平的差
异,但它又无法普及到水平较低的人。"[③]资质平庸的民众仍深
陷于对与错、善与恶的观念中,而文人士子们则凭着基于教养

---

① 杨伯峻:《列子集释》,第 113 页。英文翻译参见葛瑞汉(A. C. Graham):《〈列
　子〉:道的经典》(*The Book of Lieh-tzǔ: A Classic of Tao*),第 73 页。
② 李昭玘:《任城修佛殿记》,《乐静集》卷六,第 9 页上—第 10 页下。
③ 参见佛尔(Bernard Faure):《顿之修辞:禅宗的文化批判》(*The Rhetoric of
　Immediacy: A Cultural Critique of Chan/Zen Buddhism*),第 64 页。

而有的领悟力,能够直观内在的佛性。因而教养也就成了真实觉悟的必要条件,只有少数有教养的人才能够真正领悟奇妙的真谛。不过,一旦考虑到惠能的出身,这种说法便将面临难以解释的矛盾,当然,宋代文人在述及六祖时一般不会提及他的这一情况。

82 这种精英主义的观念也使得积善行德的意义变得可疑。在士人眼中,人们捐献钱财物资给寺院,其实是受到僧人所说的来世景象的驱使,而在根本上则是源于他们内心的恐惧,或是出于对某种利益的考虑。① 宋代士大夫很少有人提到他们曾给寺院捐献财物,当然,除了那些奉父母之命而为之的情况。② 从另一角度来看,当功德善举成为衡量道德的指标时,意味着所有人,不管他的出身如何,都将平等地置于同一个尺度上。③ 然而,对"方便"的轻视把功德善举降到了无关紧要的地步,从而也将文人居士和那些未受教育的施主放在了不同的层面上。士子们不屑于用钱财来证明自己的开悟,他们更情愿将钱花在精致的书籍上。

对塔庙佛像的贬低,意味着它们的功能,诸如培养人们的美德、引导人们改过自新等,变得意义不大。对于民众而言,士大夫往往具有道德引导的作用,但后者的这种冷漠态度未免显得

---

① 参见李石:《安乐院飞轮藏记》,《方舟集》,第 4 页上—6 页下;叶适:《宿觉庵记》,《叶适集》,第 158—159 页。某些文士则一并指责精英或受过教育的施主。如陈郁曾有言:"今世王公大人,更相施舍供养,谓能植福,亦与不读书者同一见,合一愚耳。"参见陈郁:《藏一话腴》,内编卷下,第 8 页。

② 这样的例子比比皆是,苏轼和苏辙为父母作捐献便举世闻名。但也有一个不涉及孝顺责任的例外情况,这便是苏轼在其为《楞伽经》所写后记中提到的,此经书乃是他的朋友张方平捐资 30 万用于印刷的。见《苏轼文集》,第 2085—2086 页。

③ 赵彦卫曾指出,富民所建的功德寺皆赐有名额,"申令两府以上得造功德寺赐名,往往无力为之,反不若富民也。"见赵彦卫:《云麓漫钞》,第 75 页。

奇怪。这就引出了如下的问题:在士大夫眼中佛教的受众到底是谁,它的宗旨究竟是什么? 如果说禅宗才是佛教的正宗,而其目的只是度化上根器者,那么我们就可以理解在伦理道德方面佛教为何会受到非议。士人们不需要在道德上另作规范,这些东西是他们自然而有的,就像他们自然熟悉礼义一般,因此他们也不需要佛教的戒律来促使他们成为好人。就平民百姓的教化而言,宗教建筑和宗教活动当然是有意义的,但这不一定需要佛教来实现,那些得到政府承认的宗教和各个地方的习俗都能起到教化的作用。

禅宗旨在将自家提升到其他教派之上,此举对僧人与文人居 83
士的关系产生了意想不到的后果。在某些方面,禅宗提供了一些简易的门径,它们为文人居士领悟佛法提供了另一种方式,但在很多人看来它们却是隐秘的,且具有一定的难度。并且,如果佛教只和悟道方式真个需要彻底的重新认识,那么在此之前的数不尽的僧人都是根本上误解了佛陀的教义,并且寺院机构存在的合理性也存在很大的问题。这样一来,僧人自己提出的观点,恰恰为文人批评他们提供了空间。在唐代还只是僧人内部的事情,到了宋代已成为士大夫得以参与的事务,而禅宗的激进态度则为护法的士大夫批评僧人提供了更多的便利。正如我们在下一节中将要看到的,禅宗的新观念还引发了许多文人对它的质疑,在如何修行的问题上他们提出了自己的主张。

围绕禅宗的批评与关切

禅宗在宋代大获成功,政府和士人都很眷顾禅宗的寺院和僧侣,而僧侣当中那些较有活力的也都乐于将自己归入禅宗。

现代学界对宋代佛教的研究,除净土宗以外,几乎都集中在禅宗上,这在一定程度上也是因为它对日本佛教发展的重要影响。①北宋时期被视为禅宗的全盛期,但在此期间禅宗也招来了很多的批评,这些批评者包括一些著名的文人居士。基于更广泛的佛教传统,尤其是基于对佛教形物方面诸如寺庙建筑、经书和佛像的肯定,他们认为拒斥"方便"其实是一种叛教行为。此外,他们也批评禅宗对"空"的强调导致它对伦理道德漠不关心。不过,在考察他们的批评意见之前,我们先来了解一下来自僧伽内部的类似声调。

在如何觉悟的问题上,禅宗内部也存在不同的理解。对于"不立文字,教外别传"的基本主张,禅师们一般不会持有反对意见,但他们的理解方式却各有不同。在部分禅师看来,某些同宗者对这一主张的理解未免极端,以至于危及本宗的声誉和未来。② 这种保守的态度主要见于"文字禅",持此观点的禅师反对那种完全摒弃经书、只靠口头传法、过分使用非常规途径的做法。③ 他们认为,顿悟和心心相传的实现首先要以基本的佛教教义作为基础。

---

① 有鉴于此,格雷戈里(Peter N. Gregory)和盖茨(Daniel A. Getz Jr.)在近期所编的《宋代佛教》(*Buddhism in the Sung*)一书中对天台宗和净土宗给予了比较多的关注。
② 关于宋代禅宗教育,于君方(Chün-fang Yü)提供了很有价值的研究,见《宋代禅宗的教育:理想与路径》("Ch'an Education in the Sung: Ideals and Procedures"),收入狄培理(Wm. Theodore de Bary)、贾志扬(Chaffee W. John)合编:《新儒家的教育:形成阶段》(*Neo-Confucian Education: The Formative Phase*),第57—104页。
③ 参见詹密罗(Robert M. Gimello):《道与文化:北宋禅宗里的知识、文字与解脱》("Marga and Culture: Learning, Letters, and Liberation in Northern Sung Ch'an"),收入布斯韦尔(Robert E. Buswell Jr.)、詹密罗(Robert M. Gimello)合编:《解脱的法门:佛教思想中的道及其演变》(*Paths to Liberation: The Marga and Its Transformations in Buddhist Thought*),第371—437页。

对文字禅的讨论通常是以慧洪禅师为中心。他强调经文学 84
习,批评那些极端做法。① 值得注意的是,慧洪和士人交往甚密,
尤其是张商英和陈瓘,后者对他的志业产生了决定性的影响。②
他著述颇丰,其间包括禅宗史考述、经文注释、僧侣和居士的事
录,以及大量的诗歌、书法作品。从某种角度来看,其作品的规
模就已经构成对"方便"的一种辩护。

禅师对"方便"的辩护不止书籍,亦包括佛像。慧雅惟中和
尚于坐化之际,倾尽囊中所有,让他的弟子请人画六祖之像置于
寺中。他告诉弟子们:"虽然用此被唾骂,我不敢辞矣。且欲使
来者见是相,知是心,以是知见,故能被除诸妄而泯相忘心。我
为是功德之意也。"③此举引发了有关"方便"的争议:一些僧人肯
定形物教化的意义,主张礼拜诸祖画像;而另一些僧人则认为,
画像只是一种误导,无论它的内容是什么。文士们也参与到这
种争论中,但他们毕竟不是僧侣,看待问题的视角自然有别于后
者。在此之间,不乏文士对"方便"提出辩护,比如苏轼、沈括和
邓肃三人,便是比较典型的人物。

苏轼:寻求一种平衡

相比于同时代的其他士子,苏轼在佛教上的兴趣更受人们

---

① 参见詹密罗(Robert M. Gimello):《道与文化:北宋禅宗里的知识、文字与解脱》
  ("Marga and Culture: Learning, Letters, and Liberation in Northern Sung
  Ch'an"),收入布斯韦尔(Robert E. Buswell Jr.)、詹密罗(Robert M. Gimello)合
  编:《解脱的法门:佛教思想中的道及其演变》(*Paths to Liberation: The Marga
  and Its Transformations in Buddhist Thought* in Buddhist Thought),第371—
  437页。亦可参黄启江:《僧史家惠洪与其禅教合一观》,收入《北宋佛教史论稿》,
  第312—358页。
② 参见黄启江:《张商英护法的历史意义》,收入《北宋佛教史论稿》,第359—416页。
③ 文同:《成都府楞严院画六祖记》,《丹渊集》卷二十二,第8页下—9页上。

关注。正如竺沙雅章、管佩达(Beata Grant)、艾朗诺(Ronald C. Egan)等人在其研究中指出的,苏轼与佛教的关系颇为复杂,以至于很难用一两句话进行概括。① 不过,至少可以明确的一点是,禅宗当中的激进主张,即对那些有助于觉悟的日常修行的拒斥,让他深为忧虑。他在公元 1072 年曾为一处观音阁撰写

85 记文,其间便表达了他的这种担忧:

> 斋戒持律,讲诵其书,而崇饰塔庙,此佛之所以日夜教人者也。而其徒或者以为斋戒持律不如无心,讲诵其书不如无言,崇饰塔庙不如无为。其中无心,②其口无言,其身无为,则饱食而嬉而已,是为大以欺佛者也。③

苏轼在此先后叙述了佛教的日常修行和某些禅师所推崇的极端做法。艾朗诺认为这段话说明苏轼对禅修整体上存有怀疑。不过,我的看法有所不同,苏轼在此主要是批评禅宗当中的激进主张——拒斥佛教传统所固有的基本戒律和日常修行。禅修依然有它的位置,但这种方式不应该破坏妙谛

---

① 竺沙雅章:《蘇軾と仏教》,《東方学報》,1964 年第 36 卷,第 457—480 页;管佩达 (Beata Grant):《重访庐山——苏轼生活与作品中的佛教》(Mount Lu Revisited: Buddhism in the Life and Writings of Su Shih);艾朗诺(Ronald C. Egan):《苏轼生活中的言语、意象和事迹》(Word, Image, and Deed in the Life of Su Shi)。

② 原书此段引自艾朗诺(Ronald C. Egan)的翻译。艾朗诺将"无心""无言""无为"分别译作"no-mind""be free of words""do nothing",作者在三个词语后面补充了三个译词——"wu-hsin""wu-yen""wu-wei",并在注释中说明这是自己的翻译。——译者注。

③ 苏轼:《盐官大悲阁记》,《苏轼文集》,第 386—388 页。这里引用的是艾朗诺 (Ronald C. Egan)对这段话的翻译。见艾朗诺:《苏轼生活中的言语、意象和事迹》(Word, Image, and Deed in the Life of Su Shi),第 165—166 页。

顿悟和日常修行之间的平衡。

苏轼在文中是先说厨师、儒者等其他行业的人,认为这些人都容易出现自大、不耐烦、无视既定规范的毛病。[①] 这种将佛教问题和世俗问题相类比的做法值得注意。第一,这意味着仅在佛教内部特别是禅宗内部找寻问题的根源是不可行的。苏轼很仰慕惠能,甚至还将自己想象成惠能在后世的化身,但他并不认同禅宗的激进主张。[②] 第二,此等做法使得他的文章不会成为矛头只针对僧伽的作品,这样其文也就不会成为被排佛者利用的一个工具。他对那些误入歧途的僧侣给出的最终评价是"欺佛",这看起来有些严厉,但这种批评乃是和文章前面对儒者的批评相呼应的,他在前文曾言道,"废学而徒思者,孔子之所禁,而今世之所尚也"[③]。对两位圣人的门徒作出类似的评断,这就使得那些排佛的士大夫难以利用他的文章来攻击佛教。第三,苏轼将佛寺以外的类似的风气纳入文中,也能反映出在唐宋 86 转型之际寺院和世俗的距离是如何缩小的。

在另一篇相对没那么出名的文章中,苏轼则是敦促禅宗子弟对二谛采取平衡的立场。此篇运用了和前一篇不同的叙说方式,前一篇主要是批评禅宗的毛病,而此篇则叙述他关于禅宗如

---

① 这部分的译文可参包弼德(Peter K. Bol):《斯文:唐宋思想的转型》("*This Culture of Ours*": *Intellectual Transitions in T'ang and Sung China*),第 274 页。

② 参见管佩达(Beata Grant):《重访庐山——苏轼生活与作品中的佛教》(*Mount Lu Revisited: Buddhism in the Life and Writings of Su Shih*),第 152—153 页、179—180 页。苏轼既仰慕惠能,又批评禅宗的过激行为,这一点继承了柳宗元的态度,后者所写的关于惠能的碑文深得苏轼赞赏。见苏轼:《书柳子厚大鉴禅师碑后》,《苏轼文集》,第 2084—2085 页。

③ 苏轼:《苏轼文集》,第 386—388 页。两个世纪后,真德秀同样把无视既定规范的僧侣和儒者相提并论。见真德秀:《杨文公真笔遗教经》,《西山先生真文忠公文集》卷三十五,第 18 页下—19 页下。

何融入俗世的看法。文中说道,川地的文慧和尚建了一座清风阁,建成后屡请苏轼撰文为记。① 苏轼最终答应了他,但在文中乃"戏为浮屠语以问之"。他首先指出,和尚其身及所建之阁,皆"不得有",而阁之名亦将无所施,既如此,又"安用记乎"? 进而,他又言道"木生于山,水流于渊,山与渊且不得有",清风乃是起于"天地之相磨","执之而不可得也,逐之而不可及",但和尚却"为居室而以名之",自己又为文作记,岂非大惑? 文章的前半部分都是以怀疑的方式展开,作者在质疑僧侣或他人以阁堂为实有的理由。

在对整个事情提出质疑之后,苏轼继续运用怀疑的方法,开始反思自己在前面提出的怀疑。他说,有时候人们确实是"己有而不惑",他找不到将此等情况和前述情况进行区分的根据。② 在此情况下,他接受了和尚"有是风"的可能性,对于建阁立名,他也愿意基于僧人的立场为之作记。有趣的是,他在"汝之有是风""为居室而以名之"之前都加了一个表示让步的"虽"字,意味着和尚的观点仍有可能是一种妄想,只是作者无法给出一个确定的结论。在文章的最后,苏轼用一种抒情的方式对风加以描述,风流动不止,无所不至,对所遇的一切都能作出恰当的反应。因此,风也就具有了佛谛的某些特征,超乎形相,捉摸不透;而在

87　另一方面,它的随处应变又和"方便"具有相似之处。可以说,风的意象反映了苏轼的一个观念,即禅僧应在真谛与和俗谛之间寻求一种平衡。

---

① 苏轼:《清风阁记》,《苏轼文集》卷十二,第 383 页。此文的译文可参艾朗诺(Ronald C. Egan):《苏轼生活中的言语、意象和事迹》(*Word*,*Image*,*and Deed in the Life of Su Shi*),第 160 页。
② 同上。关于此句,我的理解和艾朗诺不同,我同意孔凡礼在《苏轼文集》中的点校。

沈括：寺院作为知识的宝库

从某种角度来看，有关清风阁的记文可以反映出苏轼的睿智、优雅和深思。使用佛语对禅宗提出批判，也可见于当时其他人的作品，①比如以博学著称的沈括，便是一位具有类似关切的士大夫。在他著名的笔记集《梦溪笔谈》中，可以看出他对佛教的兴致。在一条笔记中，他说到自己在观看佛牙舍利以前先要斋戒沐浴，②这体现了他对佛教遗物的崇敬。在另一处，他对画工所画的佛光提出质疑，认为佛光是一种源自内心深处冥思的定果之光。③

在一篇为宣州（在今天的安徽省）某寺藏经阁所写的记文中，沈括谈到自己对经书"方便"在佛教修行之地位的看法。如果说佛寺是初入门者熟习戒律和研读经文的地方，那么藏经阁在他们的整个修行生活中将起着不可或缺的作用。建造这种具有资料库性质的建筑是极为重要之事，这促使僧人去请求像沈括这样的知名文士来为之作记。在宋代，许多寺记（包括禅宗的和非禅宗的）都会讲到建筑的背景。从沈括的文章可以了解到，此阁的建造者在研习禅学过程中广聚书籍，建阁以藏之，名曰传灯阁。与宋代大多数碑记所见藏经阁之名不同，此阁的名称具有明显的禅宗风格，这意味着里面很可能只收藏了禅宗方面的文献。④ 但即便是这样，

① 可参范纯仁：《安州白兆山寺经藏记》，《湖北金石志》卷九，第 19 页上—20 页上。
② 沈括撰、胡道静校证：《梦溪笔谈校证》，第 653—654 页。译文参见柯嘉豪（John Kieschnick）：《佛教对中国物质文化的影响》（*The Impact of Buddhism on Chinese Material Culture*），第 51 页。
③ 沈括撰、胡道静校证：《梦溪笔谈校证》，第 548 页。
④ 根据禅宗丛林制度，禅宗典籍和其他佛经应分开来放。参见依法（Yifa）：《中国佛教丛林制度的起源：〈禅院清规〉译注与研究》（*The Origins of Buddhist Monastic Codes in China: An Annotated Translation and Study of the Chanyuan qinggui*），第 160 页。

禅宗的激进者仍要批评他的做法:"书为道之累,所以释书而传之以心,又将收其客智滓粕以寓古人之所弃,岂正法眼之谓也?"①沈括在文中没有具体指出提出此言的僧人是谁,但从慧洪和苏轼等人所写的文章中可以了解到,当时有不少禅僧是持这种看法的。

　　沈括此文主要是为建阁者所代表的观念和做法进行辩护。类似于苏轼的第二篇碑记,沈括此文也是始于一系列的基于中观学的否定。作者先引述一位圣人之言(此圣或是释迦牟尼),这位圣人宣称一切诸相"皆妄也",又称"以为妄者亦妄也";接下来又引述了另一圣人之言(此圣或是菩提达摩),这位圣人宣称各种名相"亦妄也",又言"无说亦妄也"。佛法的传授只需"一语""一默"或是"一晌",释迦牟尼传法摩诃迦叶便是如此。沈括笔下的佛教史比起余靖和侯溥所述者显得更复杂些。在他看来,各种学说构建都是有问题的,包括大乘佛教中的一乘、三乘,以及禅宗中的以心传心等。它们不是能够解决所有未决问题的学说,只是一套修行的方法,并且这些方法比起佛教其他宗派的方法并无本质上的优势。文章接着讲到了僧人建阁之事及其招来的批评。在沈括看来,这位僧人造阁藏书之旨非在于传书,乃在于传道。此举并无不妥,书籍仅是一种"善巧方便"罢了,而佛法传授的关键在于有高僧大德,若无大师指引,即便是著名的印度居士维摩诘也难以辨明哪些是真确的学说、哪些是虚妄的学说。最后,沈括言道:"知其所以为善巧方便,

---

① 沈括:《宣州石盎寺传灯阁记》,《沈氏三先生文集》卷第三十二《长兴集》卷二十二,第79页上—80页上。

奚至蕞蕞计校于理相筌筏之间哉?"①这一反问集中反映了沈括的态度,说到底,他是要借石盎寺建阁之事,对那种容易让人误入歧途的片面看法给予驳斥。

　　沈括此文是北宋后期文人佛教观的另一个代表,将它和苏轼的文章进行比较,有助于进一步认识问题。首先,沈氏此文开门见山,直奔主题,作者既没有将自己视作局外人,也没有提醒读者注意他对佛语的使用。其次,他认为那位僧人对佛教遗产 89的做法并无不妥。在他看来,佛教的传承是以大师为中心,而不是以经书为中心,这一看法和禅宗眼中祖祖相传、仿似链上珍玞的历史是相吻合的。在此基础上,他对禅宗当中的某些激进主张提出了批评。如果佛法之传授离不开大师,那么对于经书的争议将是没有意义的,因为好的老师总会以各种灵活的方式将佛谛传给学生,包括用到经书这一形式。类似于苏轼,沈括也运用了禅宗思想的一个方面来批评在他看来已误解教义、容易让人误入歧途的另一方面。

邓肃:寺院作为礼佛的中心

　　在佛教传统中,通过佛之圣像化导世人是一种重要的教化方式,这种方式也被称为"像教"。某种意义上来说,苏轼和沈括应该不会反对像教。而在邓肃的一篇寺记里,这一情况则成为讨论的焦点。邓肃是福建人,宋室南渡后不久,他被朝廷谪贬回乡。② 在公元 1120 年代后期,为庆贺当地一所禅院的重建,他写下了一篇记文。在此之前,徽宗要将此禅

① 沈括:《宣州石盎寺传灯阁记》,《沈氏三先生文集》卷第三十二《长兴集》卷二十二,第79页上—80页上。
② 参见脱脱等:《宋史》卷三百七十五,第11603—11606页。

院改造为道观,当地百姓不忍佛像遭毁,遂将其移至安全之地。后来在此地新起了一座禅院,并沿用了原来的匾额,以此作为当地民众礼佛的圣地。寺院新建的资金主要出自当地一位居士,据说他曾为皇帝延年益寿做过贡献。

为了对抗那种反圣像崇拜的风气,邓肃在文中论述了礼佛的必要性。此文所涉内容比较广泛,包括佛教的历史、宗旨及其道德教化的功能等。作者以鲜明的对比起笔:一方面说到佛陀弟子目犍连制作第一座佛像"以慰当时拳拳者"的故事,①另一方面又讲到"丹霞御寒则烧木佛,德山说法则彻塑像"的情况。邓肃认为,后一情况是出现在菩提达摩来华之后,自此僧人"不立文字,则无复以教相为主者,此丹霞、德山所以不得不与目连殊也"②。这意味着,作者并不打算将此等变化视作不可挽回的断裂。

在接下来的文字中,作者开始为圣像崇拜进行辩护,试图恢复礼佛的传统。其论主要有三。他先是给出一套关于"物"和"妄"的理论——"色空未融,则物无非妄;一视而空,则物无妄者。既谓之妄,则无物可存;既曰无妄,则何所存而不可乎?"进而,作者则关注寺院的教化功能。他说,寺院"累土于地,屹高寻丈,假以金、碧、丹、膜之饰,望之俨然,固不离一聚块耳","一旦

---

① 据佛典载,佛陀上忉利天为母说法,优填王思佛心切,请求目犍连为其减缓,后者遂以檀木雕刻圣像,以作慰藉。此即佛像制作的开始。见《增壹阿含经》,《大正新脩大藏经》,经号 125,卷 2,第 706—707 页。关于这方面的研究,可参柯嘉豪(John Kieschnick):《佛教对中国物质文化的影响》(*The Impact of Buddhism on Chinese Material Culture*),第 52—82 页;沙夫(Robert H. Sharf):《有关佛像制作的经文》("The Scripture on the Production of Buddha Images"),收入洛佩兹(Donald S. Lopez, Jr.)编:《中国的宗教实践》(*Religions of China in Practice*),第 261—267 页。
② 邓肃:《南剑天宁塑像》,《栟榈集》卷十七,第 3 页下—5 页下。

建立于上,虽顽夫悍卒,亦必肃然如临父母"。① 尽管寺院作为一种形物可能是虚妄的,但其雄伟、庄严的形象能让人心生敬畏,有助于人的修养和社会秩序的安定。最后,他言及"瞻仰之诚则生于见者之心","天机忽然,不容拟议",并声称禅宗所追求的"教外不传之妙","已行乎其中矣"。这种说法是为了维护佛教传统的统一性,作者至少是根据禅宗的原则解释了"方便"的运作。在结论中他说道:"异时禅悦之士来造天宁,一瞻塑像,释然而悟,不必扫灭教相,止了达摩之心。"②对于禅宗,作者既无褒扬、亦无谴责,他把禅宗的优势地位当作一个既定事实,因此有关礼佛之事也是基于禅宗的背景来讲。

与上文考察的其他作品不同,邓肃此文是将寺院和佛像置于世俗环境中加以讨论。寺院对于世俗社会具有重要意义,因此它的位置和布局也就变得相当紧要。在邓肃看来,这座寺庙融合了礼佛和禅修、如来佛的皇家信徒和中国福建的信徒、皇帝和臣民、僧侣和居士以及士大夫和民众等诸多情事。③ 宗教活动在被正确理解和宽容对待之下,将能够克服分歧,成为缔结社会共同体的一种纽带,就好比涂尔干(Émile Durkheim)所说的社会良知一般。也就是说,寺院的功能决不止于为僧侣提供居住和修行的场所,在此之外它还是当地民众信仰的中心,是俗家信众深为依赖的一个圣地。有关于此,在现代的关于寺院之社会

91

---

① 邓肃:《南剑天宁塑像》,《栟榈集》卷十七,第 3 页下—5 页下。
② 邓肃:《南剑天宁塑像》,《栟榈集》卷十七,第 3 页下—5 页下。王应麟曾评论邓肃此文,对邓的观点表示赞同:"邓志宏曰:'丹霞御寒则烧木佛,德山说法则彻塑像。禅教之判,其来已久。'余谓:浮屠氏之有识者,犹不以是为事,而学校乃以土木为先,吾儒之道其然乎?"见王应麟:《困学纪闻》卷二十,第 14 页下。
③ 寺院住持还提到欧阳修所写的一篇碑记,一位商人曾为一座寺院出资塑造佛像,欧阳修为此作记。住持和邓肃都将目前这篇碑记和欧阳修所写者相提并论,此间也暗含着北宋之辉煌和当代之动荡的比照。

公共功能的研究中已有充分的讨论。此外,邓肃此文是写于动荡时期,当时金人入侵中原,党争弥漫朝中(据说邓肃是受害者之一),盗匪扰乱地方。虽然文中没有提到这些情况,然而在当时,这种内忧外患的情势已无须多言。值得注意的是,后来在12、13 世纪,文士们在论及寺院时依然会关注它所具有的社会整合功能。

　　苏轼、沈括、邓肃以及其他一些文士批评禅宗当中摒弃"方便"的激进观念,一定程度上可以归因于他们的身份。作为文人,写诗作文是其身份的核心要素,因此任何贬低书本知识的观念都可能会引起他们的非议。此外,作为士大夫,他们也非常关心社会秩序的安定,而宏伟的建筑和寺院的制度为世人提供了道德秩序的模型。从另一角度来看,二元性的问题并没有给他们带来很多的麻烦,不像它们对禅宗激进者的影响那么大。他们对见性顿悟关注得比较少,更多的是关注佛教当中更容易和世俗联结的方面,诸如慈悲、奉献的精神和世界一统的愿景。总之,他们接受禅宗,但不认为有必要摒弃那些为他宗所传承的日常基本修行,即便这些教派在禅宗的形照之下已经黯然失色。

　　不过,也有一些文人居士对禅宗持完全反对的态度。比如陈舜俞(逝于 1076 年),一位天台宗信徒,曾在一篇寺记里宣称:"苟离见闻,则无有佛。故夫乐苦空而断因果,厌诸相而求解脱,未足与语道者也。"[①]在陈看来,植根于基本修行的道德修养是通往觉悟的关键,而这些修行在许多情况下并不依赖于特别的

92

──────────

① 陈舜俞:《秀州华亭县天台教院记》,《都官集》卷八,第 8 页上─10 页上。此文又见于《至元嘉禾志》卷十九,第 8 页下─9 页下。后者标题不同,文字略有差异。在被贬到江西以后,陈舜俞曾为当地的佛教名山──庐山编写第一部地理志《庐山记》。见《大正新脩大藏經》,经号 2095,卷 51。

领悟力。此外,他认为禅宗在片面追求不可说之顿悟的过程中,已经偏离了佛教的基本教义,他们轻视诵经礼佛,忽视基本的修行,其实是在消解他们自身的权威性。类似于作者的其他记文,此文也讲到了天台宗的传统和修行,此宗对于教义之呈现和《景德传灯录》的风格迥然有别。在他看来,佛法就在寺院生活的种种细节上,任何偏离于此的做法都应该受到谴责。①

对于禅宗,宋代文士既有赞扬也有批评,这些回应关涉到更大范围的问题。首先,宋代文人倾向于将佛教视为由不同成分构成的混合物。唐代的士大夫虽知佛教包含不同的宗派,但这并不妨碍他们将佛教看作一个包容性很强的统一体。然而,到了 11 世纪,许多文士对这种统一体的存在变得不那么确信了。当然,这种变化对于佛教来说到底是好的兆头还是坏的兆头,在很大程度上取决于他们对禅宗的评价。其次,在士大夫看来,不管他们对禅宗持何种态度,都有权帮助佛教走上正确的道路。前面所考察的作家皆以亲佛著称,而一些以辟佛闻名的文人也参与到佛教的内部事务中。比如司马光,作为儒学复兴运动的旗手之一,他对同辈之间在佛教上的误解深感不安,为此曾作《解禅偈》,将佛教和儒家义理相提并论。在他看来,"今之言禅者,好为隐语以相迷,大言以相胜,使学之者伥伥然益入于迷妄"②。如何正确理解佛陀的教义是一件相当紧要的事情,这足以吸引到那些对佛教本不亲和的士大夫也参与进来。修行的正道已变得太重要,以至于不能将它的决定权完全交给僧侣。

---

① 其他熟谙天台宗教义的文士亦有同感。见晁说之:《宋故明州延庆明智法师碑铭》,《嵩山文集》卷二十,第 27 页下—36 页上。
② 王辟之:《渑水燕谈录》,第 31—32 页。司马光的努力赢得了其他文人的赞誉。见岳珂:《桯史》,第 92 页。

宋代的护教之论

通常而言,护法是指包括帝王、官员以及居士在内的人士驳斥那些质疑者或反佛者,以捍卫佛教教义及其机构的活动。人们对佛教的诸种责难,包括认为佛教与本土价值观相悖,误导了统治者,带来了异质的风俗,浪费大量的社会资源等,在六朝时期已经出现,这些论调同样出现在宋代。尽管(或者可能是因为)佛教愈发繁荣,儒学复兴中的许多杰出人物还是带着怀疑和敌意的眼光看待佛寺,这将在第四章中进行详细讨论。这些雄心勃勃的士大夫在攻击佛教的时候并没有因此而丧失什么,这样,他们就可以作为韩愈的同道在其之后继续致力于复兴儒家传统。然而,士大夫群体中也有不少人是支持佛教的,这些人一般采取两种方式为佛教辩护:一是诉诸历史,在对佛教历史的追溯中论证其合法地位;二是将问题上升到哲学层面,关注儒佛教义的相通性,以此论证后者的合法性。

在宋代的士大夫群体中,寺院的生活方式得到了更广泛的认同。以李觏为例,尽管他反对佛教信仰,但他仍然为佛寺撰写了不下十篇的碑记。或许是因为僧侣的清苦和士大夫的舒适形成了某种对比,所以后者对前者的自律精神和朴素作风颇为钦佩。[1] 僧人们在寺院一起居住,过着井井有条的生活,这给大家留下了深刻的印象。[2] 在南宋时期,道

---

[1] 参见苏轼:《中和胜相院记》,《苏轼文集》,第 384—385 页;王希吕:《精严禅寺记》,《至元嘉禾志》卷十八,第 1 页上—4 页上。

[2] 参见曾敏行:《独醒杂志》卷八,第 10 页上—10 页下。

学家纷纷建立书院,这种机构与佛教寺院有不少的相似之处,佛教在当时的影响力由此也可见一斑。[1] 当然,这时期里也有一些人将佛教庙宇看作社会的寄生虫,但这种人毕竟是少数。直到 15 世纪,随着土地兼并的加剧和寺院财富的增长,佛寺在人们眼中的寄生虫角色才再次变得显要。

追溯历史

　　追溯历史是士大夫学问工作的一个重点。探寻历史有助于认清当下,为作出恰当的行动提供指导和借鉴。这种工作不仅能使人们了解到历史上的传统如何影响到当下,同时也能够赋予当下生活以一定的意义。由此而言,历史几乎是一个具有无限价值的宝库。不过,在佛教认识论中,历史(不限于中国历史)却显得有点无足轻重。对于追求终极真实的宗教来说,历史充其量只是起到一定的辅助作用,虽然它不无助益,但并不是必要的。对于文人士子来说,他们谈论佛教史时可以拥有上述的两种立场。在他们的作品里,这两种态度都可以被用来为佛教辩护,即便它们背后蕴含的是两种截然不同的历史观。

　　在宋代,追溯佛教的历史意味着将要面对一个既辉煌又充满灾难的过去。前者无须多讲,因为即便讲得再多,也难以说服那些质疑者。然而,质疑者所认为的消极的一面则需要给出解释。其间,一个著名的例子便是很多人都将梁朝的灭亡归因于梁武帝对佛教的沉迷,此外,在北魏、北周、唐以及后周诸时期佛教所受的压制更具消极性。对于深受禅宗影响的宋代人而言,

---

[1]　参见万安玲(Linda Walton):《中国南宋的书院与社会》(*Academies and Society in Southern Sung China*)。

梁朝的灭亡乃是因为梁武帝对佛教教义的错误理解导致了过分的统治,而其他几个时期的情况则可作因果业报的解释。

在一篇写于1124年的关于成州某寺的碑文中,这种看法可以得到比较集中的体现。此文的作者晁说之是一位信奉天台宗的士大夫。他说,《洛阳伽蓝记》记述了许多美丽的寺院,但在那些当权的施主倒台以后,这些寺院也随之荒废。在那段时期,王侯将相更替频繁,而宏伟的寺院也是如此。[①] 针对这个历史片段,排佛人士可能会从中发现消极的意义,但在晁说之看来,这不过是因果业报的一个表现,同时也证明了现象事物的反复无常。这样的看法也许会引向虚无主义,但佛陀却具有一种将恶果转化为善因的力量。他的慈悲精神充满整个世界。基于此,晁说之得出一个结论,即傅毅的排佛之论无法成立。晁说之还指出,过去某些僧侣和居士的不良行为并没有玷污佛教,这些人在后来都受到了应得的惩罚,恰恰印证了因果业报无处不在。

其他一些文人学士在讲到佛教史时也会采用类似的方式。他们虽然批评某些僧人的不良表现,但对于佛教本身仍是持整体肯定的态度。在黄庭坚为江西某寺所撰的碑记中,我们可以看到这种方法的运用。如同引言中所提到的,黄庭坚一直虔诚奉佛,与僧人交往甚密,他的好友中就包括了好几位僧人。黄庭坚应行瑛和尚之邀写下这篇文章。行瑛和尚是禅宗高僧东林常总的弟子。黄庭坚曾为常总法师的舍利塔撰写碑记,并参与了有关法师身后事的处理。[②]

作为一位虔诚的禅宗信徒,黄庭坚在讲论历史时使用了多

---

① 晁说之:《成州新修大梵寺记》,《嵩山文集》卷十六,第39页上—41页上。
② 参见阿部肇一:《中國禪宗史の研究》,第338—367页。

重视角,以确保佛教的正当性不会受到破坏。他在文章中说,尘世间的俗务其实没有多大意义,相比于无尽的"劫",某个政策所造成的破坏显得微不足道。在对寺院建筑作出详细描述之后,黄庭坚对以往僧人的朴素、节制的精神给予了高度赞扬,继而又讲到当时僧人的奢侈铺张:

> 今也毁中民百家之产而成一屋,夺农夫十口之饭而饭一僧,不已泰乎? 夫不耕者燕居而玉食,所在常数百,是以有会昌之籍没;穷土木之妖,龙蛇虎豹之区化为金碧,是以有广明①之除荡。可不忌邪?②

在文中黄庭坚先是以怀疑者的姿态出现,为行瑛和尚的讲解进行铺垫。③ 他重申了那些为人所熟知的对僧人的指责:僧人的挥霍让百姓生活变得愈发穷困,这种寄生生活已大大违背了佛教的愿景;会昌灭佛和黄巢起义让佛教寺院遭受大范围的破坏,这无异于对僧伽恶行的一种报应。此外黄氏还暗示,这里边有一个破坏—复兴—腐败的循环,如今这一循环将要走完一圈,意味着刚刚繁荣的佛教面临着即将崩溃的危险。

面对这些责难,行瑛和尚从历史和教理两个层面给出回应。96 他在回应中使用了一些巧妙的比喻,这很符合他作为著名禅僧

---

① 广明,是唐僖宗在位期间的一个年号(880—881),其间黄巢的军队攻陷了首都长安,混战中佛教寺院遭受了严重的毁坏。参见罗伯特 M. 萨默斯(Robert M. Somers):《唐朝的灭亡》("The End of the T'ang"),《剑桥中国史》(*The Cambridge History of China*),第 3 卷,第 725—762 页;威斯坦因(Stanley Weinstein):《唐代佛教》(*Buddhism Under the Tang*),第 147—149 页。
② 黄庭坚:《南康军开先禅院修造记》,《黄庭坚全集》,第 442—444 页。
③ 不过,王应麟在对此文的评论中主要是关注黄庭坚的言辞,没有考虑后面行瑛和尚对黄庭坚的回应。见王应麟:《困学纪闻》卷二十,第 13 页下。

的身份：

> 瑛曰："然，有是也。今法王真子为世界主，佛母净圣同转道枢，泰山①之云雨，天下河海，润极千里，何忧魔事邪？虽然，广明之盗，三灾②弥纶，一切共业影响，岂特末法比丘之罪邪？
>
> "会昌之诏，吾又有以订之，其说不过'人其人，火其书，庐其居'③。夫毗卢遮那宫殿楼阁充遍十方，普入三世，于诸境界，无所分别，彼又安能庐吾居？④ 有大经卷量等三千大千世界，⑤藏在一微尘中，彼又安能火吾书？无我、无人、无佛、无众生，彼又安能人吾人？
>
> "虽然，妙庄严供，实非我事，我于开先，似若夙负，成功不毁，夫子强为我记之。"⑥

行瑛和尚认同历史回忆的重要性，他不否认 9 世纪的动乱和迫害确实给佛教造成了很大的破坏，但他更关心的是这种情况发生的原因以及有无复发的可能。他认为，在黄巢起义中，佛教寺

① 泰山在此显然是喻指皇权。
② 三灾，通常有小三灾、大三灾之分。小三灾包括刀兵灾、疾疫灾、饥馑灾；大三灾包括水灾、火灾、风灾。见《佛光大辞典》，第 554 页下—555 页上。
③ 这是韩愈著名的排佛言论，见《原道》，《韩昌黎文集》，第 11 页。
④ 毗卢遮那，是指佛无处不在的力量。见《佛光大辞典》，第 3858 页下—3859 页下。十方，包括指南针上的八个方向以及上、下两个方向。三世，佛教中是指人类生存的三种不同阶段。
⑤ 即成千上万的世界。参见格雷戈里（Peter N. Gregory）：《探寻人性的起源：宗密〈原人论〉的现代译注》（*Inquiry into the Origin of Humanity：An Annotated Translation of Tsung-mi's Yuan jen lun with a Modern Commentary*），第 136 页。
⑥ 黄庭坚：《南康军开先禅院修造记》，《黄庭坚全集》，第 442—444 页。

院之所以蒙难，并不是出于僧伽的原因，而是源于民众的集体不当行为；至于会昌灭佛事件，他认为其间还包括了一些黄庭坚未曾提及的因素。不过，在这位和尚的回应当中，更值得关注的是其背后的宗教学意义。行瑛和尚没有像一般僧人那样展开辩护，而是去质疑排佛人士的思想观念，认为他们错把转瞬即逝的现象当作最终的真实。他强调，相比于法界的无限性，韩愈的敌视与黄巢起义带来的破坏实在微不足道；所谓历史，只是记录了 97 一些短暂的表象，应该拨开这些表象把握到其背后的根本真相。而对于自己曾参与的一些活动，包括寺院的重建工作，行瑛显得很淡然，希望别人不要把这些归为他的功德。

行瑛和尚的立场可说是禅宗教导方法的一种体现，尽管他的回应看上去并不像公案或是灯录的内容。他对皇室所给予的支持并无拒斥之意，对于他的开放而乐观的心态，士大夫们应该比较欣赏。同时，他还是一位博学的僧人，对历史上的事情显得很熟悉。在他看来，那些被外人视作佛教灾难的情况在佛教的世界里并不构成所谓的历史教训，更不会让大家就此打住自己的修行。行瑛所代表的对现实发展情况漠不关心的态度一直延续到现在。佛教的历史以及宏伟的寺院建筑可能有助于吸引更多的信众，而行瑛的态度无意间消除了这种可能性。这种带有冒险性质的行为也许可以被看作禅宗式的反抗，同时它也能够使人们联想到文人士子不卑不亢的阳刚的精神。此外，从另一个角度来看，这种心态的背后可能也包括了北宋后期佛教繁荣发展所带来的自信。

另有一些文人则以更直接的方式面对佛教的敌人。宋代的排佛言论常常提到韩愈，正如同在上述黄庭坚文章中所看到的那样。驳斥排佛言论，在一定程度上也就意味着挑战韩愈的杰出声望。但耐人寻味的是,从韩愈的全部作品来看,他对佛教的态度并非完全的前后一致,其中一些作品早已被视作对佛教的最有力、最著名的攻击,但其他一些作品里却反映出韩愈态度的模糊性。① 韩氏所作诗歌《送僧澄观》便是后者的一个典型。② 澄观和尚曾主持重修江苏泗州的僧伽塔,对此韩愈曾表示赞赏,三个世纪以后黄庭坚也大为称赞。对于护教者来说,这首诗中有两联诗句特别有用:其中一联记述了这座佛塔的毁坏和重建("火烧水转扫地空,突兀便高三百尺"),另一联则是对这位僧人表示称赞("借问经营本何人,道人澄观名籍籍")。③ 此外,韩愈对澄观在诗文上的才艺也大加表扬,为他没有成为一位文人学士而倍感可惜。值得注意的是,在称赞澄观以外,佛教建筑方面的情况也引起韩愈的敬畏和赞赏。

这首诗为某些文人批评排佛人士(尤其是那些把韩愈看作排佛典范的排佛者)提供了重要的资源。如果说韩愈对于佛教的态度并不统一,那么后来那种视韩愈为排佛典范而加以追随的做法其实建立在一种错误认识的基础上。邓肃在为福建沙县一座佛塔所写的记文中,便提出了这样的看法。这座佛塔拥有

① 其中最著名的例子是韩愈被贬潮州时写给大颠禅师的书函。自宋代以来,围绕这些书函的真实性以及它们是否反映韩愈排佛立场的改变,学者们一直有争议。书函见韩愈:《韩昌黎文集》,第 124—126 页。相关研究见蔡涵墨(Charles Hartman):《韩愈与唐代对统一的追求》(*Han Yu and the T'ang Search for Unity*),第 92—100 页;吉川忠夫:《韓愈と大顛》,收入礪波護编:《中國中世の文物》,第 547—580 页。
② 韩愈:《送僧澄观》,见钱仲联:《韩昌黎诗系年集释》,第 127—134 页。这位僧人的身份尚不明确。如果说的是华严宗的澄观法师,那么他大约生活在公元 738 年到 839 年,曾受到唐代几位皇帝的尊崇;然而,众所周知的,没有证据表明澄观曾经去过韩愈写下此诗时所在的苏州或洛阳。在这一时期,研究者发现至少有四名僧人叫这个名字。
③ 钱仲联:《韩昌黎诗系年集释》,第 128—129 页。

三位皇后的亲笔题词和宋朝宰相李纲所题的匾额。也许是受到强大背景以及宏伟建筑的鼓舞,邓肃利用这次撰文机会揭示了韩愈佛教观的前后不一:

> 昔,韩愈氏必欲火佛氏之书而庐其居,然后为快于心。至僧澄观,能造浮屠于淮泗之上,栏柱雄丽,①高三百尺,愈遂作诗以美之,且谓当时公才吏用无如师者。遂令澄观之名同愈不朽。②
>
> 得非宝塔之建,于有为佛事为甚难顾,虽倔强如韩子(退之)③者,亦不得以却之乎。今庄严是塔,而主其寺者僧惠深也,具正大法眼,为达摩嫡嗣,若非澄观所能髣髴(仿佛)。
>
> 余尝从之论西来意,又非若退之,以谈佛为讳者,固愿以笔墨赞之。④

邓肃从不同的阶段对韩愈的态度作出分析。韩愈为澄观所写的诗篇和他著名的反佛号召之间的冲突,使邓肃对韩愈的反佛程度大为怀疑。第一,在邓肃看来,这首诗可以说明韩愈后来对他的旧有观点作出反思和调整。邓氏此等看法有个前提,即《原道》的写作时间在《送僧澄观》之前,这种看法也许可以代表邓肃所处时代对韩愈作品的时间定位,但在目前研究中,关于

---

① 此处是邓肃对韩愈其他散文的阐释。
② 显然,邓肃认为韩愈文中说到的澄观和尚是华严宗高僧。
③ 退之,是韩愈的字。
④ 邓肃:《沙县福圣院重建塔》,《栟榈集》卷十七,第 5 页下—8 页下。

99 这两篇作品孰先孰后是不清楚的。① 第二,邓肃在文中将韩愈和澄观两人相提并论,这种定位明显不同于韩愈在诗篇中的自我定位,在该诗中韩愈并没有将自己和澄观等量齐观。② 而邓肃却把两人相提并论,不管这个僧人的成就如何,都会引起韩愈追随者的反感。第三,如果韩愈和澄观被相提并论,而澄观和尚又关联着惠深和尚,那么结果便是邓肃和韩愈可以相提并论。但似乎是出于超越韩愈的考虑,邓肃最终拒绝了韩氏的方案,即文人不应该向僧人提供碑文,要把这些工作留给僧人自己。③ 从这最后一言可以看出,韩愈在邓肃心目中只是扮演着稻草人的角色。作为 12 世纪的一位作家,邓肃不仅拒绝效仿自己的前辈,并且还提请读者注意他的拒绝。当然,韩愈在诗中并没有提到佛教的教义,也没有说及佛教的功效,纯是澄观和尚重修佛塔之事让他产生写作意愿而已。韩愈曾在《原道》文中对寺院建筑有过猛烈的抨击,而邓肃非常重视寺院建筑等物质因素对于人们积德行善的推动力,因而韩愈在诗中所表现的对佛塔的敬重就显得尤为重要,这至少暗示着某种激进立场的退缩——即便是反佛阵营的代表性人物,也对佛教作品表现出敬重和赞赏之情。

利用韩愈的《送僧澄观》来批驳排佛言论,在陆游这里也出现过。在一篇写于 1199 年的记录浙江会稽一所寺院的记文中,

---

① 蔡涵墨(Charles Hartman)认为韩愈的《原道》撰于公元 805 年。见蔡涵墨:《韩愈与唐朝对统一的追求》(*Han Yu and the T'ang Search for Unity*),第 61 页。也有观点将这篇文章的写作时间定在公元 800 或 810 年。见钱仲联:《韩昌黎诗系年集释》,第 128—129 页。

② 总的来看,韩愈将自己的身不由己与僧人的非凡成就进行了对比。人们纷纷赞叹澄观的才能和诗文天赋;而韩愈自己却屡遭贬斥。当澄观去看望韩愈时,韩愈悲叹道:"洛阳穷秋厌穷独,丁丁啄门疑啄木。"在结尾处,韩愈也流露出一种强烈的窘困:"惜哉已老无所及,坐睨神骨空潸然。"

③ 参见第一章注 185(即本书第 92 页注②)。

陆游也提到这首诗和《原道》的差异,并以此驳斥排佛者的观点:

> 僧居之废兴,儒者或谓非吾所当与。是不然。韩
> 退之著书,至欲火其书、庐其居;杜牧之记南亭,盛赞会
> 昌之毁寺①:可谓勇矣。
>
> 然二公者卒亦不能守其说。彼"浮图突兀三百
> 尺",退之固喜其成;而老僧挈衲无归,寺竹残伐,②牧之
> 亦赋而悲之。彼二公非欲纳交于释氏也,顾乐成而恶
> 废,亦人之常心耳。③

佛教寺塔作为视觉上的一种奇观,代表着人类建筑的一种成就,更为根本的是,它能够激发人的敬畏之心,使得人们为其落成而 ¹⁰⁰欢欣、为其荒废而悲叹。在文章中陆游指出韩愈和杜牧在其作品中表现出了这样的感受,但他没有认为这是不明智的。当看到曾经宏伟的东西变得衰败,人们自然会感到惋惜,这是人之常情,而此二人在作品中只是表达了一种人之常情而已。但某些人却是对佛寺的衰败幸灾乐祸,这反而是有悖常理的表现。因此,陆游将韩愈和当时的排佛者区分开来,以凸显后者的不明智。④ 他在结论中写道:"与予之记之也,皆可以无愧矣。"⑤这句话让人联想到当时文人所处的某种文化环境:到了 13 世纪初,某些文人已将韩愈及其追随者的禁令牢记在心,和僧侣保持距

---

① 杜牧:《杭州新造南亭子记》,《樊川文集》,第 153—156 页。
② 此句源自杜牧:《还俗老僧》,《樊川文集》,第 59 页。
③ 陆游:《会稽县新建华严院记》,《陆放翁全集》,第 114—115 页。
④ 陆游认为,韩愈所说的"火其书"只是一句闲话,但到了南宋中期此语竟变得很流
   行。见陆游:《天童无用禅师语录序》,《陆放翁全集》,第 89 页。
⑤ 陆游:《天童无用禅师语录序》,《陆放翁全集》,第 89 页。

离,拒绝为他们撰写碑铭文章。

在某种程度上,陆游的勇气是源于自身所具的富有挑战性的角色,这种角色在他呼吁朝廷抗击金人、收复中原失地的努力中已经形成。而在此之外,他的勇气也和韩愈和他自己的声誉有关,这使得他在写作时不用担心得不到认可。既然那位杰出的唐代作家可以称赞僧人,那他为何不可? 既然韩愈能对抗他的同代人,那他为何不可? 总之,韩愈的这首诗为宋代文人理解韩愈及其佛教观提供了一个新的视角。在他们看来,其间所表现的心情只是韩愈对当地建筑的一种自然反应,而不是不同阵营之间的某种争论,这样的看法更能真实反映这首诗的内涵。很明显,这首诗已成为邓肃、陆游以及其他人赞叹佛寺建筑之宏伟的一个范例,同时也是他们用以批驳排佛言论的重要资源。①

宋代文人追溯佛教在物质方面的历史,从不同的角度进行护教。寺院的被摧毁或者凋败并不会影响人们的佛教信仰,它们的衰败或消亡只是简单地证明了世事的无常,相比于终极的真实,这些现象实在是微不足道;当然这可能也说明了管理者的照料不周,但那些懒散的僧人和官员恰恰可以充当因果业报的教育材料;至于历史上人们对寺院建筑的致敬,不管他们出于何种原因,都肯定了佛教对于帝国道德健康的重要性。

---

① 范浩和楼钥在他们所写的寺院碑文中也提到了韩愈的这首诗。范浩引用了韩愈的话,并指出由于佛教具有导人向善的功德,即便是像韩愈这样能言善道的人,也阻止不了佛寺的建造。见范浩:《景德寺诸天阁记》,收入《吴郡志》卷三十五,第 4 页。楼钥在为僧伽塔附近一座寺塔写作碑文时,曾以此激发自己战胜疾病、完成文章的决心。见楼钥:《魏塘大圣塔记》,收入《攻媿集》卷五十七,第 16 页上—17 页下。

关注儒佛的相通性

在历史角度以外,一些文人也通过肯定佛教和本土传统的相通性来维护佛教。唐、五代的文人曾将释迦牟尼类比于伏羲、女娲,以此说明佛教和本土宗教习俗之间具有相似性。[1] 到了宋代,文人们更倾向于关注佛教和儒家在学说、教义上的相通性。正如前面已提到的,儒学复兴运动和佛教变化在很多方面都是同步的。禅僧以及道学家(诸如周敦颐、程氏兄弟、张载、邵雍)都把形上思索和自我修养摆在知识增长和文学创作之上。他们双方都认为,"道"无处不在,即便在日常生活的最平凡处,也可以体认到"道",人们所要做的便是保持心灵的专一,做一种内在省察的工夫。佛教的无执观念和孟子的尽心思想都可以往这个方向去理解。特别是在 1090 至 1150 年间,伴随着二程思想的传播,儒佛之间的共通性变得更为明显。尽管这一时期只有少数文人完全认同道学,但道学的倡导者却能促使大家在儒佛之间找到更多的共同点。

宋代的僧人和士大夫在很大程度上分享着相类似的思想遗产,在二者的传统中可以找到很多的共同点。在邹浩和张九成看来,孔孟二人灵活的教育方式和佛教的化导方法就有着惊人的相似性。他们认为,僧人在化导弟子的过程中将会因材施教,结合徒弟们的能力和特点,去调整教义的内容和形式,而儒家在教导弟子的过程中同样也是如

---

[1] 见李辅:《魏州开元寺琉璃戒坛碑》,《全唐文》卷七百四十五,第 13 页上—15 页上;崔鹏:《吴县邓蔚山光福讲寺舍利塔记》,《全唐文》卷八百四,第 24 页上—28 页上;沈彬:《方等寺经藏记》,《全唐文》卷八百七十二,第 8 页上—10 页下。

此。① 与之类似地,陆徽之(生活在 1100 年前后)也很关注两家在教育观念上的相似性。他认为,佛教和儒家都用种田来比喻德性的培育:"吾儒言,人情者,圣王之田,而举修礼、陈义、讲学、本仁,以为耕耨播植之喻;②至于佛说福田,亦不过种诸善根而已。"在佛教看来,人拥有功德这一田地(福田),善根将在这里成长;而在儒家观念中,人拥有情感这一田地("情田"),在圣人的礼义教化之下,人们的德性将会得到培养。这是陆徽之在为苏州附近一所寺庙所写碑记的内容,其论更加突显儒佛两家共同的道德取向,强调两家都在寻求一种让人去恶就善的方法。二者之间的相似性促使陆氏得出这样的结论:"合而言之,其理一也。……则彼区区在外者,何足靳邪?"③

此外,也有一些文人关注儒佛两家在其他方面的相似性。例如,曾肇在一篇写于 1090 年代的碑记中指出,佛教的成功在很大程度上归因于对于"心"的洞见,儒佛两家在"心"的问题上有很多相似的看法。④ 曾肇在文中从不同角度对"心"作出描述,

① 关于邹浩的看法,参见邹浩:《止止堂记》,《道乡集》卷二十六,第 11 页上—12 页下。关于张九成的看法,参见阿里·博雷尔(Ari Borrell):《格物还是公案:张九成思想中的修行、体悟和教化观念》("Ko-wu or Kung-an? Practice, Realization, and Teaching in the Thought of Chang Chiu-ch'eng"),收入格雷戈里(Peter N. Gregory)、盖茨(Daniel A. Getz Jr.)主编:《宋代佛教》(*Buddhism in the Sung*),第 62—108 页。
② 陆氏此说源自《礼记·礼运》篇:"故治国不以礼,犹无耜而耕也;为礼不本于义,犹耕而弗种也;为义而不讲之以学,犹种而弗耨也;讲之于学而不合之以仁,犹耨而弗获也;合之以仁而不安之以乐,犹获而弗食也;安之以乐而不达于顺,犹食而弗肥也。"见《十三经注疏》卷五,第 439—441 页。理雅各(James Legge)的译文见《礼记》(*Li Chi*)卷一,第 389 页。
③ 陆徽之:《东灵寺庄田记》,《吴都文粹续集》卷三十四,第 19 页上—20 页下。
④ 曾肇:《滁州龙蟠山寿圣寺佛殿记》,《曲阜集》卷三,第 18 页上—20 页上。曾肇是一位史学家,同时也是蔡京以及 12 世纪早期其他追随王安石的人的反对者。关于曾肇的生平情况,参见杨时为其所写《神道碑》,《曲阜集》卷四,第 22 页下—28 页下;另见王偁:《东都事略》卷四十八,第 721—724 页。

在其笔下，"心"或是包容一切的纯粹绝对，或是受困于现象的世俗之心，或是作为禅修的目标亦即禅宗的著名话语——"直指人心"。他认为，佛教的这些观念其实是呼应了早期的儒家思想，例如孟子就曾说过"尽其心者，知其性也；知其性，则知天矣"①。儒佛两家对于"心"的类似看法，使他得以"诵予所闻大略不悖于吾儒者"②。

　　在 12 世纪早期，最乐于阐述儒佛相似性的人是吕本中和叶梦得。吕本中的祖父吕希哲与程氏兄弟以及其他道学家往来密切，而程氏门徒中也有人向吕本中传道授业。与儒学复兴运动中许多人不同的是，吕氏家族是以政治上的成功和学识上的渊博而闻名于世。吕本中曾对《春秋》和《大学》这两部儒家经典做过注解，还写了一本关于为官品行的书（《官箴》），同时也被视作那个时期最优秀的诗人之一。③ 他学识渊博，涉猎广泛，对佛教

----

① 语出《孟子·尽心上》第 1 章。对于这段文字，程颐解释道："大抵禀于天曰性，而所主在心。才尽心即是知性，知性即是知天矣。"参见包弼德（Peter K. Bol）：《斯文：唐宋思想的转型》（"*This Culture of Ours*"：*Intellectual Transitions in T'ang and Sung China*），第 317—318 页。有学者认为，程颐有关"性"和"理"的思想是受到了华严宗的影响。见侯外庐：《宋明理学史》，第 168—170 页。虽然程颐认同佛教的心性统一论，但其他的道学家，诸如胡宏、谢良佐，则持不同看法。参见葛瑞汉（A. C. Graham）：《两位中国哲学家：程明道和程伊川》（*Two Chinese Philosophers：Ch'eng Ming-Tao and Ch'eng Yi-Ch'uan*），第 64—65 页。儒道之间的相似性则促使朱熹对二者进行严格的区分。针对孟子的"尽心知性"之说，朱子曾言道："若尽心云者，则格物穷理，廓然贯通，而有以极夫心之所具之理也。"在朱子看来，佛教的心性论缺乏与客观之理的联系，注定要产生混乱。见陈荣捷（Wing-tist Chan）编：《中国哲学文献选编》（*A Source Book in Chinese Philosophy*），第 602—604 页。
② 郭印，一位不甚出名的宋代官员（大概在徽宗时期为官），在一篇为四川某禅院所写的碑记中，表达了类似的看法："尧舜之无为，禹汤之用中，文王之不识不知，夫子之无我，颜子屡空，曾子守约，孟子养浩然之气，皆尽心知性之学也。其与释氏忘死生、屏嗜欲、离尘垢，盖同道矣。"见郭印：《起悟院记》，收入扈仲荣编：《成都文类》卷四十，第 12 页上—13 页下。
③ 关于吕氏家族的政治命运，参见衣川强：《宋代の名族——河南吕氏の　（转下页）

也有深入研究,晚年还成为大慧禅师的俗家弟子。[①] 不过,在认识大慧禅师之前,吕本中已经产生了调和儒佛的想法,这在他为浙江台州一所寺院所写的记文中就可以得到体现。

在这篇文章中,吕本中对儒佛两家在成圣/佛问题上看法的相似性作出了详细论述。他把碑文当作说教的场地,仿佛是面前存在怀疑的读者,需要他去说服:

> 佛之为说,与孔子异乎,不异也。何以知其不异也?以其为教知之。
>
> 孔子以知止而后有定,定而后能静,静而后能安,安而后能虑,虑而后能得也。[②] 孔子传之曾子,曾子传之子思,子思传之孟子矣。而佛之教由戒生定,由定

(接上页)場合》。关于它在儒学复兴运动中的地位,参见田浩(Hoyt C. Tillman):《儒家话语与朱子学说的主流化》(*Confucian Discourse and Chu Hsi's Ascendancy*),第 84—89 页。关于吕本中的诗文成就,参见乔纳森·皮斯(Jonathan Pease):《临川与分宁:宋代的江西与江西文人》("Lin-ch'uan and Fenning: Kiangsi Locales and Kiangsi Writers during the Sung"),《亚洲学刊》(*Asia Major*),1991 年第 4 期,第 39—85 页;合山究:《吕本中の「江西詩社宗派図」について》,《九州中國學會報》,1970 年第 16 卷,第 32—48 页。

① 参见《大慧普觉禅师语录》,《大正新脩大藏經》,经号 1998,卷 47,第 917 页下、931 页下、932 页中。大慧书信集中包括了四封答复吕本中的信件。见荒木见悟编:《大慧书》,第 127—128、139—144 页。亦可参见蒋义斌:《吕本中与佛教》,《佛学研究中心学报》,1997 年第 2 期,第 129—155 页。关于大慧和俗家弟子的研究,参见雷夫琳(Miriam L. Levering):《居士的禅悟:大慧与宋代新宗教文化》("Ch'an Enlightenment for Laymen: Ta-hui and the New Religious Culture of the Sung"),哈佛大学博士学位论文,1978 年;《大慧与居士:禅宗的死亡观》("Ta-hui and Lay Buddhists: Ch'an Sermons on Death"),收入大卫·查贝尔(David W. Chappell)主编:《中国中古社会的佛道修行:佛教与道教研究(第二辑)》(*Buddhist and Taoist Practice in Medieval Chinese Society: Buddhist and Taoist Studies* Ⅱ),第 181—206 页。

② 吕本中在此引用了《大学》的话。见陈荣捷(Wing-tist Chan)编:《中国哲学文献选编》(*A Source Book in Chinese Philosophy*),第 86 页。

生慧，①盖与《大学》之说无异者。

> 孟子以"万物皆备于我，反身而诚，乐莫大焉"②。而佛之说以"天地万物皆吾心之所见，山河大地皆吾身之所有"，正与孟子之说同。吾是以知佛之说与孔子不异也。③

吕本中强调儒佛两家教义拥有很多的共同点，例如两家都主张修行是一种循序渐进的自我修养的过程，如果不是依此进行，再多的努力也是徒劳。他说到了儒家的修养之道是通过一条特殊的线索传递下来，但没有提及佛教方面与之类似的传法谱系，也许是因为这对于佛教来说已是不言而喻，没有提起的必要。通过自我修养，最终成为"万物皆备"的圣人，达到一种超越自我和他者之界限的万物一体的境界。这样的观念源于程颐及其追随者对孟子式内向体验的阐发，这些追随者中包括了张九成、胡宏和杨时。④

吕本中还对那些未能理解两家共同性的文人加以批评，

---

① 这是泛佛教(pan-Buddhist)的修身之道，主要涉及戒、定、慧的工夫。见《佛光大辞典》，第 2908 页上—2908 页中。

② 语出《孟子·尽心上》第 4 章。

③ 吕本中：《净梵院记》，收入陈耆卿编：《嘉定赤城志》卷二十九，第 4 页上—5 页上。此文部分内容的翻译见阿里·博雷尔(Ari Borrell)：《吕本中的〈大学解〉：一种非正统的学问方法》("Lu Pen-chung's 'Explanation of the Great Learning'：An Unorthodox Approach to Learning and Knowledge")，未发表，1987 年研讨会论文。

④ 参见阿里·博雷尔(Ari Borrell)：《格物还是公案：张九成思想中的修行、体悟和教化观念》("Ko-wu or Kung-an？Practice, Realization, and Teaching in the Thought of Chang Chiu-cheng")，收入格雷戈里(Peter N. Gregory)、盖茨(Daniel A. Getz Jr.)合编：《宋代佛教》(Buddhism in the Sung)，第 62—108 页；田浩(Hoyt C. Tillman)：《儒家话语与朱子学说的主流化》(Confucian Discourse and Chu Hsi's Ascendancy)，第 24—36 页。

认为他们只是注意到两家细枝末节上的差异,并没有透过这些表象把握到两家思想的本质。他所批评的人包括了被视作佛教之宿敌的程颐。① 整体上来看,程颐对佛教的批评主要是针对佛教的"迹"展开,而不是直接抨击佛教的"心"。他认为,"心"和"迹"具有内在的统一性,如果表现出来的"迹"不可靠,那么可断定其背后的"心"也是错误的。② 对于程颐此论,吕本中提出了不同看法,认为这是对佛教的一种偏见。在吕氏看来,如果没有深入到佛教的"心",那么就容易被两家在表层上的差异所误导,从而产生各种无稽之谈。③

基于对两家共性的肯定,吕本中得以用新的方式和僧侣展开交流。既然两家是根源于同一个原理,那么也就可以从儒家的教义出发,对佛教徒提出希望。这也就意味着,佛教徒应该留意儒家的经典,比如,《大学》所言的"物有本末,事有终始",告诉我们正确的修行乃是一个循序渐进的过程,亦即,在达到无思、无为之前,需要经历一个有思、有为的阶段,只有经过持之以恒的修行才能够达到"悟"的地步,那种主张不经修行而直接开悟的观点只能是一种幻想:

① 参见葛瑞汉(A. C. Graham):《两位中国哲学家:程明道和程伊川》(*Two Chinese Philosophers:Ch'eng Ming-tao and Ch'eng Yi-ch'uan*),第83—91页。
② 程颐有言:"释氏之说,若欲穷其说而去取之,则其说未能穷,固已化而为佛矣。只且于迹上考之。其设教如是,则其心果如何,固难为取其心不取其迹,有是心则有是迹。王通言心迹之判,便是乱说,不若且于迹上断定,不与圣人合。"见程颢、程颐:《二程集》,第155页。此论是对王通观点的一个回应。王通曾就同一个问题对魏徵和董常给出各有不同的说法,董常问为何如此,王通答道:"徵所问者迹也,吾告汝者心也。心迹之判久矣,吾独得不二言乎?"见王通:《中说》,第404页。
③ 吕本中也曾在其他地方批评儒者对佛学的肤浅认知。对此,游酢曾有回应:"游丈答书云:'佛书所说,世儒亦未尝深考。往年尝见伊川先生云:吾之所攻者,迹也。然迹安所自出哉?要之此事须亲到此地,方能辨其同异;不然,难以口舌争也。'"见吕本中:《东莱吕紫微师友杂志》,第6页。

> 由思至于无思，有为至于无为，天下通论，不可易
也。而世之学佛者，率抱虚自大，自诵佛号，作观持禁
戒，悉弃不为，曰是有为者，非吾所致力也。彼盖不知
二者之相须，阙一不可，本末次第，不可诬也。①

儒佛思想的相通性就像一把双刃剑，文人学子可以用它来论证
佛教教义的合理性，也可以用它来批评现实中僧侣的做法。吕
本中对僧人的批评让我们想起前面讨论过的苏轼的文章，但吕
氏乃是基于儒家教义对僧侣提出批评。他强调，这座寺院得以
修复有赖于住持的节俭和勤勉，这一段历史已然证明有思、有为
的重要性。② 这位方丈为筹措钱款四处化缘，他的付出在一场洪
水中得到了意外的回报——洪水为寺院送来了大量的木材。在
吕本中看来，佛教当中的这一奇迹证实了儒家教义的正确性，
寺院建筑作为物质上的一种"迹"，能够引起人们的赞赏，可以向
人们展示佛教信仰的力量，这正体现了"有为"和"无为"的统
一性。

　　叶梦得也有与之类似的儒道调和论。他和吕本中均被视作
苏轼和朱熹之间的南北宋过渡时期的关键人物。他在为官期间
曾大力协助宋军抗击金人，致仕以后研读了大量的佛教经文。
他曾撰写过三篇和佛教有关的记文，但更多的评论则是出现在
他的笔记中。③ 叶氏笔记内容的片段性和简洁性能够反映这种

---

① 吕本中:《净梵院记》，收入陈耆卿编:《嘉定赤城志》卷二十九，第 4 页上—5 页上。
② 该寺住持梵臻和尚是和吕本中相熟的妙湛思慧大师的弟子。关于妙湛思慧的情
　况，见《嘉泰普灯录》，《大日本续藏经》卷一百三十七，第 71 页下—72 页中;宋奎
　光编:《径山志》，第 85 页。
③ 叶梦得的作品集《建康集》只有部分内容保存下来，目前总共包括四卷的内容。
　他的笔记作品包括《石林燕语》《避暑录话》《岩下放言》。

文学体裁整体上的某些特点,他所记的奇闻轶事往往都能引起
读者的兴趣。他一般不会从这些故事中得出普遍性的结论,但
是当我们将其间那些与佛教有关的段落结合在一起时,却能明
显感受到一种维护佛教信仰的心志。这些文字都在强调一点,
即佛教对士大夫生活的影响无处不在。其中,有一个片段记录
了欧阳修的后人如何虔诚信佛,①这说明不管欧阳修的排佛言论
对士大夫产生了何种影响,他的后人都没有很在意他的这种观
点。另有一个段落记录了他致仕以后所居的村舍。这所房子位
于杭州附近,北宋大臣赵抃曾在那里度过了最后的岁月,在此期
间赵氏曾邀请僧人作陪,日夜诵读佛经。② 还有一个段落,是讨
论汉晋至唐五代是否存在贤能之人。对此,叶氏认为也只有
九、十世纪的禅宗高僧临济、德山以及其他的同类者才称得上
真正的贤能,这些高僧"卓然超世,是可与扶持天下,配古名
臣"③。当越来越多的文人修习佛教,僧人在文人生活中所占的
位置也就越来越重要,而那些杰出的僧人自然也就被归于圣贤
的地位。

　　相比吕本中,叶梦得更加认同禅宗的教义,因此在讨论儒佛
共性时他主要是就着禅宗来讲。在他看来,禅宗以前的佛教陷
入了关于灵魂是否不灭的争论中,这些思想未免浅陋;④要说明
儒佛两家的相通性,在佛家系统中也只有禅宗可以胜任。在两
家思想之中,叶氏认为《易经》和禅宗尤为相通,它们所关涉的都

---

① 叶梦得:《避暑录话》,第 7 页。
② 同上书,第 35—36 页。
③ 同上书,第 42—43 页。
④ 叶梦得:《避暑录话》,第 6 页。叶梦得和禅宗高僧的交流比较多。此外,他还注意
　到苏辙关于持戒和破戒的看法,并通过一段奇闻对苏氏的观点提出批评。见《避
　暑录话》,第 56 页。

是难以用语言表达的最高真理。① 虽然两家在语言观上有一些差异,但不能以此掩盖更为根本的共同性:

> 自唐言禅者寖广,而其术亦少异,大抵儒以言传,而佛以意解。非不可以言传,谓以言得者未必真解,其守之必不坚,信之必不笃,且堕于言以为对执,而不能变通旁达尔。
>
> 此不几吾儒所谓默而识之、②不言而信③者乎? 两者未尝不通。自言而达其意者,吾儒世间法也;以意而该其言者,佛氏出世间法也。若朝闻道,夕可以死,④则意与言两莫为之碍,亦何彼是之辨哉?⑤

106

在这段笔记中,叶梦得处理了几个情况。首先,他将禅宗与佛教的其他传统进行了区分。其次,他分析了禅宗对文字教持怀疑态度的原因。这里值得注意的是,他的解释避开了禅宗的行话,并且对那些重视文字教的佛教徒提出了质疑。这一立场在他的笔记中尤为鲜明,因为笔记这种体裁不同于寺院碑铭或为僧人所写的序跋,它不需要考虑读者群体。自 11 世纪余靖和侯溥写作相关碑文以后,文人中基于禅宗立场批评文字教的做法就变得越发流行。在确立了禅宗的优越性以后,叶氏便开始

---

① 叶梦得:《岩下放言》,第 14 页下—16 页上。叶氏在此以一种比较特别的方式展开讨论。他从《庄子·天运》最后一章的孔老对话出发,认为孔子最终接受了老子的自然之道,并承认六经的无效。见《庄子集释》,第 531—534 页。
② 语出《论语·述而》第 2 章。
③ 语出《周易·系辞上》,《十三经注疏》卷一,第 159 页。
④ 语出《论语·里仁》第 8 章。这一段话我采用了亚瑟·韦利(Arthur Waley)的翻译,见韦利所译《论语》(*The Analects of Confucius*),第 103 页。
⑤ 叶梦得:《避暑录话》,第 6 页。

论述禅宗和儒家的相似性：僧侣和士大夫虽然在生活方式上有所不同，但他们共享着同样的学习方法。为了说明其间的一致性，叶氏援引了儒家的一些著名话语。在他看来，虽然佛教所持的是出世间法，而儒家所持的是世间法，但两家都是致力于追求最高的"道"；倘能求得最高真理，那么生与死也就变得无关紧要了。有趣的是，对于孔子所说的"朝闻道，夕死可矣"，后来朱熹也很留意，他在解释时尽量清除那种将孔子此语理解为儒家不重视生命的误解。① 当然，叶氏关注的情况不同于朱熹。在两家所求之"道"是否为同一概念的问题上，叶氏没有作出说明，更不用说质疑于此。在他的观念中，《论语》那段话所呈现的勇气和他所赞赏的禅宗的精神很容易产生共鸣。

包括叶梦得在内的这些护教者，主要是关注儒佛两家的相似性，至于儒家思想、实践对于佛教的意义，则没有作出说明。晚明时期流行的"三教合一"论，在宋代还比较少见。显然，宋代文人并不认为佛教自身不够充分，需要从其他传统中吸取资源以便更适合中国社会。自禅宗兴起以后，佛教内部的分化愈发明显，对于一些缺乏基本信条的居士来说，这将是一种更加难以适从的情况。因此，一些文人便承担起了拉近两种世界观之距离的任务。儒家的很多典籍，诸如《易经》《论语》《孟子》，甚至包括韩愈的诗文，都可以被用来说明二者的相似性。在一种讲究派系的文化氛围中，寻求两家的相似之处代表了乐观的一面。如果这种相似性可以被定位在更深的，甚至是不言而喻的层次上，那么宋代生活中无处不在的文化冲突就会变得微不足道了。

―――――――――――――――

① 朱熹强调，儒家所求之道和佛教所求之道截然不同，这段文字只是强调求道的重要性，不能往不重视生命的方向理解。见程树德：《论语集释》，第 245 页。

在儒家正统观念不断增强的环境下，这些关注儒佛相通性的文人也许可以被视为保守派，他们希望将不同的世界观结合起来，尽管几个世纪以来大家都将思想的多样性看作是理所当然的。

总　结

宋代文人以不同的方式为佛教进行辩护。有些人起来反对新的排佛言论，尤其是那种有关"道"的狭隘、排他的定义。如同宋代以前的护教者所为，他们也通过肯定佛教教义和本土文化的一致性来论证佛教的合法性，但和以往不同的是，宋代文人开始参与到佛教内部的辩论。禅宗的兴起在很大程度上改变了大家对佛教的看法，他们发现佛教内部也存在不少的分歧，围绕佛教的历史、寺院、经书和佛像等问题，不同教派的看法很不一样。相比于过去，这种情况更能牵动士大夫的注意力，因为他们已将佛教看作中国社会不可分割的一部分。如果禅宗能够增强佛教 *108* 的生命力，并能够消除以后可能出现的对佛教的曲解，那么士大夫自然是乐观其成的。但如果禅宗抛弃了佛教的核心教义，那么这就给了他们以担忧甚至是警告的理由。显然，在这一时期佛教和世俗之间具有了更强的渗透性。①

护教之论不一定需要指明对手。有些碑记只是表达了一种虔诚，这类似于唐代的某些作品。这些文章中并没有出现需要

---

① 陈舜俞记录了这样一件事情：有位和尚不辞长途跋涉，前来找他撰文，因为那位和尚认为陈舜俞可以很好地解释他的意图。见陈舜俞：《布金院新建转轮经藏记》，《至元嘉禾志》卷十九，第 11 页上—12 页上。类似于此，也有一位僧人不远千里，前来请张商英撰文。那个和尚认为世人对佛教多有不解，故特来请张商英写文以消除大家的疑虑。见张商英：《抚州永安禅寺法堂记》，收入傅增湘编：《宋代蜀文辑存》卷十三，第 22 页上—23 页下。

去驳斥的反佛言论，从一种广泛的历史背景来看，它们也许可以被视作护法的另一种形式。例如，在很多文人看来，信持佛法意味着相信观音菩萨的慈悲和力量。在许多寺院碑记中，他们众口一词地称颂观音菩萨的神迹。① 如同于君方（Chun-fang Yu）和杜德桥（Glen Dudbridge）所指出的，观音女性化的关键时期便是在宋代，而在此过程中文人发挥了主要的推动作用。②

也有一些文人在碑文中宣示他们的净土敬仰。他们对佛教的理解和僧人的理解往往存在一定的距离，但在文章中他们并没有表现出类似于上述文本的明显的自觉。到了南宋时期，禅宗取得了优势地位，但这类文人的人数也获得了增长。众所周知，许多虔诚的群体并不需要宗教组织的监督，有些士大夫会避开沟通圣俗的寺院和僧人，而直接去把握佛教的教义。在面对俗家信众时，禅宗和净土宗拥有一个共同的观念，即在佛教分化的情况下居士们可以自由选择自己的修行方式。

禅宗在走向兴盛的同时也引起了很多的争议，而争议的核心则在修行方式上。某种意义上，这个问题具有麦格芬母题

---

① 关于文人的观音信仰，应予以各自有别的分析，但从记文所载的观音拯救了海员、治愈了病人、挽救了受灾地区、使地方免受叛军的掠夺等情况来看，已经足以说明这一点。有关这些情况，可参见程珌：《临安府五丈观音胜相寺记》，《洺水集》卷七，第71页上—72页上；刘一止：《湖州报恩光孝禅寺新建观音殿记》，《苕溪集》卷二十二，第7页下—10页下；陆心源：《吴兴金石录》卷八，第20页下—27页下；王补之：《惠寂院观音记》，《至元嘉禾志》卷二十二，第13页上—13页下；陈瓛：《上天竺灵感观音寺》，《咸淳临安志》卷八十，第16页下—17页下；周紫芝：《时山观音神像》，《太仓稀米集》卷六十，第8页下—10页下；张嵲：《处州龙泉西山集福教院佛经藏记》，《紫微集》卷三十二，第4页上—6页上。

② 于君方（Chün-fang Yü）：《观音——观世音菩萨的中国化》（*Kuan-yin: The Chinese Transformation of Avalokitesvara*）；杜德桥：《妙善传说》（*The Legend of Miao-shan*），《石碑上的妙善：两篇早期碑文》（"Miao-shan on Stone: Two Early Inscriptions"），《哈佛亚洲研究学报》（*Harvard Journal of Asiatic Studies*）第42卷，1982年第2期，第589—614页。

(McGuffin)的作用,可以将我们的注意力从其他问题上转移过来。正如以往学者所指出的,和其他教派一样,禅宗也积极修建寺院、撰写文本、崇拜偶像、遵守佛教的基本准则和仪轨。[1] 临济和丹霞的追随者从来没有破坏寺庙神龛,他们的目的其实是要防止信徒们陷入那些不必要的甚至是有害的细枝末节中, 只是有些时候手段容易被误作目的,一些僧人和居士难免会采取比较极端的做法。对于文人来说,经文毕竟并不是通常话语,佛教的权威最终还是来自这些文字。即使禅宗的立场对日常修行没有根本影响,但当他们看到僧人竟无视佛教传统的核心内容,对佛教的未来仍难免有忧虑。从长远来看,理论和实践之间的矛盾使得二者难以保持平衡。在粗心的处理或过分的使用中,禅宗的理论可能会被简化成空疏之论,或是被误解成正统学说,这不仅出现在那些缺乏足够耐心的居士身上,甚至也可能出现在僧人身上。

　　某种程度上,禅宗对传统修行的不满促使他们寻求到公案这种方式,这种方式是 12 世纪最重要的两位禅师大慧和他的师父圆悟克勤所推动的,后来在禅宗中的作用变得愈发重要。[2] 是他们的个人魅力让公案变得流行,还是公案这一形式让

109

---

① 参见佛尔(Bernard Faure):《顿之修辞:禅宗的文化批判》(*The Rhetoric of Immediacy: A Cultural Critique of Chan/Zen Buddhism*);福克(T. Griffith Foulk):《宋代禅宗的神话、仪式与寺院修行》("Myth, Ritual, and Monastic Practice in Sung Ch'an Buddhism"),收入伊沛霞(Patricia B. Ebrey)、格雷戈里(Peter N. Gregory)合编:《唐宋时期的宗教和社会》(*Religion and Society in T'ang and Sung China*),第 147—208 页;沙夫(Robert H. Sharf)、福克(T. Griffith Foulk):《论中国中古时期禅师肖像的仪式功能》("On the Ritual Use of Chan Portraiture in Medieval China"),《远东亚洲丛刊》(*Cahiers d'Extrême-Asie*),1993—1994 年,第 149—219 页。

② 在这个问题上,我赞同布斯韦尔(Robert E. Buswell Jr.)的看法,即尽管圆悟和大慧他们拥有相当多的文字资料,但他们却代表着禅宗内部对于很大程 (转下页)

他们变得受欢迎，这是鸡和蛋的问题，我们不必纠结于此。关键是公案这种形式所牵涉的关于悟之顿渐的长期争议，这不仅是僧人一直关切的情况，同时也是宗教史研究者非常关注的情况。对于南宋佛教在世俗中的被接受情况，我们还没有展开详细的考察，但至少可以知道，禅宗的大师们让众多优秀的士大夫追随其后，这是其他僧人所无法做到的。

公元 1170 年以后，护教的言论变得比较少了。那些与寺院有关的碑记透露出一种更早时候出现过的批评甚至是争论的语气。造成这种变化的原因是多方面的。首先，圆悟和大慧具有一种非凡的、几乎是克里斯马型的（charismatic）魅力，这使得其他教派的僧人有点黯然失色，同时也在禅宗内部巩固了临济宗的优势地位。大慧逝于公元 1163 年，自此以后整个朝代中再也没有出现过具有同等光辉和影响力的僧人（无论是禅宗还是其他教派）。① 在 12

（接上页）度上依赖文学体裁的文字禅的排斥。见布斯韦尔（Robert E. Buswell Jr.）：《看话禅的捷径：中国禅宗顿悟法的演变》（"The 'Short-cut' Approach of K'an-hua Meditation: The Evolution of a Practical Subitism in Chinese Ch'an Buddhism"），收入格雷戈里（Peter N. Gregory）主编：《顿与渐：中国思想里的觉悟之道》（Sudden and Gradual: Approaches to Enlightenment in Chinese Thought），第 344—345 页。关于圆悟克勤的情况，参见谢鼎华（Ding-hwa Evelyn Hsieh）：《圆悟克勤的公案禅修之法：从公案的文学研究到看话禅的转变》（"Yuan-wu K'o-ch'in's (1063—1135) Teaching of Ch'an Kung-an Practice: A Transition from the Literary Study of Ch'an Kung-an to the Practical K'an-hua Ch'an"），《国际佛教研究协会杂志》（Journal of the International Association of Buddhist Studies），1994 年第 1 期，第 66—95 页。关于大慧与公案禅修法，参见于君方（Chün-fang Yü）：《大慧宗杲与公案禅》（"Ta-hui Tsung-kao and Kung-An Chan"），《中国哲学季刊》（Journal of Chinese Philosophy），1979 年第 6 期，第 211—235 页。

① 此后僧人中其影响力或可与大慧禅师相比的是中峰明本。参见于君方（Chün-fang Yü）：《中峰明本与元代禅宗》（"Chung-feng Ming-pen and Ch'an Buddhism in the Yüan"），收入陈学霖、狄培理（Wm. Theodore de Bary）合编：《元代思想：蒙古人统治下的中国思想与宗教》（Yüan Thought: Chinese Thought and Religion Under the Mongols），第 419—477 页。

世纪,禅宗已成为佛教当中的主要教派,但在禅宗内部也存在不同的修行方式,正如一些学者曾指出的,看话禅便是大慧法师对 110
曹洞宗宏智正觉法师所倡的"默照禅"的一种回应。① 尽管禅宗内部的这一分歧引起了现代学者的很多关注,但目前我还没有看到宋代文人对此作出评议。如果说当时的文人知道此等情况,那么显然他们不认为这有评论的意义。

其次,南宋时期没有出现像杨亿、苏轼、张商英、陈瓘这样的深研佛法并坚持修行的人物。在 12 世纪后期,某些有识之士已经注意到这一变化。② 这样的居士都去哪了呢? 为了回答这个问题,人们通常是将眼光转向排佛者的影响,即道学运动中那些敌视佛教的道学家影响了士大夫群体,其间,程氏兄弟和朱熹的声望日益提高,这无疑扮演着非常重要的角色。此外,在科举制度下儒家学术的重要性日益提高,这或许也促使人们渐渐地将自己对佛法的兴趣放在一边。但是,这些看法还不能充分解释这一变化。南宋的思想环境是复杂多样的,尽管比起北宋它相对要弱一些;并且,道学人士也一直是以少数派自居。③ 至于科举应试,它在 11 世纪中期就已经成为文人生活的重心,但北宋时期依然出现了一些著名的居士。

另一种解释则是从佛教自身寻找原因,认为公案禅修的成功给僧伽和居士的关系带来了意想不到的甚至是不利的后果。

---

① 有关于此,可参莫舒特(Morton Schlütter):《宋代禅宗的默照、公案内省和护持居士的竞争》("Silent Illumination, Kung-an Introspection, and the Competition for Lay Patronage in Sung Dynasty Ch'an"),收入格雷戈里(Peter N. Gregory)、盖茨(Daniel A. Getz Jr.)合编:《宋代佛教》(*Buddhism in the Sung*),第 109—147 页。

② 楼钥:《跋了斋有门颂帖》,《攻媿集》卷七十一,第 14 页下—15 页上。

③ 参见田浩(Hoyt C. Tillman):《儒家话语与朱子学说的主流化》(*Confucian Discourse and Chu Hsi's Ascendancy*)。

当佛教的发展在人们眼中变得既非繁荣昌盛、亦非面临危机时，那些文人居士也就看不到对它进行捍卫或是作出纠正的必要性。此外，公案禅修的新颖性和简约性，以及关于顿悟不需太多文字知识的承诺，都使得修行变得简易，这吸引了大量的对佛教一知半解的人。对于人们在佛教理解上的浮躁和肤浅，大慧法师就曾提出过批评。[1] 在北宋时期，人们一般都愿意去学习包括众多不同传统的佛教知识，但是到了南宋期间，公案禅修的流行减弱了人们学习佛法的动力。

111   在南宋时期，不乏士大夫对禅宗提出批评。韩元吉就曾对禅宗的修行方法表达过悲观的看法，认为公案禅修的方式是具有破坏性的，这种方式将可能导致居士甚至是僧人远离觉悟的目标。[2] 也有一些文人认为，禅宗的语言未免难以捉摸，容易造成不必要的混乱。[3] 黄震，一位重要的道学倡导者，则认为禅宗存在很多悖逆的地方，并把它看作当时佛教衰落的一个证据。在他看来，禅宗的无礼导致它对传统、祖师和佛陀的不敬，以至于本应得到禅僧照料的寺庙和圣地缺乏起码的维护，都变得残破不堪。[4]

[1] 参见布斯韦尔（Robert E. Buswell Jr.）：《看话禅的捷径：中国禅宗顿悟法的演变》（"The 'Short-cut' Approach of K'an-hua Meditation: The Evolution of a Practical Subitism in Chinese Ch'an Buddhism"），收入格雷戈里（Peter N. Gregory）主编：《顿与渐：中国思想里的觉悟之道》（Sudden and Gradual: Approaches to Enlightenment in Chinese Thought），第 350 页。亦可参见荒木见悟校注：《大慧书》，第 62—63、110、158 页。在另一封书信中，他对一位深入研读《金刚经》的文人大加赞扬，认为这使得他在同时代的文人中脱颖而出。同上书，第 215—225 页。
[2] 韩元吉：《答子云示吴生三物铭别纸》，《南涧甲乙稿》卷一十三，第 34 页下—35 页下。
[3] 岳珂：《桯史》，第 92 页；马永卿：《元城先生语录解》，第 13 页上—14 页下。
[4] 黄震：《黄氏日抄》卷三十八，第 4 页上—4 页下；卷六十，第 9 页下—10 页下；卷八十六，第 20 页下—23 页上。

　　人们对佛教的看法虽有诸多的差异,但其间也不乏共同之处。首先,这些言论一般不出现在寺院碑记中,而是出现在一些不那么正式的文体中,诸如杂文或笔记。其次,他们的呼声不像北宋时期那样能够引起僧伽比较多的重视。当然,这并不是说其间有什么情况会阻止僧侣去阅读他们的作品,只是南宋文人大多是为圈里人写东西。而最为重要的是,在当时很少会有人去深究佛理(无论是肯定性的还是批评性的),此前居士所具有的护教的使命感已变得淡薄。

　　总言之,在北宋文人身上可看到一种不同于以往的佛教观,他们扮演着佛教内部人的角色,像僧侣一样,从佛教自身的角度看待佛教的变化。佛教观的这一转变意味着文人对佛教肩负起一种新的、更深层次的责任,即如何让佛寺长存于中华大地上,他们已将佛教看作中国社会不可分割的一部分,寺院的命运走向与他们的生活息息相关。在这一时期,禅宗逐渐兴盛,并提出了一种明显具有替代性的,甚至不无激进的方式来解释僧侣的责任,这大大提高了士大夫们对佛教的兴趣。到了 12 世纪中叶,由于佛教自身和文人群体的变化,原来"内部人"的声音已基本消失。虽然他们仍为寺院撰写碑记,但这样做的目的已不同于此前。

第三章　帝国与寺院

> 大悲菩萨已成佛道于无量劫前,而我太祖皇帝拨
> 乱反正于五季之后,救民出涂炭之苦,于菩萨度生之
> 誓,若合符契。①

　　据一位名为葛繁(生活在公元 1097 年前后)的枢密院官员
记载,宋太祖(960—976 年在位)曾为河北一座佛堂中的观音像
撰写过碑铭。公元 969 年,太祖在平定中国北方的时候曾住在
那座寺庙里。寺里的和尚说,一尊古老的观音像曾被后周的统
治者下令毁坏,而毁掉的塑像中竟暗藏了一条关于宋王朝将会
建立的预言。② 在这条预言和后来种种吉兆的鼓舞下,北宋朝廷
为修造新的佛像和佛堂拨出了款项和物资。一个世纪之后,在
一位上司的要求下,葛繁记录下了前者对该寺的参观和遗赠。③
在葛繁的记载中,宋太祖的军队获得了胜利,太祖慷慨地将之归
功于菩萨的法力和善行,而这座寺庙也荣升为官寺。
　　葛繁的文章揭示了宋代朝廷与寺院之间的种种联系。中国

---

① 沈涛:《真定府龙兴寺大悲阁记》,《常山贞石志》卷十二,第 24 页上—27 页下。
② 在中国中世的最后一次辟佛运动中,后周世宗(955—959 年在位)下令计划性地
　大规模收集、销毁金属佛像并将之熔为钱币。参见牧田谛亮:《五代王朝的宗教
　政策》,收入《五代宗教史研究》,第 151—195 页。
③ 葛繁仅仅讲到这个上司姓吴,未详其人。

人通常认为,佛教是在汉明帝(57—75 年在位)统治时期传入中国的。明帝是一位梦想成佛的皇帝。魏晋以来,佛教信仰受益于很多皇帝的支持,并得到了极大的发展。① 葛繁写道,宋代前期的几位皇帝对佛教的态度与后周王朝的政策截然不同。他们经常驾临寺院,钦定了数以千计的僧众,支持建设寺庙,印刷经书,并重建了译经院。② 这些政策使朝廷供养着僧人,并与后者建立了多层次的关系。后来的皇帝继承并保持了祖训中的这部分内容。这个王朝自始至终都通过朝廷的政令将各种头衔赐予杰出的僧人们,③保护寺庙,使其免于被狂热的信徒强占,④并免除僧人们的部分税赋和徭役。⑤ 文人们深知上之所好,作为朝廷官员,他们经常被教导多行布施。为这些佛寺撰写碑铭往往为

① 许多君主在这方面的表现引起了学者的关注。关于梁武帝(502—548 年在位)的事迹,参见杨德(Andreas Janousch):《作为菩萨的皇帝:菩萨的任命以及梁武帝的各种律仪》("The Emperor as Bodhisattva:The Bodhisattva Ordination and Ritual Assemblies of Emperor Wu of The Liang Dynasty"),收入周绍明(Joseph P. McDermott)主编:《中国的国家与朝廷礼仪》(*State and Court Ritual ir China*),第 112—149 页;另可参见严尚文《梁武帝受菩萨戒及舍身同泰寺与"皇帝菩萨"地位的建立》,《东方宗教研究》,1990 年第 1 期。对隋文帝(581—604 年在位)尚佛的研究,参见芮沃寿(Arthur F. Wright):《隋代思想形态之形成,581—604 年》("The Formation of Sui Ideology,581-604"),收入费正清(John K. Fairbank)主编:《中国思想与制度》(*Chinese Thought and Institutions*),第 71—104 页。对武则天(684—704 年在位)的研究,参见福安敦(Antonio Forte):《7 世纪末中国的政治宣传和意识形态》(*Political Propaganda and Ideology in China at the End of the Seventh Century*)。而五代时期诸政权与佛教的关系,可参牧田谛亮:《五代宗教史研究》;阿部肇一:《中國禪宗史の研究》,第 125—210 页。

② 参见竺沙雅章:《蘇軾と仏教》,《東方学報》,1964 年第 36 卷,第 457—480 页;黄启江:《宋太宗与佛教》《北宋的译经润文官与佛教》《北宋汴京之寺院与佛教》,收入《北宋佛教史论稿》,第 31—67、68—92、93—132 页。

③ 对朝廷赏赐袈裟和住持头衔的有力研究,参见黄敏枝:《宋代的紫衣师号》,收入《宋代佛教社会经济史论集》,第 443—510 页。

④ 参见张四维主编:《名公书判清明集》,第 535—536 页。

⑤ 参见黄敏枝:《宋代佛教寺院的体制兼论政府的管理政策》,收入《宋代佛教社会经济史论集》,第 301—348 页、第 318—320 页。

文人们提供了向朝廷表达忠心的契机。

为什么朝廷和官员们要向寺庙、僧侣提供如此之多的恩惠？这个小问题却没有显而易见的答案，佛教对不同的人而言意味着不同的东西。如果前一章强调了佛教宗派的流变何以使唐宋寺院的外观产生了明显的不同，这一章将会阐明自唐而宋的朝廷与寺庙间的联系是如何形成的。二者之联系以儒学复兴之前的太祖、太宗和真宗时期为著。首先，尽管儒学的复兴使文人的传统观念发生了极大的改变，但对于皇室依然影响甚微。赵氏家族从一个更早的、理智的折中主义时期得其枢要，并不愿放弃掉祖先设计好的宏伟蓝图。其次，正如在唐朝那样，持有普遍主义观点的佛教成为东亚统治者们与神明沟通的通用语言。对于宋朝来说，被裹挟在强大而常具侵略性的邻国之中，帝国在宗教领域拥有的优越资源与令人敬重的传统可助力统治者威慑敌人。通过这些积累，统治者拥有了巨大的战略储备来应对随时爆发的战争。最后，从信仰主体的角度来看，所有僧众都能通过在佛寺中举办法事来表达他们对王朝的责任。[1]

寺院与朝廷的合作内容可分为四个部分（这些部分有时会出现交集）。为了增强皇室的神圣性，被选中的寺院用来超度战士的亡灵，为皇帝的诞辰与忌日举办法会，收藏御书作品，以及 114 贮藏皇帝的画像。虽然古代佛经中并没有明确规定寺院可以为

---

[1] 尽管汤拜耶（Stanley Tambiah）对上座部佛教的研究有着明显的局限性，但其同样适用于此。他说："国王与僧伽是一种互惠的关系。王权作为社会秩序的关键性因素，为宗教的存在提供了条件和环境。他们各取所需：宗教得到了一个繁荣有序的社会的支持，因为它能够作为规定世间因果业报的'资粮田'，而国王作为最重要的行功德者，需要僧伽协助实现他的功德，巩固他的王权。"参见汤拜耶，《世界征服者和遁世修行者：泰国抗争史背景下的佛教与政体研究》（*World Conqueror and World Renouncer：A Study of Buddhism and Polity in Tailand Against a Historical Background*），第 41 页。

朝廷做这些事情,但是早在唐太宗和玄宗治下,如上利用寺院的方式就已经部分地被合理化了。[1]　总而言之,寺院虽然仅仅承担了帝国宗教事业中的一小部分工作,但是这些工作彰显出的意义却是巨大的。这些寺院和来自朝廷的封赏,都成了王朝的精神遗存。它们与更古老的、本土的宗教场所——包括太庙、孔庙以及土地祠一并成为帝国安宁富强的重要保障。从这些寺院的一些功德碑可以看到,朝廷和文人们始终在寻求僧伽的庇佑,并使自己的活动不断地神圣化。在北宋时期,这种关系毫无疑问是存在的,文人们不断写下大量颂辞来歌颂王朝的辉煌。1127年,北宋王朝覆灭,朝廷南渡,而文人的论题更倾向于守卫国土。文人们坚持认为,自己必须报答宋王朝的恩典。

掩埋战士遗骸

无论寺院还是朝廷,都主张不得善终之人的亡魂应得到必要的慰藉。他们的使命之一,就是安顿帝国中的不幸遇难之人。当洪水与饥荒使众多死难者不得被安葬或祈福,官员和僧侣会提供大量的墓冢和祭品,并祈祷遇难者的亡魂在来生免遭不幸或转生饿鬼。[2]　若爆发战争和大规模屠杀事件,寺院和朝廷也会一起为死者超度亡魂。[3]　对战死者及平民的照料,彰显了王朝的

---

[1]　若想清晰地了解唐代朝廷仪节中的经典制度,可参见麦大维(David L. McMullen):《官僚政治和天道观:中国唐代的礼制》("Bureaucrats and Cosmology:The Ritual Code of T'ang China"),收入芮沃寿(Arthur F. Wright)、崔瑞德(Denis Twitchett)主编:《唐代研究诸视角》(*Perspectives on the T'ang*),第181—236页。

[2]　可以参见李昭玘:《葬遗骸记》,《乐静集》卷六,第6—8页;度正:《华藏义冢记》,《性善堂稿》卷十一,第16页上—17页下。

[3]　参见叶梦得:《建康掩骼记》,《石林居士建康集》卷四,第5页下—8页上;《景定建康志》卷四十三,第44页上—45页下。

道德品质,以及皇室应对因亡灵不得安息而导致的种种灾患的决心。① 在发生灾难的地方,寺院往往成为帝国善行与权力的代表。

115　　在宋代,为战死者修建寺院已经成为一种传统。尸体因故未能入土,便必然会暴露在外而被路人看到。这种事被视为破坏了阴阳之隔,且一般会被认为是活着的人的过失。② 古经中规定,暴尸可以被安葬在国家的重要场合。③ 与此同时,这种恐怖的事也为统治者提供了一个机会去展示他们的美德和权力。通过埋葬这些失去社会身份的无主之尸,君主展现了绝对的公正与无限的同情。周文王就曾经为那些无名之尸配备合适的寿衣和棺椁,并亲自埋葬了他们。他的这种做法引发了同时代人的讨论。人们讨论道,在文王的统治下,死者是否应当得到比生者更多的荣耀。④ 史书记载,文王不热衷于政治权力,又不畏惧尸毒污染,而仅仅专注于天地之和。文王之德表现在一味付出而不希求任何形式的回报。毋怪乎后世君主频繁地提到这种美

---

① 在中国,对这些亡灵的敬畏之情一直延续到 20 世纪晚期。那些在战争或暴力冲突中遇难的死者被划入"灵媒"的范畴内。它们被视为恶鬼和善神之间的交流者,接收人们献给此二者的祭品。不考虑其中含混的因素,所有人都承认战死者的亡灵拥有神力且愿向其祷以所求。参见郝瑞(C. Steven Harrell):《当鬼成神》("When a Ghost Becomes a God"),收入武雅士(Arthur P. Wolf)主编:《中国社会中的宗教与仪式》(Religion and Ritual in Chinese Society),第 193—206 页。

② 在《管子》中,干旱的发生会被归咎于暴尸,皇帝们非常了解通过清理暴尸求雨的方法。参见高延(J. J. Maria de Groot):《中国宗教体系》(第三卷)(The Religious System of China),第 918—921 页。关于古代中国的一次针对暴尸安葬问题的大讨论,参见李建民:《中国古代"掩骼"礼俗考》,《清华学报》,1995 年第 3 期。

③ 它们恐怖的阴气与生者的阳气相冲突"谓死气逆生也"。参见《礼记》卷五,《十三经注疏》,第 289 页;《周礼》卷三,《十三经注疏》,第 548 页。

④ 高延(J. J. Maria de Groot)从《新书》和《新续》中发现了这则文王故事的不同版本。参见高延:《中国宗教体系》(第三卷),第 915 页。第一个版本出现在《吕氏春秋》,第 568 页。关于文王之举为后世君王所效仿的例子,参见《后汉书》卷六,第 278 页;《晋书》卷五十九,第 1616 页;《魏书》卷五,第 117 页;《旧唐书》卷八十,第 2732 页。

德,并在他们的法令中要求安葬暴尸。

战争的纪念碑在传统中国的文献中记载得并不详尽。埋葬暴尸的相关法令也没有明确战死者及受灾死者的区别。[1] 在中国的古经中,关于战争纪念碑最著名的一次争论,当见于《左传》记载的楚庄王(公元前 613—公元前 591 年在位)的一次演说。楚庄王在邲之战的胜利之后,拒绝建造京观(聚集敌尸,封土而成的高冢),不愿以此宣扬楚国的军事实力,也不愿以此羞辱、非礼以及威胁敌方。[2] 楚王辩称,建造这些纪念碑,需要达到各种各样的目标,包括禁暴戢兵、保大定功以及安民和众等,而自己的德行尚未及此。当然,这些条件的规定,也许是为了委婉地拒绝建议者的请求,并在超越战争荣誉的层面上强调了百姓的利益。即便如此,京观仍然是从汉到南宋的一道特有的风景。[3] 统治者们希望把战败者的耻辱延续至来世。地上的死尸堆在一起,既得不到任何尊严,也没有得到祭祀。一段时间之后,如果死者的亲属想要收遗骨,他们可能会收集到不同死者混在一起的骨头,无法行孝道。[4] 在一些坟堆中,过路人(包括亲属)也许 116 会发现一些指摘死者为恶党或叛贼的告示。这一举措剥夺了死

---

[1] 关于早期的这些纪念碑的英文译本,参见宇文所安(Stephen Owen):《中国文学选集》(*An Anthology of Chinese Literature*),第 161—162、228—229 页。

[2] 参见《左传》卷六,《十三经注疏》,第 397—398 页。

[3] 王明诛杀了一位官员全家,并建造了一个由这个家族的新旧尸体堆成的京观,甚至委托一名官员照看它。参见《汉书》卷八十五,第 3439 页。唐代的将军们会在征服帝国境内及边疆之后建造京观,就像南宋击败金人之后的做法一样。《旧唐书》卷十九,第 714 页;卷九十三,第 2979 页;卷一百二十二,第 3500 页;卷一百三十一,第 3639 页。另可参见毕沅:《续资治通鉴》卷一百二十四,第 679 页上;卷一百三十六,第 747 页中一页下。

[4] 如死者的尸骨被遗弃,理论上存在着被亲人发现并认领的可能。在战场上找到父亲的尸骨,并为之举办合宜的葬礼,至少可以为一个孝子挣得声誉。参见《旧唐书》卷一百八十八,第 4921 页。

者的身份，即使他们已经失去了社会地位，也无法阻止别人把他们当作市集上示众的罪犯。

佛教的法事为战死者提供了一种截然不同的处理方法。它们最早出现在隋文帝（581—604 年在位）的统治时期。[1] 在文帝努力扩大帝国版图的战争中，很少有比邺城大捷更重要的了，他在那里消灭了劲敌——北周将军尉迟迥。后来，文帝下令在战场上修建一座寺庙，以此慰藉战场上的亡灵。[2] 为了使战胜方与战败方和解，他们建造了包含京观在内的宗教场所，并写道"京观比爵台之峻"。将此景致与佛教田园牧歌般的情趣结合起来，文帝希望自己成为一统天下并集仁智之德于一身的圣主。

隋文帝的做法被废黜父皇、杀害皇兄以攫取权力的唐太宗所采纳和发挥。[3] 在夺取政权不久之后，太宗下令要求至少在七处自己曾击败隋军的战场建造寺院。[4] 此外，太宗的圣旨还包括

---

[1] 参见芮沃寿（Arthur F. Wright）：《隋代思想形态之形成，581—604 年》（"The Formation of Sui Ideology，581-604"），收入费正清（John K. Fairbank）主编：《中国思想与制度》（*Chinese Thought and Institutions*）。

[2] 参见道宣：《隋高祖于相州战场立寺诏》，收入《广弘明集》，《大正新脩大藏經》，经号 2103，卷 52，第 328 页下。这种办法后来被证明无效，因为直到公元 8 世纪中叶，尉迟家族的幽灵仍在恫吓着地方官。参见杜德桥（Glen Dudbridge）：《唐朝的宗教经验与世俗社会：戴孚〈广异记〉译注》（*Religious and Lay Experience in T'ang China：a reading of Tai Fu's Kuang-i Chi*），第 117—136 页。

[3] 关于被称为"玄武门之变"的政变概要，可参见崔瑞德（Denis Twitchett）：《剑桥中国史》（*The Cambridge History of China*），第 3 卷，第 182—187 页。

[4] 参见《钦定全唐文》卷四，第 24 页下—25 页上；卷五，第 3 页下—4 页上。以及道宣：《广弘明集》，《大正新脩大藏經》，经号 2103，卷 52，第 328 页下—329 页上。关于唐太宗对佛教寺院的举措和政策的讨论，参见威斯坦因（Stanley Weinstein）：《唐代佛教》（*Buddhism Under the T'ang*），第 12—13 页，155n. 8，第 12—15 页；以及芮沃寿：《唐太宗和佛教》（"Tang Tai-tsung and Buddhism"），收入芮沃寿（Arthur F. Wright）、崔瑞德（Denis Twitchett）主编：《唐代研究诸视角》（*Perspectives on the T'ang*）。威斯坦因等学者认为唐太宗的举措是由其政治目标所引导的。一般而言，佛寺会引起太宗的疑心，所以这些佛寺的修建并非出自他的信仰。

铲平整个帝国的京观并掩埋死者。甚至在中朝接壤处,有一处高句丽政权为纪念击败隋军而建立的京观,也被大唐的军队毁坏,并将死者运回中国埋葬。①

为了抚慰战死者的亡魂,并将他们统一安置在公祠中,君主们竭力将帝国的臣民统一在自己的治理之下,甚至包括那些在战场上牺牲的不幸亡灵。这些仁慈的举措反映了他们的美德,可能会显得他们与冷酷无情的前朝国君或敌人有所不同。为所有战死者提供祭品,便意味着宣告了所有敌对状态的终结,而一切冲突与怨恨亦随之而止。这表明国家在一个强有力的统一政府下得到重建,没有人再被视为敌人。太宗卓越的统治在后世获得了极高赞誉,战场上的寺院也往往被视为神圣的场所。晚唐年间,朝廷在平息节度割据之后也在当地采取此法,效用颇为 *117* 显著。②

有宋一期,皇帝继承并保持了前朝对待战死者的举措,从王禹偁在 997 年为扬州一座名为建隆寺所写的碑铭中可见一斑。起初,当宋太祖于公元 960 年南下平定后周贵族李重进(亡于 960 年)叛乱的时候,曾在此地建了一个战场指挥所。叛乱被镇压后,太祖皇帝下令将这个指挥所改建为寺院。在后来的十多年中,该寺只留下了一处碑铭记载着它的由来、历史及用途。当地的僧人说服了王禹偁撰文纪念,于是这位扬州知州

---

① 司马光:《资治通鉴》卷一百九十三,第 6086—6087 页。

② 公元 805 年,四川发生兵变后,大唐的将军们为了安抚死者的亡灵,延请僧人举办了法事,但后来撰写的碑铭中却未言及太宗的先例。参见《全蜀艺文志》卷三十八,第 23 页下—第 25 页下。戴密微(Paul Demiéville)在评论敦煌的材料时谈到了一个大约公元 800 年发生的相似案例(第 2449 窟),同样没有提及太宗的事。在与唐朝进行了血战之后,吐蕃统治者为了忏悔他的暴力和不虔诚的罪行,曾经请敦煌的僧人为他举办忏罪法事。参见戴密微:《吐蕃僧诤记》(*Le concile de Lhasa*),第 240—247 页。

写下了一篇与这座寺院相关的碑记。

王禹偁阐发了帝国祭仪与佛教寺院之间的联系,并试图让人们接受这样一种关系。王禹偁被视为儒学复兴和古文运动中最杰出的先驱之一,后世学者也常常将他当作一个辟佛者。① 在完成碑铭的仅仅一个月后,他向真宗皇帝呈上了一封仿照韩愈《谏迎佛骨表》而写的奏折,提出将所有的僧伽赶出中国。② 然而,他依然为各寺院写下了多篇碑记。这些作品揭橥了佛教的世俗教化力量,赞美了僧人及其所作的善业,表彰信徒对僧人所行的布施,而文字中也常流露出对佛教义理的谙熟。③ 除此之外,他与著名的史僧赞宁交往颇多,并曾为这位僧人的文集写了一篇充满溢美之辞的长序。④ 对王禹偁而言,忠于儒家传统显然并未使他与佛教彻底划清界限。

如何解释这个显而易见的矛盾呢? 我们可以将这些为僧人撰写的作品看作精英阶层的施舍,其为当时一种流行的创作形

① 参见黄启芳:《王禹偁研究》,第 27—30 页。
② 参见《续资治通鉴长编》卷四十二,第 896—901 页。
③ 参见王禹偁:《济州泉等寺新修大殿碑》《商州福寿寺天王殿碑》,《小畜集》卷十六,第 20 页上—21 页下;第 23 页上—25 页下。另可参见《大宋兖州龙兴寺新修三门记》,《山左金石志》卷十五,第 5 页上—7 页下。后一篇文章创作时代较早,其中的文字充满了虔敬之情。有趣的是,这篇文稿并未出现在王禹偁的作品集中。
④ 参见《佛祖统纪》,《大正新脩大藏經》,经号 2035,卷 49,第 402 页下。对于赞宁以及他与士人文化的关系的考察,可参见魏雅博(Albert Welter):《儒家复兴的佛教回应——赞宁大师与宋初关于"文"的论辩》("A Buddhist Response to the Confucian Revival: Tsan-ning and the Debate over Wen in the Early Sung"),收入格雷戈里(Peter N. Gregory)、盖茨(Daniel A. Getz Jr.)主编:《宋代佛教》(*Buddhism in the Sung*),第 21—61 页。关于这个重要人物的更多信息,可一并阅读牧田谛亮:《赞宁とその時代》;戴利亚(Albert A. Dalia):《佛教史学家赞宁大师的政治生涯》("The 'political Career' of the Buddhist Historian Tsan-ning"),收入查普尔(David W. Chappell)主编:《中国中古社会里佛教与道教的修行:佛教与道教研究 II》(*Buddhist and Taoist Practice in Medieval Chinese Society: Buddhist and Taoist Studies II*),第 146—180 页。

式。这似乎为我们提供了一种解释。同时,这封呈给宋真宗的奏章似乎可以被解读为另一种表达形式,那就是王禹偁有意模仿他的偶像——韩愈,并尝试扮演一位经验丰富的谏臣角色来劝告年轻的皇帝。正如魏雅博(Albert Welter)所言,王禹偁除了在奏折中表现出明显的反佛情绪外,他的全部作品都显示出自己致力于成为一个包容性很强的文人。① 正如在前一章中对李觏的讨论一样,王禹偁的作品同样涵盖了不同的观念,这反映出当时广泛的学习和对社会的多重责任使学者的人格更为复杂化。因此,王禹偁作品中的一些观念有时是冲突的,而文章也通常伴随着悬而未决的结论。

　　在这篇碑铭中,王禹偁努力调和佛教的慈悲教义、帝国的权力以及自己对儒家传统的信念。他首先引用了唐太宗在战场上的寺院建成时所立纪念碑上的铭文。在他看来,太宗之举反映了圣人从来不愿错杀无罪之人,也不愿使一寸国土因战争而荒废。对于当下的情况而言,王禹偁注意到战士死后,虽然官爵利禄会安抚他们的子孙,却不能使死者复生。他简述了佛教的转世概念,并提出,僧人的诵经将会超度战争中那些不幸的鬼魂,并使精魄复生天人。由于这些新寺院的建立,交兵之地也获得了新的用途,战士们可以无悔地在战争中献出生命。由此,王禹偁证明了唐宋皇帝对待战死者的态度是相同的。然而,王禹偁明显地感觉到,总会有一些文人质疑这些举措的成效,他向这些空想的怀疑论者回应道:"虽有服儒冠而执名教者,又安知其果不然耶?"②

　　随后,文章的重心转移到对这座寺院的描述上。起初,太祖

────────────

① 参见《佛祖统纪》,《大正新脩大藏經》,经号 2035,卷 49,第 402 页下。
② 王禹偁:《扬州建隆寺碑》,《小畜集》卷十七,第 1 页上—4 页上。

与李重进作战的时候,短暂地居住过这个地方。后来,朝廷下旨将它改建为一座寺院,并赐给它一片相当大的田地①。僧人们会在太祖的祭日里献祭。碑文以重申前文观点作结:"呜呼!战伐所亡,人骨已朽;乘兹胜果,皆出冥涂。岂知不再事朝廷复为臣子欤?"②僧人们当然不需要对轮回的合理性进行争论。从抗辩的语气和古朴的散文文风都能看出,这篇碑铭是王禹偁写给一群立场坚定的儒者的。碑文并没有过多地描写尚佛的皇帝将这座寺院作为礼物送给僧人们的事情,也没有要求读者接受作者对这种关系的看法。

119   王禹偁之所以支持佛寺为死者服务,是因为这样有益于国家。寺院所做的善业,使战死者转世为大宋子民具有了合理性。通过寺院的作用,朝廷代替死者家属向战死者献祭。亲属们的献祭往往凝结了悲伤、义务、孝心以及个人利益,而朝廷正祀则纯粹出于无私的同情。朝廷奉献了无私的哀悼和大量的祭品,这展现了君王的慈悲之心。皇室可以借此扩大它的权力范围,并使之超越世俗政治而延伸到来世。即使被杀的士兵再次转世为人,他们的生命也仍将属于帝国。

这种寺院和帝国相结合的尝试取得了巨大成功。文人们获准在建隆寺以及其他地方写下皇帝对佛教的崇尚。③ 文人们试

---

① 参见念常:《佛教历代通载》,《大正新脩大藏經》,经号 2036,卷 49,第 656 页下。

② 王禹偁:《扬州建隆寺碑》,《小畜集》卷十七,第 1 页上—4 页上。

③ 我在此引用了杜赞奇(Prasenjit Duara)关于佛教、道教、民间乡社以及关帝神话的研究。杜赞奇写道:"这一非常重要的铭文要求,至少应该保留关于此种象征的几种不同声音……恰恰因为这种碑文仍未被销毁,历史上的文人们才能够基于古老的碑文扩展出新的意义,以适应于他们不断变化的时代要求。"参见杜赞奇:《象征的书写:中国战神关帝的神话》("Superscribing Symbols:The Myth of Guandi, Chinese God of War"),《亚洲研究学报》,1988 年第 47 卷第 4 期,第 791 页。

图利用寺庙的威望与声誉,使朝廷起用他们,但是他们的文章并没有彻底否定佛教的原始教义与组织形式。除王禹偁之外,其他的文人也在他们的碑铭里,强调了君主与神明之间的相似性。一些文人较之王禹偁更进一步,致力于描述佛教事务与皇权的结合。1079 年,刘攽为坐落于太原的一座佛寺写了一篇文章。像建隆寺一样,资圣禅院同样曾在战争发生的时候被当作皇帝的后方指挥所。公元 979 年,宋太宗曾在那里与北汉作战。[1] 在投降宋朝之前,这个王国曾凭借毗邻辽国的地理优势以及与后者的友好关系,屡屡为宋王朝制造隐患。同时,北汉也一直抵抗着来自大宋的压力以及 969 年宋军的大规模进攻。此役之后,宋军摧毁了北汉的都城城墙,同时向洛阳输送了成千上万的百姓和僧人。刘攽作为史家,能够深切地领会太宗成功的意义。在汉代,韩信叛乱的时候,匈奴曾经占领过这个地方,而当时此处地处边陲。[2] 此外,与王禹偁不同,刘攽的这篇文章并非为当地的僧人而写,而是为当地一位叫韩绛的宣抚使撰写。早些时候,刘攽曾为韩绛的夫人写了祭文。这种私人关系的建立,也许是由于刘攽较为欣赏当地的慷慨品行。所以,刘攽将这个地方 *120* 视为佛教圣地。

与王禹偁不同的是,刘攽并没有为佛教的超度法事作出任何合理性的辩护,而是试图去颂扬以往的皇帝们。他特别提到一个世纪前宋王朝对山西的平定。刘攽分别从中国传统经典与佛教教义两个方面诠释了宋朝获胜的必然性。他将宋太宗视为

---

[1] 这场战争发生在公元 979 年的年初。战后的总结中写道,太宗派遣官员们向死者献上祭品,并为他们的后代提供补偿。太宗此举被记录在寺院的碑铭中,但是这篇铭文后来遗失了。关于这次战役及其详情,可参见《续资治通鉴长编》卷二十四,第 422—453 页。

[2] 参见司马迁:《史记》卷九十三,第 2633 页;卷一百十,第 2894 页。

同时具备两种知识的贤君。他认为,太宗明晓"时"的概念,他的胜利足以与周文王和周武王的功业相媲美。在刘攽看来,宋朝对北汉的征服重现了周朝的胜利。同时,刘攽还认为太宗通晓"因"的概念,即佛经中阐述的因果法则。刘攽在文章中提到了太宗将后方指挥所改建为佛寺的事情。在他看来,朝廷将这个地方重修为一座为帝国积累功德的佛寺,可以更好地抵御潜在的威胁。

刘攽在碑铭中将建造寺院与战胜北汉这两件事联系起来,以此说明佛教在帝国中的作用。这既说明寺院可以代表皇权来行功德,也体现了佛教徒对实践和教义的专注。通过这样一种写作方式,帝国的形象与寺院联系起来,而二者都引发了人们的敬畏和虔诚之心:"轩台灵威,悚悚如在,帝梵极乐①,叠叠现前。"②在这一章的最后,我将详细阐发帝国与佛寺的相似性,但是在这里,我会更多地强调寺院以何种方式拉近了统治者与臣民之间的关系。

随着帝国的不断扩张,寺院与朝廷之间的关系也日益巩固。寺院的存在加强了边境地区对中央的从属地位。也许因为太原的战略重要性远远超过了扬州,刘攽更多从当时山西寺院地理位置的特殊性来阐明宋代的政策。这一点与王禹偁的叙述方式是不同的。在刘攽的记述中,寺院作为皇帝的赏赐,不仅证明了寺院所在地区并入了帝国的版图,而且也表明了它从化外向文明之域的转移:

---

① 笔者并不清楚"帝梵极乐"指的究竟是什么。
② 《太原府资圣禅院记》,《彭城集》卷三十二,第 14 页下—17 页上。

几所钟楼、经阁、香坛、厅事，凡若干名，于以资荐
纯佑，弼成鸿化。岂特忧深思，远之俗益，知用礼权变，
纵横之士，舍其业结？① 抑自实沈旷林，②悔忏寻戈之
咎；负贰盘石，解脱囚械之苦矣。③

这些对古代传说中的实沈和贰负等恶人的引用，展现了山西和
中国西北地区自古以来崇尚暴力、难以治理的特点。古已如此，
近时则出现了像北汉这样违抗王法的割据政权。值得注意的
是，山西的归顺乃是出于朝廷的恩典，而非当地百姓主动投诚的
结果。当地官员首先效忠于皇帝，其次才服务于作为统治工具
的僧人们。这确保了寺院仍然可以继续成为太宗的官邸，而太
原也依然是太宗的城市。一些官员在非常特殊的情况下，会表
现出对这种特殊关系的敏锐意识。举例来说，1125 年的时候，金
军围攻了太原。面对金人的劝降，大宋的指挥官宇文虚中拒绝
投降，并说"太宗殿在太原"④。可见，这个地方甚至在改建为佛
寺的 150 年后，仍有着巨大的政治影响力。

在文章的大部分内容里，刘攽都以佛教意象会通中国古经

---

① 司马迁说，"三晋多权变之士，夫言从衡强秦者大抵皆三晋之人也"。参见司马
迁：《史记》卷四，第 2304 页。我在此使用了倪豪士（William H. Jr. Nienhauser）
的译本，见《史记》（*The Grand Scribe's Records*），第 142 页。
② 这段话指的是分封制度下的晋地。中国的区域与星系相对应，在晋地对应的天
上王国中，神话人物阏伯和实沈居于旷林之中，二者频频争斗迫使尧将他们分
开。实沈迁之晋地之事，参见《左传》卷六，《十三经注疏》，第 705 页。
③ 传说中的贰负是一个神话般的人物，他与下属危杀了吃人的怪兽窫窳。黄帝并
没有杀贰负，而是罚他来到山上，将他的双手绑在后背，左脚绑在一块巨石上，而
贰负整个人被绑在一棵树上。有学者认为，这座山就是位于今天陕西省境内的
疏属山。这种说法进一步说明了刘攽强调的地域特质性。参见《山海经》，第
285—289 页。另外，我推测，誊录刘攽文章的一名文书抄错了"贰负"的字序。
④ 参见《宋史》卷三百七十一，第 11528 页。

中的意象。然而，在颂扬寺院和佛像的时候，他却放弃了这种会意的写作方法，而采用了抑古扬今的手法。因为中国文化与佛教文化的平衡逐渐被打破，他便以异乎寻常的写作方式来衡评古今。刘攽认为，只要看一下《左传》所载三代之时的晋人是如何宣扬政治威望的，就会发现，这种古代的威仪与宋寺的宏伟完全不相匹配：

> 惟此晋国始封叔虞，疆以戎索，启之夏政。① 孰若清净寂灭，至于无争？阙巩密鼓，②分器之薄，孰若示现灵蹟（迹），持以坚固？九宗五正，③域民之陋，孰若四众招提，十方无碍？

依刘攽之见，寺院的精神力量可使山西进入到一个前所未有的、辉煌的新世界之中。与佛教解脱论中所承诺的奢华荣耀相比，中国朴素的古典制度显得原始而陈旧。正如王禹偁所述，佛教的解脱论凭借其深度与广度获得了成功，它超越了传统的擘画，并使得宗教参与到国家层面的信仰构建之中。通过吸纳这些思想资源服务于政治目的，宋朝甚至会超越西周这个中国最神圣的朝代。由此，周代以后中国已无可救药地从巅峰跌落的这一传统历史叙事被刘攽颠覆了。

刘攽暗示道，正如很多王城是周代的赏赐，我们也可将寺院视为宋代皇室的恩赐。至少，这些寺院取代了京观，太宗大可不

---

① 《左传》的这一段讲述了晋在周代时的分封情况。参见《左传》卷六，《十三经注疏》，第949页。
② 《左传》卷六，《十三经注疏》，第794页。
③ 同上书，第949页。

必再以那样残忍的方式警告藐视宋的敌人。在寺院中，被杀者的亡魂会得到献祭，他们子孙的恐惧也得到了安抚。然而，将战亡者从他们的苦难中解脱出来这件事，并不能完全归功于僧伽。大宋王室的形象也起到了一定的作用。这是因为，当地人的牺牲与宋王朝的荣誉密不可分。

因此，寺院将征服者与被征服者、中央政府和地方政权联系起来，并在建立大一统国家政权的过程中起到了催化剂的作用。无论佛教通行的教义是什么，资圣禅院已经作为宋皇室的象征，将对宋太宗的崇拜包含在对佛祖的崇拜之内。正如建隆寺的情况一样，受赐者永远不会舍离赏赐者。这所寺院如纪念碑般屹立着，象征着维护大宋王朝的等级制度。

北宋文人为战亡者所写的碑记有着共同的特征，它们有别于 1127 年之后的文献所记述的内容。文人们以极其虔敬的态 *123* 度，通过各种方式记录下皇室与寺院的施受关系。王禹偁主要同他的儒家同仁们讲了这些。而刘敞认为他的读者群体更为广泛，他主要表达了对皇帝赏赐寺院一事的感激之情。但王禹偁与刘敞都没有在文章中提到赏赐的效用。很明显的是，他们都认为接受者已经无可置疑地主动回报了皇帝，即表达了对皇室的忠诚。文人们并不注重对这些赏赐的描写，这大概是因为，北宋的文人有着一种强烈的忠贞意识。

上述政治秩序在北宋政权的崩溃中遭受了极大挫败，但是朝廷与寺院的关系仍勉强维持着。在南宋政权建立以及与金朝进行的 14 年战争中，朝廷多次向僧伽寻求帮助。① 在 1127—

---

① 一些僧人也积极参与到抗击金人以及后来的蒙古人的军事斗争之中。参见戴密微（Paul Demiéville）：《佛教与战争》（"Le Bouddhisme et la guerre"），第 366—367 页。

1136 年的 10 年间,朝廷至少下达了 17 项不同的法令来命令官员召集比丘和沙弥埋葬死者。① 合作的寺院会得到政府颁发的度牒。一个僧人只要埋葬 100 到 200 具尸体,就可以从沙弥晋升为比丘。道士们偶尔也会参与到这项工作中,他们为死者烧黄表纸。但是,大多数时候都是僧人负责此事,他们通过举办水陆法会来超度死者。按照丞相赵鼎的说法,这些措施将提高宋军的忠诚度,并让士兵们愿意在战场上献出自己的生命。后来,这种度牒销量激增,直到有人发现"无路不逢僧"②。最后,高宗皇帝(1127—1162 年在位)在 1141 年下令终止这种度牒的出售,该政策才逐渐废止。③ 然而,封赏僧人的禁令只是持续到 1161年。当宋朝再次与金人处于敌对状态时,朝廷又一次被迫向僧伽请求援助。④ 恢复僧人埋葬战死者的政策,反映了朝廷官员仍相信佛教法事的有效性,他们认为这样可以增强战士忠勇赴死的决心。

战争的失利改变了朝廷官员向王朝表达忠心的方式。与北宋文人不同,南宋的文人们不能拿出一场决定性、激动人心的胜利来为他们所效忠的政权献礼。当时,临安朝廷无法收复中原失地,金人更是在北方建立了一个傀儡政府,内陆地区也不断发生叛乱。另外,就像前朝一样,新王朝的"天命"观也产生了动摇。和隋、唐以及北宋朝廷不同,南宋朝廷并没有等到战争结束后才下令让僧伽们帮助埋葬那些战死者。在战争状态下,朝廷便急于证明自己的美德,试图以此整合残存的道德资源和军事

---

① 参见《宋会要辑稿》,《食货》六八,第 120 页上—123 页上;《道释》一,第 32 页下。
② 参见赵彦卫:《云麓漫钞》,第 64—65 页。
③ 参见竺沙雅章:《宋代墳寺考》,收入《中國佛教社會史研究》,第 38—50 页。
④ 参见《宋会要辑稿》,《食货》六八,第 125 页下—126 页上。

资源。

　　1127 年之后的碑铭反映了宋朝统治者竭力表现帝国的慈悲　*124*
心与统治力。这种新的情况出现于 1131 年曾领导僧众埋葬建
康屠杀死难者的叶梦得所写的碑铭中。叶梦得将宋高宗比作周
文王，并从《孟子》和《尚书》的叙述中为高宗的美德寻求政治的
合法性。在他看来，高宗善待亡者、体恤民情的做法是合于古训
的。叶梦得希望，高宗埋葬亡者的旨意也将会产生深远的影响：

　　　　自敌荐食中国，夺天之所厚①，而残之盖不为量数。
　　而吾天子方推其所以好生者，一二而收之。于后天固
　　享之矣。合此亿兆无故之冤，则亦必有闻者，造物者其
　　忍之乎？②

叶梦得像赵鼎一样，也认为为战士举行国葬将会促成战场上的
胜利。他认识到自己的读者群体主要是受朝廷赞助的僧众和秉
持"天道"的"仁义之师"，他们的一个共同点是都忠于大宋王朝。
对死者的厚葬将有助于宋王朝的道德建设，而这又会反过来转
化为军事实力。这些仁爱之举使宋王朝拥有了雄厚的实力，鼓
舞着宋军击败金军。叶梦得的观点也推翻了此前文人对帝国的
描述。早先，宋王朝是一种恐怖征服者的形象，此后的形象却显
得仁民爱物。随着国家政治命运的转变，人们对佛教的看法也
有了变化。

---

① 即人类的生命。
② 叶梦得：《建康掩骼记》，《景定建康志》卷四十三，第 44 页上—45 页下。关于这篇
　文章的部分英文翻译，可参见埃申巴赫（von Eschenbach）：《宋朝的公墓》（"Public
　Graveyards of the Song Dynasty"），收入迪特·库恩（Dieter Kuhn）主编：《宋代中
　国的葬礼》（*Burial in Song China*），第 216—218、234、238、240、247—248 页。

南宋期间的其他碑铭也呼应了叶梦得对御赐形成的影响的关注。1127 年后的文章直接提到了御赐的接受者及其回报等事宜。文论重心的这种偏移表明了人们强烈关注战士对宋王朝的忠诚度和他们的士气。虽然最近一次与金军的战争在 1141 年就结束了，但中原地区仍被金朝占据着。12 世纪 60 年代初的第二次战争使临安朝廷克复中原的希望更为渺茫。面对这样的政治局面，许多文人担心，社会将滋生出安逸和冷漠的心理。王希吕以直言不讳而闻名，他在 1172 年为临安西湖畔的一座寺院所写的碑铭中表达了上述焦虑。[①] 这座寺院是朝廷在 1146 年下令建造的，最初用来照管阵亡士兵的墓地。与我们谈论过的其他寺院不同，这座用来纪念死难者的寺院占据着帝国都城的一处重要位置，便于临安的百姓和朝廷官员拜谒。这种地理上的优势似乎会使朝廷赞助得更多，但在很长一段时间里，这座寺院被人们忽视了。

王希吕在文章中描述了法千住持，即这座临湖寺院真正的守护者。他和王希吕一样，都是南渡而来的遗民。起初，在这座寺院建造后的几十年里，由于官员们对它的长期忽视，导致它仍缺少官方赐予的匾额和碑铭。这些缺失使法千住持尤为担心，他指出，"无以新众视示来世，朝廷德意殆成虚美"[②]。最终，法千住持说服朝廷御赐了一块匾，并请求王希吕为它撰写碑记。能够看到，出于对佛教教义的奉持，法千努力改善王朝的国运。在王希吕看来，僧人扮演了宋王朝最忠实的拥护者，这与玩忽职守的朝廷官员形成了鲜明的对比。就像我们将在下一章中看到的

---

① 关于他的个人传记，可参见《宋史》卷三百三十八，第 11900—11901 页。
② 《普向院记》，《咸淳临安志》卷七十九，第 22 页中—22 页下。

那样,由于南宋时期严峻的政治形势,王朝的地位也受到严重威胁,其他文人如王希吕一样,将僧伽描述为尘世的典范人格。

像叶梦得一样,王希吕也盛赞了南宋政权的仁德。作为一名文官,王希吕无法直接上阵杀敌,所以他只能在责任限度内为王朝的道德建设服务。王希吕在引用古史的时候不可避免地要涉及唐太宗,但他回避了将这个成功的军事家与当前的衰落政权相比较。他反而谴责唐太宗在战争中牺牲了众多无辜的生命,并赞扬了南宋的和平统治及朝廷对宋军的慷慨赏赐。读者们在他的文章中发现了一种田园牧歌式的和谐。他写道,在国家的关怀下,军队可以休养生息,备战待敌:

> 六军之士,安居而饱食,优游以生死,而且赐之葬地,守以僧舍,锡以美名,恩深漏泉,德施罔极。①

在王希吕的文章中,前半个世纪的挫败没有被提及。另外,按照他的描述,帝国实力的首要表现应该是同情心而非征服力。

然而,王希吕似乎遗忘了最近的耻辱历史和军队的目标。在他的观念里,朝廷与受赏者之间存在着一种交换条件。在赞 *126* 扬了王朝的宽宏大量之后,他在结论中向读者和接受朝廷馈赠的人提出了质疑:

> 夫礼尚往来②,事有施报。施而不报,往而不来者,世无是理也。将有入是寺,读是文者,灼然知圣人广大

① 《普向院记》,《咸淳临安志》卷七十九,第22页中一页下。
② 见《礼记》卷五,《十三经注疏》,第16页。

之德,而潜有以发其忠孝慷慨之心,以笃于施报往来之
义。异日摧城陷阵,立非常之功以上报非常之恩者,必
有其人矣。①

王希吕将其他文人没有说过的话,直截了当地说了出来。朝廷
的仁德之举不再激发人们主动回报。所以现在必须清楚地说明
人们的责任,因为那些恩赐已经失去了过去那种打动人心的力
量。在文章的结论中,王希吕引用了《礼记》中的一段话来斥责
社会精英们的自私和吝啬,这表明他希望自己的观点影响到当
时的文人和军人阶层。长期的宫廷内斗将人们对民族国家的共
识销蚀殆尽,这促使王希吕在为寺院所写的一篇更长的文章中,
谈到了国防和汉人政治秩序的重建。文章以振聋发聩的激烈文
辞作结,我们看到的是一个文人试图以他的民族主义立场影响
到当时的士大夫。这些文人的政治立场是,即便以中原为代价,
也要将大宋建设为一个和平稳定的仁德之邦。寺院作为纪念战
争之地,可以明鉴过去,亦可期于未来,而这个王朝也接受了佛
教的洗礼,将慈悲之心与政治权势交织在一起。

　　叶梦得和王希吕分别在南朝之都建康和南宋之都临安写下
了这些文字,他们的直接受众是都城的社会精英们。就像在今
天浙江的衢州的一座寺院的碑铭中所写的那样:无论是履行王
朝的道德义务,还是光复中原地区,对于那些在偏远地区就职的
士大夫们而言,都是一种压力。这篇文章的作者是袁甫,他曾在
13 世纪 20 年代中期担任衢州知府。袁甫震惊于当地教育的缺

① 《普向院记》,《咸淳临安志》卷七十九,第 22 页下—23 页下。

失和官员的渎职。他说:"莫识事君之大义,国家果何赖于若人哉?"①同时,衢州当地人表现出了一种强烈的社群意识,他们热 127 衷于礼拜本地的神明和佛像。袁甫参与到他们的活动中,为该地区的名寺写下了大量文字,并为寺院的修建慷慨解囊。在袁甫的描述中,衢州的很多特点与韩明士(Robert Hymes)研究的江西抚州有着相近之处。② 简言之,韩明士认为,和北宋的那些农村精英阶层不同,南宋的士人们避开了政治和对朝廷职位的追求,而是把精力转向了地方问题、地方机构和地方权力中心。对于袁甫而言,乡村文人对国家事务漠不关心的态度对王朝发展尤为不利。

在袁甫为衢州一所寺院所写的碑记中,他试图鼓励当地的读者增强对国家的责任意识。这座寺院有着官方的支持,在一个多世纪的时间里与朝廷紧密联系。北宋末年,宋徽宗即位后不久,这座寺庙被重新命名为"天宁寺",徽宗的生日亦称之为"天宁节"。1139 年,金人囚禁了徽宗后,朝廷下令让帝国境内的天宁寺皆更名为"报恩光孝寺"。在当时,出于徽宗对寺院的恩赏,朝廷对很多寺庙有着特殊的感情。① 在 1220 年,这座寺院第三次改名为"光孝寺"。对于袁甫而言,寺院的经久不衰,得之于徽宗的恩惠。因此,他必须颂扬皇帝的美德,唤起大宋子民对国家的责任,并重申夺回中原失地的必要性。他叙述了寺院的更

---

① 袁甫:《知衢州事奏便民五事状》,《蒙斋集》卷三,第 3 页下。
② 参见韩明士(Robert Hymes):《官与绅:北宋和南宋时期江西抚州的社会精英》(*Statesmen and Gentlemen: The Elite of Fu-Chen, Chiang-Hsi, in Northern and Southern Sung*),关于另一种对宋代本土社群以及中央和地方之间断层的起源、特点和意义的阐释,可参见柏文莉(Beverly Bossler):《权力关系:宋代中国的家族、地位与国家》[*Powerful Relations: Kinship, Status, and the State in Sung China*(960—1279)]。
① 《佛祖统纪》,《大正新脩大藏经》,经号 2035,卷 49,第 425 页下。

名过程,但紧接着又呼吁在金人占领下生活的汉人奋起抗争:

　　中原赤子久苦烽燧,版图未归;誓耻未刷,卧薪尝胆。① 亟思报复,以慰祖宗在天之灵。②

128　　袁甫同样将这座寺院视为战争的纪念。匾名之更替与北宋末代皇帝和最著名的战俘——徽宗的命运紧密相连。袁甫回顾了徽宗在外邦被囚禁的悲惨命运,反过来以此要求读者关心中原民众水深火热的生活,强调了解救他们的必要性。

　　王希吕所写的碑铭体现出的朝廷的仁德,也同样反映在袁甫的文章中。袁甫写道,1137 年,朝廷下令禁止大兴土木,以免劳民伤财。在修复这座寺庙的时候,大部分资金出于官方的施舍。民众虽然也参与了施舍,但没有受到任何强迫,这些都符合朝廷的旨意。袁甫把光孝寺视为朝廷对衢州人民的恩赐,他在文章中将这座位于浙江的佛寺描述为一处承载着王朝记忆的历史遗存。

　　在这篇文章中,袁甫试图以孝道的力量说服他的读者承担起对皇帝的责任。袁甫对孝道特别重视,他曾写过一篇关于《孝经》的评论(今已亡佚)。一般而言,父母是子女孝顺的对象,佛寺是一个可供子孙们表达孝心的地方。而在袁甫的这篇碑记

---

① 这是春秋时期越王勾践的故事,他在败于吴王夫差之后,未曾忘记复仇,并最终取得了成功。参见司马迁:《史记》卷四十一,第 1742 页。
② 袁甫:《衢州光孝寺记》,《蒙斋集》卷十二,第 11 页下—13 页下。

中,他却强调为了效忠徽宗而保护这座寺院。① 在他看来,人们不仅忘记了该寺院的修建目的,也忽略了皇帝才是人们应该履行孝道的真正对象。在袁甫文集收录的一首诗中,他将这种百善之首引申到政治事务中,并引用了一段《礼记》中的文字,强调那些在战斗中缺乏勇气的人如同不孝子一般。② 将寺院与忠君结合起来,就需要否定当地孝敬先人的意义,故而袁甫反问道,"岂徒若世人追悼其先,徼福于佛而已哉?"③人们可能会认为,像光孝寺那样被朝廷扶持的寺院,较之其他寺院会更为灵验。这种认识使当地民众进入光孝寺谋求私利。袁甫的疑问在于,从这个角度而言,这些被儒家士人鄙视的自私的、受过教育的孝子贤孙们,将被迫做出一个艰难的抉择。他们可以继续通过寺院来为自己及其家族谋福祉,并借此与他们的下属相勾结;也可以放弃从寺院中获得的任何精神觉知,而只对朝廷恪守"光孝"。至于如何选择,既取决于他们个人的阶层身份,也取决于 *129* 他们对文人责任和文化的理解。

袁甫在批评衢州当地人未能对国家尽责时,也没有放过那些僧人。尽管他有着对道学的承诺,但没有追随那些以"道统"自居的"醇儒",并像袁甫那样一味谴责佛教徒及其对中国社会的不良影响。在他知衢州的任期中,他曾委托僧人们帮助修复

----

① 有趣的是,袁甫之父袁燮同样为报恩光孝寺写了篇碑铭,并且和他的儿子一样,试图将它描述为朝廷的历史遗存。在他看来,这座寺院与其他佛寺不同,这是因为"人主致孝,思所在尊崇之极,供亿宜厚"。参见袁燮:《绍兴报恩光孝寺四庄记》,《絜斋集》卷十,第 14 页上—15 页下。
② 参见《礼记》卷五,《十三经注疏》,第 821 页。另可参见袁甫:《忠孝诗》,《蒙斋集》卷十九,第 14 页上。
③ 袁甫:《衢州光孝寺记》,《蒙斋集》卷十二,第 11 页下—13 页下。

和维护一座重要的桥梁,并为当地的一尊佛像兴办法事。[①] 而在这篇为光孝寺所写的文章中,他完全忽略了寺院的佛教背景,也没有提到寺院中任何一个僧人。王希吕曾将一个寺院住持当作典范,而袁甫则将其他僧人描述为大意的、不知感念皇恩的人。尽管他们有保护有关徽宗的记忆和采取措施应对邻近地区火灾的责任,但他们没有采取预防措施,致使寺院被焚。从这个意义上讲,僧人们忽视了帝国潜在的危险,也并未承担起回报皇恩的义务。他们和袁甫在另一篇文章中所谴责的衢州文人的地位是相同的。当地无一人获得袁甫的赞扬,在袁甫的论述中,只有他本人站了出来,准备重建士人对朝廷的责任感和依恋感。

在儒学复兴的这一时期,僧人扮演的角色很可能有着意料之外的作用。而在他们为死者进行超度的法事中,预设了一个世代和平的背景。对于那些弃尸和大屠杀后的残肢断臂,他们不可能再提供更多的帮助。凭借其对众生(有情)、业报的理解,佛教能够更好地服务死者,并给予死者与生者以救度之可能。此外,征募僧伽的做法也从唐太宗那里延续下来。[②] 在僧人们的帮助下,对阵亡者的超度为一个王朝的强大奠定了基础。通过宗教效验的催动,南宋的遗民们或许可以重新燃起复仇的斗志。

从社会功能上讲,寺院为阵亡者举办的法事凸显了佛教在宋代丧事服务中占据着的主导地位。在战争中死于非命的人需

---

① 参见袁甫:《衢州石塘桥院记》以及《衢州圣者阁记》,《蒙斋集》卷十二,第 14 页下—17 页上。

② 唐太宗用佛教的力量减轻战死者的痛苦,这种做法影响了中国数个世纪。一位明代的文人写道,"予奉命犒师宁夏……见内官手持数珠一串,色类象骨而红润过之。问其制,云:'太宗皇帝白沟河大战,阵亡军士积骸遍野。上念之,命收其头骨,规成数珠,分赐内官念佛,冀其轮回。又有头骨深大者,则以盛净水供佛,名天灵碗。'皆胡僧之教也"。陆容:《菽园杂记》,第 3 页。

要被给予最好的安抚，以免他们的亡灵惊扰生者。新儒家的领 ¹³⁹
袖们可能更喜欢传统祭仪，但朝廷却发现僧人们能够更有效地
抚慰那些不幸被杀的人。当朝廷为穷人和暴尸者修建公墓时，
佛寺的作用更为突出。佛寺和朝廷努力为那些其亲属常到访寺
院但无力办丧事的死者提供一处安息之所。比如著名的漏泽
园，①这个专门埋葬穷人在公墓在 11 世纪 70 年代只是零星几
处，而到了 1104 年，则在全国范围内正式推广。就像那些入殓
的战死者终将转世一样，国家也希望将自己的权威过渡到来世，
却发现必须得到僧伽的协助。在河南当地府衙为一处公墓写的
碑铭中，再一次展示了如何通过行政手段使僧侣帮助协调国家
和死难者之间的关系：

> 上以广朝廷仁惠之泽，下以掩遗骼暴露之苦，将以
> 建佛宫于其□，日闻法音，演无量义，俾沉魂幽魄，咸证
> 善因，郁气滞冤往生乐土，以子以孙戴天履地，靡有终
> 极，则丰功厚德及于幽明者不可量数，实利益之无穷，
> 罄河沙而未比。②

就像那些战死者一样，这些亡魂也未能从他们的家人那里得到

---

① 关于这个机构的简要介绍，可参见王德毅：《宋代灾荒的救济政策》，第 95—100
页；伊沛霞（Patricia B. Ebrey）：《中国宋代的火葬》（"Cremation in Sung China"），
《美国历史评论》（American Historical Review），1990 年第 95 卷第 2 期，第 423—
424 页；埃申巴赫（von Eschenbach）：《宋朝的公墓》（"Public Graveyards of the
Song Dynasty"），收入《宋代中国的葬礼》（Burial in Song China），第 215—252
页。对于这种遗迹的考古记录，可参见《北宋陕州漏泽园》一书。
② 《北宋陕州漏泽园》，第 390 页。

献祭,因此也归为"死不安宁"一类。① 值得注意的是,作者用佛教的术语来表示朝廷政策的完备,加强了朝廷和寺院之间的联系,使寺院成为为天下苍生努力创造福祉的一分子。

皇室的诞辰和忌日

帝国的大厦庇护了包括生者和死者在内的一切臣民,后者也为宋朝皇室进献了他们的祈福和香火。尽管朝廷仅授权佛教(及道教)的出家人在宫廷典礼中担任配角,但每逢皇帝诞辰和忌日,佛寺仍会在向宋廷表达忠诚的公共活动中扮演重要的角色。黄历上写满了这些活动的日期,从皇都到最偏远县城的各级官员,都会在这些日子里到寺庙焚香祈福,祈祷他们的皇帝在今生和来世福寿安康。对于寺院而言,为皇帝举办的寿典或祭典通常在为佛、菩萨、盂兰盆会以及其他节日举行的法事上进行。② 僧人们将在这些节日里颂扬当朝天子。对地方官和村民来说,这些法事也提供了很好的机会来表达他们对皇帝的忠诚。在这一节中,我们将首先回顾唐代的先例,然后讨论这些佛教仪轨在宋代官员之中引发的不安。最后,我们将考察那些将佛寺与帝国仪礼联系起来的碑记,并阐明它们是如何在宋代发展起来的。

帝王诞辰和忌日的仪式与佛教有着久远的联系。它们在公元729年(这是唐玄宗治下的辉煌时期)成为标准的宫

---

① 有趣的是,埋葬在河南寺院附近的大多是军人。详见《北宋陕州漏泽园》,第385—386页。

② 到了元代,这些仪轨逐渐被写入禅宗僧人的戒律之中。参见德辉:《敕修百丈清规》,《大日本续藏经》卷一百十一,第478页下—481页下。

廷仪礼。① 唐代的官员向皇帝提出举办这些仪礼的必要性，并指出释迦牟尼的诞辰和仪轨是一个可供参考的先例。② 在安史之乱爆发前的一段时间里，僧众为皇帝祈福已经成为这个仪式的保留曲目。其他活动一般是大型寺院的全素宴，儒释道三家会辩，以及对住持的授任。③ 在这些日子里，屠宰是被禁止的。有些皇帝会特别强调，这一禁令是出于对生灵的敬畏而非佛教信仰。这些举措在唐代的最后几十年延续下去，并贯穿于五代时期。

　　宋代的祭典也是这样，一些习俗可以在更早的时期找到先例。早在唐玄宗的统治时期，佛寺和道观为皇室先祖焚香祈福的仪轨就被纳入到了戒律之中。在皇都，国家分别指定了两座佛寺和两座道观来协助出家人和朝廷命官举办这些仪典。而规模较小的、类似的仪轨，则在各地方首府举行。④ 公元 838 年，来自日本的请益僧圆仁在扬州参加了一次这样的仪式。⑤ 圆仁将那次活动描述为一场庄严而有秩序的仪轨。在仪式中，僧人们坐在佛堂的两侧，文武百官在卫兵的护送下进入寺庙。洒净仪

---

① 一年后，相关的民间庆祝活动被记录下来。参见《册府元龟》卷二，第 6 页下—7 页下。据史僧赞宁记载，北魏太武帝（424—451 年在位）在他的生日那天举办了僧人们参与的活动，这些活动既在皇宫里举办，也在整个帝国的城市里举办。参见赞宁：《大宋僧史略》，《大正新修大藏经》，经号 2126，卷 54，第 247 页中—下。佛尔（Bernard Faure）将这些仪式看作是玄宗对佛教和道教加强统治力的表现。参见佛尔（Bernard Faure）：《正统性的意欲：北宗禅的批判系谱》（*The Will to Orthodoxy: a Critical Genealogy of Northern Chan Buddhism*），第 77 页。
② 通常在释迦牟尼的诞辰举办一种广泛流行的仪式，比如著名的浴佛节。在这一天，佛寺会用香水浸浴并礼敬释迦牟尼佛像。参见《佛光大辞典》，第 68 页，第 52 页下—53 页上。
③ 在寿典开始之前，儒释道三家的代表将进行宫廷辩论。参见罗香林：《唐代三教讲论考》，收入《唐代文化史》，第 159—176 页。
④ 参见戴何都：《〈新唐书〉百官志、兵志译注》卷一，第 87—89 页。
⑤ 参见圆仁：《入唐求法巡礼行记》，第 61—63 页。

132 式后，官员们在供桌前焚香，与此同时，和尚们举着经幡诵经。在寺院中，包括全素宴在内的活动是专门为朝廷官员和高僧举办的。这些庄严的仪轨给圆仁留下了深刻的印象，他在行记中详细记录下了它们。

佛教的作用贯穿于整个宋朝统治时期。尽管一些道观直到公元952年仍在为皇帝的诞辰举办法事，但宋王朝更愿意接受佛寺提供的服务。这一习俗甚至延续到崇尚道教的徽宗时期的最后几年。① 都城寺院举行祭祀大典的第二天，皇帝与臣子们通常会举办敬酒仪式，② 然后他们在宫殿里宴饮消遣。③ 一些异邦藩国有时会被这些仪轨打动，他们的使节也请求参加这些法事。一个藩属国甚至建造了一座佛寺来为主君贺寿。应其要求，并为了奖励这种忠诚，宋真宗手书了一块匾额，并御赐了一口大钟。④ 如果皇帝的诞辰正逢丧期，娱乐和饮酒就会被取消，不过朝廷仍会要求宰相和他们的下属在指定的寺庙参加仪式。⑤ 皇帝的忌日亦是如此，首都和各县的官员都必须焚香祈福，⑥ 他们祈愿皇帝获得最大的福祉。这些是在整个帝国的佛教徒赞助下

---

① 参见《五代会要》，第77页；《宋会要辑稿》，《礼》五七，第24页上。

② 《宋会要辑稿》，《礼》五七，第14—16页。

③ 参见孟元老：《东京梦华录外四种》，第52—55页。这方面的英译可参见伊维德（Wilt L. Idema）、奚如谷（Stephen Harry West）主编：《中国戏剧》（*Chinese Theater* 1100-1450: *A Source Book*），第1100—1400，48—56页。对于临安风貌的检视，可参见《梦粱录》，第155—156页；《武林旧事》，第348—357页。

④ 《宋史》卷四百八十九，第14089页。这个藩属国是位于苏门答腊的三佛齐王国。参见《アジア歴史事典》卷四，第106页。

⑤ 参见《宋会要辑稿》，《礼》五七，第16页下；《礼》五七，第17页上；《礼》五七，第17页下。在朝廷南迁至临安后，这些仪式都在明庆寺举行。

⑥ 参见《宋会要辑稿》，《礼》四二，第1页上—16页上；《续通典》，《十通》，第1631页下—1632页中。

举办的活动。①

　　尽管这种有组织的公祭会为王朝带来荣耀,但也承担着一些风险。寺院一般位于都城的中心,吸引着巨大的人流和大量的商业贸易活动。每逢庆典或祭仪,礼官们都会努力维持秩序,防止有损皇室威严的情况发生。"尽管在圆仁的记录中,晚唐扬州的祭典庄严有序,但据部分宋人所言,在开封举行的仪式却缺乏必要的庄严感。"例如,一些官员把马骑到寺庙前的空地上,皇室宗亲大声地喧哗和哭喊,这些都引起了人群的骚动。那些目击者感慨道,这种场景与庄严的仪式是不匹配的。② 官员们虚情假意地相互问候,更往往以逢场作戏的方式表达自己的"悲伤",③而一些宗亲与官员的行为则如丧考妣。按照佛教律仪的要求,为已故皇室成员准备的灵位安放在佛像与供奉的素斋之前。④ 朝廷高官可能会强迫当地的僧人为他们准备素食盛宴。⑤ 为纠正上述弊病,朝廷派出了监察御史和地方官员维持场面并检举违规者。⑥ 然而,仍有一些官员假称疾病,逃避这些仪式。⑦ 值得注意的是,相较于平民,高官往往会做出更多的失仪行为。

　　农村的诞辰典礼也反映出一系列的问题。尽管名寺中的高僧通常是依靠无可挑剔的善行和广博的学习而获得晋升,但农

---

① 有的时候,翰林院的学生也会选择在寺院为朝廷高官哀悼。参见周辉:《清波杂志校注》,第 321 页。

② 《宋会要辑稿》,《礼》四二,第 4 页上—一页下,第 8 页下—9 页上,第 10 页下。

③ 同上书,第 11 页上;《续资治通鉴长编》卷三百三十一,第 7989—7990 页。

④ 《宋会要辑稿》,《礼》四二,第 7 页上—一页下。这个回忆者是以严厉治军而著称的军队将领李昭亮。参见王称:《东都事略》卷二十,第 354—355 页。

⑤ 《宋会要辑稿》,《礼》四二,第 8 页下—9 页下、第 9 页上—9 页下。

⑥ 同上书,第 4 页上—5 页上。

⑦ 同上书,第 6 页下—7 页上、15 页下、16 页上。

村的很多僧人却未必如此。12世纪早期,一名地方官在他的笔记中,曾告诫地方当局要密切关注主持这些仪式的和尚们:

> 圣节道场多不精专,甚非臣子钦奉之道。当责行首,预先保明,合用僧徒,前期三日戒洁。候道场毕,方得出院。若犯荤酒及六时行道看转之类,稍涉懈怠,许人陈告。仍不辍,躬亲点检,出牓寺门,戒群小喧杂。①

遗憾的是,作者对农村地区的僧人胡作非为的描述只是蜻蜓点水,而未能挖掘这种现象的根源。这些不称职的僧人并不是唯一的隐患。12世纪末的时候,衙役发现,皇室的寿典可以当作一个冠冕堂皇的借口来向当地百姓勒索财物。② 据真德秀的描述,有些时候,农民会被官员征召来奏乐娱乐。③ 就像在都城中的寺院一样,很多公共场所举办的仪礼都暴露出了臣子欺下瞒上和以权谋私的流弊。

然而,没有大臣甘冒"欺君之罪",他们既不劝阻朝廷也不遏止文人在佛寺里继续举办这些仪式。徽宗沉迷于各种宫廷娱乐,他的生日庆典也极尽奢华。在他即位之初,每逢寿辰,各个县的佛寺和道观都会收到朝廷御赐的匾额,上面印着当时的年号——"崇宁④"。紧接着,这些寺庙将获得官方授权,声名远扬,

---

① 参见李元弼:《作邑自箴》卷二,第7页上。
② 《宋会要辑稿》,《礼》五七,第22页上—22页下。
③ 真德秀:《政经》,第47页上—47页下。
④ 原文在"崇宁"后有英文解释 Exalted tranquility(崇尚安宁),这种理解是有偏差的,而应被解释为"崇奉熙宁之政"。——译者按

也会获赐良田百亩,以及当地百姓的轻徭薄赋。①

　　为了避免这些清净庄严的寺院沦为社交场所,或为官员提供贪污的渠道,朝廷颁布了一系列法令来维护寺院的纯洁性。在崇宁寺里,人们只能为皇帝贺寿这件事举行法事,官员不准再住宿或羁留寺中。如果有官员被查出搜刮民财或以翻修建筑的名义征收财物,他将被处以两年的劳役。② 然而,在 12 世纪初,随着徽宗愈发笃信道教,佛教的作用明显趋于弱化。③ 在 1117 年,官员被禁止在大相国寺(首都最大的寺庙)之外的佛寺举办寿典。④ 从 1119 年一直到 12 世纪 20 年代中期,朝廷规定所有僧人都要改信道教,在此期间佛寺也不再举行任何仪式。尽管后来朝廷废止了道教化政策,但直到徽宗统治时期结束,道士一直在寿典上扮演着重要的角色。⑤

　　皇帝的寿典在偏远地区得到了热烈的响应。正如李之仪(生活在公元 1100 年前后)在 12 世纪初为河南的一座寺院(他

---

① 《宋会要辑稿》,《礼》五,第 15 页上—16 页下、23 页上—页下;《道释》一,第 30 页下—31 页上。

② 同上。

③ 例如,在 1113 年,朝廷停止了印刷赠予崇宁寺的佛经。《宋会要辑稿》,《礼》五,第 16 页上—页下。更多关于徽宗朝廷的崇道与辟佛政策,参见司马虚(Michel Strickmann):《最长的道教经典——度人经》("The Longest Taoist Scripture").《宗教史》(*History of Religions*),1978 年第 17 卷,第 346—349 页。

④ 《宋会要辑稿》,《礼》五七,第 24 页上。为避免皇帝的生日受异端影响的努力一直在继续。第二年,平民被禁止在这样的日子里埋葬尸体,近日埋葬过尸体的大量民众也被禁止进入寺庙为徽宗贺寿。

⑤ 比如,虽然朝廷没有为道士授予僧人那样的度牒,官员们也试图将道士的人数控制在 500 人的范围之内。参见《宋会要辑稿》,《礼》五七,第 24 页上。在北宋王朝覆灭,徽宗与钦宗被金人掳为俘虏后不久,朝廷下令让全国各地的佛寺和道观继续为这两位皇帝的诞辰举办法事。参见李心传:《建炎以来系年要录》卷八,第 208 页。

在这里居住直到致仕)所写的一篇碑记中讲到的那样，都城周
边区域的人们通过积极参与宗教仪式来获得朝廷的重视。①
1104 年，位于河南中部的颍昌府下令将当地的寺院改建成十
方丛林，并被授予"崇宁万寿寺"的至尊头衔。② 他们的理由
是，这样的一个头衔会吸引整个国家的佛教徒聚集在这座寺
院，并虔诚地为皇帝祈福增寿。正如在本章的开头葛繁将宋太
祖比作神明一样，李之仪也将宋徽宗描述为一位菩萨：③"吾君
以调御身应缘，示现为诸有情，作大饶益。"④随着将寺院改建为
十方丛林，当地官署便招募一位高僧来担任住持。因为，这座寺
院是为至高无上的皇帝祈福的，只有高僧大德才能胜任：

非其大成德，步步踏佛阶梯，在在处处依佛行道而

---

① 参见《宋史》卷三百四十四，第 10941 页。李之仪说，在朝廷将"崇宁万寿寺"的牌
匾更换为"天宁万寿寺"的三年之前，当地人请他写了这篇文章。参见《宋会要辑
稿》，《礼》五，第 16 页上。目前还不清楚为什么当地人会请李之仪写这篇文章。
然而，李之仪的隐退，显然和曾居住在颍昌府的范纯仁、范正平父子有关。参见
《宋史》卷三百十四，第 10292—10294 页。
② 这个名号在 1104 年正式通行。参见《宋会要辑稿》，《礼》五，第 15 页下—16 页
上。李之仪称之为"天宁"，而非"崇宁"，但是这个称呼与他后来写的文章中使用
的名字是矛盾的。
③ 与元代(1279—1368)和清代(1644—1911)的"皇帝—菩萨"现象相比，这里的情
况可以给我们提供一些启发。就像戴维·法夸尔(David Farquhar)的作品所写到
的，由于朝廷的鼓励，这些对视觉构成极大冲击力的文字层出不穷，注定使蒙古
人和吐蕃人成为读者群体的一部分。相比之下，葛繁和李之仪的文章是受上级
委派和应地方官员、汉族知识分子的请求而写的。尽管相关证据较少，但是宋代
文人与后世文人的不同之处在于，当儒家规定的儒佛界限和道统意识在教育界
施行更大控制的时候，宋代文人通常从整体上混合了神的形象和统治者的庄重
英明。参见法夸尔的《清帝国统治中皇帝的"菩萨"形象》("Emperor as
Bodhisattva in the Governance of the Ch'ing Empire")，载《哈佛亚洲研究学报》
(*Harvard Journal of Asiatic Studies*)，1978 年第 38 卷，第 5—34 页。
④ 李之仪：《颍昌府崇宁万寿寺元赐天宁万寿寺敕赐改作十方住持黄牒刻石记》，
《姑溪居士前集》卷三十七，第 1 页上—4 页上。

蒙覆退藏,如杜口于毗耶,①如待时于内院。其出也,不遗余力以振起万目,融通一切种智,同底于无上正因者,不足以主之。②

135

接下来的文字叙述了被选中的道和住持所引起的轰动。道和调任自杭州附近的一座名寺——径山寺。道和赴任后,当地民众都十分担忧,生怕本地简陋的条件难以让高僧久居于此。③ 在道和减轻了他们的担忧,并承诺在这座寺庙里修行之后,百姓重新表达了他们的敬爱,"禅师之愿,是我等所兴隆庄严上祝吾君圣寿之意也……愿以师之言以报吾君,愿吾君如师之言,是为我等依止"④。因而道和实际上成为了颍昌府民众表达崇君之情的凸介。住持的精神表率作用使民众不断进增福德,让他们的善举收到了意想不到的效果。⑤ 这一事例表明,在地方层面,敬佛与尊君两股思想很容易合流。即便朝中的小集团有着各种各样的动机,但对于他们推动提升对徽宗的崇敬,乡野之地的民众都予以热情响应。

1127 年以后,与作为战争纪念的寺庙相关的文章逐渐减少;而在与皇帝生日相关的寺庙的碑记中,像上文那样对皇帝与高

---

① 参见《维摩诘经》。
② 《颍昌府崇宁万寿寺元赐天宁万寿寺敕赐改作十方住持黄牒刻石记》,《姑溪居士前集》卷三十七,第 1 页上—4 页上。
③ 颍昌府属于高级别政区中的第二等(次府),参见《元丰九域志》,第 47 页。颍昌府位于京西北路的核心地区,因而其居民往往拿自己的城市与附近的开封、洛阳相比较。
④ 《颍昌府崇宁万寿寺元赐天宁万寿寺敕赐改作十方住持黄牒刻石记》,《姑溪居士前集》卷三十七,第 1 页上—4 页上。
⑤ 凑巧的是,道和的成就引起了朝廷的注意。他被聘请到开封的大相国寺。由于当地民众失去了主心骨,他们只能请求李之仪写一篇文章来纪念道和的事迹。参见上文。

僧的恭敬的礼赞也消失不见了。事实上，如果这种节日没有减少，就不符合当时政治环境的巨大变化。尽管如此，很多文人仍愿为皇宫和佛寺的仪轨做出贡献，借此祝愿皇帝长寿。举例而言，1186年的时候，一名学者将他的1100亩私田捐赠给了浙江的一座著名寺院。一开始，这种慷慨之举让当地官员感到不解，捐赠者解释说，他希望效仿汉王朝的牧羊人卜式，后者曾捐献了一半的家产来帮助朝廷抗击匈奴。① 然而，国家正处在和平时期，军队不太急需他的捐赠。因此，他以为宋高宗和宋孝宗（1163—1189年在位）增加福寿的名义，将这些财产捐献给了寺庙，并表达了他对皇帝治下国富民安的感激之情。

在当地府衙和朝廷批准了这项捐赠之后，寺院住持请求由以爱国和诗歌闻名于今的陆游撰写一篇碑记。陆游首先指出，捐赠者出身高贵，并通过参加科举而高中进士。人们都期待着捐赠者可以在仕宦生涯中为国家做出更多的贡献。陆游接着指出，即便只是捐赠田产，这样的慷慨行为仍会勉励他人，"使贪冒者廉，怠忽者奋，享禄赐而忘报者愧"②。如上所述，南宋文人对统治阶级的荣耀强调较少，而更突出的是臣民的责任。在文章中，陆游强调了克复中原的使命，他既没有和捐赠者一起颂扬皇帝，也没有分享他对现状的欣喜。不过，与同时代人的昏沉状态相比，这位捐赠者的奉献精神和慷慨之举是值得关注和赞扬的。

在宋王朝的最后几年，人们继续在佛寺中为皇帝贺寿。这一现象有着深远的影响。就像我们在林希逸（1235年进士）的碑记中看到的，庄重的仪典是文人和平民向王朝表达忠心的机会，

① 《汉书》卷五十八，第2624—2628页。
② 陆游：《能仁寺舍田记》，《陆放翁全集》，第107页。

即便后者的命运看起来愈发黯淡。林希逸在 1269 年写下了这篇文章，一年之后蒙古军队便开始围攻襄阳，展开了一场旷日持久的战争。最终，宋朝惨败，中原彻底暴露在蒙古人的铁蹄之下。碑记中的这座寺庙位于中国广东的潮州，离北方的战场和首都都很远。然而，即便有着靠近南方海岸的地理优势，那里的人们也缺乏安稳的生活。林希逸写道："今朱提之纲，符移火迫；绿林之扰，桴鼓日严。"①在这样的危难之下，庄重的寿仪更加重要，因为其可以展示王朝未加减损的威严和臣民坚定、忠诚的意志。

于是，林希逸以一段华丽的辞藻作为开篇，"开元寺法堂，潮阳②官吏祝尧之地也"。由于有了上古君王的光环，这座寺院立即呈现出一种神圣的品质，要求参观者持以庄重肃穆的态度。在讨论了寺院的早期荣耀、后来的毁坏以及重建之后，林希逸的笔锋转向了它的近况：

　　　　屋久而敝。壬戌之秋，飓风大作，堂仆焉。虹节之礼又移于戒坛。阅岁八更守四，无有动念者。

　　　　咸淳己巳，通守林侯③实来，适行郡事。乾会寿崇

137

---

① 林希逸：《潮州开元寺法堂记》，《竹溪鬳斋十一稿续集》卷十一，第 7 页下—9 页上。我将林希逸文中的"朱提之纲"解释为"一贯钱"。朱提是位于中国西南地区自汉以来盛产白银的一个地方。

② 潮阳是一个位于潮州沿海地区的县。这里也许是一处印刷错误，因为其他的所有地方都在讲着潮州。在这篇文章的末尾，也存在着一处印刷错误，即将为寺院撰写碑铭的林希逸错印为林式之。译者按：潮州唐时曾为潮阳郡，以郡名称州在文学作品中颇为常见。《潮州开元寺法堂记》原文记曰："咸淳己巳，通守林侯实来，适行郡事。……侯名式之，字子敬，三山人，以承议郎通判军州事。其年六月日，具位林某记。"故"林式之"为清林希逸撰记之人。两处都不是"印刷错误。"

③ 这里写的是林式之，而不是林希逸。参见《宋人传记资料索引》，第 1381 页。

节礼①,行郡之簪缨,缁黄咸集,骈隶纵横,肩袂交午,喧声如虚市。②

显而易见的是,用来任命住持的地方非常狭小,不能容纳与僧人、当地人一起出席仪式的全部官员及其随从:

> 侯愀然私自念曰:"祝吾君以万寿,盛典也。一坛余地,不盈数丈,汹涌丛错如此,或侪俯首苟率以就事,非不恭乎?"③

后来,林侯召集了众多高僧,并捐赠出了自己相当多的一部分俸禄来修建法堂。于是,一座令人印象深刻的法堂很快就在这座寺院中占据了一席之地。为了避免有些访客误解这项工程的动机,林希逸强调了重点:

> 侯非求益于佛者也。尊莫尚于吾君,事莫严于诞节,即心揆礼,必肃必虔,岂非臣子所宜然哉?④

在严责当地官员的怠慢之后,这篇文章回顾了仪轨的古老起源。虽然很多仪轨始于唐代,但一些重要的礼仪却兴盛于上古圣贤的德行之中。⑤ 在结尾处,林希逸赞扬了这位为帝国利益作出不

---

① "乾会节"是宋度宗(1265—1274 年在位)诞辰之名。
② 林希逸:《潮州开元寺法堂记》,《竹溪鬳斋十一稿续集》卷十一,第 7 页下—9 页上。
③ 同上。
④ 在本文中,林希逸也提到了赵师岊,后者是 1204 年修建过法堂的皇室宗亲。
⑤ 林希逸援引了"天保",这是一首为统治者的祈祷福寿的颂歌。参见《诗经》卷二,《十三经注疏》,第 330—331 页。他同时也参考了"华封"的故事。这是（转下页）

懈努力的同姓者。

　　从 80 年的间隔看来，这三场寿仪的场景反映出了宋朝由盛
转衰的过程。李之仪的碑铭展现了王朝的鼎盛时期。这时候的
君主沐浴在一种魅力四射的光环中，寿仪被热情而甘于奉献的
住持负责，而该仪式也是热烈而庄严的。到 12 世纪末，皇帝不
再被比作菩萨，他们只是（而且是有争议的）让中国南方免于战
乱。热心的文人群体寻求表达忠心的方式已经被与众不同的奉
献所取代。公正地讲，很多文人只是因其不沦于恶而备受赞扬。
最后，在宋王朝的最后几年，在位的皇帝宋理宗（1224—1264 年
在位）被提及得很少，遑论得到赞美，文人们向他表示敬意仅仅 ¹³⁸
是因为他继承了几千年前圣王传下的皇位。由于国家的前途处
于危难之中，一些例行的公事不再被坚持，有些地方官往往因为
坚持举办正规和庄严的仪式而获得表彰。实际上，这些仪式都
是为了纪念汉人的政治制度和等级秩序。

　　必须强调的是，这些仪节来源于佛教，而非传统儒家。和尚
和官员一起发挥着核心作用，他们举办仪式的地点是佛寺，而不
是当地的府衙或公祠。僧人的最高职责包括了对君主健康的祈
福。① 从潮州地区的拙劣表现可以看出，庆祝仪式仍在举办，甚
至在宋朝最后几年的偏远地区都很受欢迎。此外，就像战争公
墓的例子一样，宋代文人将寺院中举办的皇帝寿仪和祭典解读

（接上页）《庄子·天地》的一则寓言，讲的是守卫华州封疆的人遇到了尧，并祝愿
他长寿、富足、多子。

① 这种观念也出现在重要地方事务的碑铭中。举例而言，邹浩赞扬了一座寺庙的
施主，并鼓励这位施主为皇帝祈祷福寿。参见邹浩：《衡岳寺大殿记》，《道乡集》
卷二十六，第 17 页上—18 页下。径山寺是道和及后辈大慧的修行之地，1173 年
的时候，这座寺院为了庆祝皇帝的生日，单独修建了一间大殿。参见曹勋：《径山
续画罗汉记》，《松隐集》卷三十，第 11 页下—14 页下。

为对古礼的继承。在接下来的两个部分中,我们将要表明的是,对寺院的崇拜与对皇帝人格的尊崇紧密相关,而这种现象已经成为遍布整个帝国的显著标志。

御笔:皇帝的书法作品

在寺院的碑铭中,朝廷御赐的书法作品总是受到特别的关注。一些幸运的寺庙可能会获此殊荣,或因朝廷敬重它们的名望及在此修行的高僧,或因皇帝创作后的批量赠送。这些书法作品弥足珍贵,故寺院常专修一室以收藏之。出自皇帝之手的御笔曾一度享有圣谕的地位,它们得到这样的尊崇地位不仅因为其中的内容,更因为拥有近乎护符般的力量。[1] 几乎没有任何碑铭记载了书法作品的具体内容,然而它们与皇帝的关系就足以使其获此效力。

御笔有着重要的象征意义。中国人的文化传统中包含了对文字的敬意,而书法作为展现士人道德修养的一种特殊载体,则是艺术中最重要的一门,几乎被所有知识分子掌握。许多文人将御笔当作"神物"来临摹。"神物"这个名称来自充满各种预言的《周易》,尤其是其中的卦象,可以让人领会天命。[2] 御笔被定义为一种传达圣意的神物,以全知全能的公正来决定帝国的

---

[1] 佛经曾在中国中古早期作为一种宗教圣物而存在。对它们的研究,可参见康儒博(Robert F. Campany):《佛经的诵念与象征功能之研究》("Notes on the Devotional Uses and Symbolic Functions of Sutra Texts"),《国际佛教研究协会杂志》,1991 年第 14 卷第 1 期,第 28—72 页。

[2] 参见《周易集解》,第 601—602 页;裴德生(Willard James Peterson):《创建联系:〈周易·系辞传〉》("Making Connections:'Commentary on the Attached Verbalizations' in the Book of Change"),《哈佛亚洲研究学报》(*Harvard Journal of Asiatic Studies*),1982 年第 42 卷第 1 期,第 107—111 页。

命运。

御笔的广泛分布体现了君主意志的普遍性。无论是偏远地区的寺院，还是位于政治权力中心的寺院，都收藏了很多御笔。① 这些艺术作品超越了时空的局限性，保证了皇帝的控制力和民族文化的传承。就此方面而言，它们的效验可比肩于中国宋代的佛经和佛像。皇权亦如佛陀的法力，延伸到帝国的每一个角落，无论后者多么偏远。此外，这些书法作品被朝廷赠送给僧人，后者会倍加珍视，因为它们展现了君主的慷慨之心和臣民的感激之情。

宋代的皇帝重于文治而轻略武功，因而他们非常热衷于书法创作。在宋初，太宗皇帝就曾下令编辑《淳化阁法帖》。这是一本由早期书法家遴选的书法作品，长期以来被人们当作临摹的范本。② 太宗本人的作品也饱受赞誉，它们被赏赐到整个帝国的名胜景区、佛寺、孔庙和道观。③ 后来的皇帝继承了这种做法，尽管御赐的规模较小。④ 徽宗的书法以纤巧俊秀的风格

---

① 在开封，大相国寺悬挂着一块宋太宗御笔所题的匾额。参见王应麟的《玉海》卷三十四，第 6 页上—下页。在杭州，一些毗邻西湖的寺院，同样以收藏、悬挂皇帝御笔为荣。参见《咸淳临安志》卷七十九，第 18 页下；卷八十，第 1 页上—1 页下、15 页下—16 页上。
② 这部作品包含了从汉至唐的御笔，同时也收录了晋代书法家王羲之和王献之的佳作。参见下中邦彦：《书道全集》卷十五，第 5—7 页。
③ 这些举措直到 995 年太宗驾崩而结束，而他的儿子宋真宗在 998—1022 年间延续了这一做法。参见《宋会要辑稿》，《崇儒》六，第 4 页上—页下、5 页上—6 页上。
④ 宋仁宗将他的书法作品赐予开封的大相国寺和首都之外的各种佛寺和道观。参见《宋会要辑稿》，《崇儒》，第 7 页上—8 页上。一般而言，他更愿意将作品赐予个人而非机构，他曾为王旦、宋庠、陈执中、贾昌朝、高琼、曹利用、李迪、王曾、晏殊、吕夷简、韩琦、曾公亮、富弼、范仲淹、李用和等人撰写墓志铭。参见《宋史》卷二百八十二，第 9551 页；卷二百八十四，第 9593 页；卷二百八十五，第 9604 页；卷二百八十五，第 9620 页；卷二百八十七，第 9696 页；卷二百九十，第 9708 页；卷三百十，第 10175 页；卷三百十，第 10185 页；卷三百十一，第 10197 页；（转下页）

而闻名,这一时期御笔的赐予量达到了新的高峰。^① 各县学都在石碑上摹写、镌刻徽宗的作品,并用黄金镶嵌在石碑的字上。^②

到了 12 世纪 20 年代,曾受赐徽宗御笔的官员们试图建造专门的大厅来展示这些作品,同时,朝廷也正式为这些私人展厅命名。^③ 北宋覆灭之后,另一位杰出的书法家——宋高宗的作品也得到了广泛的认可,并以此艰难维系着他的南方政权。^④ 人们可以很容易地看到这样的一种努力:尽管战乱频繁,但人们仍继续颂扬着宋朝的政治理念。皇帝御笔传承着这种政治理念,也发挥着更多新的作用。官员们展示了他们对困境中的王朝的忠诚。他们将家藏的北宋皇帝御笔副本进呈宫中,朝廷往往会用丝绸来奖励他们。^⑤ 这些举措使得实力被削弱的朝廷重振威望,并进一步巩固中央与地方政府之间的关系。^⑥

140

(接上页)卷三百十一,10210 页;卷三百十二,第 10229 页;卷三百十二,第 10234 页;卷三百十三,第 10275 页;卷三百十四,第 10275 页;卷四百六十四,第 13565 页。这种慷慨之举显然为丧亲者带来了期望。在 1060 年,官宦人家被禁止在埋葬地点的灵道石柱上加盖皇帝玉玺。参见《宋会要辑稿》,《崇儒》六,第 8 页下—9 页上。

① 参见庄尚严:《宋徽宗的"瘦金体"书法》,台北《故宫博物院年刊》,1967 年第 4 期。
② 《宋会要辑稿》,《崇儒》六,第 10 页上—10 页下。
③ 同上,第 11 页下—12 页上。
④ 最值得注意的是,高宗在其一生中,摹写了很多儒家经典,这些作品被雕刻在临安的国子监和太学新建的石柱上。对这位皇帝及其书法的更多研究,可参见孟久丽(Julia Murray):《作为画家与赞助人的宋高宗:王朝复兴的主题》("Sung Kao-tsung as artist and patron: the theme of dynastic revival"),收入李铸晋主编:《中国画家与赞助人:中国绘画中的社会及经济因素》。另可参见朱惠良:《南宋皇室书法》,《故宫学术季刊》,1985 年第 4 期,第 18—27 页;下中邦彦:《書道全集》卷十六,第 137—144 页。另可参见:《宋会要辑稿》,《崇儒》六,第 13 页上—21 页上。
⑤ 参见《宋会要辑稿》,《崇儒》六,第 15 页上—20 页。
⑥ 尽管这些皇帝的天赋无法媲美高宗,但南宋以后那些皇帝和皇后的书法风格仍别具一格。参见朱惠良:《南宋皇室书法》,《故宫学术季刊》,1985 年第 4 期,第 27—42 页。

　　宋祁在 1025 年所写的一篇碑记中指出，文人们将保存在佛寺的御笔视为一种近乎"天道"的权威。传记作家通常把宋祁描述为一位辟佛者。① 然而，在他的文集中，收录了为佛寺撰写的几篇文章。② 这些文章中最早的一篇是为位于湖北复州的一座禅院的大厅所写的。这个大厅陈列着太宗皇帝的御笔。这座寺院曾经收得宋真宗大量赠送的其父皇作品中的一件，并由一位县衙的文书记录下了大厅的建设过程。在写下这篇文章的一年前，宋祁刚刚状元及第，他的第一个职位是复州军事推官。③ 也许地方官试图找出一个可胜任此职的年轻人，并给他一个可以展示文学才能的机会来撰写这篇文章，而宋祁恰恰得到了这个机会。

　　在得到这个升迁的机会后，宋祁在文中展现出一种晚唐和五代时期的华丽风格。这种文风经常可见于纪念皇帝的文章中，而宋祁的碑铭恰好与秀丽庄严的御笔相匹配。④ 宋祁写道：

---

① 宋祁有感于佛道二家迅速发展带来的压力，曾提议让 50 万僧众还俗。宋祁的墓表由强有力的辟佛者范镇所写，这一纪念文章相当引人注目，并影响了后世学者撰写的宋祁传记。参见《宋景文公祁神道碑》，《琬琰集删存》卷一，第 14 页上—第 16 页下。宋祁还和欧阳修一起修订了《新唐书》，删去了《旧唐书》中对佛教文献的引用部分。见宋祁：《上三冗三废书》，《景文集》，第 335—337 页。另可参见：《佛祖统纪》，《大正新脩大藏經》，经号 2036，卷 49，第 592 页下、598 页上、646 页下。

② 参见宋祁：《安州景福寺重修钟楼记》《放生池记》《衡山福严禅院二泉记》，《景文集》，第 588—593 页。此外，宋祁的一个堂姐是尼姑，但他仍将其看作亲人。参见《宋人轶事汇编》，第 284—285 页。

③ 据范镇说，宋祁考中了状元，而他的长兄宋庠考取了探花。但是章献太后声称弟弟不能排在哥哥的前面，于是把宋庠定为头名状元，而把宋祁放在第八位。参见《宋景文公祁神道碑》，《琬琰集删存》卷一，第 14 页下。

④ 后世的研究发现，宋祁的文章艰深晦涩。参见《四库全书提要》，第 3194—3195 页。

> 昔者，上帝册书藏群玉四彻之府，①神禹秘记著南方会稽之山。② 若乃上圣蔚兴含灵皆警，弥文塞天渊之表，遗章倬云汉之象。③ 温瑜镂翰，崇树规镬，协三五六经之制；④藻函真本，颁贶方国，镇七千神灵之封。用能蔽穹壤而相传，在都邑而有副；鼓之而天下动，举焉而能事毕。嗝嗝棼棼，而珍图焜照；在在处处，而神物护持。⑤

这种华丽的文风汇集了多种写作手法，使中原一座人迹罕至、毫无特色的建筑顿时蓬荜生辉。起初，宋祁将真宗的御笔与上古
141 时期的圣人遗书结合起来。皇帝的书法被视为融贯古今、包举宇内的作品。御书同皇帝一样，拥有了纵横四海的气度，因此可被用来协和万邦。书法作品是有生气的，皇帝可以通过它来掌控天下。御笔就像菩萨一样，影响力无处不在。它作为一股无形的力量守护着华夏文明，并使山川河流中的各路神明得到

---

① “Thearch”是卜弼得（Peter Boodberg）为了表达“帝”这个概念的神圣性而造的一个新词。参见《亚洲语文研讨会文辑》（“Cedules from a Berkeley Workshop in Asiatic Philology”），收入柯因（Alvin P. Cohen）主编：《卜弼得文集》（*Selected Works of Peter A. Boodberg*），第 218 页。宋祁的引用出自《穆天子传》，这是中国最古老的小说之一，参见罗竹风主编：《汉语大辞典》卷九，第 185 页。

② 根据《吴越春秋》中的一个故事的说法，传说中的圣王大禹在衡山驾崩，这使后者成为一座位于湖南南部的圣山。有一天，大禹突然陷入昏睡。在他的梦里，一个小孩子拜访他并说道：“你需要找到这座山的圣书，它们都埋在黄帝之岳的峭壁之下，你务必设斋三月，攀上高山并从石下掘出此书。”后来大禹登上会稽山峰得到金简玉字之书。参见司马迁：《史记》卷一百三十，第 3294 页。

③ “云汉”是古代中国人对银河的称谓。

④ 我认为，“三五”指的是“三座五位”。五个位置分别指木星、太阳、月亮、水星和星辰。六经分别是《周易》《尚书》《诗经》《春秋》《礼记》《乐经》。这两个集合分别代表天地的系统，它们在君主的治理下达到了和谐的统一。

⑤ 宋祁：《复州广教禅院御书阁碑》，《景文集》，第 753—754 页。

安宁。

纵观整篇碑记,这种高亢的语调从未衰减。在赞美了当地的景色和质朴的民俗后,宋祁转而叙述建筑工程的实施和完工,以及对高僧的任命。他明确表示,君主与神明的结合,使朝廷拥有了佛陀般的威信:

> 原乎震旦启大千之界,皆为净土,而积高之隩,①或神明之所,凭贤劫示,百亿之去,待付国王而大事之。②

御笔与神佛之灵感相通,二者一并安置于佛寺之中。它们与佛陀共同承担起救度之责。在结论中,宋祁重申文章开头的隐喻,并强调了佛寺和国家的对应关系:"是书也,并日月而丽乎天;斯阁也,以香花而散其处。"③这些御书在政治生活中发挥着神秘的力量。它们被安置在禅院里,以宗教的威慑力协助朝廷治理着中华帝国。④ 与刘攽和李之仪早期的文章相似,这篇碑铭的重心并不是臣民的感受,而完全集中在对皇室及其荣耀的歌颂。

南宋的碑记赋予了御笔类似的荣耀。然而,正如之前看到的那样,在 1127 年之后新的政治环境中,文人们更强调受赏者的内在义务。我们在韩元吉和陆游的文章中都可见到这样的论述。韩元吉出身于开封的显赫世家,他与陆游、叶梦得、朱熹以 142

---

① 意即平地起高楼,可以引申为文明的建立。
② 宋祁:《复州广教禅院御书阁碑》,《景文集》,第 753—754 页。
③ 同上。
④ 在那个时期,其他北宋的皇帝书法也在发挥着相似的效力。参见夏竦:《慈孝寺铭》,《文庄集》卷二十六,第 7 页下—12 页下。以及叶清臣:《虎丘山寺御书阁碑》,《吴郡志》卷二十二,第 2 页上—4 页上。

及吕祖谦等精英知识分子交游。① 韩元吉为重建的佛寺所写的几篇文章中充满了对僧众致力善举的赞美。1168 年,他为安徽山寺重建的一座御书阁撰写了一篇碑铭,其中阐明了御笔的统治力以及僧伽对王权的拥护。②

韩元吉的文章生动地展现了南宋早期的主题。皇帝和佛教的权威是毋庸置疑的,而二者的联系在之前也已经有所提及。韩元吉笔下的寺院在金军入侵和当时的内乱中遭到了巨大损坏。1176 年,在住持道恭的主持下,寺院修复如初。③ 而御书阁却仍未被照管,韩元吉用戏剧性的手法陈述了时人的质疑:

> 恭尝自叹,以为积此岁月,其志愿之力粗已伸矣。而寺故有阁,藏三朝御书,百有二十轴,规制卑陋,不起妥宸章宝墨之重。客过而问之,恭则悚然而曰:"吾敢后此哉?是以厝天子之书,非有朝命郡邑之请,惧不可为尔,可自为耶?可自为今为矣。"于是鸠工庀材,夜以继日,岁十二月乙未,阁亦新焉。④

---

① 参见《宋史翼》卷十四,第 5 页下—7 页上;《四库全书提要》,第 1331—1332 页。另可参见叶适:《东嘉开河记》,《叶适集》,第 181—182 页。叶适的两个妻子都是吕祖谦的女儿,参见田浩(Hoyt C. Tillman):《儒学话语与朱子说的主流化》(*Confucian Discourse and Chu Hsi's Ascendancy*),第 127 页。

② 这座山叫作"隐静山"。这个地方没有被录入《中国古今地名大词典》《中国地名大辞典》以及霍普·赖特(Hope Wright)主编的《宋代中国地名》(*Geographical Names in Sung China*)。据韩元吉说,人们到达那座山可以"并江而南,自建业历姑熟"。这座山"介于句曲九华之间"。句曲山和九华山与长江平行,呈西南—东北走向,绵延 180 千米。

③ 此人没有被收录到陈垣的《释氏疑年录》或《宋人全集资料索引》之中。

④ 韩元吉:《隐静山新建御书毗卢二阁记》,《南涧甲乙稿》卷十五,第 5 页下—8 页上。

为了更好地理解和尚的话,读者可以把自己当作与批准翻修项目的韩元吉谈话的人。韩元吉向读者展现了住持的姿态、顾虑和言语,这些都体现了住持对君主的责任感。① 北方沦陷之后,臣子对朝廷的责任与报恩成为了彰显皇权的重要内容。

在描述住持如何克服种种困难之后,文章的后半部分展示了庆祝竣工的诸项事宜。开始修建御书阁的几个月里,道恭一直向韩元吉汇报工程的进度。在修建御书阁的同时,住持也在为历千万劫而利益众生的毗卢遮那佛修建佛阁。② 尽管修建毗卢阁的计划在文章的第一部分并未提及,但前者仍被批准修建,用来陈列和加持御书:

> 中以厝御书,后为复阁,以安毗卢遮那之像。左右飞阁道,③壁涌千佛,栏楯四合,可以周旋瞻望作礼,围绕在我教中毗卢遮那广大楼阁等一切处。使眛者于此,不劳弹指,同入如来大光明藏。④ 而云汉昭回,⑤炳耀大千,实我导师矣。愿并记之。⑥

① 另一个相似的感念皇恩的和尚修建御书阁以贮藏御书的故事,可参见邹浩:《焦山御书阁记》,《道乡集》卷二十六,第 15 页下—17 页上。
② 参见《佛光大辞典》,第 3858—3859 页。不同的宗派以不同的方式解读毗卢遮那佛,本文的解释源自华严宗。
③ "飞阁"这个词最早指的是皇家出行的专用车道。参见《中国古代建筑词典》,第 181 页。
④ 这个词是如来藏的全称,意即为有情众生皆具佛性。正如本文所述,复归或悟入如来藏,是启明眛者的前提。对这一概念及相关的中国思想的简述,可参见格雷戈里(Peter N. Gregory):《探寻人性的起源:宗密〈原人论〉的现代译注》(*Inquiry into the Origin of Humanity: An Annotated Translation of Tsung-Mi's Yeuan Jen Lun with a Modern Commentary*),第 9—14 页。
⑤ 这一意象来自于《毛诗》中的"云汉",参见《诗经》卷二,《十三经注疏》,第 658—664 页。
⑥ 韩元吉:《隐静山新建御书毗卢二阁记》,《南涧甲乙稿》卷十五,第 5 页下—8 页上。

我们认为,这尊华美的佛像足以与御书相媲美,就像上文对毗卢阁的外观和功能所描述的那样。在结尾处,道恭以"云汉"和"炳耀"之喻,将御书与佛像相提并论。

在聆听了和尚讲述佛教的功德利益之后,韩元吉补充了自己对朝廷的颂扬:

> 盖宋室至太宗皇帝,悉平僭乱;章圣[1]登封降禅,以告成功;[2]仁宗偃武修文,跻于极治。万岁馀闲,始得游意翰墨,三圣奎画,在世为多,高出唐贞观右,颁之天下,以镇夫名山川。
>
> 惟隐静以梁慧严帅杯渡道场,获受此赐。[3] 建炎初,贼张琪巢焉,[4]书以仅存,是有神物阴拱而护之。[5]

寺院的御笔让人联想到,国家安定之后和宋神宗(1067—1085年

---

[1] 另一处标题写作"真宗"。

[2] 这是在山东的圣山泰山所举行的一系列的仪式,为了感谢天地之神对帝国繁荣的庇佑。参见陆威仪(Mark Lewis):《汉武帝的郊祀与封禅》("The *feng* and *shan* Sacrifices of Emperor Wu of the Han"),收入周绍明(Joseph P. McDermott)主编:《中国的国家与朝廷礼仪》(*State and Court Ritual in China*);魏侯玮(Howard J. Wechsler):《玉帛之奠:唐王朝正统化过程中的仪礼和象征》(*Offerings of Jade and Silk: Ritual and Symbol in the Legitimation of the T'ang Dynasty*),第170—194页。真宗举行这些仪式的决定,引起了当时官员的不同反应。参见柯素芝(Suzanne E. Cahill):《宋廷中的道教:公元1008年的天书事件》("Taoism at the Sung Court: The Heavenly Text Affair of 1008"),《宋元研究公报》,1980年第16卷,第23—44页。

[3] 这两名僧人在梁朝(502—557)之前早就圆寂了。韩元吉也许指的是《高僧传》,即一部记载他们事迹的梁朝作品。参见慧皎:《高僧传》,《大正新脩大藏經》,经号2059,卷50,第367页下—368页下、第390页下—392页下。

[4] 张琪是宋代初年动荡之际众多叛军的首领之一。参见《建炎以来系年要录》卷四十五,第809页。

[5] 韩元吉:《隐静山新建御书毗卢二阁记》,《南涧甲乙稿》卷十五,第5页下—8页上。

在位)统治时期的派系斗争爆发前那段时间里王朝的权力和仁德。大量的御书被分赐到全国各地，使宋代展现出的繁荣远胜唐代。读者可能会在这里看到，在南宋最后的岁月里，人们充满了对故都开封的乡愁。就像宋祁在为御书所写的碑铭中，饱含对中原故土的留恋。虽然韩元吉在此提到了保护书法的精神，而非书法作品本身，但他的目的是颂扬朝廷的威严。在陈述了上面的内容之后，韩元吉称赞了道恭的作为，并提供了关于这个项目的成本和劳工等信息。144

如果换成其他文人的话，可能会就此作结，但韩元吉进一步将佛教与皇室结合起来。他转述了《华严经》中著名的善财童子故事。善财童子在其师父文殊菩萨的吩咐下，参访了弥勒菩萨，并在经历了漫长的游历之后由毗卢遮那佛为其开示。① 在讲述了这个故事后，韩元吉推测，善财童子可能尚未得道，文殊菩萨仍需一物以辨明佛法，而此物就是御书。御书与佛教相合的结果将是"甚大而光明矣"。② 带着极为夸张的语调，韩元吉在结论中将寺院与御书结合在一起，并将二者全面地神圣化了。

韩元吉的叙述反复强调了这两种神圣之物合二为一的可能性。他的文章中提到的修建寺院和树立僧人的声誉，只是为了揭示出与御书展览相关的深层内涵。在文章中，我们看到一个年迈的和尚身心俱疲，却又怀有对国家的责任心。这种责任心使寺院得以修复如初，而那些珍贵的御书也在此得到了应有的保护。在某种意义上讲，这个故事是复兴宋王朝之宏伟大计的

① 《大方广佛华严经》，《大正新修大藏經》，经号 279，卷 10。这个故事的英译版本可以参见克立礼（Thomas Cleary）译：《入法界品》（*Entry into the Realm of Reality*），第 328—378 页。
② 韩元吉：《隐静山新建御书毗卢二阁记》，《南涧甲乙稿》卷十五，第 5 页下—第 8 页上。

一个缩影。这一地区曾在南宋初期的艰难岁月中陷落。在击败叛军后,政府努力重修了寺院。御书阁的建成标志着王朝复兴的最后一步。这座建筑恰到好处地为王朝的开辟者增添了荣耀,使 12 世纪的后人与他们的祖先达到了某种程度上的呼应。道恭作为这一类人的代表,尽管没有接到上级官员的直接指令,但还是尽到了分内之责。更重要的是,他似乎是在面对访客的询问感到窘迫后奋发为之。韩元吉暗示道,这些来访者肯定是儒家的文人。那些受过高等教育的读者可能会很高兴地看到,一位可敬的僧人是如何为他们的理想而努力的。

145 　　佛教徒与皇帝这两个精神载体被小心地放置在一个天平上。人们出于对毗卢遮那佛和先皇的敬意,并未顾此而失彼。道恭对这个场景的描述,说明了在神圣的道场进行朝拜的人会很容易遗漏对另一方的关注。从结构上看,位于中心的御书阁和后面的佛像很像皇宫里皇帝与皇后寝宫的布局。文章的最后一部分证实了这种关系。御书(其具体内容仍不为人所知)与佛经的地位也是等同的。无论在寺院还是在文人的作品中,皇帝都获得了毗卢遮那佛的地位,二者在相互融合与转化中释放出了更多神圣的力量。

　　与韩元吉将佛寺与皇帝的关系描述为一个平衡的结构不同,陆游在 1189 年的一篇文章中把宋朝皇室描绘为僧伽的服务对象。另外,御书被视为皇帝与僧众之间的流通物。就这个方面而言,浙江明州(即今宁波)的阿育王寺堪为代表。这座寺院是中国最著名的禅院之一,而其所在之地也并不偏远。[①] 尽管这篇文章在表面上看是陆游为了纪念寺院购置田产而写的,但他

---

① 这座寺庙可追溯到公元 405 年,参见《延祐四明志》卷十七,第 1 页上。

在阐发这座寺院的存在意义的同时,也以很大篇幅介绍了御书的作用。

　　从很多方面上讲,陆游所写碑铭在南宋的地位可以比肩于更早时期的刘攽的文章。它们都颂扬了皇帝,写作时间也不是帝国强盛之时,而是在朝廷偏安的动乱之际。这两篇文章都强调了寺院当地的地理位置及其与政治中心的关系。陆游在文章开头回忆了1131年高宗在浙江东部的羁旅生活。两年之前,南宋朝廷因金军入侵而被迫从临安撤离,逃到了浙江南部沿海的温州。1131年,宋军在长江以北阻击金军,朝廷重新回到了浙江东部。陆游写道,在当时,高宗回忆起仁宗曾作过一首诗,并亲自手书赠送给了在阿育王寺终老的怀琏法师。① 由于皇帝担心该地区"无以镇名山",便为寺院的舍利塔写了一块匾额。② 与此同时,寺院得到了高宗的手诏,可以购置土地来养活僧众。毋庸 *146* 置疑的是,因为这个地区在近期的战乱中民心尽失,所以皇帝的御赐可视为重建朝廷权威的宏伟计划的一部分。

　　几十年后,在中国的土地上,除北方仍被金兵占领外,其余地区都被平定。然而,这座寺院并没有使高宗的馈赠和购买的田产得到兑现。这一疏忽使一位名叫德光的禅僧感到不安。他

---

① 怀琏曾经在皇宫里与仁宗探讨佛法。这件礼物的赠送和御书阁的修建是1069年的事情。在1091年,苏轼写了篇文章记录下这件事。苏轼曾与怀琏交往,并赠予后者一幅苏洵收藏的阿罗汉图。参见管佩达(Beata Grant):《重访庐山——苏轼生活与作品中的佛教》(*Mount Lu Revisited*:*Buddhism In The Life and Writings of Su Shih*),第54—56页。以及竺沙雅章:《蘇軾と仏教》,《東方学報》,1964年第36卷,第466、468—469页。苏轼在文章中赞美了仁宗的慷慨以及怀琏法师谦逊慈悲的精神。参见苏轼:《宸奎阁碑》,《苏轼文集》,第501—502页。尽管陆游非常推崇苏轼的书法,但并未在文章中提及此事。参见《苏轼资料汇编》,第526—541页。另可参见下中邦彦:《書道全集》卷十五,第165页,第37碑。
② 陆游:《明州育王山买田记》,《陆放翁全集》,第108—109页。

曾辞去了临安一座寺院的职务并在阿育王寺隐退。事实上,南宋的其他文章中也常常体现出这种僧人的责任感。很多僧人不满于这样的疏忽,并身体力行予以解决:

> 僧寺毋辄与民质产,令也。今特许勿用令,高皇帝恩厚矣,其可弗承? 且昔居灵隐时,寿皇圣帝召入禁闼,顾问佛法,①屡赐金钱,其敢为他费? 乃尽以所赐及大臣长者居士修供之物买田,岁去谷五千石。②

德光的誓言并没有提及阿育王寺收藏的御笔,有人怀疑他可能没有意识到高宗御赐书法的特殊意义。他同样没有提到孝宗赐给他的御书。他希望留存下这些赠礼,而御赐的金钱则需要用在有价值的地方。与之前所举御赐的例子不同,阿育王寺的收藏和德光表现出的对御赐书法的个人姿态唤起了人们衷心的敬意,从僧人愿意将御赐之物赠予他者这件事上即可看出。

就像在宋祁和韩元吉所写的碑铭中可以看到的那样,御笔体现了一种特有的威严。陆游首次注意到这一点,是在他被任命为实录院编修协助编撰高宗统治史的时候。他上任于这一年的七月,而在五个月之前他写下了这篇碑铭。③ 就在一个月之前,高宗驾崩,举国陷入沉痛的气氛中。④ 当高宗之治时,宋

---

① "灵隐"指的是景德灵隐寺,这是毗邻杭州西湖的一座著名佛寺。"寿皇圣帝"是孝宗的谥号之一。德光在灵隐寺的时候,曾经获赐孝宗的手书赠诗。参见《咸淳临安志》卷四十二,第5页上。
② 陆游:《明州育王山买田记》,《陆放翁全集》,第108—109页。
③ 于北山:《陆游年谱》,第265、273—274页。
④ 《宋史》卷三十二,第611页。

朝摆脱了几近崩溃之局面，并使南方恢复了安定繁荣。在这 147
一背景下，陆游应德光之请，以诗意的语言颂扬了王朝的
辉煌：

> 惟兹四明，表海大邦，自嘉祐、绍兴，两赐宸翰，①
> 云汉之章，下饰万物。于是山君波神，效珍受职；鼋鼍
> 蛟鳄，弭伏退听。恶气毒雾，收敛澄廓。万里之舶，五
> 方之贾，南金大贝，②委积市肆，不可数知。陂防峭坚，
> 年谷登稔。呜呼，盛哉！③

陆游提到了仁宗的御赐并强调了南宋之于北宋的历史传承。此
外，在陆游的文章中，各种意象较之前人之作更为详尽，而御笔
也被当作文化传续的象征，在人间惩恶扬善。陆游暗示道，正因
为有了御笔的庇佑，该地区才成为了一处富饶之乡。对航海商
人的强调使人不禁想起明州繁荣的海上贸易，但是陆游的这一
暗示，更多地是将贸易的往来解读为方外之地对中国的朝贡。
作为帝国威德的象征，御书吸引了商人，使他们向一位强大的国
君进献贡品。

　　在文章的结论中，陆游将佛寺也纳入到这幅帝国统治的画
面中。德光由于他的奉献之举以及对南宋初期两位皇帝的报恩

---

① "四明"是该县西部山脉的名字，也是一处道教圣地。参见諸橋轍次：《大漢和辭
　典》，4682.735；鲍菊隐(Judith Boltz)：《道教文献概观：10 到 17 世纪》(*A Survey
　of Taoist Literature：Tenth to Seventh Centuries*)，第 112—113 页。这个名字来
　自行政辖区明州，但是当地居民显然更喜欢"四明"这个称呼，从宋元时期五位当
　地的文人以之作为自己的雅号即可看出。
② "南金大贝"这个短语出自《诗·泮水》。那里的表述是"大赂南金"，指的是南方
　向周王室进贡财宝。参见《诗经》卷二，《十三经注疏》，第 767—770 页。
③ 陆游：《陆放翁全集》，第 108—109 页。

而受到了陆游的赞誉。最后,似乎是为了保护高宗的遗物,陆游以对当地僧人的警告作结:

> 咨尔学者,安食其间,明已大事,传佛大法,报上大恩,
> 将必有在。不然,不耕而食,既饱而嬉,厉民以自养,岂不
> 甚可愧哉?[1]

这种呼吁是提醒僧众,要经常感恩朝廷。唯有如此,他们在中国社会的地位才会超过那些不劳而获的懒汉。这样,君主与臣民之间就有了一种类似抵押交易的性质,而后者对前者的回报实际上是永无竟日的。[2]

御笔将朝廷、僧伽和文人维系于一条保护与服侍的纽带之上。[3] 这里所引的碑铭验证了这种观点的传承与发展,以及1127年之后社会主流话语的变化。一方面,御笔被赋予了神圣的力量,并征服了帝国的所有神灵;另一方面,御笔得到了佛寺的厚爱,后者被委以保护它们的重任,借此参与到帝国的治理之中。在韩元吉的文章中,道恭将天子御笔与佛像分立于两个阁厅,并以后者为御书之辅衬。这种安排意在将两种精神权威联

_____

① 陆游:《陆放翁全集》,第108—109页。
② 类似的对僧伽的告诫出现于吴泳(1208年进士)为著名的径山寺所写的碑铭中。参见《径山能仁禅院重建寺记》,《咸淳临安志》卷八十三,第9页上—10页下。
③ 唯一一个值得注意的例外是欧阳修在1042年为湖南醴陵一座道观的御书阁所写的文章。这篇文章作于庆历新政时期。当此之际,正是儒家道德教化兴盛之时,而欧阳修也写了辟佛之作《本论》。欧阳修借此机会推动新儒学的复兴,而不是将御笔直接等同于皇帝的形象。他对御笔未作出任何评价,而是强调了儒家相对于佛道二家的正统性。在他看来,道教的威胁较小,因为其唯有在朝廷的资助下才能发展,而佛教徒则构成了更大的威胁,因为他们能够以因果业报的学说煽惑大众。参见欧阳修:《御书阁记》,《欧阳修全集》,第567—568页。

系起来,并表明一方对另一方的从属关系。① 僧伽扮演了御笔守护者的角色。最后,作为第三方,文人们通过写作向宋朝表达这种不朽的联系。对于他们而言,御书与他们的使命、职责以及知识分子的身份有着密不可分的关系。佛寺给了文人们一个特殊的机会,即以宗教写作的形式渲染王朝的力量,甚至使尘世中的王朝成为了超世俗的权威。

御像:皇帝的画像

就像将御笔与佛经相类比一样,在寺院中收藏的宋代皇室的御像也常被比拟于佛像。与战争公墓、皇帝的诞辰忌日以及御笔不同,收藏在寺院的御像无疑标志着宋王室与僧伽建立起了一种新的互动关系。在唐代的时候,朝廷已有将皇帝御像寄存于寺庙的举措,但是这种做法尚未制度化并成为帝国仪礼的一部分。② 及至宋朝,收藏皇室成员画像的地方被称为“神御殿”。通常情况下,神御殿由更大的寺院来管理,比如本章第一部分讨论过的建隆寺和资圣禅院。宋朝人将神御殿比作汉朝头几十年修建的祖庙的附属机构(原庙)。③ 正如《仁王经》和其他佛经描述的那样,这些画像将皇帝暗喻为佛祖。这样,皇帝就作 *149*

---

① 一位叫成寻的日本和尚曾在 1072 年到中国漫游,记录下了开封太平兴国寺的建筑结构上的一处细节。那就是,刻有太宗和真宗书法的石碑,要高于寺院中所有佛像的高度。参见成寻:《参天台五臺山記》卷一百十五,第 65 页下。
② 参见薛爱华(Edward Hetzel Schafer):《唐代皇帝的画像》(*The T'ang Imperial Icon*);《唐文化札记》第三册(“Notes on T'ang Culture, III”),《华裔学志》(*Monumenta Serica*),1972—1973 年第 30 卷,第 100—103 页。这些作品中的大部分内容都是对唐玄宗(712—755 年在位)的描写。
③ 参见周城:《宋东京考》,第 220 页。

为宗教性的神明而获得了新的身份。① 从某种程度上讲，寺院收藏的御像如同佛像和菩萨像一般成为了人们敬畏和礼拜的对象。就此而论，神御殿反映了皇帝对佛教的崇信。御像一旦存放在寺院之中，就得到了某种"神化"。然而，依中国的古礼，对祖先画像的祭拜通常在家族内部进行。所以，神御殿的批评者认为它是不合法的——皇室的祖庙（宗庙）不需要复制品。不过，以寺院的名义将御像公之于众，就意味着朝廷将天下万民纳入到家族之中，可以更好地推行统治，使平民视先帝如宗祖。②

起初，神御殿的修建或许被看作是为了增强皇室的光环而努力改革的一项计划。1005 年，宋朝与北方的辽军达成停战协议。尽管中止了敌对状态，但辽国仍继续占据着既得领土，每年从宋朝那里获得战争赔款，并在政治地位上视宋廷与自己为平等。③ 不出所料，这些条款遭到了文人的批评。为了维护政权的威望，真宗和朝廷官员隆兴礼乐，并修建了

① 更多对《仁王经》的讨论，可参见欧策理（Charles D. Orzech）：《政治与殊胜智慧：中国佛教〈仁王经〉的创作》（*Politics and Transcendent Wisdom：The Scripture for Humane Kings in the Creation of Chinese Buddhism*）。
② 从另一个角度讲，神御殿可能被视为更宏伟规划中的一部分，一些非佛门英雄的画像也收藏在佛寺中，比如著名的政治家韩琦。参见司马光：《北京韩魏公祠堂记》，《温国文正司马公文集》卷六十七，第 1 页上—2 页下。苏轼也曾为一座收藏诸葛亮、孙权、梁武帝甚至会昌毁佛运动的主要发起者李德裕的画像的寺庙写了文章。参见《东坡志林》，第 7 页。
③ 关于这个问题的更多研究，可参见陶晋生：《野蛮人或北方人：北宋契丹人的形象》（"Barbarians or Northerners：Northern Sung Images of the Khitans"），收入罗茂锐（Morris Rossabi）主编：《中国棋逢对手：10—14 世纪中国与邻国的关系》（*China Among Equals：The Middle Kingdom and Its Neighbors，10th—14th Centuries*），第 66—86 页。

大量神御殿。① 在随后的几年中,帝国的统治重心仍在中国北方,神御殿建在了宋朝的西京洛阳和南京商丘来致敬两位开国皇帝。② 正如伊沛霞(Patricia B. Ebrey)所言,道教建筑群和诸多佛寺都被改建成了神御殿。③ 1023 年,真宗驾崩之后,章献太后(1023—1033 年在位)在摄政期间修建了更多的神御殿。1053年,仁宗下令在帝国早期平定的三个具有纪念意义的地点修建佛寺。④ 在这些事件和主要参与者去世的几十年后,通过修建佛寺的方式来纪念他们,可以表达后人对先祖创造和平的感激之情。⑤

　　神御殿受到了朝廷的特别重视。创作完成的御像在礼部举办的隆重而崇敬的仪式中送出宫廷。在每月的初一、十五、四季

———————————

① 这些举措包括"发现""天书"来支持真宗的统治,泰山的封禅以及玉清宫的浩大工程。参见柯素芝(Suzanne Cahill)的《宋廷中的道教——公元 1008 年的天书事件》("Taoism at the Sung Court: The Heavenly Text Affair of 1008"),《宋元研究公报》,1980 年第 16 卷,第 23—44 页。

② 鸿庆殿建在河南的商丘郡(1014),应天禅院兴先殿建在洛阳(1007),建隆寺建在扬州(1005)。其他神御殿则早已建成,如开封的启圣禅院永隆殿(996)和凤翔府(即今山西)的上清太平宫(1003)。参见《宋会要辑稿》,《礼》三,第 1 页上—第 2 页下。

③ 伊沛霞(Patricia B. Ebrey):《中国宋朝皇家祭祖礼仪中的人物画像》("Portrait Sculptures in Imperial Ancestral Rites in Song China"),《通报》,1997 年第 83 卷,第 42—92 页。

④ 《宋会要辑稿》,《礼》十三,第 2 页上—页下。这三个地方为滁州、并州和澶州。它们分别标志着宋的发迹,统一北境以及与辽的和解。这些寺院与前面讨论过的、被王禹偁描写的扬州建隆寺一起成为收藏御像的佛寺。早在 1005 年,建隆寺就收藏了一幅太祖的画像。它的税赋在 1014 年被免除,而且朝廷授予它神御殿的名号。官员们被要求去礼敬太祖御像。这座神御殿在 1037 年被大规模扩建且在 1118 年得到重修。参见《续资治通鉴长编》卷八十二,第 1868 页;卷八十三,第 1898 页;卷一百二十,第 2832 页。以及《宋会要辑稿》,《礼》十三,第 7 页下。

⑤ 经过核算,全国总共修建了 22 座神御殿,包括 11 座道教的和 9 座佛教的。9 座在都城开封,至少有 4 座位于洛阳和商丘。参见《宋会要辑稿》,《礼》十三,第 1 页上—3 页下。史书记载宫廷内部还有两座神御殿,分别是寿宁堂和景福殿。参见《宋史》卷一百九,第 2625 页。

的第一天以及皇帝的诞辰和忌日里,那些收藏在都城神御殿的御像接受人们的参观和祭拜。官员们被要求定期对神御殿进行 **150** 翻修。就像皇帝寿典和御书的赐予一样,这些事情也在徽宗治下达到顶峰。徽宗时期,都城和全国各地都修建了神御殿。[①] 1107 年的时候,皇帝试图让这些神御殿每三年得到一次正式翻修。但是,官员们忧于成本,上谏皇帝,最终徽宗不得不放弃了这个宏伟规划。[②] 然而,徽宗并没有断绝让御像得到应有敬意的念头,他后来还向各地官员传达了一份详尽的工程计划。[③] 到了南宋时期,尽管这些御像在临安之外的地区不再受到那么多的重视,但是首都的官员们仍然定期祭拜,并时刻关注着神御殿的修缮问题。[④]

如上所述,神御殿在 11 世纪的前 30 年,即真宗统治下以及章献太后的摄政时期出现并蓬勃发展。这个时期比宋代儒学复兴的时期要早,所以神御殿在很长一段时间内得到了朝廷的大力支持。关于这一政策,可参考慈孝寺的例子。慈孝寺是位于开封的一座佛寺,同时兼有神御殿的作用,真宗和皇后的画像陈列在这里被人们祭拜。在 1027 年慈孝寺建造后不久,朝廷委任枢密副使夏竦作一篇碑记。[⑤] 夏竦得到了章献太后的支持,并在

---

① 《宋会要辑稿》,《礼》十三,第 6 页上—7 页下。

② 同上书,《礼》十三,第 6 页下—7 页上。

③ 同上书,《礼》十三,第 7 页下—8 页上。

④ 举例来说,在 1127 年之前,在洛阳有 355 名卫兵和朝廷官员看守着御像。朝廷南渡后,在临安重建政权,此时只有 25 人在福建福州照管着这些御像,而这一数字最终在 1157 年上升为 80 人。参见《宋会要辑稿》,《礼》十三,第 12 页下—13 页上。关于南宋朝廷为这些御像举办仪式的事例,可参见 1189 年为高宗和宪圣皇后画像之事,《宋会要辑稿》,《礼》十三,第 14 页下—16 页下。

⑤ 夏竦并没有为这篇文章标明日期。在 1027 年 10 月做了大量现场调查之后,夏竦很快写下了这篇文章。关于当时夏竦的职务,可参见《续资治通鉴长编》卷一百五,第 2435 页;卷一百六,第 2468 页。

碑记中纪念了皇帝为佛教所行的功德，比如赏赐土地和御书给
慈孝寺，以及开设传法院等。① 慈孝寺的建造使夏竦得到了极大
鼓舞，他写下了很多赞颂皇帝的文章，就像上一节中同时代的宋
祁对御书的赞誉一样。在歌颂了章献太后的仁慈及其仪节之
后，夏竦讨论了佛教在实践层面与中国本土精神的融合：

> 奉先之典有终，欲报之哀无极。或以佛国追福，或
> 以释像荐灵。旁行不流，②厥惟旧矣。③

接着，文章讲述了晚唐五代之际的混乱以及宋王朝统一全国之
事业。夏竦用颂扬古代圣王的言辞和一千多年前汉朝对圣王的
浮夸之辞赞美了真宗政权及其在宗教事业上的贡献。

　　夏竦的文章以对真宗驾崩和寺院修建的叙述作结。其余大
部分篇幅都在描写章献太后对弥留之际的真宗的照料，④全国百
姓的悲恸，以及新皇仁宗的美德。夏竦在文章中还讨论了神御
殿作为国家机构的突出作用。对他而言，这些神御殿与传统的
丧礼天衣无缝地结合在了一起：

151

①　参见夏竦：《赐杭州灵隐山景德灵隐寺常住田记》《御书慈孝寺碑额记》《传法院碑
　　铭》，《文庄集》卷二十一，第 1 页下—4 页上、第 4 页上—5 页下；卷二十六，第 1 页
　　上—5 页下。在第一篇文章中，夏竦将章献太后的恩慈与庇护比作观世音菩萨的
　　慈悲之举。
②　"旁行不流"出自《周易》中的《系辞传》。参见《周易》卷一，《十三经注疏》，第 147
　　页。我采用了裴德生（Willard J Peterson）的翻译，这句话的原文是"旁行而不流，
　　乐天知命，故不忧"。参见裴德生：《创建联系：〈周易·系辞传〉》（"Making
　　Connections：'Commentary on the Attached Verbalizations' of the Book of
　　Change"），《哈佛亚洲研究学报》，1982 年第 42 卷第 1 期，第 100—101 页。
③　夏竦：《慈孝寺铭》，《文庄集》卷二十六，第 7 页下—12 页下。
④　章献太后派遣使节到全国的佛寺和道观，并请僧道为真宗举办超度法事。参见
　　《续资治通鉴长编》卷九十八，第 2270 页。

四范睟容，并安宝宇。① 尽汉祖龙颜之妙，增开元
玉石之华。② 皆衣冠是游，③旒宸如在。④ 荐樱献鲔，⑤
驰传相望，濡露履霜，⑥因时增怆。⑦

从文章中看出，人们真挚的悲痛之情溢于言表。尽管佛寺的服
务几乎未被提及，但对于皇室及其臣民来说，神御殿已经寄托了
他们对已故皇帝的忠诚。夏竦详尽地描写了寺院建筑以及准备
护送画像到神御殿的官员和僧人队列，并在最后提到了皇太后
和全城百姓对画像的祭拜。在总结部分，这篇碑记将神御殿定
义为帝国礼教的重要组成部分。

然而，这些神御殿的修建却遭到一些人的反对。一些 11 世
纪 50—60 年代的文人认识到，神御殿的修建只不过是宦官们为

---

① "宝宇"指的就是佛寺。
② "龙颜"指的是皇帝的容颜。"开元玉石"指的是唐代老子的玉像。老子和唐代的
统治者都姓李，并被后者视为唐朝皇帝的祖先。在 741 年，即开元之治的最后一
年，唐玄宗在梦中得到指示，在都城以南终南山麓的太白山将掘得宝玉。当朝廷
的使者到达那个地方后，果然发现祥云持续盘绕在上空数日。玉石被挖掘出来
后，用来为都城一座新建的道观雕刻了老子像。参见杜光庭：《录异集》卷十八，
第 14156 页；《册府元龟》卷五十四，第 12 页上—13 页下。这件事和一些其他的
事件反映了唐玄宗的道教信仰，这种狂热的信仰直到安禄山发动叛变才有所收
敛。参见巴瑞特（Timothy H. Barrett）：《唐代道教：中国历史上黄金时代的宗教
与帝国》（*Taoism under the T'ang: Religion and Empire during the Golden Age
of Chinese History*），第 61—62 页。
③ 即儒家文人。
④ 即如同皇帝仍然在世。
⑤ 在汉代，核桃是祭祀活动中的祭品。参见司马迁：《史记》卷九十九，第 2726 页。
而在国家祭祀中使用鲔鱼的事例，可参见《礼记》中的《月令》篇，《十三经注疏》卷
五，第 302—303 页。
⑥ 关于"履霜"的隐喻义，可参见《汉语大辞典》卷四，第 59 页。
⑦ 《慈孝寺铭》。"时"主要指的是祭时。

了讨好皇室而进行的无用之举。① 他们根据古礼,进一步反对神
御殿。对于他们来说,这些神御殿就是真正的帝祠(太庙)的赝
品,毫无历史根据。② 除了在礼仪典章中无任何文献基础外,神御
殿使文人们上火的另一个原因,就是它们从形制上已经和佛寺与
道观没有什么本质区别。在 1062 年的时候,司马光抱怨道:

> 况画御容于道宫佛寺,而又为寿星之服,③其为黩
> 也,甚矣。且又太祖、太宗御容在京师者,止于兴国寺、
> 启圣院而已。真宗御容已有数处,今又益以崇先观,是
> 亦丰于昵也,无乃失尊尊之义乎?④

152

司马光的不悦反映了一些文人拒绝将神御殿看作帝国礼仪中的
一部分。佛教(或道教)在这些领域的表现,不能被坚守文化本
位主义的儒家官员无视,在他们看来,这些神御殿已经对古礼构
成了严重侵犯。

此外,两位宋代开国皇帝的后人有时也会修建私人佛堂来
祭拜御像。众所周知,很多皇室宗亲都热衷于信佛。⑤ 这些公众

---

① 参见范镇、欧阳修、刘敞、司马光以及刘恕等人的回忆,《宋名臣奏议》卷八十八,
　第 952—955 页。
② 太庙的起源可以追溯到西周,它是周王室向周公献礼的地方。关于唐代对太庙
　的继承及其运作,可参见魏侯玮(Howard J Wechsler)的《玉帛之奠:唐王朝正统
　化过程中的仪礼和象征》(*Offerings of Jade and Silk: Ritual and Symbol in the
　Legitimation of the T'ang Dynasty*),第 123—141 页。
③ "寿星"是一颗老人星,是天空中最亮的星星之一,且自汉代以来就被用来祈求长
　寿。参见司马迁《史记》卷二十八,第 1375 页。
④ 司马光:《上仁宗论寿星观御容》,《宋名臣奏议》卷八十八,第 953 页。
⑤ 在 11 世纪中叶,太宗的女儿和其他 30 多名宫女饭依佛门。参见文莹《湘山野录》,第
　17—18 页。另可参见贾志扬(John Chaffee):《天潢贵胄:宋代宗室史》(*Branches of
　Heaven: A History of Imperial Clan of Sung China*),第 59—60 页。

227

人物公开信佛的事情令欧阳修极为不满，他抗议说这些行为违背了古代礼制。① 尽管仁宗不愿毁坏任何一处庄严的精舍，但朝廷最终还是拆除了这些私人佛堂。② 然而，皇室的成员们依然坚持在私人佛堂中对其先祖的御像进行祭拜。在 1071 年，另一篇诏书下令让宦官查抄所有私人收藏的御像，并将它们收入到皇宫的内府之中。③

最终，在 1082 年，神宗下令统一管理这些御像，这使上述许多问题得到了解决。开封佛寺和道观中的所有御像被送到了景灵宫，那里将建造 11 座新的神御殿。④ 皇帝对坐落在都城各处的神御殿进行了定期临访，并认为这种肆意安排与庄严的信仰并不相符。此后，已故皇帝和皇后的画像在景灵宫的不同地方接受供奉，而景灵宫也成为一处长期举办祭祀仪式的场所。⑤ 神宗的解决办法实际上是把对御像与佛像混合而感到不满的儒者和支持神御殿的官员分别对待。与佛教和道教一样，神御殿也幸存了下来，尽管现在完全落入到朝廷的控制之下。

然而，就像在刘放的碑记中看到的那样，御像仍然在国家的其他地方被展示和祭拜。在皇权的严密控制下，有些御像仍散落在外，这使得朝廷颇为慌乱。某些省官曾在帝国边疆的佛寺中发现了非法收藏的御像。1073 年，在四川的一座寺院里，太宗

---

① 《宋会要辑稿》，《礼》十三，第 4 页上；《续资治通鉴长编》卷一百八十七，第 4508 页。根据《宋名臣奏议》，这里的作者是刘敞，参见该书第八十八卷，第 953 页。

② 《宋会要辑稿》，《礼》十三，第 4 页上。

③ 同上书，《礼》十三，第 4 页下；《帝系》四，第 25 页下。

④ 《宋会要辑稿》，《礼》十三，第 4 页下；《续资治通鉴长编》卷三百三十一，第 7969—7970 页。景灵宫在皇宫南边，靠近大相国寺。参见中国科学院自然科学史研究所编：《中国古代建筑技术史》，第 59—60 页。

⑤ 参见《宋史》卷一百九，第 2621—2624 页。说起来像是巧合，在 1080 年，人们对都城的皇帝祭典有所抱怨之后，很多仪式几乎都在现实中消失了。

的御像被人发现。神宗拒绝了该寺以增收为由修造神御殿的请
求，并在 11 年后收走了这幅御像。[①] 1113 年，在湖南潭州的一 153
座寺院里发现了宋初三位皇帝的画像，这促使朝廷颁布相关法
令查扣这些御像。朝廷的理由是"缘其地沿边，及士庶任意瞻，
有失寅奉之意"。[②]

　　御像所激发的忠诚精神，以及它们散落在各寺院给人们带
来的不安，在北宋灭亡后加剧了。许多御像散落在中国北方的
寺院里，并被遗民带到了南方。同时，还有一些御像在皇室成员
撤退的过程中不幸遗失了。[③] 随遗民南渡的御像在佛寺与道观
中得到了保护，僧人与道士藉此报答朝廷的恩典。[④] 1130 年初，
皇帝及其臣子渡海并在浙江温州避难时，将许多御像带在了身
上。当年的晚些时候，一些御像流落到温州的开元寺，并在寺院
中受到人们的祭拜。[⑤] 对这一现象，高宗并不满意，他命令官员将
御像带回到临安的宫殿里。高宗说，对于他个人的定期祭拜而言，
这些御像太过遥远，而且当地人可能会产生偷盗它们的动机。[⑥]

[①] 据说，一位当地的僧人在雍熙年间(984—987)画了这幅御像。在南宋初期，陕西
的其他北宋皇帝的御像也在这座寺中被找到。最终，该寺修建了两座大殿来保
存御像，官员们定期地来此祭拜先帝。在 1155 年，官员们要求并获准修缮这座寺
院。参见《宋会要辑稿》，《礼》十三，第 4 页下、12 页上；李心传：《建炎以来系年要
录》，第 82—83 页。另可参见《文献通考》，第 853 页下。

[②] 《宋会要辑稿》，《礼》十三，第 4 页下、7 页上。

[③] 《建炎以来系年要录》卷二十九，第 577 页。另一些画作则在秋天金军入侵开封时
被洗劫一空。参见《靖康稗史笺证》，第 87 页。

[④] 《宋会要辑稿》，《礼》十三，第 12 页上。

[⑤] 同上书，《礼》十三，第 9 页上—9 页下。它们被分散到四个地方，其中一部分置存
在温州的道观，接受人们祭拜，而其他御像则继续随人们渡海。同上书，《礼》十
三，第 8 页上。

[⑥] 同上书，《礼》十三，第 9 页下；《建炎以来系年要录》卷五十三，第 941 页。一尊章
献太后的金像尤其使高宗烦忧，而他的顾虑并非空穴来风。1054 年，一些章献太
后的私人物品曾在慈孝寺失窃，1089 年景灵宫亦遭洗劫。参见《续资治通鉴长
编》，卷一百七十二，第 4154 页；卷四百二十三，第 10232 页。

不过,这些御像后来仍然保存在温州,并接受人们的祭拜。[①]
1143年,宋军与金军议和之后,朝廷下令在临安再建造一座景灵
宫,并将温州剩余的御像移至此处。[②] 此后,景灵宫的祭拜活动
继续维持着,僧人们为答谢朝廷御赐的土地,时常举办法事,使
这些御像得到了应有的敬意。[③]

　　对南宋朝廷来说,神御殿的修建有着很大的意义。从效用
上讲,新的景灵宫的建造,在精神的层面使逝去的和活着的皇
室宗亲以及在战乱中分开的人们重新聚在一起。建造一处与
之前名字类似的寺庙建筑群,是为了证明临安政权志在重现北
宋时期的仪礼。曾经有争议的做法如今已成为某种例行的公
事。与此同时,从更内在的角度看,重建神御殿也意味着一种
战略防御。朝廷将遗落在温州的御像收回临安,就说明这一时
代发生的"敦刻尔克"式败退应该被遗忘。北宋的人们用御像
和寺院纪念宋王朝纵横四海的胜利,而这些御像在南宋时期则
被胜利者掠取,只有少部分顺利南渡,被僧人和道士们很好地
保护起来。简言之,很多举措反映了当局相当缺乏执政的自
信:朝廷不愿与臣民分享荣耀,也不愿寻求其他精神力量来宣扬
自己的权威。

154

---

① 70年后,一篇关于这个地方的文章记录了1140年的一次重大火灾,这是当时的
文献没有记载的。参见叶适:《温州开元寺千佛阁记》,《叶适集》,第157—158页。
朝廷曾经担忧过这样的灾难。1132年,有人在寺院周边纵火而被严惩,随后一支
由70人组成的消防巡逻队专门负责保护该地区的安全。参见《宋会要辑稿补
编》,第29页上。

② 同上书,第34页下;《建炎以来系年要录》卷一百四十五,第2323页。除了四川的
寺院,朝廷还批准了一些首都之外存有画像的寺院和神御殿。一处是在福建的
福州,皇室的一个支系在那里定居下来并继续举办各种礼仪,尽管这些礼仪的规
模不是很大。参见《宋会要辑稿》,《礼》十三,第12页下—13页上。

③ 《宋会要辑稿补编》,第34页下、43页下。

　　然而，很多人仍然将传统的礼节继承下来，在当地的寺院纪念已逝的皇帝。1209 年，孝宗在浙江嘉兴出生的县衙被改建为一处寺庙群，即兴圣寺。① 从那之后，直到宋王朝的最后十年，朝廷对这座寺院进行了几次的翻修和扩建。② 有趣的是，大多数主张建造和扩建寺院的人，都是在朝廷供职的皇室成员。③ 他们的做法让人想起了 150 年前的皇室宗裔私自祭祖之事。当时的官员们抱怨这些人对先皇的私祭与古礼存在着冲突。兴圣寺改变了这种情形，作为官方唯一的祭祀场所，它为人们提供了一处公共性的信仰空间。

　　为了纪念兴圣寺的落成，娄机和程公许（1211 年进士）分别在 1209 年和 1251 年撰写了文章。他们的措辞相当典雅，相比之下，夏竦和刘邠的碑铭就显得过于朴实了。④ 在 1209 年，时人毫无疑问都记得孝宗寄托着乡愁的统治。在那个时候，一个精力充沛、坚定谨慎的皇帝承担起匡扶天下的责任，后来的统治者就没有给人留下太好的印象。比如光宗（1190—1195 年在位）由于无能而被迫退位，而宁宗（1195—1223 年在位）则要为 1206—1208 年宋金战争的惨烈战败承担主要责任。在宋朝最后的几十年里，国运渐衰，而人们对 12 世纪的皇帝的敬意也与日俱增。娄机、程公许以及 1273 年的浙东殿中侍御史周方（1256 年进士）

① 娄机：《兴圣禅院记》，《至元嘉禾志》卷十八，第 3 页上—6 页上。
② 参见程公许在 1251 年写的《兴圣寺记》，以及周方在 1273 年写的《重修兴圣寺记》，《至元嘉禾志》卷十八，第 6 页上—9 页上、9 页上—10 页上。
③ 这些人包括赵熙到（生活在公元 1208 年前后）——他作为嘉兴地方行政长官负责寺院的修建、赵伯圭——他是孝宗的同母兄、赵汝回、赵汝善、赵师密、赵汝策。关于更多的记录和传记，参见《宋史》卷二百二十，第 6210 页；卷二百四十四，第 8687—8689 页；卷四百二十三，第 12641—12642 页。另可参见《宋人传记资料索引》卷四，第 3588—3589 页、第 3558—3559 页、第 3591 页。
④ 他们写那些文章的时候，娄机在朝廷中担任着很高的职位，而程公许也担任着浙江吴州的地方官。

受命为翻修后的寺院与御赐田地撰写文章。在文章中,他们将王朝的两个时期进行比较。高宗和孝宗被视为南宋的建立者,与太祖和太宗相比肩。① 嘉兴的寺院也被比拟于洛阳和开封这两处宋初二帝出生地的寺院。② 因此,兴圣寺就成为了宋末文人自豪于王朝中兴的精神寄托。

155　　尽管士大夫对这座寺院给予了密切关注,但是他们也对供养该寺的当地人提出了批评。1230 年,一位叫作赵孟坚的皇室成员的文章说明了这一点。③ 赵孟坚在 1227 年进士及第,而同年一场暴风雨严重损毁了这座寺院。著名的知愚和尚被任命为住持,他修复并扩建了寺院。④ 然而,这座寺院仍然缺少农田以确保为香客提供充足的食物,直到两名虔诚的女信徒捐赠了一些财产来开辟菜园。⑤ 知愚请求赵孟坚为此撰写一篇文章,后者对寺院的巨变感到惊讶。尽管知愚希望赵孟坚只讲述菜园的捐赠,但赵孟坚却从更宽泛的角度谈论了人们对这座寺院做出的贡献以及该寺的历史。⑥ 在他看来,为兴圣寺捐赠田产意味着对

---

① 参见《兴圣寺记》《重修兴圣寺记》,《至元嘉禾志》卷十八,第 6 页上—9 页上、9 页上—10 页上。

② 即应天禅院和资圣禅院,参见《宋会要辑稿》,《礼》十三,第 1 页上、2 页下。

③ 关于作为文人的赵孟坚的更多描述,可参见贾志扬(John Chaffee)的《天潢贵胄:宋代宗室史》(*Branches of Heaven: A History of the Imperial Clan of Sung China*),第 271 页。

④ 参见《虚堂和尚语录》,《大正新脩大藏经》,第 2000 部,卷四十七,第 984 页上—1064 页下。这本语录开篇是嘉兴的地方长官杨璘给知愚和尚的信。在信中,杨璘要求知愚担任兴圣寺的住持并"为我祝延两宫寿"。同上书,第 984 页上。

⑤ 赵孟坚认为这两名女信徒是母女的关系。作为女儿的戴姑娘称呼自己为"道人"。这个称呼,与"道民"一样,被世俗的信徒所使用,他们藉此表达自己的功德,但这样也会引起朝廷的怀疑和镇压。赵孟坚同样为另一位替旅客修建歇脚之处的"道民"写了文章。参见竺沙雅章:《關於浙西的道民》,收入《中國佛教社會史研究》,第 268—269 页。

⑥ 知愚后来与另一位文人发生了冲突。丞相吴潜提议知愚为一本语录集(转下页)

孝宗的追思：

> 且僧庐塔庙，涂金碧而侈浩劫者，①求福田利益也。
> 维兹发祥阐灵，②实皇天降康。③ 有宋笃生圣人，④
> 用宏中兴之丕业，赫赫皇皇，轧周汉二宣⑤而上征，⑥则
> 增崇而饰之者，为知所尊，尚其但福田利益已哉？余既
> 揭是意，将见乐施而至者，不但一戴也。⑦

有人可能会把赵孟坚的言论解读为，他将这个王朝的标志性建筑的兴盛归功于一个鲁莽的僧人和几名家庭妇女的努力——这显然是个令人不快的事实。但是，寺院的新兴可能激发出了赵孟坚对君王和族亲的自豪感，使他在文章中强调来访者应该按照他的想法来对待寺院。他的理由看上去并不充分，当地人显然认为这座寺院在求福方面很灵验，这是其最有价值的地方。在几十年之后发生的火灾中，士兵和居民保护了御像免遭毁坏。⑧ 兴圣寺的建造和发展表明，直到王朝终结，对寺中御像的

（接上页）撰写前言。知愚提出异议，并对其他人说年迈的吴潜颇似一名疯子。这些话传到了吴潜的耳中，他将知愚下入狱中，并以其他罪名对知愚施行了杖刑，参见《延祐四明志》卷十六，第 5 页下—6 页上。

① 赵孟坚所用的"浩劫"一词是佛教术语，指的是无限的时间或巨大的灾难。
② "发祥"也暗指皇帝的出生地。据说，孝宗出生的时候，一片红色的光芒照亮了县衙的上空。参见王明清：《挥麈录》，第 370 页。
③ "降康"一词可参见《诗·烈祖》，《诗经》卷二，《十三经注疏》，第 791—792 页。
④ "笃生"一词可参见《诗·大明》，《诗经》卷二，《十三经注疏》，第 540—545 页，尤其是 543 页。这里的表述是借用赞颂周武王的诞生来暗喻孝宗出生。
⑤ 这里指的是"竞争""抗争"。
⑥ "上征"既指追溯寺院的历史，也可以指回忆宋王朝在南方的复兴。
⑦ 赵孟坚：《兴圣寺蔬地记》，《彝斋文编》卷三，第 14 页上—16 页上。
⑧ 《重修兴圣寺记》，《至元嘉禾志》卷十八，第 6 页上—9 页上。

祭拜都离不开皇室宗亲和普通民众的支持。在这座不寻常的寺庙中，嘉兴的当地民众自发地感念皇恩，然而他们的举动过于狂热，使得一位杰出的皇族成员感到不安。

神御殿这种在佛寺伪装下的御像馆，代表了宋代人对古代帝王的献礼。无论境内还是边疆的神御殿，都反映出统治阶级在维护稳定局面上的危机意识。如果军事实力不足以使宋朝和它的敌人势均力敌，那么大宋的子孙也许就会通过修建神御殿来展现他们的孝道。这些御像及其庙宇也反映出皇室在宗教上的虔诚。只有少数文人才会反对彻底废除神御殿这种建筑。古代文献并没有为这些建筑提供任何的理论基础，而维护它们的成本也相当大，它们在公共环境中的损毁也暴露了王朝威望渐失的危机。然而，这些建筑仍然保存了下来，尽管在王朝中期的南迁过程中遇到了一些阻力。都城之外建造的神御殿，自始至终展现了朝廷和当地民众的积极性，以及宋代的乡村百姓为不断神化的皇帝祈福增寿的努力。

总　结

在宋代，许多佛寺成为皇室的标志。自从佛教入华以来，帝国便长期地接受佛寺的服务。埋葬战死者，纪念皇帝的诞辰与忌日，在佛寺中收藏御书，这些都延续了早年的做法并有所创新。神御殿是一个一千多年来未曾出现过的机构，但在佛教的支持下，它得以兴起并凸显了帝王祭祀的力度和佛教寺院的效用。总之，这些事例展示了佛教徒对已故君主的纪念以及对当朝君主的尊崇。

佛寺维系着统治者与被统治者之间基于庇护与崇敬的双向

互动。文人和平民百姓承认自己拥有效忠皇室的义务,他们向佛寺寻求帮助并践行善举。早在第一批僧人来到洛阳之前,中国人就已经将互惠视为一种道德上的要求。尽管佛寺很容易与本土的祠堂和道观发生竞争,但它们还是为人们的道德实践提供了规范的场所和程序。① 皇室也可以在这些地方收获人们的忠诚,而那些效忠者在展现他们谦卑的同时也收获了功德。很少有文人提到转轮王与菩萨的观念。这是因为,在宋代的时候,这些观念已经融入政治文化之中,而直接引用它们已经没有必要了。包括司马光和赵孟坚在内的少数士大夫,对这种政治宗教化以及种种偏离古礼的做法深感不安。然而,更多的文人却并非如此。一些南宋的文人发现,佛寺是效忠皇室的最佳场所,而且,当他们发现人们缺乏对佛寺的恭敬心时,会毫不犹豫地提出批评。

在某种意义上讲,宋代统治者控制了佛寺并利用僧人达到自己的政治目的。朝廷将佛寺合法化,并延请僧众为皇室举办法事。朝廷掌控了僧人的财产和住持的任命权,同时还依靠发售度牒来扩大或缩减僧人的数量。正如许多研究表明的那样,1127 年之后,由于税收缩减以及军费的巨大开支,国库面临着巨大的压力,朝廷有时会出台新政,将佛寺视为剥削的来源。然而,单纯以权力政治的工具理论视角来看待这种关系,又会遗漏掉很多信息。除了 12 世纪中叶颁布的禁令,目前尚不清楚国家出台何种政策来阻止僧伽参与其分内之事。佛教徒将仿照官邸修建私宅,并以"寺""宫""殿"等名称命名他们的宅邸。当僧侣

① 当官员们取缔民间宗教时,后者的神像有时会被佛教寺院有序地收纳进来。关于这种宗教融合的更多阐释,可参见金井德幸的《宋代の村社と仏教》,《仏教史学研究》,1976 年第 18 卷第 2 期。

们建造佛寺时,也在外观上抄袭了官府建筑的风格。当然,一些特殊的僧人还凭借朝廷的庇护,进一步拓展他们的权力以促进寺院的繁荣。更为显著的是,在上文所引的佛寺的四种作用下,中国人开始从一种更宏观的角度看待皇权。皇帝的权威可以过渡到来世,各县官员以同样的方式庆祝皇帝的生辰。皇帝的书法与御像散布在整个帝国之中,并得到人们的尊崇与保护。皇帝与大臣对待佛寺的虔敬之举说明了寺院与国家在认同佛经、圣时、神像以及来生等观念上达成了一致。可以看到,通过佛寺的入世实践,佛教与政治权力有机地结合在了一起。①

158　寺院与帝国关系的变化还表明,宋代皇帝的赞助和相关政策可被定义为对宗教制度化的缓和。没有任何一位宋代皇帝能像梁武帝和武则天那样鼓动整个朝廷信佛或大规模地修建佛寺,更不要说是出家为僧。与此同时,也没有任何僧人能像澄观、惠能、善无畏或唐代的其他僧人那样得到朝廷的重视且获得大量资助。如果这个时代缺乏过去所见的英雄与激情,并不意味着帝国的佛教失去了超凡魅力。可以说,超凡魅力已经融合到了政治体系之中。宋朝的开创者选择了资助、保护佛教寺院。值得注意的是,统治者们曾一度鼓励布施行善,但又避开了可能会招致谴责的过分行为。这些例子为后面的几代人树立了榜样。1027年颁布并收藏在兖州一座寺院里的诏书吸引了陆游的注意。该诏书由宋仁宗所写,他命令僧侣们举办法事,并在诏书上罗列了宫女们的布施功德。章献太后捐献了30两白银,宫女

① 除了祭祀皇帝,佛教与国家权力还有多种融合形式。叶梦得指出,官府甚至宫殿里也摆设了许多佛龛,用来供奉勇猛的密宗神祇不动明王。官员们认为它的权力会影响自己的命运,故勤为供奉。关于叶梦得对这些现象的更多讨论,可参见氏著:《石林燕语》,第68页。

们捐赠的数量则为 10 贯到 20 贯不等。这件事打动了陆游,他写道:"犹可想见祖宗恭俭之盛。"①皇室通常以谦逊的态度回应佛教徒的崇敬,而这种温和的信仰方式又恰好与文人的信仰偏好相契合。

---

① 陆游同样表达了他的遗憾,即没有能够为之刻石立碑。参见陆游:《老学庵笔记》,第 126—127 页。

第四章 不良的形象与美德的典范

> 在昔圣人，因人情而制礼也，是故宫室服用必有度，上下等杀各安其分限，而无流暴之患，此三代①之所以为盛也。自汉以下无制作……佛氏之教入中国，当其无制之世，其宫室服用之作，隘者犹能上王者一等……今民远于三代，而但见隋唐之事，以为古可法，奔于夸胜之境，莫知其纪。是以朝廷杀阁以室屋，而又滞留，久之而不亟焉。②

这篇记文是苏舜钦在庆历二年(1042)为开封某寺新建大悲殿撰写的。苏舜钦以诗文见称于世，是 11 世纪早期颇负盛名的文人之一，在政治、文学、学术等领域都有比较大的影响。对于儒家文化的衰落和佛寺禅院的铺张浪费，苏舜钦深感痛惜。虽然这种论调在此前已经常可见，但在当时的环境下苏氏此文仍显得有些特别。这篇记文的写作是为了反映佛殿修建与政府之间的关系，大悲殿的修建由朝廷直接拨款，并由朝廷派来的宦官掌管具体事务。但作者对佛教并无赞誉之辞，反而流露出对佛教的质疑和不满。

---

① 指夏、商、周三个朝代。
② 苏舜钦：《东京宝相禅院新建大悲殿记》，《苏舜钦集》，第 517—520 页。关于这个禅院的更多资料，可参见周宝珠：《宋代东京研究》，第 577 页。

此外，作者也没有对朝廷歌功颂德，而是详细记录了佛殿修建过程中所遭遇的诸多困难和延误。作者认为，之所以出现这些情况，原因在于那些无能且贪腐的宦官和僧侣浪费了大量的时间和金钱。总之，对于王朝所建的另一种意义上的丰碑，苏舜钦没有表示应有的庆贺之意，而是以旁观者的立场，带着怀疑的眼光对此事进行审视，这与寺院赞助者所期待的态度大相径庭。

160

　　苏舜钦的这一例子，反映了宋代文人如何将寺院碑记作为针砭时弊的平台。回视唐代，一个寺院建筑的落成通常意味着它将要受到赞颂。但是，到了 11 世纪，同样的情况却会引发更为复杂的社会反响。修建一个寺院可能有助于提高皇权的威严，同时也有可能透露出更大范围的社会文化的信息。类似于苏舜钦，一些人会从传统文化的理想高度看待佛教，将其间的差异视作社会道德衰化的一个表现。士人们都很熟悉这样的路子，并且他们还把自己对佛教的不满巧妙地写进那些树立在寺院各处的碑记当中。然而，对于另一些人来说（甚至是不同场合中的同一类人），正是在寺院之外，而不是经文的教义，为佛教和传统文化的比较提供了更丰富的信息。他们很推崇佛教修行中自我克制的精神，也很赞赏佛教徒身上所具有的慈悲和宽容的品质，并把他们视作世人应予效法的道德典范。在他们看来，佛教修行中所体现的非凡毅力和自我牺牲的精神，恰好说明了佛教在社会治理方面的作用。不同于前两类，第三类人则发现寺院的建筑是如此引人注目，以至于他们可以利用有关于此的碑记来表达自己对时政的不满，或是借此机会批评自己的同僚。与通常提法相反的是，文人们往往是要向社会地位更低下的僧侣学习。对于宋代的很多文人来说，佛教寺院为他们开展社会政治批评提供了一个很好的平台。

非议之声

中国排佛的历史由来已久,最早可以追溯到中古前期。排佛人士认为佛教存在几个方面的问题:佛教是外来的宗教,在中国本土文化中本没有它的存在;它的教义是鼓励人们对生活采取不负责任的态度;它主张的修行与儒家一贯推崇的孝道和中庸思想相违背,把中国人引向一种极端的境地;佛教徒对帝国的财政并无贡献,反而耗用了国家的大量资源;它的诸多特权吸引了许多游手好闲的人,这些人进入佛门以后只能成为伪教徒。这些指责的声音已是屡见不鲜了,但在 11 世纪儒学复兴的大背景下,它们又获得了新的意义。

当时,最著名的排佛观点来自于欧阳修。这是 11 世纪中期一位显赫的人物,曾撰写《本论》专门表达他对佛教的看法。[①] 他把佛教比作一种疾病,这种疾病自汉代以来让中国社会变得越发衰弱;治疗之法便在于恢复古代中国的圣人之道,加强这位病人的抵抗能力;若能如此,佛教不仅变得无害,并且也是多余的。在文章的第二部分,欧阳修对韩愈的排佛论进行了批评,认为后者所主张的直接清除佛教的做法是不切实际的。在欧阳修看

---

① 众所周知,这篇文章原本包含三个部分,有一部分后来被删除了,原因大概是欧阳修为了避免读者认为他支持王安石的政治主张。参见韩明士(Robert P. Hymes)和谢康伦(Conrad Schirokauer)主编:《为世界排序:宋代的国家与社会》(*Ordering the World: Approaches to State and Society in Sung Dynasty China*),第 14—16 页;欧阳修:《欧阳修全集》,第 288—293、860—863 页。关于此文的部分英译可参狄培理(Wm. Theodore de Bary):《中国传统文化资料选编》(*Sources of Chinese Tradition*),第 386—390 页。关于欧阳修和佛教关系的详细论述,可参刘子健(James T. C. Liu):《欧阳修:11 世纪的新儒家》(*Ou-yang Hsiu: An Eleventh-Century Neo-Confucianist*),第 158—172 页。

来,对佛教不宜作正面的抗击,而是要在礼义习俗上建立一个广泛持久的方案,以抵制外来宗教的入侵。他还说,方今之世恰如东周时期,当时少数民族侵入中原,直到孔子作《春秋》,严明夷夏之辨,王道政治才得以复明。在文章的最后,欧阳修再次强调了佛教的危害性,并非常自信地宣称如果依照他的主张,排佛事业定能取得成功。

尽管欧阳修这篇文章声名远播,但后人对它的看法却参差不齐。杨时认为,欧阳修及同道孙复、石介的观点与真正的圣人之道还相差甚远;[①]12 世纪的两大思想家朱熹和陆九渊,也认为欧阳修的观点过于肤浅;[②]南宋后期的理学家黄震则认为,欧阳修所主张的渐进迂回的方法,不足以抵抗佛教的强烈攻势。[③] 这些学者在形而上学的层面批判佛教的本体论,在佛教教义中世俗现象都是短暂的、不真实的,而他们则肯定现象事物的真实性。这些看法反映出在宋代反佛阵营中道学体系如何最终取得主导地位。[④]

不过,在南宋时期也有不少人对《本论》这篇文章大加赞赏。[162] 比如杨万里,就曾盛赞此文:

> 且如《本论》之文,序其所以靡异端之道,必推原其病
> 之所自来,欲先以礼义隄障人心,雍容闲雅,不迫不怒,使
> 释氏之教可不劳寸兵尺铁而囚声永遁。譬如端庄君子,冠

① 刘子健(James T. C. Liu):《欧阳修:11 世纪的新儒家》(*Ou-yang Hsiu：An Eleventh-Century Neo-Confucianist*),第 171—172 页。
② 同上。也可参见洪本健编:《欧阳修资料汇编》,第 335、344 页。
③ 洪本健编:《欧阳修资料汇编》,第 400—401 页。
④ 新儒家对佛教的哲学批判在朱熹的论著中得到了最清晰的表述。参见陈荣捷(Wing-tist Chan):《中国哲学文献选编》(*A Source Book in Chinese Philosophy*),第 590、646—654 页。

冕佩玉,垂绅正笏,坐于庙堂之上,呼小人于庭下而徐责其罪,虽无横剑胶柱①、急叱大骂之威,而彼将汗颜赧颐,羞死不暇。呜呼!作文而有用如此,是真文章矣。②

在有关南宋思想的研究中,杨万里的名字是比较少见的,但这并不代表他在当时不具影响力。③ 欧阳修的《本论》并没有把注意力放在佛教的本体论,而是关注佛教影响下的礼仪习俗,而杨万里对《本论》的盛赞说明欧阳修的看法对后世文人仍有持久的影响。由此来看,进入 12 世纪以后,那些被道学家视作肤表之论的观点,在排佛运动中依然扮演着重要角色。

欧阳修在 1042 年所写的此文,反映了 11 世纪 30 年代至 40 年代因改革派而起的思想转向。改革派希望在政治、文化、礼俗等方面都能复兴古代的规范,④他们倡导清廉为政,努力救治官

---

① "胶柱",是指用胶定住乐器的弦柱,使其不能调节音高。通常用来比喻为人处事固执拘泥,但在这里的意思不甚明确。

② 杨万里:《问本朝欧苏二公文章》,收入《欧阳修资料汇编》,第 315—316 页。

③ 《本论》也受到李涂(约生活于 13 世纪)的称赞,他认为欧阳修的排佛之论胜过韩愈百倍,见《欧阳修资料汇编》,第 370 页。对于杨时、朱熹、黄震等人的观点而言,杨万里对欧阳修文学造诣的盛赞之辞构成了有趣的反衬。正如同包弼德(Peter Bol)所指出的,在道学家看来,只有"道"所承载的伦理价值才是最重要的,他们往往贬低"文"的价值,认为"文"会偏离"道",甚至是有害于"道"。杨万里对欧阳修排佛之论的评价说明到了 12 世纪无论道学获得了何种显赫地位和凝聚力量,仍有很多著名人士保留了对"文"的肯定。在形而上学层面,杨万里基于对《易经》的解释,表达了一种唯物主义的思想,这在好几个方面都和道学有所区别。见侯外庐:《宋明理学史》,第 468—489 页。

④ 参见刘子健(James T. C. Liu):《宋代早期的一位改革家:范仲淹》("An Early Sung Reformer: Fan Chung-yen"),收入费正清(John K. Fairbank)编:《中国思想与制度》(*Chinese Thought and Institutions*),第 105—131 页;《欧阳修:11 世纪的新儒家》(*Ou-yang Hsiu: An Eleventh-Century Neo-Confucianist*),第 29—64 页。也可参见包弼德(Peter K. Bol):《斯文:唐宋思想的转型》(*This Culture of Ours: Intellectual Transitions in T'ang and Sung China*),第 166—211 页;宫崎市定:《宋代の士風》,《アジア史研究》,1968 年第 4 期,第 130—169 页。

僚主义的弊端。或许是因为他们的措施未免激烈，在庆历新政
（1043—1044）的短暂光辉之后，改革事业不得已中断。即便如
此，他们的主张仍对宋代此后的历史产生了深远的影响。在此
以后，政治话语时常伴有高傲而自是的语调，一种以党派之争为
标志的政治文化氛围也随之兴起。

　　改革派的出现及其发动的革新运动成为宋代历史中最著名
的篇章之一。在此，我们将重点关注改革派当中的排佛人士，尤
其是他们的态度如何与先辈的思想形成鲜明的对比。在此之
前，士大夫们崇信佛教往往是出于他们对大众的关怀以及个人
奉献的精神，这种情况在 10 世纪、11 世纪之交仍然流行。正如　163
前一章所见，在北宋王朝的前几十年中，士大夫们对于朝廷的奉
佛政策是十分拥护的。当时，杨亿、王旦、王钦若等人都是虔诚
的佛教徒，他们在北宋的前三代帝王时期占据着重要的地位。①
虽然朝廷的奉佛政策也遭到了诸如王禹偁、柳开和孙奭等部分
人士的批评，但这些人的反对声在当时还是比较孤立的。只是
后来这种声音的拥护者才变得多了起来，他们的声望和地位也
随之提高。在 11 世纪前三分之一的时间里，也就是宋真宗在位

---

① 如同第二章所提到的，杨亿曾为《景德传灯录》作序，这是一部成书于宋代、最具
　　影响力的禅宗史书。杨亿所写序言见《景德传灯录》，《大正新脩大藏經》，经号
　　2076，卷 51，第 196 页中—197 页上。在杨亿的文集中，还包含 4 篇与佛教相关的
　　记文，字里行间洋溢着对佛教的虔诚。见杨亿：《武夷新集》卷六，第 15 页下—24
　　页下。杨亿常与王旦论佛，而王旦在临终之际曾留下遗言，要削去头发，穿着僧
　　袍入殓。见吴处厚：《青箱杂记》，第 4 页。王钦若不仅崇信佛教，也是道教的支持
　　者，被认为是"天书"事件的主要发动者。见柯素芝（Suzanne Cahill）：《宋廷中的
　　道教：公元 1008 年的天书事件》（"Taoism at the Sung Court：The Heavenly Text
　　Affair of 1008"），《宋元学刊》（*Bulletin of Sung Yuan Studies*），1980 年第 16 卷，
　　第 23—44 页。公元 1019 年，王钦若出任杭州知府，在他短暂的任期内他曾利用
　　自己和朝廷的关系，为下天竺寺求得皇上题字的牌匾以及大量的资金支持。见
　　胡宿和强至所撰的寺记，收入《咸淳临安志》卷八十，第 6 页上—8 页下。

期间及后续的刘太后摄政时期,①朝廷中虔诚奉佛的现象仍然比
比皆是,甚至其虔诚程度表现得有些夸张,这在第 3 章已有
述及。

　　但是到了改革派兴起的时候,朝廷上下崇信佛教的情况则
引起了他们的愤怒,他们认为这是浪费国家财力的行为。比如
改革派的领导者之一范纯仁,就曾经试图阻止京城某寺的修缮
工作。② 后来,在宋仁宗在位的前十年期间,宋王朝一方面要应
对西夏,另一方面又面临着一连串的自然灾害。③ 内忧外患之
下,士大夫纷纷上折,反对朝廷对佛教活动给予过多的关注和支
持。例如韩琦,就曾对朝廷求助佛教仪式以寻求阴阳平衡的做
法进行批评,他指出,这种希望在地震以及其他的自然灾害面前
显然已经破灭。④ 其他的文人士子,诸如宋祁⑤、贾昌朝⑥、叶清
臣⑦、石介⑧、李觏⑨和李清臣⑩等人,同样也在呼吁朝廷应减少
(即便不能杜绝)佛教的相关活动。

---

① 刘太后是慈孝寺和宝相禅院修建的主要发动者,也正是这两座寺庙的修建引起
　苏舜钦不满。对刘太后摄政的概要性评述,见张邦炜:《宋代皇亲与政治》,第
　167、175—185 页;也可参见刘太后的传记,《宋史·后妃列传》卷二百四十二,第
　8612—8617 页。
② 参见《续资治通鉴长编》,卷一百九,第 2538 页。
③ 参见《宋史纪事本末》,第 202—216 页。
④ 参见《上仁宗论火灾地震》《上仁宗论星变》《论星变地震冬无积雪》《上仁宗众星
　流散月入南斗》,收入赵汝愚编:《宋名臣奏议》,第 374—378 页。关于宝相禅院的
　修建事宜,在苏舜钦撰写记文之前,韩琦就曾对禅院的耗资问题提出批评意见。
　同上书,第 1408 页。
⑤ 参见《宋史》卷二百八十四,第 9593—9595 页。
⑥ 同上书,卷二百八十五,第 9614 页。
⑦ 同上书,卷二百九十五,第 9849 页。
⑧ 石介:《徂徕石先生文集》,第 61—64、70—71、93—94、116—118、175 页。
⑨ 李觏:《李觏集》,第 138—140、140—142 页。
⑩ 参见《宋史》卷三百二十八,第 1057 页。李清臣在青年时期就提出焚毁佛寺的主
　张,理由是佛教劳民伤财,而拆毁佛寺正是上天意愿的体现。

财政的寄生虫

　　基于上述的思想背景，我们现在再来细看这些碑记是如何把反佛斗争带进寺院之内的。正如在苏舜钦的记文里所看到的，在某些作者的文章里，新竣工的佛教寺庙不仅没有得到赞颂，反而受到质疑和批评。虽然苏舜钦在字里行间带有讽刺的意味，但由于是受朝廷委派的缘故，所以在很大程度上弱化了行文的笔锋。在同一时期，曾巩也为江西的寺院撰写了两篇记文，他在文章里就没有像苏舜钦那么谨慎了。在其中一篇比较简短的文章里，曾巩首先叙述了与西夏战争期间社会各阶层所遭受的苦难。① 官兵死于战场，农民、商人和工匠迫于苛重的税收而 164 面临破产，甚至连皇帝也不得不节约开支，唯有僧侣却仍然保持着原状，继续过着挥霍无度的生活。对此，曾巩感到非常气愤，以至于有意避开对该寺落成日期的记录，只是给出"庆历某年某月某日"的模糊说辞（一般来说，落成日期是一篇记文所要提供的重要信息）。尽管他也提到了寺院所在的位置以及方丈的名字，但对于此二者他并没有表现出很熟悉的样子。

　　在另一篇为分宁县某寺所写的文章中，曾巩同样谴责了佛教徒的奢靡，尽管这一次他不是关注当下不合理的现象，而是基于历史的尺度来批评佛教。在此文的引言中，曾巩没有去追述寺院修建的历史，也没有去描绘当地的自然景观，而是力图将佛教徒定位为外来者：

　　　古者为治有常道，生民有常业。若夫祝除发毛，禁

---

① 曾巩：《鹅湖院佛殿记》，《曾巩集》，第 287 页。

弃冠环带裘，不抚枞耒机盎，①至他器械，水土之物，其
时节经营，皆不自践，君臣、父子、兄弟、夫妇，皆不为其
所当然，而曰其法能为人祸福者，质之于圣人无有也。②

在曾巩看来，佛教徒只是过着寄生虫一般的生活，对社会毫无贡
献；他们无视基本的人伦关系，在一种所谓功德的宣称中，这种
危害变得更加严重。在叙说佛教徒的基本特性之后，曾巩开始
描述他们的具体表现。佛教徒人数众多，几乎随处可见。他们
占有大量财产，甚至超过了很多贵族。尽管民众们承受着繁重
的国家赋税，但他们仍不断地向佛教徒捐献大量的钱财。这不
禁使曾巩心生疑惑："（百姓）岂不识其非古之制邪？抑识不可然
且故存之耶？愚不能释也。"在最后，曾巩以悲叹为全文作结：

予无力以拒之者，独介然于心，而掇其尤切者，为
是说以与之。其使子之徒，知己之享利也多，而人蒙病
已甚，且以告有司，而谂其终何如焉？③

165

根本上而言，此文的中心并不在于佛教本身，而是在于作者
对此所表现的失望和痛心。不无矛盾的是，在文章的开头僧人
成为被遗弃者的角色，而在文章的最后，类似的角色却成了作者
本人。当然，就作者本人而言，这种孤立感只是一种修辞手法，
他将自己类比于被流放的诗人屈原。因而，这篇记文也就成为

---

① "机盎"，照字面来看，是指机关与瓦盆，或是指轴性的瓦盆。我推测第二个字可
能是"舂"，这是宋代常见的磨谷工具。"冠环带裘"，是指士大夫的服饰。
② 曾巩：《兜率院记》，《曾巩集》，第 289—290 页。
③ 同上。

表达抗议的一个媒介,相关的人和事都将进入曾巩的评价当中,这种评价超越时间的限制。在曾巩看来,一所修复的寺院并不意味着问题的解决,反而说明那种严重的文化障碍仍在持续。

　　进入南宋时期,类似的谴责性文章不断出现。南宋朝廷迁往临安,因而大多数官员的活动区域便被限制在佛教兴盛的东南地区。为了增加财政收入,以用于军事防御和修建新都城,政府增加了新的赋税,其中很大一部分是依赖于寺院。① 此外,由于人口增长,耕地变得稀缺,寺院的田产也不断遭到侵占。② 到了12世纪后期,很多寺院已经举步维艰。然而,处于困境中的寺院并没有从文人士子那里得到多少同情。陆埈,一位默默无闻的州县学政③,在1197年记录了嘉兴地区一个寺院处境窘困的情况。寺院的收入已经难以养活僧侣,僧人们只能自己想办法解决生计问题。为了缓解这种状况,寺院住持只好去租用附近的土地,并向周边的人化缘募资。

　　对于僧人所面临的困境,陆埈并没有给予多少同情,而是把读者的注意力引向当地的不公平现象。那些有钱有势的人拥有绝大部分的土地,而农民们只能紧紧抓住那点所剩无几的土地。繁重的赋役,加之庄稼歉收,使他们不得不成为给地主日夜劳作的奴隶。相比于农民的艰难处境,僧人的问题就显得有点微不足道了:

───────────────

① 关于政府对寺院的税收政策,参见諸戶立雄:《中国仏教制度史の研究》,第444—473页。在福建地区,寺院所承担的赋税尤为繁重。关于这方面的情况,参见竺沙雅章:《中國佛教社會史研究》,第181—182页。

② 据载,一位寺院住持对自己无力维护寺院田产深以为耻,在郁闷悲愤中升座鸣鼓,召集众徒,高吟几句偈语之后便去世了,这震惊了在座的众僧。见费衮:《梁溪漫志》,第74页。

③ 一本地方志提到,陆埈在乾道年间(1165—1173年)考取进士,后官至尚书。见《至元嘉禾志》卷十三,第16页下。

非王公贵人之膏腴，即富家豪民之所兼并也，民田
之存已无几，狭乡一二亩，官或困以役，民宁鬻产贸迁，其
折阅若饥馑。转而庸奴末作，穷日夜之力，腹不得饱。而
释氏之占田，不惟参错于贵势豪右，乡社追胥至，可悼免。
今又从而募田续食，使之安坐终岁，炊玉洁羞，夫岂一手
足所能供？此衍衍施施，升堂持钵，亦尝量彼而忖己乎？
抑止求其厌足而已也？

且夫农商工贾，必通功易事，而后足以相养。至戚
施、蘧篨、侏儒、矇瞍，古亦不以疾废，各因其器食之。世
固未有无事而食者也。浮屠受人之施，亨人之力，则将若
之何？勤修其所谓教，谨守其所谓律，不至于食焉而怠其
事，庶乎无愧云尔。①

作者先介绍当地寺院的历史，而后表达了与众不同的看法。对
于寺院的经济困难，陆埈并不是很关心，在他看来，佛教徒仍过
着不劳而获的生活。僧侣们逃避劳动，依靠他人的施舍过活，这
与陆埈所赞赏的自力更生的方式相差甚远。并且，寺院田产的
增加只会加剧当前的社会问题。陆埈一生只做过比较小的官
职，我们可以推想，他可能是对僧侣所享有的优越环境感到
不满。

佛教徒与文化衰落

在那些比较激进的儒者看来，佛教徒不仅依靠剥削平民
过着不劳而获的生活，并且他们的信仰也摧毁了中国传统的

① 陆埈：《崇福田记》，《至元嘉禾志》卷二十六，第2页下—4页上。

价值观。即便佛教徒具有内在的美德,在现实当中他们都扰乱了那些应该被坚持的东西,贬低了那些本来珍贵的东西。倡导儒学复兴的人以及《本论》的拥护者,都将当时的中国看作礼崩乐坏的社会,而他们的理想则是希望传统的礼义能在当时的社会重新建立起来。在此形势下,文人士子每每是用一种新的眼光看待佛教,将那些已经为人所熟悉的东西视作有害于己的异族文化。

佛教影响了世俗生活的方方面面,其中,它对丧葬礼仪 *167* 的影响尤能激起排佛人士的愤怒。为去世者举行得体的葬礼是古代礼仪必不可少的一部分,不管一个人生前有何缺憾,通过一个让逝者前往新境地的葬礼,他们都可以得到救赎或弥补。无论是对于逝者,还是对于生者,这都是一个提高声誉的绝好机会。针对佛教影响下的各种丧葬仪式,那些倡导传统礼仪的文人士子是颇为反感的。有关于此,伊沛霞(Patricia Ebrey)在她的几部作品中都曾有述及。① 不过,也正如竺沙雅章和黄敏枝所指出的那样,当时的一些士大夫家庭又会请求僧人前来超度已故的亲人,并且还可能把家族的墓地托付给功德寺的僧侣来照管。② 功德寺之所以流行,部分

① 伊沛霞(Patricia B. Ebrey):《宋代的火葬》("Cremation in Sung China"),《美国历史评论》(*American Historical Review*),1990 年第 95 卷第 2 期,第 413—421 页;《宋代国家对大众丧葬仪式的回应》("The Response of the Sung State to Popular Funeral Practices"),收入伊沛霞(Patricia B. Ebrey)、格雷戈里(Peter N. Gregory)合编:《唐宋时期的宗教与社会》(*Religion and Society in T'ang and Sung China*),第 212—214、227—229 页;《帝制中国的儒教与家礼——一个关于仪礼的社会史著作》(*Confucianism and Family Rituals in Imperial China: A Social History of Writing About Rites*),第 70—71、87—89、119、212—216 页。最后一部作品关注到,到了清代,士大夫家庭仍有用到佛教的葬礼。
② 参见竺沙雅章:《中國佛教社會史研究》,第 111—143 页;黄敏枝:《宋代的功德坟寺》,收入《宋代佛教社会经济史论集》,第 241—300 页。

归因于它们具有合法避税的功能,但由此也说明,佛教在丧葬礼仪方面的地位得到了广泛承认。比如说欧阳修,他力倡传统礼仪,为此曾耗费大量时间去建立家族的祠堂,还延请道士以作照料,①但在他去世之后,他的后人还是成了虔诚的佛教徒。② 在13世纪初期,道学的追随者也不得不恳求后人不要以佛教仪式给他们送终。③ 无论佛教的丧葬方式有多么不合适,它们所具有的制度上的稳定性,以及对死者灵魂的关切,都是传统礼仪所不能充分具备的。

刘宰曾为江苏某寺撰写过一篇记文,借机表达了自己对当时丧葬礼俗的不满。刘宰实际为官时间不长,和真德秀、魏了翁等名士有交往,曾积极参与当地的一次赈灾工作。④ 在此过程中,虽然僧侣给予了很多帮助,但刘宰对佛教仍是持一种排斥的态度。⑤ 在他的文章中可以看到,对于僧人所提供的帮助,他内心感到非常矛盾。

168　　和欧阳修在《本论》中所表达的观点类似,刘宰对传统礼仪

---

① 参见刘子健(James T. C. Liu):《欧阳修:11世纪的新儒家》(*Ou-yang Hsiu: An Eleventh-Century Neo-Confucianist*),第165页。

② 同上书,第170页。刘子健认为他们转向信佛是很自然的事,这和薛夫人娘家无后有关。此外,他还提到叶梦得所记的一段材料。叶梦得在欧阳修去世以后,曾去拜访欧阳修的儿子欧阳棐,表达了自己对欧阳修晚年被诬告一事的痛惜,这次诬告是由欧阳修夫人之从弟薛宗儒而起。叶梦得还提到,欧阳家人信佛比其他士大夫家庭更虔诚得多。尽管早年的一些惨痛经历可能加强了他们的虔诚,但他们之所以如此,主要还是出自一种持久的信仰,而不是由于一时的悲痛。

③ 参见真德秀:《宋故乡贡进士黄君墓志铭》,《西山先生真文忠公文集》卷四十五,第17页下—20页上。两百年以前,欧阳修在他的文章中也提到了类似的情况,见欧阳修:《尚书户部郎中赠右陈议大夫曾公神道碑》,《欧阳修全集》,第328—331页。

④ 有关刘宰的更多情况,可参刘子健(James T. C. Liu):《刘宰和赈饥》,收入《两宋史研究汇编》,第307—359页。

⑤ 刘子健(James T. C. Liu):《刘宰和赈饥》,收入《两宋史研究汇编》,第339—342页。

的丧失也深感痛心。他在文章的开头追溯了"寺"这一语词的用法，认为它可以追溯到汉代负责接待外宾的鸿胪寺。在当时，佛教僧侣也算是外宾，于是"寺"这个语词也就被用来称呼他们所建的庙宇。在刘宰看来，这种不恰当的混用反映出中国文化自周代以来的普遍衰落。[①]　此外，他还认为，传统的丧葬礼仪日渐衰落，尽管人们仍然存在丧亲之痛，但由于缺乏适当的仪式，这些情感无法得到适当的表达，于是佛教趁虚而入，迎合了人们的需要：

> 礼已亡矣，则是心也固怅（怅）然无依，摇摇然无所终薄也。而浮屠氏之说乘之以人之旨于昧也，[②]彼则止牲杀以人之安于偶合而居也，彼则去人伦以哀至有时而奠临之或阙也，彼乃使之七七而祭，百日而卒哭，以生不终养而死无以报也，彼则日福可追也，罪可忏也。
>
> 之人也似非尝有闻于吾道，则推其怵惕、愧怍之本心发于慨慕，信向之诚意如失而获，如去乡之见，似人虽非其故不暇计也，此寺之所以兴，浮屠氏之说所以张而不弛也。[③]

在刘宰看来，佛教的丧葬仪式只是提供了一个临时方案，还存在很多不足或扭曲的地方。在帮助死者亲属行孝道方面，佛教并

[①] 刘宰作品中提到了舒元舆对佛寺的看法（舒的看法见本书第一章）。探寻制度上的根源既可以使当前的情况合法化，也有可能促使人们质疑它。这种努力本身并不会必然导致某种确定的结论。
[②] "以人之旨于昧也"，关于这个"昧"字的特殊含义，参见《汉语大词典》第三卷，第252页。
[③] 刘宰：《慈云寺兴造记》，《漫塘文集》卷二十一，第19页上—21页下。

没有发挥多大的作用。

记文以此疑虑开篇，意味着刘宰是将自己置于那些需要解决之道的人的对立面，他的文章也只是对佛教丧葬仪式的一种抗议而已。接下来，他详细叙述了寺院的修复情况。在结语部分，他重申了自己的儒家立场，并提到他之所以写这篇文章，只是因为该寺住持和其他僧人不同，他能够自力更生，并且生活上比较节制。总而言之，刘宰的认可只是因为他设置了一些条件对佛教作出限定。虽然他对碑文所涉情况感到担忧，但他对于寺院的描述仍是采取了一般的碑文的写法，这种写法在其他地方被无数作者采用。因此，这篇文章的突出之处只是在于作者对当前礼仪规范的不良状态及其佛教起源的一种忧心。

169 对自身传统的背离

宋代文人对佛教的非议还包括批评那些不能践行自身责任的僧人。这些僧人之所以受到谴责，并不是因为他们的信仰与儒家思想大相径庭，而是因为他们没有很好地实践佛教自身的信念。用佛家自身的教义来批评佛教徒，是当时文人惯用的一种方式。历史退化仍然是他们的中心叙事，而现在关注的是他们眼里的佛教自身的衰落，而不是本土传统文化的衰落。[1] 在文人们看来，僧侣的奢靡生活和试图操纵大众的做法，已然背叛了佛教原来的慈悲精神和简朴作风。叛教的指控往往来自儒家中的保守人士，他们关注的是佛教的核心原则如何被佛教徒所遗弃。和第二章中所提到的批评禅宗问题的文人不同，这些批评

---

[1] 这种主题在中古时期预言佛教灾难的作品中已出现过。参见许理和（Erik Zürcher）：《佛教征服中国》（*The Buddhist Conquest of China*），第17—18页。

者往往是站在佛教传统之外，并没有将他们的批评建立在充分阅读佛教文本的基础上。在他们看来，这些叛教者是反映当代文化衰败的另一个典型。

11 世纪最重要的史学家司马光，在 1052 年曾为秀州的一个佛堂写了一篇记文，其中就运用了这种方式，这也是他唯一流传下来的与佛教有关的碑记。① 司马光在文章开头处交代了他写下这篇文章并非出于自愿。接着，他将释迦牟尼描绘成一位深具慈悲心肠的苦行者，称其为"西域之贤者""清俭而寡欲，慈惠而爱物"，并把他比作中国的隐士（于陵仲子、焦先等人）。然而，当时的佛教徒早已丢失了佛陀的初心，他们表里不一，生活奢靡，这使司马光不禁要问："佛之志岂如是哉？"他希望新建的佛堂能够促使僧人们重返佛陀原初的教义。② 因此，欧阳修在《本论》里所说的让传统思想濒临灭亡的佛教现状，在司马光眼里则成为了佛教徒堕落的一个证据。在他看来，僧人们和尘世中的俗人（特别是文人）一样，也是生活在一个礼崩乐坏的腐化的世界中。

指责佛教徒违背佛祖的教义，某种程度上也意味着推崇这一教义。对现实不良现象的谴责，暗示着在早初的时候存在过良好的状况，即便这种状况已经很遥远，只是依稀可见。不过，以胡寅为代表的激进的儒者，却是同时谴责佛教徒的理想以及

---

① 见司马光：《秀州真如院法堂记》，收入《温国文正司马公文集》卷六十六，第 1 頁下—2 页下。

② 关于司马光对僧人的态度，我们可以从他在1073年写的关于若讷大师（生卒年不详）的一篇"谕"中得到更多的了解。宋仁宗有一次召见若讷大师，非常欣赏他的学问，赐其紫衣，但被若讷婉拒了；仁宗遂赐以"安净"的师号，以示褒奖，若讷则拜而受之。后来若讷编纂了一部佛经，名为《报恩经藏》，以报仁宗赏赐之恩。与秀州佛堂记文的写作相类似，司马光在这篇文章里也说到了自己最初是拒绝撰写的，后来在若讷的再三请求下，同时也有感于他的美德，乃终而为之。见司马光：《谕若讷》，《温国文正司马公文集》卷六十九，第2页下—3页下。

他们当下的堕落现象。作为杨时的弟子之一,胡寅是南宋早期
170 道学的一位关键人物。① 在他看来,昌明儒家之道需要和佛教开
展持续不断的斗争,在一部专门辟佛的作品《崇正辩》中,他对佛
教展开了广泛而细致的批评。② 在 1133 年,胡寅为江西某个重
修的寺院写过一篇记文,在此文中他提出,身为僧侣已然是堕落
的表现,而他们又瘝败其业,使得其堕落变本加厉。在文章开头
他先以士农工商的职业起笔,进而说到僧侣这一职业:

> 诋訾先圣而归向异端,五浊③贪欲而守持斋素,殃
> 民害物而忏罪祈福,实诸所有而谈论空寂,犹之弃材
> 焉,则无可称者矣。去父母,毁肤发,攻苦学佛,为广宫
> 大厦以事佛而居,其徒相与绍隆而不替,此为僧之常
> 业也。④

这让我们想起了前文曾考察过的曾巩的一篇文章。胡寅在此重

---

① 参见田浩(Hoyt C. Tillman):《儒学话语与朱子说的主流化》(*Confucian
Discourse and Chu Hsi's Ascendancy*),第 30 页。田浩(Hoyt C. Tillman)在书中
评述了胡寅家族的辟佛情况。

② 参见胡寅:《崇正辩 斐然集》。在胡寅看来,政治事务同样需要理性,王安石的错
误包括他借助佛教和道教的观念来推行他的政策。见胡寅:《上皇帝万言书》,
《斐然集》,第 335—352 页,尤其是第 347 页。与此同时,胡寅对当时丞相秦桧的
崇佛表现也给予批评。见胡寅:《寄秦会之》,同上书,第 353—355 页。

③ "五浊",又称作"五滓",包括:(a)劫浊,减劫中,人寿减至 30 岁时饥馑灾起,减至
20 岁时疾疫灾起,减至 10 岁时刀兵灾起,世界众生无不被害。(b)见浊,正法已
灭,像法渐起,邪法转生,邪见增盛,使人不修善道。(c)烦恼浊,众生多诸爱欲,悭
贪斗诤,谄曲虚诳,摄受邪法而恼乱心神。(d)众生浊,众生多诸弊恶,不孝敬父
母尊长,不畏恶业果报,不作功德,不修慧施、斋法,不持禁戒等。(e)命浊,往古之
世,人寿八万岁,今时以恶业增加,人寿转减,故寿命短促,百岁者稀。参见《佛光
大辞典》,第 1201 页下—1203 页中。

④ 胡寅:《丰城县新修智度院记》,《斐然集》,第 406—407 页。

申了几个世纪以来的儒家立场下对佛教徒的批评，当然，这种批评在寺院的碑记中还是比较少见的。在胡寅看来，僧侣作为一份职业，已经够堕落了，应该不会再出现进一步的恶化，但现实情况却并非如此：

　　　既已为僧，而又隳败其业，甚则破戒律，私妻子，近
　　屠沽市贩，或至弃寺而居，风雨败佛像，经卷为窠薮，亦
　　不顾恤，如是者众矣，则能不畔其教而守其常业者，岂
　　不足道乎？①

在胡寅看来，佛教徒的可恶程度其实是愈演愈烈了。

　　断言一个群体原本不道德，后来又变得更加放纵，可能看起来有些苛刻，但胡寅这样做其实有着修辞上的考虑。通过考虑僧人是否应该得到些许表扬的问题，胡寅给自己找了一个借口，使得文中的内容可以在没有寺院同意的情况下撰写。在此过程中，胡寅和他的家人在寺院中住了几个月，乐享其中安宁的环境和秀丽的景色。然而，这段经历没能让他深入地了解该寺的住持，他对住持及其他僧人的印象只是来自当地人的意见。在胡寅笔下，该寺住持在修复寺院过程中显得精力充沛、孜孜不倦，而在请求他撰写记文的时候却显得身体虚弱且态度谦逊。胡寅在文章末尾呼吁僧侣"守其常业"，这种方式有效地转移了人们的关注点，可以回避赞颂该寺住持的问题。总而言之，胡寅的这篇文章很典型地反映了那些激进的儒者如何看待佛教的问题。不同于司马光的文章，在胡寅的这篇文章里，佛教徒找不到任何

171

————————
① 胡寅：《丰城县新修智度院记》，《斐然集》，第 406—407 页。

可以被救赎的希望。

这种攻击性的言辞也见于南宋儒者真德秀和黄震的作品中。真德秀的一篇文章记述了径山寺一位住持对寺里僧人加以指责的情况。① 那位住持批评寺里的僧人贪图物质享受，行善只是为了沽名钓誉，这严重违背了佛陀的教旨。为了改变这种现象，那位住持做了一个决定，从此往后，去世僧人将被集中埋在新修的三座塔里。文章从头到尾都没有提到真德秀自己对僧人的批评，并且文章最后还记述了寺院住持的生平，并称他为"道价为当世第一"。在黄震的文章中，他则是将自己的看法放在中心位置。② 在他看来，佛教之所以会衰落，主要是因为道家的影响。佛教的初衷是导人向善的，但自从庄子和列子的有害思想掺入其间，佛教徒也开始信奉一些谬乱，诸如"善恶为无二""有心而修善为不可""无心而杀人为无伤"之类。③ 黄震又补充道，佛教对现象世界真实性的否定，对文人士子也产生了一定的影响。不过，文章也提到寺院住持依靠行医来获取收入，这是僧伽关切实际事务的一种表现，就此来说，佛教也许能恢复它最初的愿景。

文人们在认同佛教信仰的同时，又看到现实中僧侣各种败坏其德的表现。对于观世音菩萨和阿弥陀佛的信仰，并没有阻

---

① 真德秀：《径山三塔记》，《西山先生真文忠公文集》卷二十五，第 10 页下—11 页下。
② 黄震：《寿圣接待寺》，《咸淳临安志》卷七十七，第 5 页下—7 页上。此文亦见于黄震：《黄氏日抄》卷八十六，第 23 页上—27 页上。后者使用了不同的标题（《龙山寿圣寺记》），文字上有些缺漏。
③ 黄震采用了朱熹回应宋祁的观点。见朱熹：《朱子语类》，第 3007—3008 页。老子的名字在此没有出现，反而引人注意。在一篇关于道观的记文里，黄震说到佛老之说虽并行天下，但他更赞同老子的学说。见黄震：《黄氏日抄》卷八十六，第 18 页上—20 页下。

止他们加入司马光和真德秀所代表的批评不良僧侣的行列。在
这种批评的声音中,即便有些僧人得到了称赞,那也是因为他的
不俗(和那些败坏其德的僧人不同)。李弥逊曾为佛教写过很多
颂文,但与此同时他也对福建某寺的僧侣大加斥责,原因是这个
寺院将信众们捐来的香火钱用于放贷收利。① 另一位虔诚的佛
教徒张嵲在 1140 年前后曾为处州一个寺院写过一篇碑记,在文
中他对僧人丧失清苦美德给予了严厉谴责。② 在张嵲看来,那些　*172*
僧侣只是利用因果业报的教义给自己谋取私利:

> 逮近世佛之教日以弊,于是其徒狡焉者,始诬其师
> 而倡为天堂地狱之说以诱胁世俗,乃大其屋庐,美其饮
> 食,丰其器用,众其给使。③

接下来,作者追述了该寺的历史。在晚唐时期,当地民众为了表
达感激之情(能够在一场政治动乱中幸免于难),修建了这座寺
院。在灾难性的 11 世纪 20 年代到 30 年代,民众集体念诵观世
音菩萨的法号,得以继续保持他们的幸运。后来人们对寺院加
以扩建和修缮,包括修建了一个藏经阁,使得该寺成为当地最好
的一个佛教场所。然而,这种浅显的因果现象并不能说服张嵲,
在文中他提出了自己的质疑:

---

① 李弥逊:《筠谿集》卷二十二,第 15 页上—21 页上。他的批评性言论见于《福州乾
　元寺度僧记》一文,同上书,卷二十二,第 14 页上—14 页下。
② 张嵲写过不少和佛教有关的颂文,这些情况发生在他姐姐突然去世以后。见张
　嵲:《紫微集》卷三十二,第 1 页上—2 页下;卷三十三,第 8 页上—17 页上。
③ 张嵲:《处州龙泉西山集福教院佛经藏记》,《紫微集》卷三十二,第 4 页上—
　6 页上。

> 岂真获为善之报耶？将观音大士之阴相之也，审如此，则天下之遭兵祸者十八九，岂皆不如兹邑之力于为善耶？菩萨大士之无心于世间，岂独私于是邑哉？是二者求其说而不可得，亦姑勉于为善斯已矣。①

在张看来，寺院不值得被如此推崇，铺张浪费并不是一件好事，那些奢侈的僧人（文中未有具名）应当受到惩罚。对于过程中的因果业报现象，张嵲未免感到困惑，虽然他没有对此加以否认，但他更关心的是信众们应该保持他们的虔诚之心，而不是寄望于某种功利性的诉求。和李弥逊一样，张嵲对待佛教教义在整体上是推崇的，但与此同时又会毫不犹豫地批评僧众中出现的不良现象。由此而言，宋代居士表现出一种原教旨的立场，在他们看来，那些不良僧人是堕落时代的产物。

在这些文章中，作者们对原要加以称赞的东西给予批评。我们不禁追问，寺院怎么会接受这样的文章呢？首先，大部分僧人可能无法阅读它们。那些得道高僧对于经文有着深刻的理解，同时对于世俗文学也有着充分的了解。此外的大多数僧人对于经文的掌握主要是来自口头的传授和背诵，而对于那些佛教相关的文章也是了解甚少或是一无所知。② 其次，即使有些僧人能够理解记文的内容，但文章里面的批评性文字对他们的生

---

① 张嵲：《处州龙泉西山集福教院佛经藏记》，《紫微集》卷三十二，第 4 页上—6 页上。

② 在唐代和五代时期，僧人在受戒之前先要通过有关佛典知识的考试；但自从 11 世纪末开始出售度牒，一直到南宋时期，僧徒入门不再需要经过考试。这方面的情况可参高雄义坚：《宋代仏教史の研究》，第 19—21 页。关于佛教所涉各种群体的宗教体验，参见许理和（Erik Zürcher）：《中国佛教研究的视角》（"Perspectives in the Study of Chinese Buddhism"），《皇家亚洲学会杂志》（*Journal of the Royal Asiatic Society*），1982 年第 2 期，第 161—176 页。

活也不会造成实际影响。一些著名的僧侣,包括赞宁、契嵩①和
大慧等,会比较关心佛教信仰在世俗精英中的地位。不过,大多
数僧人的精力则是投放在经营寺院、提高自己在僧侣中的地位、
追求觉悟和解脱等一些事务上。② 第三,即便那些记文里有一些
言辞触及要害,但请求者也不便要求作者进行修改。很明显,有
些记文是在僧人长期恳求之后才被写成,如果因为记文的某些
内容而拒绝接受它,将会使僧人显得愚蠢而无礼。此外,僧侣的
生活和寺院的运作,在很大程度上都依赖于官方的支持。最后,
也许是最重要的一点,一篇刻在石头上的文章是一个寺院受人
尊重的原因之一。从长远来看,文章的物理性存在比它的具体
内容更加重要。尽管里面带有一些批评性的言辞,但这些记文
也保存了有关寺院及其僧人的记忆。并且,这些文章也将寺院
带进文人的视野,有可能吸引到更多的文人墨客,这些人将可能
留下笔墨,或是提供政治支持,或是捐赠钱财。总之,这些文章
的存在证明了寺院及其僧人的努力,并使之成为长久的记忆。
在此情况下,一篇碑文所具有的意义远不止于它的字面内容。

　　对于文人士子来说,为寺院撰写碑文是表达自己对佛教看
法的好机会。在唐代后期,虽然对佛教的批评论调时有出现,但
直接出现在寺院碑文的却是不多。我们在第一章所考述的沈亚
之的文章,是一篇比较早的带有批评性的碑文,但里边也缺乏 11

---

① 参见黄启强:《融合的实践:契嵩(1007—1072)与 11 世纪的中国佛教》("Experiment
in syncretism:Ch's-sung 1007—1072 and Eleventh-Century Chinese Buddhism"),
亚利桑那大学博士学位论文,1986 年;牧田谛亮:《赵宋仏教史における契嵩の立
場》,《中國仏教史研究》第 2 卷,第 146—177 页。
② 但是有一次,僧人因忽视碑文内容而遭受巨大损失。在 13 世纪末,有一篇寺院碑
记对"亡国宰相"贾似道大加谴责。后来碑文拓片广为流传,而政府获悉,贾似道
曾向寺院捐赠了 1.3 万亩土地。最后,这些土地被政府没收,理由是部分僧人不
够虔诚。参见周密:《演福新碑》,收入《癸辛杂记》,第 207—208 页。

世纪中叶作者们所拥有的自信和专注。在后来,作者们运用各种不同的微妙手法,对佛教提出怀疑和批判,这与请求者的期望显得南辕北辙,甚至包括像李弥逊和张嵲这样虔诚信佛的人,也对佛教徒发出了谴责的声音。这些文章不仅记录了寺院修建工程的情况,同时也在提醒读者们去监督佛教徒的日常行迹。有

174

时候,寺院的捐助者也会出现在被批评的行列,那些把自己财产捐献给寺院的人发现,他们的善举却被文人在寺院碑文中大加谴责。总的来看,作为一个子类,这些文章适合归入以恢复往圣之道为己任的宋人文章的大类。当然,这里说的往圣之道在很大程度上是指儒家的思想主张,但也有一些人把它扩展到佛教领域,以佛陀的原始教义责难当时的僧众。因此,即便那些直接的读者,也就是请求撰写记文的人声称拥有共同的追求,但是当作者们要履行他们心目中的责任时,这种所谓的共同追求也就被彻底丢弃了。

谴责佛教徒在物质上的奢靡,就暗中驳斥了这样的一种观念,即显示财富和威严是激发大众奉献的一个必要条件,关于这一点,我们在第二章已有讨论。但在上面所提到的文章中,作者们并没有使用这种方法。正如朱熹所说的,手段和目的是无法分开的。那些以复兴儒家思想为己任的士人发现,佛教的宇宙论、伦理观念以及它的制度、仪轨等方面是浑然一体的,这也许是儒学复兴之路上最大的一个障碍。因此,佛教是一个必须被正视的问题,哪怕是通过文章的形式推崇佛教教义。

美德的典范

尽管佛教与中国传统文化理念始终存在着张力,但只有最

偏激的原教旨主义者才会否认佛寺为中国社会带来的好处。许多文人将佛教教义融入他们的伦理说教之中,借此为帝国统治提供巨大的帮助。这样的一种共识不断提醒着我们,尽管儒家的道统有着绝对的优势,但它们在改造社会与化民成俗等方面的力量毕竟是有限的。[1]　很多儒者认为,任何一种美德,都必须被表彰和发扬,而不必执着于其文化渊源。举例而言,余靖在1040年为坐落于广东山区的一座罗汉堂所写的碑铭中,便高度赞扬了佛教对偏远地区社会习俗的有益影响。他引用了《论语》中的一段话来说明佛教信仰。在《论语》中,孔子定义了道德实践和成圣的标准,并将那种知晓"权"、依于"道"且随不同情境做出适宜之举的人称为圣人。[2]　在余靖看来,佛教徒也表现出了类似的灵活性。依孔子的评价标准,僧伽是值得称赞的。余靖相信,正因为佛教拥有这种灵活性,才使它在中国的传播更为广泛,并促使人们依照道德法则行事:

175

> 　　盖佛以大权宠万化,归于至理而已。其为教也,禁杀伐,断淫妄,崇布施,重忏悔。性命之说[3],付之通博之士;因果之论,精入鬼神之域。使贤者务修,愚者生

---

[1]　一位文人在1088年为一座山西寺院撰写的碑铭中,戏剧性地反映了当时人们对儒家传统和佛教的不同感受。在作者对佛寺进行一番夸张的描写之后,他转向对当地文庙的嘲讽,并以之作结,"翻□儒宫萧洒。嗟呼! 仲尼圣师也,块处于敕席之下。虽绘七十子,至贤三千徒,至众过门者,尚不一顾矧肯舍金钱崇饰庙貌乎? 是吾□师不逮瞿昙之智远矣"。参见刘光:《真如院碑》,《山右石刻丛编》卷十四,第6页下—7页下。

[2]　参见《论语》,第九章,第29节。

[3]　性命之说最早出自《周易》。关于宋代易学的研究,可参见苏德恺(Kidder Smith):《宋代对〈易经〉的应用》(*Sung Dynasty Uses of the I Ching*),第33—42页。

怖，同归于善也。①

这段文本让我们回想起了第二章中邹浩、张九成以及其他文人
的论述。他们虽然同样看到了佛教的灵活性，但是余靖更强调
佛教的各种教法对包括知识精英与文盲在内的不同阶层的启发
作用。在这段文字的后面，他谈到了如何通过佛教修行来克制
私欲以及对治过度的贪婪和悲伤。可以看到，余靖重视佛教实
用性的那一面，尤其是佛教的教化功能。然而，从另一个角度
讲，当他把佛教归为儒家的最高类属时，他对佛教的欣赏就超过
了纯粹的实用性并接近一种信仰，由此模糊了文人推崇的实用
主义与虔诚之间的界限。

余靖的很多同僚在帝国的边疆任职，他们关于佛教教化功
能的看法与余靖基本一致。就像几个世纪之前的柳宗元一样，
他们采取了一些措施来巡查血祭与萨满教仪式中的暴力行为。
他们的职责类似于今天的海上巡逻搜查。② 为了缓和乡村的狂
热情绪，并使当地的风俗变得文明，他们建造佛寺并招募了僧
人。据一位地方官讲，寺庙的存在，就像周代传说中被梨树荫蔽
的召伯，将使人们克制自己的恶念。③ 然而，佛教不仅能抑止平

---

① 余靖：《广州南海县罗汉院记》，《武溪集》卷七，第 6 页上—9 页上。
② 参见叶梦得：《胜法寺轮藏记》，《吴郡志》卷三十五，第 6 页下—8 页上。晁公遡
（1138 年进士）：《定慧院记》，《嵩山集》卷五十，第 1 页上—2 页下。王存之：《隆教
院重修佛殿记》，《乾道四明图经》卷十，第 12 页下—14 页上。除了这些地方的杀
戮事件，大规模的战争也使一些人期待重建信仰。张浚是一位抗击金军的重要
将领，他认为战争的爆发是"人欲"的兴起，而"我佛"在教化百姓方面发挥着重要
作用。参见《云岩寺藏记》，《吴郡志》卷三十二，第 4 页上—5 页上。
③ 王存之：《隆教院重修佛殿记》，《乾道四明图经》卷十，第 12 页下—14 页上。这里
关于召伯和梨树的引证出自《诗·召南·甘棠》，参见《诗经》卷二，《十三经注
疏》，第 55—57 页。

民作恶,更能培养信徒的善德。这些品德中最重要的是施舍和孝道,它们是维系中国古代王朝社会和家庭的纽带。

乐善好施

在 11 世纪至 12 世纪的这段时间里,人们普遍感到社会缺乏谦逊和慷慨的品德。商品经济的快速发展和科举考试制度的完善激发了整个帝国竞争的欲望。这些变化令很多文人——尤其是那些试图复兴古代道德文明的人感到不安。¹⁷⁶ 其中一些人认为,佛教有助于克制人们的贪欲,使人重新变得温顺与谦逊。在这样的情境下,最著名的例子就是欧阳修为一座寺院题写的碑铭。欧阳修这样写道:

> 湘潭县药师院新修佛殿者,县民李迁之所为也。迁之贾江湖,岁一贾,其入数千万。迁之谋曰:夫民,力役①以生者也,用力劳者其得厚,用力偷者其得薄。以其得之丰约,必视其用力之多少而必当,然后各食②其力而无惭焉。士非我匹,若工农则吾等也。夫琢磨煎炼,调筋柔革,此工之尽力也;斤斸锄夷,畎亩树艺,此农之尽力也。然其所食皆不过其劳。今我则不然,徒幸物之废兴而上下其价,权时轻重而操其奇赢,游嬉以浮于江湖,用力至逸以安,而得则过之,我有惭于彼焉。凡诚我契而不我欺,平我斗斛权衡而不我逾,出入闹市而不我虞,我何能焉?是皆在上而为

---

① 即"使用他们的力量"。
② 即"吃饭"。

政者有以庇我也。何以报焉？闻浮屠之为善，其法曰："有能舍己之有以崇饰尊严，我则能阴相之，凡有所欲，皆如志。"①乃曰：盍用我之有所得，于此施以报焉，且为善也。于是得此寺废殿而新之，又如其法，作释迦佛、十八罗汉塑像皆备。凡用钱二十万，自景祐二年十二月癸酉迄三年二月甲寅以成。

177

其秋，会予赴夷陵，自真州假其舟行。次浔阳，见贾一石，筶而载于舟，问其所欲用之，因具言其所为，且曰欲归而记其始造岁月也。视其色，若欲得予记而不敢言也。因善其以贾为生，而能知夫力少而得厚以为幸，又知在上者庇己而思有以报，顾其所为之心又趋为善，皆可喜也，乃为之作记。问其寺始造之由及其岁月，皆不能道也。九月十六日记。②

这个故事无疑激励了文人阶层的读者群体。社会等级被文中这个叫李迁之的富商认可，而他正是象征着宋代中国最不安分的社会阶层。在欧阳修笔下，李迁之是一个堪为道德楷模的居士。作为一个商人，他对轻而易举获得的巨大财富满怀愧疚，对上层为政者的庇护心怀感激，对眼前的官员感到惶恐和迟疑，并对他为寺院所行布施的细节一无所知。就像僧人们预测年轻文人的命数一样，欧阳修仅仅通过察言观色来推测李迁之的意图。这个故事给予了叙事者掌控局面的全部能力。然而，欧阳修的叙述却没能解决一个重要的矛盾。那就是，如果李迁

---

① 阴相（Yin-hsiang）。
② 欧阳修：《湘潭县修药师院佛殿记》，《欧阳修全集》，第937—938页。

之将他的好运归功于政府，为什么应该是佛教徒来决定他应该如何表达感恩，并得其善果呢？就像我们在第三章中讨论过的那样，僧伽在日常的政治秩序中扮演了决断善恶果报的角色，而作者并没有解释僧伽如何决断以及为什么要这样。虽然欧阳修坚定地反对佛教，但是在这篇小故事中，他还是（或许是无意中）彰显了佛教信仰在塑造平民的道德意识及言行表达上的作用。①

对于一些文人来说，重修寺庙可以唤起人们的善心，并教化利欲熏心的平民百姓。欧阳修向我们展示了信仰是如何影响并转化个体的，而他的同僚张方平则提供了佛教善行如何转化整个社群的案例。张方平是那个时代重要的政治人物之一，并以王安石的批评者和苏轼之友而闻名。与欧阳修不同，张方平对 *178* 佛教信仰抱有温情与敬意，甚至猜度自己前世是一个和尚。当1084年苏轼拜访他时，他给了苏轼30万钱去印刷和分发赠送《楞伽经》。② 34年前，张方平同样向在金源（一个川西的繁荣县城）为官的两个朋友表现了他对佛教在教化社会方面的信心，并

---

① 正如另一处文本所记载的那样，欧阳修认为，道教需要官方的扶持才能繁荣发展，佛教则因其控制大众情感的能力而更具威胁。参见刘子健：《欧阳修的治学与从政》，第159页。余英时通过对比宋代商人与晚明商人的地位，将这段文字看作是宋代商人社会地位低下的表现。限于篇幅，这里无法将这个巨大而复杂的问题展开。然而，我将表明的是，这则寓言表面上看起来简短，假设没有经过篡改的话，不能被看作11世纪士商关系的最终形式。参见余英时：《中国近世宗教伦理与商人精神》，第109—110页。
② 参见阿部肇一：《中國禪宗史的研究》，第414—417页；艾朗诺（Ronald Egan）：《苏轼生活中的言语、意象和事迹》（*Word, Image and Deed in the Life of Su Shi*），第139—141页；黄启江：《融合的实践：契嵩（1007—1072）与11世纪的中国佛教》（"Experiment in Syncretism: Ch'i-sung (1007—1072) and Eleventh-Century Chinese Buddhism"），亚利桑那大学博士学位论文，1986年，第96—99页。最后一个出处也谈到了张氏家族的虔诚以及张方平曾加入一个读经社的事情。

被请求为他们翻修过的一座寺院撰写碑铭。① 尽管经过多次修复，但这座佛寺仍然不够雄伟，不宜庆祝皇帝的诞辰。当地的地方官担任了这个项目的负责人，而百姓则承担了大量的资金和人力：

> 于是境内四邑之耆老更相勉曰："府君之志，上以恭邦典，下以为吾属也。且吾属废居射利，滞不知发，譬虫食蓼而忘其苦。② 佛言：人命在呼吸间③一息不属。虽至亲爱，莫相为救。何嗟及矣？今此道场，近在闾闬，动步而至净土，举首而见化城。壮者游焉，有以生善念；老者依焉，有以发后心。④ 是府君为之舟航，拯吾属于溺也。"于是乐输善舍，如趋期令。⑤

就像欧阳修笔下的商人一样，这里的富人们也承认了他们的自私，并表达了他们对朝廷的服从（尽管这种服从总是被动和不及时的）。然而，在张方平笔下，商人们用一种更加懊悔的腔调说话，他们承认贪婪将他们的道德感降低到类似动物生命本能的层面。为了恢复人性，就必须要求他们承认自己与他人的伦理关系，并向自己的祖先、皇帝和佛祖（尽管不限于这些）等组成的群体施舍钱财。在京城的皇帝与内陆居民之间，地方官既是不

---

① 此二者为王略和杨玢。王略并未被列入宋代传记或历史索引中。杨玢据说是宣城当地人，1030 年进士，后晋升为侍郎一职。
② 这个说法出自左思的《魏都赋》。参见《文选》，第 109 页。康达维（David Knechtges）将这一段翻译为"Like the smartweed bug we are oblivious to the bitter taste"。参见《文选》卷一，第 475 页。
③ 即"在我们呼气和吸气的时候"。
④ 生者会缅怀逝者并履行他们的孝道。
⑤ 张方平：《蜀州修建天目寺记》，《乐全集》卷三十三，第 8 页下—11 页上。

可或缺的调解人,也是宗教方面的专家,他们常常宽恕愚昧的商人,并将他们重新纳入帝国(和佛教)的社群之中。

施舍是宋代人经常在佛寺里做的事情,而这也是常常被社会赞誉的美德。这种美德的表达以及它所创造的纽带需要调解人,而在传统社会中并没有一个真正的机构来管理乡族与国家之间的领域。尽管自古以来,"社"作为乡村的祭祀单位就存在着,但是它们的服务仅仅局限在村庄内部,与皇室仍是模棱两可的关系。此外,"社"的宗教活动也是多种多样的,有着很强的不确定性。相比之下,佛寺则将万物纳入一个普遍化的体系之中,并直接与国家联系在一起。寺院可以发挥神明的作用,势力范围也远远超过了最大的"社"。当然,这两种机构从来都不是互相排斥的,敦煌的材料也提供了丰富的例子证明佛教组织吸纳了"社"的组织形式。① 话虽如此,在建筑工程上,佛寺一般比"社"的神龛要低矮。在张方平的描述中,这座四川寺庙的巨大规模使它具有了一种生命力,具有召唤十方净土和感化平民的能力。长远地看,寺庙可以将平民对利润的热衷转化为虔诚和甘于奉献的美德。

尽管社群依赖于国家和宗教阶层的大规模布施和认同,但它的发展也并不总是要求富商、地方官和作为施主的朝廷来完成。就像我们将在李觏的文章中看到的那样,那些缺乏权力、财富较少、地位卑贱的虔诚者也会提供有价值的例子来说明佛教是如何帮助一个社群的。这里看到的文章是 1052 年李觏在普经居住过的、位于江西抚州县的一座寺院的客房中写成的。

---

① 关于这一领域的更多介绍,可参见谢和耐(Jacques Gernet):《中国社会的佛教:中国 5—10 世纪的寺院经济》(*Buddhism in Chinese Society：An Economic History from the Fifth to the Tenth Centuries*),第 259—277 页。

　　李觏为这座寺院所写的碑铭类似于一篇不同凡响的笔记。那些在欧阳修和张方平笔下偶尔露面的僧人，在这里彻底消失了。整个剧本只包括一个平民、周围环境以及作者本人，而且故事情节推动第三者强行加入到前两者之中。故事的开头与李觏及其同伴的旅行有关，他们在人烟稀少的乡村忍受着酷暑带来的煎熬。在描述了夜宿寺院的情景之后，李觏将旅店的老板毛居士介绍给了读者：

180

　　　　仰而视其梁，则毛姓缋名者作焉。有顷而缋至，其礼甚卑，立于堂下，若吏民见官长之焉。予既辞，因揖而进之，与之语，盖古力田敦朴之流。及院之本末，则对曰："殿兴于开宝中，则缋之王父母尝有劳焉。堂、钟楼、廊门成于景祐、康定间，则缋与妇徐实同力焉。"

　　　　予叹曰："民财有余，不以备断讼，买直于囹犴，而能奉佛法，徼福于窈冥，斯世俗以为难矣。况于卑己尊贤，此道甚大，谁宜知之？① 凡人衣食足者，或闻马蹄声在百步外，闭门唯恐不及。今吾亦布衣，姑弛担（担）于此，且无一介与尔相闻，尔何取于我而拳拳若是乎？吾无乃克谨名节，未始得罪于乡党乎？抑尔之闻见有异于众人乎？"既叹而去。五六年矣，而不忘于心。②

在文章的末尾，我们了解到，后来毛缋将他的儿子派到李觏那

---

① 李觏这里提出的"道"的含义不甚明朗。这里所使用的术语缺乏佛教或儒家的内涵，我猜测他试图表达一种更具普遍性、宇宙秩序的含义，而从单一的视角去理解是不可能的。
② 李觏：《新城院记》，《李觏集》，第 265—266 页。

里,协助后者为已故的亲人准备葬礼。最后,李觏为寺院撰写了一篇碑铭,似乎是为了表彰这位信徒的善举。

与之前的文章不同,这篇碑铭没有讲述关于过失、认错与悔过的故事。之前几篇文章的叙述者完全支配着主角的情节发展,但是这里却描述了一次看上去没什么意义的"奇遇"。当然,在某种程度上讲,毛缋向李觏表现出的热情与慷慨和后者所厌恶的当地好讼与保护主义风气形成了鲜明对比。[1] 为了强调这个信徒卑微的社会地位,他的名字被起为"缋"。此外,毛缋对社会细节的懵懂无知也引起了人们的注意,同时暗示了李觏试图将他的愤怒指向江西的富裕阶层。但是这件事也反映出了其他问题。欧阳修和张方平描写的平民因为承认他们亏欠政府和地方官的债务而受到惩罚。但是,李觏没有官职,没有用任何方式 *181* 惩罚毛缋。尽管李觏没有处罚毛缋,这座寺院的主人仍对李觏充满敬意。作为一名文人,李觏的社会地位远远超过了毛缋,但是如果李觏经常遇到这样的尊重,也没有必要在这个事例中去特别强调。其他不协调的地方,不仅包括信徒与邻里之间的差异,还包括李觏的辟佛立场和赞赏毛缋之间的分歧。佛寺和出家的行为,经常在李觏的其他文章中被批评,但是在这里,却得到了意想不到的赞许。对于这个问题,作者曾经尝试去解释,然而,至少暂时还不确定李觏的本意以及他心目中合乎"道"的举止。尽管李觏没有明确把佛教意义上的虔诚作为慷慨美德的根源,但他也没有提出另外的解释。无论如何,毛居士是一个道德

---

[1] 韩明士(Robert Hymes)曾指出,抚州当地以好讼而闻名。参见氏著:《官与绅:北宋和南宋时期江西抚州的社会精英》(*Statesmen and Gentlemen：The Elite of Fu-chou，Chiang-hsi，in Northern and Southern Sung*),第 48—49 页。

模范,而李觏向读者们介绍了他的美德。①

佛教徒的资助、施舍与社群建设的内容贯穿于整个宋代的文章之中。11世纪90年代初,邹浩在为永州一座新建的藏经阁所写的文章中,提出希望"争讼由此衰,和谐由此兴,风俗由此厚"②。如果说南宋较之此时有什么区别的话,那就是经济竞争进一步加强,而文人只能惊叹于佛教激发时人创造财富的独特能力。12—13世纪的时候,逃税现象日益显著,朝廷常常对公共工程的私人援助和救灾工作的呼吁置若罔闻。然而,就像周孚在为僧堂所写的一篇碑记中指出的那样,僧人们在社会各个领域都做出了重大的贡献:

> 天下之民,其奉事佛者,十室而九。贫者敝衣菲食之不给,而闻施于佛,则往往假贷以自效;老而耄者,其自奉养而有所不忍,而持以供僧,唯恐其不受也。③

其他的文人士大夫,包括崔敦礼(死于1181年)和娄机都同意把寺庙看作展示慷慨善行的地方。④ 尽管在他们的碑铭中很少出现此类线索,就像在敦煌发现的9、10世纪的材料中显示的那样,但是文人仍非常尊敬那些放弃财富而不求利益的僧众。僧

---

① 强调文章的歧义,是因为北宋晚期的人对作品的解读不同,正如很多人在《李觏集》的附录中写下的那样。张商英居士在1091年路过这座寺院的时候曾留下一首诗,认为李觏深化了对佛教的认识并变得谦逊。朱褒(1100年进士)曾于1120年在这座寺院写下了一首绝句,指出张商英误解了这篇文章的意思。朱褒认为,被当时的道德氛围影响,李觏抓住一切机会来促进正确和有价值的社会行为。

② 邹浩:《永州法华寺经藏记》,《道乡集》卷二十六,第3页上—5页上。

③ 周孚:《焦山普济禅院僧堂记》,《蠹斋铅刀编》卷二十三,第1页上—3页上。

④ 参见崔敦礼:《海虞山宝严寺田记》,《宫教集》卷六,第9页上—10页上;娄机:《东塔置田度僧记》,《至元嘉禾志》卷二十二,第8页下—10页下。

人则会将文人们的捐助有节制地用于寺院的长期修缮上。在宋代的商品经济转型阶段，当许多人投身于谋取官阶与奢华享受的时候，这些文人在佛寺及其信徒那里发现了一个全新的世界。

孝顺

　　佛教的奉献精神培育了一种社群意识，它也加强、稳固了家族的血亲纽带。在宋代，亲属所做的善行通常意味着捐赠土地或金钱给寺庙、诵唱经文、为丧葬出资、造像以及招募僧众来照看墓园。① 就像被李觏赞赏的毛居士，其打动这位文人的原因不仅在于他的殷勤有礼，更在于他能维护并扩建从父亲那里继承下来的寺院。这样的善行能够形成善业，而最终功德也可以回向给已故亲属，使他们的命运得到改善。② 士大夫也经常用佛教术语表达他们的孝道，并且，就像我们在第五章中将阐明的，有时他们会为了亲人的利益做出一些虔诚的事情。举例来说，楼钥在自己的父亲去世后，主动地抄写《华严经》和《妙法莲华经》。③ 佛教的葬礼一向为蔡襄所诟病，但他却表彰了一位在四川做官的福建人，因为后者每天为他的父母茹素和诵经。④ 自六朝以降，佛教把"孝"这种儒家美德吸纳进自己的体系，僧伽发明了关于"孝"的节日并创作了"伪经"来推动对祖先的敬奉。⑤

① 参见邓肃：《南剑天宁塑像》，《栟榈集》卷十七，第 3 页上—5 页下；韩元吉：《崇福庵记》，《南涧甲乙稿》卷十五，第 11 页下—14 页上；陈宜中：《大仁院记》，《咸淳临安志》卷七十八，第 13 页下—14 页上。
② 这种既益于已故亲人，又能使自己官位得到高升的行为在宋代官僚阶层中颇为盛行。朝廷可能会授予其祖先谥号，他们的男性后代会蒙祖先的荫护而获得官职。
③ 楼钥：《资政殿大学士致仕赠特进楼公神道碑》，《攻媿集》卷九十七，第 4 页上。
④ 蔡襄：《林比部送行诗序》，《蔡忠惠公集》卷二十六，第 11 页上—11 页下。
⑤ 参见道端良秀：《唐代佛教史の研究》，第 299—316 页；牧田谛亮：《疑经研究》，第 56—60 页。

1245 年，大学者王应麟为一座佛寺撰写了篇碑铭，他阐明了佛教的业报理论是如何恰到好处地被应用于当时的传统仪式之中的。① 简言之，佛教信仰在宋代的家庭事务中几乎无处不在，文人也赞扬了其有益的影响。

史浩是那个时代最重要的政治家之一。他在 1190 年撰写了一篇碑记。② 在他的文章中，作为道德典范的信徒未必是愚昧的乡巴佬。比如，抗金名将张俊的曾孙张镃就是这样一个例外。③ 他捐赠的土地占据了首都主要的地产。除了建筑物和土地，他还捐献了 60 顷水田来供养僧人的食物和经济收入。为此，新皇帝宋光宗授予他一块御书匾额。④ 史浩本人是一个相当虔诚的人。⑤ 史氏家族的杰出人物，包括史浩和他的后人史弥远、史嵩之，在他们的家乡明州修建了至少 14 座名寺。在那个

① 参见《广恩崇福寺记》，《延祐四明志》卷十七，第 18 页下—19 页下。王应麟在这里提到了《大方便佛报恩经》(《大正新修大藏经》，经号 156，卷三)。他为临安的地方官袁韶写了这篇文章来纪念后者的父亲。因为袁韶断案有很强的同情心，临安的百姓称呼他为"佛子"。参见《延祐四明志》卷五，第 12 页下。
② 关于史浩官居参知政事和国子博士所做出的杰出事业，可参见戴仁柱(Richard L. Davis)：《丞相世家：南宋四明史氏家族研究》(Court and Family in Sung China, 960-1279: Bureaucratic Success and Kinship Fortunes for the Shih of Ming-chou)，第 54—75 页。
③ 张镃留下了一本备受赞誉的诗集——《南湖集》。他后来联合史弥远诛杀了 1206—1207 年袭击金军之失败计划的发起者韩侂胄。他在 1190 年用了什么样的方法经营家族园林无从得知，直到 13 世纪末，他的园林仍被认为是整个帝国中最奢华的。参见叶绍翁：《四朝闻见录》，第 91—92 页；周密：《齐东野语校注》，第 54—62、300—303、394—395 页。
④ 60 顷可以粗略地换算为 1000 英亩(4 平方千米)。
⑤ 史浩发现自己经常做梦和产生幻觉。这些梦与幻觉的内容包括自己在去普陀山的旅途中目睹观音现身，他在后来写的一篇文章中将之称为神迹。在他的文集中，没有空泛的纪念性文章，包括为寺院和众生所作的祈愿文。参见《夷坚志》，第 45、341 页；《宋人轶事汇编》，第 899 页；《大德昌国州图志》卷六，第 7 页上—7 页下；史浩：《鄮峰真隐漫录》卷二十三，第 8 页上、9 页上—10 页上、11 页上—19 页上。关于史浩对佛教产生浓厚兴趣的更多论述，可参见《佛祖统纪》，《大正新修大藏经》，第 2035 部，卷四十九，第 428 页中—428 页下、第 445 页下。

时代,这个强势的豪族展现了孝道。①

可以看到,这篇文章的作者和主角都是显赫家族的杰出人物。在文章的引言和结尾部分,史浩把捐献当作报恩朝廷的方式。他说,张镃对僧伽的捐助,会给人们带来永世的巨大福报。然而,令史浩最感兴趣的是,这笔捐款将如何影响到张镃的亲属。在史浩看来,财富和权力转瞬即逝,家族遗产的保全需要这样的慈善行为:

> 予每叹世人,苟贵若宫,必思广其病,务极雄丽以贻厥,后而有无穷。然应世未几,生息繁衍,宏敞化为渐隘,又从而分裂之蜂房蚁埋。各开户牖,无复前日耽酬气象。开或不竞,求簪宅人,一再过而为墟者有之。
>
> 固不若释客骄,齐物我,推己所有。与众共之,为长且久也。异时寝处瞑游之地,千载俨然。子孙登览,企想风烈,必有俨慨激昂,济其美者。世人识虑及此,已定为达。②

① 这些寺院建造在史家的祖坟附近,和尚们在节日里会进献法事。参见黄敏枝:《宋代佛教社会经济史论集》,第 294、296、297、298、300 页。如需了解更多叟浩之子史弥远以及 13 世纪前 30 年的宫廷统治,参见戴仁柱(Richard L. Davis)的《丞相世家:南宋四明史氏家族研究》(*Court and Family in Sung China*,960-1279;*Bureaucratic Success and Kinship Fortunes for the Shih of Ming-chou*),第 81—117 页。史弥远的侄子史嵩之位居丞相,但亦备受敌意。见上书,第 142—157 页。

② 《宋广寿慧云禅寺碑》,《两浙金石志》卷十,第 35 页上—37 页下。绍定年间(1228—1233)的一场大火烧毁了这篇文章中的寺院,但它在 1262 年又由私人出资重建。这件事发生在咸淳年间(1265—1274)修撰当地地方志之前。这座寺院后来成为 13 世纪杭州地方志中经常出现的地标式建筑。参见《咸淳临安志》卷七十六,第 16 页下。

这些名门望族为了成功，往往在私利的驱使下播下令自己毁灭的种子。在当时社会，对于一个家族而言，最大的理想就是几代人同堂而居，且仅能随分家而终结。佛教的孝道因袭了这种血亲观念，僧伽通过祈福来为望族谋求长期的福祉。尽管张镃的祖先在其来世有可能会因此功德而获益，但在这篇文章中他们并没有被提及——史浩却将此确认为张氏家族未来几代人的善报，而通常就功德回向而言，福佑并不会在家族谱系中传递。再者，不像宋代世俗世界的亲族那样，业力的财富能够抵御战争、匪患、经济危机、政变，以及遗产纠纷。其他的家族则只会盲目地繁衍扩张，直到他们的住所如虫穴般简陋，而他们的遗产也将分崩离析。史浩认为，张氏家族在自家土地上建造佛寺，将逃离这种兴衰无常的循环。张氏家族的遗产也会获得永久而崇高的意义，无论是被书写成文字，还是张氏子孙如指挥臣民般的"登览"。张镃在道德资本层面上的巨大投入，将受到佛寺的庇护和朝廷的支持，而其子孙的未来发展也有了保证。①

对史浩来说，孝道与佛教完美地结合在了一起，但其他文人却不这样认为。虽然数个世纪以来，有着不同教育背景的无数国人敬畏他们的双亲和先祖，但是儒家对孝道的强调使得一些士大夫认为这是儒家特有的美德。这一看法使佛教与孝亲之间呈现出某种张力。李石在为四川的一座寺院题写的碑铭中，表达了他对依照佛教教义施行孝道的信徒的钦佩和困惑。这座寺院受到虔诚的杨氏家族的慷慨资助。在讨论了该家族的奉献与寺院的发展之后，李石转而思考他们的信仰来源：

_____

① 后来，这个地方因张氏家族修建的寺院而闻名。参见《咸淳临安志》卷十，第 37 页上。

窃谓吾儒百行以孝为本,而二氏亦以孝为本。中不得不异,而本则同者,何也? 吾儒一发一肤明其所受,以无毁其全,此乐正子春不忍一足之伤,而惝惝乎三月之久矣。① 而老氏者,亦以惜身爱生者,流为神仙不死之说。独佛氏者,以割截为布施,以毁弃为寂灭,其说有饲饥虎②,委性命,血肉而不悔者。此其说之异也。③

若夫吾儒,以孝为德。老氏以孝为功行,佛氏以为补报。推己以利人,尽心以及物④,未尝不同本而出也。吾不知杨氏父子果自吾儒出者乎? 方其勇于佛也,以头目髓脑,苟可以致九原之痛者⑤,尚所不惜。况金玉宝货,过眼土梗不啻,何足计哉? 此杨氏之心当与佛同体,而于吾儒,不为背本也。

孟子曰:"逃墨必归于杨,逃杨必归于儒。"⑥此吾所

185

---

① 李石这里提到的故事出自《礼记》。在乐正子春受伤后,他消失了数个月,因为他的伤表明他没有履行好孝道和照顾好自己的身体。参见《礼记》卷五,《十三经注疏》,第822—823页;《礼记》卷二,《十三经注疏》,第228—229页。
② 关于这个著名的佛本生故事,参见孔睿(Edward Conze):《佛教经典》(*Buddhist Scriptures*),第24—26页。
③ 然而,宋廷因循唐代之先例,授予那些为了医治生病的父母而割肉的人极大的荣誉。尽管这种自残行为违背了孝道的观念,一些道学的支持者却对此表达了暧昧的态度。对他们而言,"诚"激发的这种行为值得敬佩,并使道德评价尺度变得更加宽容。参见小林义廣:《宋代の割股の風習と士大夫》,《名古屋大学東洋史研究報告》,1995年第19卷,第88—106页。
④ 即"将己心推扩到他人身上"。
⑤ 即"九泉"。
⑥ 参见《孟子》,第十章,第26节。"墨"和"杨"指的是墨子和杨朱,即孟子的主要论敌。这篇文章的其余部分,参考了刘殿爵(D. C. Lau)的译本,原文这样写道,"归,斯受之而已矣。今之与杨、墨辩者,如追放豚,既入其苙,又从而招之"。参见《孟子》,第199页。

以合三说而一，以望于杨子者。①

李石首先强调了中国本土思想和佛教在身体观上的根本差异。对史浩来说，亲眷的血肉形体是宗族的符号象征，但也会随着家族的衰落而消逝，这就需要佛教思想的补救。而在李石那里，家族的精神遗产不能与人的肉身相分离。在儒家的观念中，身体不能受到损坏，家庭伦理也不应舍离，它们应得到保护。为了避免被视为一个辟佛者，李石并没有继续省察他的看法与佛教徒之间的区别。受孟子思想的启发，他试图通过某种德性伦理来说明杨氏家族的宗教信仰。

然而，这样一种调和儒佛二教的声音，同样伴随了明显的社会优越感。李石认为，杨氏家族的做法固然值得赞誉，但同样需要正确的引导。李石用"勇"这个字来表达对杨氏家族的欣赏。他们在李石的笔下表现出甘于牺牲的奉献精神，由此可见杨氏家族的勇德。不过，他们无私和刚毅的精神虽然值得赞扬，仍需要更好的思想来引导和协助。李石暗示道，杨氏家族的佛教信仰也许只是暂时的，将来可能会服膺于更为正统的儒家思想。同欧阳修的一些文章一样，李石也不愿深入探究促使杨家人遵循佛教教义的主要原因。无论如何，信徒对孝道（或慈善）的信念和佛教义理的热情在文章中呈现为一个既定的事186 实，而作者则给出了一定限度内的支持与回应。②

---

① 李石：《安乐院飞轮藏记》，《方舟集》卷十一，第4页上—6页上。
② 另外，有一些文人回应了佛教对孝道及亲情的重视。刘克庄本来对信仰中的灵异因素不屑一顾，但是当他听闻庞居士临终时，庞氏之子突然死去的事情时，也被深深打动了。他写道，"禅在其中矣"。参见刘克庄：《孝友堂》，《后村先生大全集》卷九十一，第12页下—13页下。

正因为孝道的道德感召力是如此强大，所以一些文人用它来解释为何佛教得以大行中土。在过去的几十年里，住持和他的弟子们接手了前辈的事业，这同样可以视为儿孙接手祖先的事业。这种虚构的家庭关系被同化为佛教的修道主义，尽管看上去令人生厌，却暗合了中国社会里最受尊崇的理想，并为制度化佛教的持久发展提供了合理性。1040 年，余靖在为广东的一座寺院撰写的碑记中，解释了这一现象。余靖写道，在仅有的一块唐代流传下来的、用来记名的匾额的基础上，一位住持和他的后继者们建造了这座佛寺：

　　呜呼！能创其基者，父之事也；能继其志者，子之力也。① 文王无忧于其国，以王季为之父也。② 臧孙有后于其家，以哀伯为之子也。③ 浮屠氏托大义于父子，而本非骨肉之爱，乃能恢崇堂构，以昭前人之光；又能捐其蓄积，市易田产，以贻后世之利，此其可书以垂劝也。④

余靖在这里概括性地将佛门的师弟关系描述为世俗的父子关系。余靖发现，僧人之间的代际忠诚和努力可以与古代的德行

① 《中庸》曾用"继志"这样的表述来定义孝道。参见《礼记》卷五，《十三经注疏》，第886 页。在理雅各的翻译中，这段文本写道，"夫孝者：善继人之志，善述人之事者也"，参见《礼记》卷二，《十三经注疏》第 310 页。
② "王季"是季历的谥号。他是文王的父亲，一个因继承周道、笃于行义而被纪念的人，他赢得了诸侯的忠诚。参见司马迁：《史记》卷四，第 116 页。
③ "哀伯"是臧孙达的谥号。他谴责了鲁国宫廷使用大鼎的事情，并强调了宫廷礼仪应节俭而规范。鲁国的内史听到这件事，评价道："臧孙达其有后于鲁乎！"参见《左传》卷五，《十三经注疏》，第 95 页。
④ 余靖：《韶州善化院记》，《武溪集》卷九，第 4 页上—5 页下。

相媲美。这种视角将僧人的生活自然化了,并将它与父子之情这一中国血亲关系中最珍贵的纽带结合在一起。不同于有的文人以"出家"这样消极的方式审视宗教,余靖则含蓄地从"成家"的角度来关注僧人群体。

当余靖写作这篇文章的时候,宋代的文人还没有开始讨论巩固和延续家族经济和社会地位的血缘基础问题。[①] 正因为与余靖同时代的文人作品中少见此说,他的看法才更令人印象深刻。后来一代又一代的人开始意识到,家族的和睦依赖于慈善财产、家谱以及经常达不到他们内心标准的重大仪式。因此,佛教徒的事业能够保持着生命力。虽然僧人的实践内容经常改变,却仍然受到人们的高度尊敬。就像陆游在 1208 年为浙江会稽的一座寺庙所撰写的碑记中所揭示的那样:

> 有能家事相继,支久不坏,如若之为父子者乎! 有能容众聚族,燮和安乐,如若之处兄弟者乎! 至于度地筑室,以奢丽相夸,斤斧之声未停,丹垩之饰未干,而盛衰之变已遽至矣。亦有如若之安居奠处,子传之孙,孙又传之子者乎?[②]

----

① 举例来说,范仲淹在 1050 年开始了他的家族的慈善事业。参见崔瑞德(Denis Twitchett):《范氏义庄,1050—1060》("The Fan Clan's Charitable Estate, 1050-1760"),收入倪德卫(David S. Nivison)、芮沃寿(Arthur F. Wright)主编:《行动中的儒教》(*Confucianism in Action*)。这个领域的其他创见似乎也出现在余靖的论述之后,参见伊沛霞(Patricia B. Ebrey):《血缘亲族的早期阶段》("The Early Stages in Descent Group Organization"),收入伊沛霞(Patricia B. Ebrey)、屈顺天(James L. Watson)主编:《晚期中华帝国的宗族社会》(*Kinship Organization in Late Imperial China* 1000—1940)。
② 陆游:《灵秘院营造记》,《陆放翁全集》,第 126—127 页。

1192 年,寺院的住持圆寂,陆游为舍利塔撰写了一篇碑铭,和尚们记得很清楚。① 在接下来的几年里,陆游经常光顾这个地区。由于该寺位于一条交通要道上,陆游有很多机会对它进行参访。这样的熟悉程度可能会促使陆游将僧众与"家庭"联系起来,并将它们进行比较。②

尽管这种纽带是假想的,但佛教徒及其追随者们为世俗社会提供了适宜的生活方式,而孝顺只是其中的一个例子。无论怎样,即便是那些最狂热致力于儒家复兴的人也必须承认,在宋代的时候,儒学并没有彻底垄断道德。尽管一个古典礼乐制度下的统治社会呈现出一种引人注目的景象,但它的实现却有待于遥远的未来。在当时的社会,令人不安的政治趋势使他们赞扬一切道德行为,即便这些行为出自佛教徒之手,他们也会心存感激。对佛教持包容态度甚至深谙佛理的儒者自然也毫不掩饰地称赞这些善行。在他们看来,佛教的实践强调了世俗社会中维系社群和家庭的纽带及尊卑等级的重要性。

令人不安的成就

上文指出,善良的僧人和居士为平民提供了道德实践上的榜样力量。然而,据一些文人讲,没有人会像他们自己那样从这

---

① 陆游:《海净大师塔铭》,《陆放翁全集》,第 251 页。
② 陆游同样在另外一些场合将僧团制度与家庭进行比较。参见陆游:《法云寺观音殿记》《湖州常照院记》,《陆放翁全集》,第 113—114 页、第 122—123 页。包括林希逸在内的其他文人后来也这样去做了。在 13 世纪 60 年代,林希逸为之前参访过的一座苏州寺院写道:"今夫世之为子若孙者,能训父祖之志,已艰其人。自亲至珏,以教法相绍,而四世一心,共图其终,岂不愈难乎?"参见《重建昆山县广孝寺记》,《竹溪鬳斋十一稿续集》卷十,第 9 页上—11 页下。

些例子中得到如此多的收获。无论一个人对佛教修行和僧众的态度如何，一座荣耀加身的、新修建的巨大寺院总会给人留下深刻的印象。这种重要的建筑工程需要巨额资金和大批建材，有时还会从遥远的地区迁调大量劳工。大型工程通常需要多年的筹资和规划才能完成，这同样要求工程负责人拥有卓越的品质和管理才能。这种工程会占据官员们大量的时间和精力，他们对这些事务的困难和可能遇到的挫折有着深入的体会。重建的寺院凝聚了勤奋、坚韧、无私、活力等美德以及人们对佛教事业的坚定信心。在上面引述的李石的文章中，佛教徒和居士展现出了相当大的勇气。这种勇德与仁德、智德皆为《中庸》认为的圣人应具的品德。① 尤其到了南宋时期，许多学者都认为自己与同僚相比更缺乏勇气。

寺院的严格戒律与世俗生活之间存在着距离，这给宋代的文人们留下了深刻的印象。他们对此感到畏惧，而对苏轼而言，更几乎生起了厌恶之情。在一篇碑记中，苏轼写道："佛道之难成，言之使人悲酸愁苦。"②他详细阐发了传说中僧侣们在探索涅

---

① 关于传统经典与宋代对"勇"这一概念的详细阐述，可参见近藤正则：《程伊川における「勇」の解釈と衍義：宋代『孟子』受容史の視点から》，《東洋研究》，1994 年 113 卷，第 19—43 页。

② 苏轼：《中和胜相院记》，《苏轼文集》，第 384—385 页。苏轼的这篇文章是为自己的远亲惟简而写的。惟简也曾收到过苏轼写给他的另外两篇文章，其中一篇是 1080 年为寺院的藏经阁所写，另一篇是 1068 年为吴道子的一幅画所作。这幅画曾在苏氏家族世代流传，并在苏轼的父亲死后转交给了这位僧人。这两篇作品吸引了更多的学术关注，苏轼展现出自己与惟简之间的某种更亲密的关系。然而，在这篇文章中，苏轼却一开始觉得被请求写这样一篇文章是荒谬的，他之所以同意写作仅仅是因为惟简和他的前辈惟度的学识与个人魅力。这些差异使人猜测这篇文章的写作时间要早于那两篇文章。参见管佩达（Beata Grant）：《重访庐山——苏轼生活与作品中的佛教》（*Mount Lu Revisited：Buddhism in The Life and Writings of Su Shih*），第 41—42、56—57 页。

槃过程中遭受的痛苦和自我摧残。[1] 除了这些极端案例,普通僧
人的生存困境仍然引起了他的同情和惊讶:

> 其不能此者,犹弃绝骨肉,衣麻布,食草木之实,昼
> 日力作,以给薪水粪除[2],暮夜持膏火熏香,事其师如
> 生。务苦瘠其身,自身口意莫不有禁,其略十,其详无
> 数。终身念之,寝食见之,如是,仅可以称沙门比丘。[3]
> 虽名为不耕而食,然其劳苦卑辱,则过于农工远矣。[4]

王安石同样以对佛教的浓厚兴趣而闻名,他在 1046 年写的一篇
碑记里,也表达了苏轼那样的观点:"孔氏之道易行也,非有苦身
窘形,离性禁欲,若彼之难也。"[5]一个世纪之后,在为嘉兴一座寺
院撰写的碑记中,王希吕像苏轼那样,以同样的立场讨论了僧伽 189
的戒律,并进一步指出,如果僧伽违背戒律的行为被发现,就会
被定罪且受到朝廷官员的惩罚,居士信徒们会离弃他,而这件事
也会成为整个国家的民众茶余饭后的谈资。[6]

　　在这些论述中,文人们含蓄地引导读者将他们的生活环
境与僧伽的生存境况进行比较。实际上,一位士大夫的仕宦
生涯同样不会轻松地度过。对于他们来说,掌握大量的经典
文献和通过科举考试需要经过无数个小时的学习。这些备
考的人只有少数会顺利通过,而那些成功踏入仕途的人却将

---

[1] 一个有趣的悖论是,这些和尚将自己的肉喂给鸟兽之前会加以烹制。

[2] 即从事手工劳作。

[3] 即和尚与托钵僧。

[4] 苏轼:《中和胜相院记》,《苏轼文集》,第 384—385 页。

[5] 王安石:《扬州龙兴寺十方讲院记》,《王文公文集》,第 420—421 页。

[6] 王希吕:《精严禅寺记》,《至元嘉禾志》卷十八,第 1 页上—3 页上。

卷入无休止的政治斗争之中。几乎所有人都会在人生的某个时段遭遇政治上的挫折。在中国人的书信中，为个人命运的不幸而哀叹是个永恒的主题。然而，他们仍被僧众的不懈努力所激励。这些僧人时刻保持着对世俗生活的拒斥，忍受着不太可能改变的艰苦生活。僧人的这些努力像光芒一样，照耀在宋代文人的圈子里，在士大夫的心中为佛教赢得了声誉，也让那些顾影自怜和颓废倦怠的政治家与文人墨客倍感羞惭。

关于这一论辩的历史最早出现在 11 世纪 40 年代的碑铭中。这是儒学复兴的重要时期，而欧阳修的"奠基"之作体现了上述观点。一些年轻的文人认为，佛教徒是复兴中国传统习俗和道德秩序重建过程中的最大障碍。僧人和士人逐渐走向对立，开始了零和博弈（zero-sum game）。对于一些人而言，这场博弈被扩大到了帝国选拔人才的层面。在讲述了一位博学而勤勉的住持的主要成就后，年轻的王安石说道："失之此而彼得焉，其有以也夫！"①尽管这种对立的关系强调了士僧之别，但很多文人仍然承认了二者的同构性，即认为这两个群体同样有着求道的精进之心。在这种情况下，对僧伽的赤诚之心和寺院严格戒律的详细描述，一方面提醒了志同道合的士大夫要增强自己的精神力量，另一方面也会容易被解读为对堕落文人的谴责。甚至当文章的主题表面上与僧伽毫无关联的时候，一些文人也会提到这种士僧之争，正如我们在 1047 年李觏为一座刚刚获得捐赠土地的书院所写的碑记中看到的那样。李觏试图借此机会督

---

① 王安石：《扬州龙兴寺十方讲院记》，《王文公文集》，第 420—421 页。

促他的同仁们完成复兴古典儒学的任务。① 在他看来,文人们仅
仅将儒家经典视为谋取官职的工具,一旦在权位上站稳脚跟,就 *190*
很快抛弃掉了它们。因此,这些人很少关注修建书院的事情。
对于佛教徒而言,他们在从事奉献的时候从未放弃教义,因而从
未缺少追随佛理的信徒们。

　　曾巩进一步明晰了这种差异。在李觏陈述其观点的一年之
后,曾巩为江西东部的一座佛殿写了篇碑记。② 他没怎么提到佛
殿的建筑面积,却指出后者从筹款到建设只花了十年时间,并认
为这是一个迅捷、高效的工程。在西夏紧张形势缓解和改良派
被降职、流放的历史环境下,曾巩试图借讨论佛寺来评价国事:

　　　　吾观佛之徒,凡有所兴作,其人皆用力也勤,刻意
　　也专,不肯苟成,不求速效,故善以小致大,以难致易,
　　而其所为,无一不如其志者,岂独其说足以动人哉? 其
　　中亦有智然也。若可栖之披攘经营,捃摭纤悉,忘十年
　　之久,以及其志之成,其所以自致,岂不近是哉? 噫!

---

① 李觏:《邵武军学置庄田记》,《李觏集》,第 251—253 页。这篇文章的翻译,可参见
　白乐日(Etienne Balazs):《王安石的先行者》("A Forerunner of Wang An-shih"),
　收入《中国的文明与官制》(*Chinese Civilization and Bureaucracy*),第 287—289
　页。李觏的批评令一些读者感到不安,他很快就发现自己不得不回应这些指责,
　并声称自己的这篇文章其实宣扬了佛教信仰的优越性。参见李觏:《答黄著作
　书》《再答黄著作书》,《李觏集》,第 321—324 页。一个世纪之后,崔敦礼指出了李
　觏对文人在仕宦生涯中无视经典教化和德性修养的厌恶,"吾学者解褐而仕,仕
　则以道德为迂阔,以《诗》《书》为陈腐"。参见崔敦礼:《建康府溧阳显报恩寺度僧
　田记》,《宫教集》卷六,第 7 页下—9 页上。
② 有趣的是,不到五年前,这座寺院中一位法号可栖的住持曾收到李觏所写的一篇
　文章。可栖靠医治患者筹得整修寺院的经费,将他的母亲安置在寺院旁给予照
　顾,并聘任他的弟弟担任寺院主事。这种对家庭的关照,以及凭借医治病人而非
　讲法论道来获取资金的做法得到了李觏的盛赞。参见李觏:《抚州菜园院记》,
　《李觏集》,第 266 页。

佛之法固方重于天下,而其学者又善殖之如此。至于
世儒,习圣人之道,既自以为至矣,及其任天下之事,则
未尝有勤行之意,坚持之操,少长相与语曰:"苟一时之
利耳,安能必世百年,为教化之渐,而待迟久之功哉!"
相薰以此,故历千余载,虽有贤者作,未可以得志于其
间也。由是观之,反不及佛之学者远矣。则彼之所以
盛,不由此之所自守者衰欤?与之记,不独以著其能,
亦愧吾道之不行也已。①

较之李觏指责官员们对古典遗存的忽视,曾巩则将他们的毛病
归结为胆怯畏缩。相比于认识到这个问题的严重性,儒者身份
带来的弊病却已然成为了国家种种问题的根源。在文章的结尾
部分,曾巩再一次将文人与勤勉的佛教徒相比,指出了前者的懦
弱无能,并毫不掩饰自己对他们的厌恶。他的碑铭强调了儒家
教育改造人心的使命(即本书第一章所谓"教化")缺乏行动的力
量来改变这些人(即便不是大多数人,也一定包括 11 世纪的文
人士大夫)。显然,日常政务的琐碎和困难使官员们感到枯燥乏
味,而在当时,传统儒家理念也难以克服这个问题。无论李觏还
是曾巩都没有在碑铭中追问为什么和尚及其追随者们获得了成
功,但是他们已经表明,佛教的世界观显然更有效地吸引着那些
尽职尽责的信徒们。佛教教义中那些被现代学者有时概括为
"寂灭"和"彼岸"的内容,能够激发并维持此岸的实践动力。这
种世界观指导下的实践,远离了传统士大夫受到的宿命论和权
力斗争的折磨,显然高明得多。

191

---

① 曾巩:《菜园院佛殿记》,《曾巩集》,第 280—281 页。

12 世纪早期的政治环境,为文人的作品平添了一种挫败感。艺术家皇帝徽宗和奸相蔡京的数十年乱政最终在金军入侵汴京的一刻土崩瓦解。徽宗和钦宗二帝和上千朝廷成员一起被囚禁,最后死在了今天的东北地区。宋王朝后来在临安得到光复。在经历了 15 年断断续续的战乱之后,王朝错失了几次表面看上去很好的收复北方的机会,而耻辱地接受和谈更是遭到了大量文人的反对。这些异议者中的大多数人都遭到了贬谪。在这种情况下,一些激进的士大夫将保卫国家看作是与复兴古典文化同等重要的使命。

对于这些人而言,北方的沦陷意味着自己内心世界的崩塌。金人占据了中原腹地,而明通经典的学者则在远离政治与文化中心的流亡朝廷中任职。尽管南方的气候和环境可能会稍微缓解南迁之苦,但国土沦陷、朝廷南渡这件事仍刺痛了很多士大夫的内心。由于政治环境的乖谬已经成为一个长期存在的事实,文人们开始关注士僧之间的矛盾,以期激励他们的同僚为国家做出更大的努力。

1158 年,韩元吉在为福建省建安县的一座寺院撰写的碑记 ¹⁹² 中,展现了上述矛盾。在被任命为当地的知县不久,韩元吉受命为 500 尊罗汉像和一座用来供奉它们的佛堂的落成写一篇文章。① 在文章的开头,韩元吉指出,1127 年之前,福建的四个沿海县对佛教的虔诚程度超过了四个内陆县。内陆地区在朝廷南渡时期遭受的损失要大得多,当地僧人将之归结为缺乏奉献的果报。在接下来的几十年中,内地居民努力弥补之前的过失。

---

① 韩元吉仅仅供职一年。因当地承受着高额物价而收入微薄,他建议民众通过贩盐来减轻经济负担。参见《宋史翼》卷十四,第 6 页上。

毋庸置疑，一些文人可能会指摘僧伽为了自己的利益故意在大众中制造恐怖气氛。韩元吉并没有走这种批评僧伽的老路，但进一步追问僧人及他们与当地社群关系在这一事件中形成的影响。在他看来，因当地官员对新修的寺庙征收苛捐杂税，僧侣们开始把所居之寺仅仅当成驿站，不愿再施行功德。因此，表面上的"僧人的腐败"实际上源自当权者的贪婪。

将文人之懈怠与佛教徒之勤勉进行比较，便形成了一个类似的悖论。当然，将这种情况视为悖论，意味着人们预设了一种共识，即文人士大夫与僧人之间的关系是不平等的，前者的地位高于后者，并占据着统治地位。因此，这种关系的翻转自然就显得出乎意料和异乎常理，并引发了文人的羞耻感。韩元吉生怕有人漏读了他的观点，因而设定了一个高傲的文人角色，试图去责罚那些筹集资金修筑佛像的居士。通过这样的一个开场，韩元吉表明了他自己理解的因果报应：

> 求予文为之记，予笑曰："宋颖，盖儒者也。儒之道，不语怪以惑民，不取人以自利。今是像之设，不惑民而自利耶？"宋颖曰："不然，凡吾州之民，乐为之者，以其有迁善之心也。琳之志，所以有为者，耻其徒至安于陋而不振也。天下之事，能不安于陋，而振以有为，俾民迁善而乐为之，是岂特佛之徒也？"予于是愧其言。[1]

---

[1] 韩元吉：《建安白云山崇梵禅寺罗汉堂记》，《南涧甲乙稿》卷十五，第4页上—5页下。

这篇文章提出了几个值得讨论的地方。首先,尽管"陋而不振"形容的是眼前这座寺院,但作者却故意将其引申到远离中原文化中心的萎靡的南宋士人身上。其次,除了这个隐喻,韩元吉在故事中还加入了新的角色,即一位诚挚而勤勉的寺院住持。文中的主角是一个无知而自负的文人,他急于找出别人的毛病,却看不到自己的无能。为了弥补这个角色带来的不快,作者又设立了一个名叫宋颖的儒者作为正面的形象。或许是为了增强观点的说服力而避免被认为自以为是,韩元吉牺牲了个人形象,甘愿扮演那个虚构的狂妄角色。另外,谴责韩元吉的人不是寺院住持,而是宋颖,这可能是为了避免形成一个僧人责备士大夫的尴尬场面。这样,至少看上去,文人和僧人同样充满活力。因此,韩元吉的批评就显得含蓄了许多,而他的同僚们也更易于接受这样一则故事。总之,这篇碑铭揭示了士人和僧伽的两种关系。在第一种关系中,士大夫利用僧众来征取税收,导致后者背弃了自己的本职工作;而第二种关系显示,在受教育的信徒的协助下,僧人们可以履行他们的职责。乐观地看,文人一开始备受谴责,而最终将得到救赎。

但是,在陆游看来,僧人的努力和文人的无能这一矛盾并没有消失。与韩元吉不同的是,陆游在两个群体之间没有设立任何一位缓和这种张力的调解人,反而用相当刻薄的言辞进一步强调了这种分歧。在 1186 年为江西一座寺庙的藏经阁撰写的碑记中,陆游强调了这两类人之间的巨大差异,进而凸显了上述矛盾的荒谬之处。在谈到寺院住持的时候,他写道:

> 子弃家为浮屠氏,祝发坏衣,徒跣行乞,无冠冕轩
> 车府寺以为尊也,无官属胥吏徒隶以为奉也,无鞭笞刀

锯图圄桎梏,与夫金钱粟帛爵秩禄位,以为刑且赏也。
其举事宜若甚难,今顾能不动气声,于期岁之间,成此
奇伟壮丽百年累世之迹。予切怪士大夫操尊权,席利
势,假命令之重,耗府库之积,而玩(玩)岁愒日,事功弗
昭,又遗患于后,其视子岂不重可愧哉?①

陆游将僧人和士人们的财产积蓄进行了对比。住持极为贫穷这

194 一点给陆游留下了深刻的印象。同样,在描述士大夫的特征之
时,陆游并没有将他的同僚设定为古代经典的传承者、王命的承
担者或者肩负着化民成俗使命的人。官员们仅仅利用他们的权
力在官场做着表面功夫。尽管大权在握,但这些人仍然轻易挥
霍着造福社会或治理天下的资质。此外,陆游指出,鞭子、大棒
等刑具,同名衔与职位一样,都是无关紧要且转瞬即逝的,难以
和壮丽雄伟的藏经阁相提并论。在陆游的表述中,这座建筑几
乎是浑然天成的,因而文中没有提供关于施工过程的任何细节。
陆游的敬畏感体现在他将这座建筑的落成视为一位异常神奇的
僧伽所行的奇迹。与韩元吉一样,陆游也表现出内心的尴尬,但
没有在文中设立任何一个中间人来引导士大夫效仿努力奋斗的
僧人。

在另一篇文章中,陆游大量使用建筑的比喻来突出这种矛
盾。对灰身灭智的描述仅仅彰显了僧伽功德的重要性,而年久
失修的破庙则凝聚了僧人们的合作精神,并促使他们修复寺院。
与此相比,文人的精神则堕落殆尽。正如陆游在为福建建宁府
的一座佛殿撰写的碑铭中描述的那样:

---

① 陆游:《抚州广寿禅院经藏记》,《陆放翁全集》,第 104—105 页。

> 怀素坐裂瓦折桷腐柱颓垣之间,召工人,持矩度,谋增大其旧,计费数百万,未有一钱储也。使在士大夫,语未脱口,已得狂名,有心者疑,有言者谤,逐而去之,久矣。浮屠人则不然,方且出力为之先后,为之辅翼,为之御侮,历十有四年如一日,此其所以归然有所成就。①

僧伽的成就不仅仅在于个人的殊胜修行,更依赖于团队的合作精神,这使得对物质的强烈需求变得没有意义。这篇文章呼应了陆游更早的那一篇,在他看来,士大夫的精力和资源被浪费在了彼此的猜忌中,最终导致政治事业的挫折。通过对比这两个群体,陆游对那些计划收复北方的同僚们倍感失望。被整修的寺院不仅反映了僧人们的能力,也反映出了文人与那个时代的疏离。

陆游作为 12 世纪最激进的人而闻名。但与此同时,也有一些不太知名的文人对士僧关系表达了看法,其中之一就是孙应时。他曾在 12 世纪 80 年代担任淮南地区的海陵县县丞。12 世纪 40 年代初,宋金之间处于休战状态,海陵县成为了南宋在北方边境的一处战略驻地。事实上,这个地方始终不是多么繁荣。到了 12 世纪末,反而变得日益贫困,而朝廷亦对此有所忽视。孙应时在自己的任期内,曾写过一篇碑铭回应陆游关于士僧关系的看法。与陆游表达僧伽的贫苦生活及其坚定的意志不同,孙应时认为这些建筑体现出了不同人群的志气:

195

---

① 陆游:《建宁府尊胜院佛殿记》,《陆放翁全集》,第 109—110 页。朱熹之父朱松同样为这座寺院撰写过文章。陆游的这篇文章记录了 1140 年的翻修,但没有提到朱松的文章。

> 兵兴逾六十年,无事益久,而城池涂巷、学社官府,
> 凡州县之制度,与夫疆里图籍,生聚教训之政圮废,苟
> 简十居七八。吏往往工于自谋,刻日待满。问所当为,
> 辄委曰:"难。"……而其为浮屠法者,则方经营,披攘兴
> 坏,图新以绩,于成彼其虑事,独不与吏等。①

在这里,孙应时将国家设施逐项记录,并标记出需要官员建设和
维修的建筑。然而,地方官认为他们的职务与修复这些被毁坏
的建筑无关。对僧人来说,他们的寺院与周围建筑也遭到了类
似的损毁,但他们选择了努力修复这些建筑。僧人的工作动力
与官民的麻木不仁显然形成了对比。在文章的末尾,孙应时希
望淮南地区的所有官员都能在购置土地、迁寺躲避洪灾以及不
懈精进的寺院住持的引导下进行自我改造。另外,陆游暗示了
寺院改造和王朝复兴之间的某种平行关系,而孙应时则对此给
予更直接的阐发,尽管他的语调更为缓和:

196

> 稍追承平之旧观,以佐规模之大暑,岂诚难哉? 为
> 浮屠则能,为士大夫则不能,似不宜尔也。②

从很多方面来看,孙应时的观念与上述文人不同。作为韩元吉
和陆游的后辈,孙应时恰好赶上了1161年收复北方失地计划破
灭的最后一段岁月。他更自觉地将自己当作一个无意于佛道二
家的古典儒者。他从未就任高官,却是陆九渊的弟子和朱熹的

---

① 孙应时:《泰州石庄明僖禅院记》,《烛湖集》卷九,第20页上—22页上。
② 同上。

同伴。① 与陆游不同,这些拔地而起的宏伟寺院提不起他的兴趣,正如我们在这篇碑铭和其他类似作品中看到的那样——佛教的振兴必然意味着儒家复兴的挫折。尽管孙应时非常欣赏淮南的这位住持,他又不得不写下"惜其失身异端,无用于世,其所植立,儒者所不道"②。然而,对陆游而言,佛教的各种仪轨能够盛行于平民阶层,在很大程度上意味着僧伽的习俗已经取代了三代礼乐。

孙应时后来试图发掘传统失落的原因,在他看来,这种原因植根于宋代的中国社会。在为一座寺院撰写的碑铭中,他转而将衰落的原因归结为平民对大道衰微的忽视以及对时命运转的无知。③ 然而,后来他放弃了这种流行于文人群体之中的宿命论,并认为个人的努力能够起到决定性的作用。④ 僧人们通过自己的不懈努力,创造了传播教义的条件,并为他们的事业带来了好运。就这个意义上讲,孙应时与陆游的看法更为接近,他们拒绝接受朝中同僚将寺院的修建归结为因果业报的观念。这些事例进一步强调了以彼岸世界和命数观念为教义的佛教在士大夫阶层中传播的困难,后者往往依于传统礼法排斥佛教,展现出儒者的身份立场和强烈的使命感。这些现代的学术假设在一定程度上推断于当时的辟佛理论。总之,在孙应时的笔下,士大夫的萎靡和僧人的活力之间呈现出一种不协调的张力。

197

---

① 应孙应时之请,朱熹曾为他在常熟修建的子游(孔子弟子,生于此处)庙撰写过一篇文章。参见朱熹:《平江府常熟县学吴公祠记》,《晦庵先生朱文公文集》卷八十,第 23 页下—25 页上。朱熹和孙应时之间也有着大量的通信往来。参见孙应时:《烛湖集》卷五,第 1 页上—16 页上;朱熹:《晦庵先生朱文公文别集》卷三,第 9 页上—12 页上。
② 孙应时:《烛湖集》卷九,第 20 页上—22 页上。
③ 孙应时:《福昌院藏殿记》,《烛湖集》卷九,第 17 页上—18 页下。
④ 《法性寺记》,《烛湖集》卷九,第 18 页下—20 页上。

　　李心传是 13 世纪最伟大的历史学家,在他为一座寺院撰写的碑铭中,详细论述了僧众的工作效率及其对士大夫的启示。当代学者认为,李心传对佛教充满敌意。这是因为,在李心传现存的文集中,几乎没有提到他与僧人的往来。就像孙应时那样,李心传在一些文章中将佛教的善行同中国传统中的某些道德实践进行比较。李心传对佛教与儒家的制度史给予了特别的关注。① 他曾为浙江的一座精舍写过一篇碑记。这座精舍是由一位曾在此之前修建了 23 座精舍的僧人所建。在文中,李心传将这位僧人的行为与《周礼》中描写的圣人为接济旅者与穷人而建造旅店和市集的功业相比较。②

　　虽然精舍非常重要,但最终还是由书院承担了复兴传统文化的使命。③ 一个失败的教育体系将使帝国及朝野上下处于致

---

① 参见贾志扬(John Chaffee):《作为批评者的历史学家:李心传与中国南宋治国之困境》("The Historian as Critic: Lin Hsin-ch'uan and the Dilemmas of Statecraft in Southern Sung China"),收入韩明士(Robert P. Hymes)、谢康伦(Conrad Schirokauer)主编:《为世界排序:宋代的国家与社会》(*Ordering the World: Approaches to State and Society in Sung Dynasty China*),第 325—326 页。

② 参见《周礼·地官司徒》的《遗人》一节,《周礼》卷三,《十三经注疏》,第 204—205 页。李心传注意到,一些其他的古典学者也做出了这样的比较:"尝闻河南夫子,因游僧舍,值其食时,顾而叹曰:'三代礼乐,尽在是矣。'"参见《崇福院记》,《咸淳临安志》卷七十七,第 10 页上—10 页下。这个故事有好几个版本。有人认为故事的主角是程颢:"明道先生尝至禅寺,方饭,见趋进揖逊之盛,曰:'三代威仪,尽在是矣。'"参见吕本中《童蒙训》卷一,第 19 页下—20 页上。在李心传的版本中,佛教徒从事的是"礼乐"实践,而吕本中使用的是"威仪"一词。牟𪩘在 1303 年左右为一座佛堂撰写的碑铭中,提到了这个故事,而且也以"威仪"表述,但是将程颢游历的地点写作觉海惠林精舍。参见《普照千僧海会堂记》,《陵阳集》卷十,第 8 页上—8 页下。在第四个版本中,这个故事的主角是张载,他认为三代礼乐有着不朽的价值,并在开封的大相国寺对僧人们表达了他的看法。参见史绳祖:《学斋占毕》卷二,第 2 页上。史绳祖将张载的语录作为他的引用依据,但在现代点校本的《张载集》中,并未发现这句话。

③ 在理学家们看来,佛寺与儒家书院存在着竞争。朱熹在 1187 年为福建一座刚刚获得捐赠的书院所写的文章中,对书院和学生的贫困感到遗憾。紧接着,就好像佛寺是形成这种困境的根源一样,朱熹斥责了这些僧伽:"今浮屠氏之说, (转下页)

命的危险之中。1234 年,李心传在为湖州一座寺院撰写的碑记
中提到了这些问题,并给予了详尽的审视。李心传的文章总共
分为四个部分。在第一部分中,他以相当长的篇幅介绍了寺院
住持。这位僧人热心于佛教事业,也喜欢当地的风土民情。他
在寺院里修行,用自己的鲜血抄经,并收到当地官员捐赠的善
款。住持请李心传为此作一篇文章,后者却表现出强烈的不情
愿,并写道:"余为儒者也,自计不当放浮屠氏之言。"①与此同时,
李心传提出了为何儒家书院的冷清与佛教寺院的繁荣差别如此
之大的问题,并以此作为第二部分的开头。站在国家官员的角
度,他有条理地回答了这个问题。他认为佛教徒有三个卓越的
特点:通过勤奋获得成功,对待财产廉洁而诚实,致力于钻研佛
法。与此相比,官员们把时间和精力更多地花在修建他们的私
人官邸上。建设书院的资金经常被学官、县令、郡守等用于私人
开支。最后,书院的课程不过是"为声病剽窃之文,以偿利禄温
饱之愿而已"②。

举了这些例子之后,李心传在文章的第三部分回到了对寺
院的描述,并提出了他的个人看法。他像陆游一样,愤怒地对这
些文人提出了批评:

> 今伟之营是刹也,一钱之施,弗敢私有,铢积寸累,
> 迄于成就,世俗之士当知所愧,而又美议哉?昔国一师

(接上页)乱君臣之礼,绝父子之亲。淫诬鄙诈,以驱诱一世之人,而纳之于禽兽之
域,固先王之法之所必诛,而不以听者也。"参见朱熹:《建宁府崇安县学田记》,《晦
庵先生朱文公文集》卷七十九,第 15 页上。
① 《宋南林报国寺碑》,《吴兴金石录》卷十一,第 1 页上—5 页下。
② 同上。

为崔赵公言:"出家是大丈夫事,非将相之所能为。"①李
文公问药山戒定慧之说,②药山云:"欲保任此事,须高
高山顶立,深深海底行,闺阁中物舍不得,便为渗漏。"③
今之士大夫,考其所为,渗漏多矣,故名虽将相实不能
为大丈夫,此浮屠氏所以下视而高胜之也。④

这段高潮跌宕的文字之后,文章以一段气势稍弱的结尾收笔。
李心传计划回乡建一座书院,与他的朋友们一起提高当地士人
的素质。僧人坚定的决心激发了他的行动力,尽管他仍担忧自
己的能力不能达到前者的标准。不管怎样,他提出了自己的见

---

① 法钦是禅宗大师马祖道一的弟子,"国一"是唐代朝廷赐予他的名号。有趣的是,
这段对话并没有出现在《宋高僧传》的法钦传记中。参见《大正新脩大藏經》,经
号 2061,卷 50,第 764 页下—765 页上。大正藏版的《景德传灯录》(在此书中他
名为道钦)也遗漏了这一段对话,但是在 1614 年的朝鲜版中被记录下来。参见
《大正新脩大藏經》,经号 2076,卷 52,第 230 页上—230 页下;道原:《景德传灯
录》,第 356 页。这个故事也出现在一些非佛教典籍中,参见李肇:《唐国史补》,第
21 页;曾慥:《类说》卷三,26 节,第 7 页上—7 页下;王谠:《唐语林校注》,第 400—
401 页。但是,这些版本中的记载与李心传的引述有一点不同,它们写的是"出家
是大丈夫事,非将相所为也"。这种表达弱化了将出家当作一种能力的论调。崔
赵公的身份是一个谜。唐代和五代传记索引的编者认为这个人是崔圆,他在 757
年唐肃宗返都之后被封为赵国公。参见方积六:《唐五代五十二种笔记小说人名
索引》,第 169 页;《旧唐书》卷十,第 3279—3280 页。不幸的是,历史记载的崔圆
的活动地区主要在西南地区和四川,离江苏省很远。此外,《宋高僧传》中没有证
据表示法钦曾经见过崔圆,但是却记载了他遇到的其他三个姓崔的官员,这些人
的名字可能在 9 世纪初李肇编撰《唐国史补》之前就已经被混淆了。
② 即李翱和药山惟俨。这段对话出自道原:《景德传灯录》,《大正新脩大藏經》,经
号 2076 部,卷 51,第 312 页下。巴瑞特(Timothy Hugh Barrett)详细地讨论了这
些人物及其相关事件之间的关系。参见巴瑞特(Timothy Hugh Barrett):《李翱
思想中的佛教、道教与儒家》("Buddhism, Taoism and Confucianism in the
Thought of Li Ao"),耶鲁大学博士学位论文,1978 年,第 136—156 页。
③ 苏辙非常喜欢这句话,并写道:"予欲书此言于绅,庶几不忘也。"参见苏辙:《书传
灯录后》,《苏辙集》,第 1232 页。
④ 《宋南林报国寺碑》,《吴兴金石录》卷十一,第 1 页上—5 页下。

解,并以之激励他人。

李心传的这篇碑铭中有几个重点值得我们留意。首先,作为一篇文学作品,它较少地展示了这位历史学家的工作。李心传采用了四种不同的语调:不情愿书写此文的叙述者、官方的青愿者、激愤的旁观者以及勇敢而忧心忡忡的社会活动家。这种安排让他的文章结构从一个层次延伸到下一个层次,显示出非同寻常的戏剧性。其次,他在这里引用的佛典是值得注意的。在已知的李心传的生平背景中,没有任何文本表明他对佛教或僧伽的事迹感兴趣。在这篇文章开头,他声称自己有着相当大的顾虑,碍于礼节,肤皮潦草地遵从了僧侣的要求。这种不情愿的态度不会引起读者的质疑,因为他所写的其他与佛教相关的文章也偶尔会充斥着一些厌烦的语气,并通常认为佛教徒的言行是愚昧的。但是,他提到了一些禅宗的公案,这看起来令人感到诧异。李心传对这些故事的熟悉是不值得讨论的,但使人震惊的是,在他表达了对佛教的反感之后,这些故事被立刻用来支撑他的观点。同样有趣的是,他在结语中再一次引用了禅僧的故事,而当他的愤慨平息之后,他又回到原来的样子,以一个坚定的传统儒者身份激励他的同僚。总之,为了实现他的目的,作者运用了多种写作手法,这在某种程度上使读者感到困惑不解。

李心传的碑记表明,文人阶层认为佛教僧侣坚持不懈的精神能够带来显著的效率。将和尚与官员们相提并论,说明了僧人应被视为身体力行之人,或者说是圣人、道德模范。这种观点并没有任何新意,僧人的神迹曾在中世中国大量出现,而李心传所举的例子也是来自唐代的奇闻轶事。奇怪的是,宋代的文人是如何接受这种观念来惩罚、激励和要求他们同时代人的。实际上,这种修辞学的转向来自于传统文化无力复兴以及宋廷抗

199

金失利、收复无望带来的挫败感。对这些文人而言,这种挫败感意味着士大夫阶层意志的软弱。在 12—13 世纪,改善现状的机会总是被错失,以至于进一步增强了文人无能的印象。在这种社会氛围下,有着强烈使命感的僧人们合作数年修缮佛寺的场面,就表现出一种复兴帝国的愿景:从战争的废墟中重建寺院象征着复仇的第一步。① 因此,即使传统的儒家经典在士大夫群体中有着相当大的权威,佛教寺院也仍被认为是英雄般的象征。

总　结

为佛寺撰写碑铭这件事,使很多文人开始思考社会中存在的种种问题:士人对传统理念的背离、道德标准的下降、物欲贪念的横流以及政治精英的无能。在反思这些问题的同时,文人以寺院暗喻了很多事情。不过,这种修辞本身并没有打开一个新的局面。对僧人及信徒而言,装饰华美的佛堂和佛殿是极乐净土在此世的化身。长期以来,皇帝们一直将寺庙视为神权的象征。在寺院中,他们可以表现出自己的仁爱之心,并积累无量功德。宋代的文人赋予了寺院新的意义,通过寺院可以看到僧众与官民立场的不同。尽管我们这里引用的材料证明了不同观点,但所有人一致试图从社会环境中去"理解"佛教建筑。无论这些建筑与周围的社会环境

① 这种将战争的失利、外族占领、国耻、宗教复兴相结合的情况并非为 12 世纪的中国所独有。随着普法战争的进行,法国在 1872—1873 年举行了一场大型的朝圣活动,并将卢尔德视为一处圣地。有人认为这种现象是对国家失败甚至大革命本身的进一步延伸。相似的地方还有韩元吉对战后福建内陆地区冲突的描述。参见凯尔曼(Thomas A. Kselman):《19 世纪法国的神迹和预言》(*Miracles and Prophecies in Nineteenth-Century France*),第 113—128 页。

相匹配还是不协调，都在陈述着宋代中国的历史境遇。文人们对寺院功能的强调，反映出僧人群体在他们内心的地位不断变化。

这种将寺庙与社会联系起来的趋势，部分地源于士僧之间的关联。事实上，文人与僧人之间有着很多相似之处。他们有着相似的组织结构，相似的成圣理想，而且掌握经典的人拥有话语权。当他们追求个人事业的时候，都背井离乡多年，有时不再回来。他们都任职于国家重要部门或与之关系密切的岗位。他们都将自己的使命视为减轻自己身边凡愚大众的痛苦。在他们的组织下，无论是通过劝说还是强迫的方式，都有权力组织民众参与大规模的劳动工程来为宋代社会提供物质基础。文人认为双方竞争（这是普遍存在的）中最著名的是儒家的辟佛，即有道德的士人和误入歧途的、不道德的僧众的较量。然而，这些碑铭表明，当士人未能实现他们的理想时，就会承认在这一点上僧伽可能做得更好。这种关系也不是以零和博弈的形式来描述的。比如，在真德秀的文章中，似乎是为了突出时代的惨淡无望，他甚至将犯戒的僧人与懒惰的士人进行比较。①

显然，同一个文人在自己不同的作品中以不同的态度对待佛教。比如，他们可以同时将佛教信仰视为疾病和良药。尽管这个悖论的提出，可能因为我们与 11—12 世纪的人的思维方式不同。但在我们看来，这种矛盾意味着对原则的背叛。然而，我们完全可以认为，即使在宋代，一些人也发现自己陷入了

---

① 真德秀：《杨文公真笔遗教经》，《西山真文忠公文集》卷三十五，第 18 页下—19 页下。

困惑之中。① 从某种程度上讲,这种困惑源于当时士大夫对古代传统的两种责任。有的时候,文人们会根据所处环境对个人立场进行折中。在公开辟佛的陈亮为一些寺院撰写的碑铭中,就明显突出了这种矛盾。② 在为一座寺院所写的碑铭中,陈亮谴责了僧人的不劳而获,并援引了韩愈的辟佛论。陈亮认为,这种虚妄的信仰必须得到彻底根除,"徒以起斯人不忍其废坏之心,吾未见其有补于吾道也"③。这种立场回应了欧阳修的看法,但是陈亮与后者不同的地方在于,他又不愿让寺院从中国的土地上消失。后来,当上述那座寺院几于荒废而无人供养时,陈亮组织了它的修复工作,为其捐赠了粮食并协助置办田产。对于自己的这番努力,陈亮解释为"非溺于因果,而出于天下之公心也"④。这表明,佛教对于陈亮而言不只是一种教义,更是中国国土上不可缺少的一部分。忽视佛教广泛传播的现实并容忍其在民间进一步堕落,将造成弊大于利的局面。大多数文人看到,僧人们确实承担着过多的社会工作。这使得寺院的地位更具争议性,即便在同一位文人的作品集中也经常出现对待寺院的矛盾态度。

于是,佛寺可以被用来意指很多不同的事物。它们适应周围环境的能力来自佛教教义在中国的特殊地位。对于传统儒者而言,他们的世界观集中于田园牧歌式的三代时期。自佛教传

① 晁说之曾对韩愈和欧阳修用力地批评佛教却又与僧人往来感到困惑。这样的矛盾在僧伽那里也有所体现。孤山智圆曾责备他的弟子,只因后者没有像韩愈那样,为儒家接续道统而发展佛教传统。契嵩曾力辩欧阳修的辟佛言论,却又称赞后者有"古代义士之风"。这些行为,被晁说之解释为公正、宽容精神的表现。参见《惧说赠然公》,《欧阳修资料汇编》,第 147 页。

② 陈亮:《问道释巫妖教之害》,《陈亮集》,第 164—165 页。

③ 陈亮:《普明寺长生谷记》,《陈亮集》,第 279—280 页。

④ 陈亮:《普明寺置田记》,《陈亮集》,第 278—279 页。

入中土,就备受儒者诟病,更因往昔与当下社会中出现的各种问题而背负骂名。在 11—12 世纪,佛教有了一个显著的变化,那就是注解经典不如之前那般兴盛。佛经的失语使佛教缺乏权威性,而在这个时候,对于熟悉佛教的士人而言,佛寺就拥有了一种与佛经在同一层面上的、持久的感染力。对于文人们来说,寺院既显得陌生,又似乎非常熟悉。这种恍惚感赋予了文人更多想象的空间,因此在他们的作品中,经常出现矛盾重重的地方。

　　这种恍惚感也有助于解释,为何寺院的碑铭中会偶尔出现愤愤不平的语气和辱骂口吻。在文人为僧人群体撰写文章的时候,看上去是站在一个独立的立场上,而实际上他们供职于衙门或书院,传统礼教的语境未能给予他们独立的话语空间。他们对待佛教这种半异域的文化传统可以显得随意一些。文人们可以不受惩罚地谴责僧伽,因为后者并非处于文化的正统地位,而且僧人也几乎无法对他们的批评进行报复。或者说,一个文人可能会批评社会及官员的问题,而这是存在风险的,但批评寺院及僧人则能免于文人和官员之间那种小团体的猜忌。我们在引言部分曾经讨论过黄庭坚的最后一篇文章,可以作为上述规则的一个例外。有人可能会说,黄庭坚之所以受到惩罚,是因为他的文章激怒了南宋文人,而恰好朝廷当局"侵入"到文人群体中,使黄庭坚的碑铭受到了"不公"的待遇。然而,无论那篇碑铭是赞美还是咒骂僧人,黄庭坚都像是一位与社会保持距离的旁观者,虽然能够感受到社会疾苦,但又无能为力。民众仍旧拜佛,同时代的人仍旧缺乏孝道和仁德,士大夫阶层仍旧吝啬、懒惰和颓废。尽管黄庭坚文中的语气显示出儒者的正统意识,但在很大程度上仍是含蓄的。在接下来的一章中,我们将进一步说明寺院碑记中呈现的宋代文人们的地位。

第五章　个人生活

　　　　余少侍先光禄,①自洪都舟行,顺流而东,过彭
蠡,②望庐山,开翠屏于空外。小泊南康,③迫于行役,
不及。一至山中,历指五老、香炉诸峰,④怅望而行,犹
意此生可游也。

　　　　老矣,遇人自山中来,必问泉石之胜。或惠以图与
记,读之,若身到其处也。住育王瑞公,九江人,⑤尝以
问之,最能言受业普照院之详。⑥

这是楼钥为著名的佛教胜地江西庐山的一座寺院撰写的碑记。
在经历了仕宦生涯并获得极高的权位之后,他在生命的最后一
年写下了这篇文章。在楼钥笔下,这篇应人之请而写的碑铭成
为他对自己过往人生的追忆。他曾陪同父亲宦游于名川大河之
间,而庐山意味着一段美好的记忆。读者虽然最终了解到这座
寺院的历史,但这仅仅是在楼钥抒发了对庐山的个人情感之后。

---

① 即楼璩(逝于 1182 年)。
② 即江西东北部的鄱阳湖。
③ 即今天的都昌。
④ 五老峰和香炉峰。
⑤ 关于这座寺院的更多描述,参见本书第三章。
⑥ 楼钥:《江州普照院记》,《攻媿集》卷五十七,第 14 页下—17 页上。

在文章的结尾,当师瑞和尚携碑文离开江西的时候,楼钥转而表达了他的失落感:

> 噫!余既无由杖屦相从,以酬素愿,纵到山中,胜具亦已无有矣。师之归度,无再见之日[1];庐山面目,终不能复识。既为书其始末,又重为之怃然也。[2]

202

在这种叙述中,个人主观性的回忆掩盖了寺院相对独立的历史记载。他没有提到慧远、白居易、苏轼,或任何一位与这座山有关的著名人物。对于楼钥来说,庐山只是承载了自己未能实现的梦想,一段无法挽回的青春以及与父亲相伴的岁月。最终,他希望回到庐山,但只能借由为山寺撰写一篇文章这种间接的方式。

所以,寺院的碑铭为文人们提供了追忆家庭和个人经历的机会。这些作品反映了中国文人在写自传的时候,不会拘于吴百益提出的任何一种文体的限制。[3] 然而,作为一种新文体,碑记并没有明确地规定表示什么必须说,什么没必要说。[4] 传统碑铭的写作模板要求作者对传主致以谢意(尽管只是含蓄的),但

---

[1] 意即二人将再难相见。

[2] 楼钥:《江州普照院记》,《攻媿集》卷五十七,第14页下—17页上。

[3] 按照吴百益的解释,对个人经历的讨论要归于历史描述之下。他认为,作者必须保持严格的客观性,将所有的个人见解都统摄于最后的判断之上。主观意见和个人经验应在纯文学作品中展现,在这种情况中,审美方面的考虑经常会占据上风。而在我看来,宋代文人撰写的这些碑铭突破了吴百益的文体规定论。参见吴百益(Pei-yi Wu):《儒者的历程:中国古代的自传写作》(The Confucian's Progress: Autobiographical Writings in Traditional China),第6—7页。

[4] 艾朗诺(Ronald Egan)将这种碑铭以及葬词文风转变的肇始者归于欧阳修。欧阳修之后,文章更强调主观性及对个人感觉的描述。参见艾朗诺(Ronald Egan):《欧阳修的文学作品》(The Literary Works of Ou-yang Hsiu),第35—38页。

这些文人们却没有遵循传统。因此,文人可以以说教的方式来撰写这些碑铭,正如我们在第四章中看到的那样;或者将它们写成一种个人传记,如下所示。

与书院、土地庙、村社等其他公共场所不同,寺院并不存在于经典传统之中。为寺院等场所撰写文章,在某种意义上可说是学者的分外之事。在一些学者为私人书斋和馆阁撰写的文章中,有的时候会流露出一种亲密的语气。然而,有些碑铭体现出的主观性表明,文人对往事的回忆比寺院本身更值得关注。与此同时,这些文章说明了佛寺的突出贡献。作为羁旅者的临时住所,它们的历史反映了寺院的建设、衰落、翻修、偏僻的位置、与家族兴衰的联系,以及世间的常住与无常。这方面的碑记,反映了六朝和唐代诗歌对寺院形象的经典理解。特别的是,文人们用这些文字来表达他们的孝心和乡愁。佛寺既帮助人们更好地理解皇室和社会习俗,也彰显了文人的自我意识。

205

信仰与孝道

一般来讲,宋代的士人最早接触佛教,是在家庭生活的影响之下。僧人和寺庙帮助文人维系他们与已故先祖的关系。文人们会回忆起幼时被父母带着参拜佛寺的往事。① 在那里,他们会向祖先进献祭品,参与中元节的活动。这种一年一度的祭祖仪

---

① 参见陆游:《云门寿圣院记》,《陆放翁全集》,第 96 页;李流谦:《重修安国寺记》,《澹斋集》卷十六,第 1 页上—2 页下;楼钥:《魏塘大圣塔记》,《攻媿集》卷五十七,第 16 页上—18 页下。另可参见刘克庄:《云峰院重修建法堂》,《后村先生大全集》卷九十一,第 9 页下—10 页下。

式旨在减轻亡魂的饥饿之苦。① 当他们成年之后，履行孝道的方
式常常是委托僧人来照管宗祠和祖坟。如果逝者来不及下葬，
可以被临时安置在寺院之中，等到家属筹齐安葬费用再择日入
殓。② 如果这些孝子拥有更丰厚的经济实力，他们会举办水陆法
会来安抚死者的亡魂。③ 在这些活动中，宋人继承并阐述了中世
佛教的修行制度与传统孝道观念的融合。④

　　此外，在这些文人的生活中，他们可能会听到自己的亲属
（尤其是母亲、姐妹和妻子）诵读佛经。许多文人家庭中的女性
的墓志铭都记载着她们的奉献事迹。文人作品流露出的对往事
的回忆，有时仅仅是为了表彰一个寡妇的虔诚。由此而论，婆媳
在赏识僧伽这一点上会达成一致——这有助于增强家庭的和
睦。不过，一些相对儒学而言更喜欢佛教仪轨的女性，会被激进
的儒者视为应当防范的对象。⑤

---

① 参见太史文（Stephen F. Teiser）:《中国中世纪的鬼节》(*The Ghost Festival in Medieval China*），第 196—213 页。

② 死者的近亲会将他们安置在寺院中，直到筹齐足够埋葬的钱财，再来认领尸体。一些家庭始终没有能力埋葬死者，最终在 1079 年，朝廷下拨了 3—5 顷贫瘠的二地用来掩埋开封佛寺中无人认领的尸体。参见《续资治通鉴长编》卷二百九一七，第 7217—7218 页。

③ 参见牧田諦亮的《水陸會小考》，《東方宗教》，1957 年第 12 期；史蒂文森（Daniel B. Stevenson）:《水陆法会史中的文本、造像与改革：佛教对水陆生物的解脱仪式》("Text, Image, and Transformation in the History of Shuilu fahui, the Buddhist Rite for Deliverance of Creatures of Water and Land")，收入魏玛莎（Marsha Weidner）主编:《晚期中国佛教的文化交融》(*Cultural Intersections in Later Chinese Buddhism*）。

④ 对家庭、鬼节以及一些强调孝道的伪经之间关系的阐释，可参见道端良秀:《唐代佛教史の研究》，第 299—334 页；太史文:《中国中世纪的鬼节》(*The Ghost Festival in Medieval China*）。对这些经典的批判性解读，可参见寇爱伦（Alan Cole）:《中国佛教中的母与子》(*Mothers and Sons in Chinese Buddhism*）。

⑤ 参见伊沛霞（Patricia B. Ebrey）:《内闱：宋代的婚姻与妇女生活》(*The Inner Quarters: Marriage and the Lives of Chinese Women in the Sung Period*），第 127 页。

因此,将宋代的家庭关系看作"儒家式的",是没有抓住重点的。在当时,经济上的攀比和科举制度给各个家族带来巨大的压力,许多宋代的文人觉得有必要就如何治家给出自己的建议。但是,他们开具的处方却带有明显的儒家特质,只能在后代的道德实践中实现。在宋代,很少有人能真正做到编修家谱、兴建祠堂(没有僧人管理的那种)、捐赠家产或合葬亲眷。① 宋代的家庭通常是小型的,而佛教徒的虔敬和无私则为表达孝道提供了一条路径。对宋代的名门望族而言,几代人的兴盛并无不同,楼钥则将其姻亲的好运归因于一个多世纪前一位祖先所行的功德。②

居士们的后代有时会为他们曾到访过的寺院撰写碑记,借此向祖先致敬。或者换句话说,这座寺院可能会成为一个家族的纪念场所。因此,为寺院撰写的碑记可能是在致敬整个家族,就像胡宿在 1027 年为江苏一座翻修的寺院所写的那样。③ 在文章开头,胡宿总结了这座寺院在宋代之前的历史,但随后却以更长的篇幅讲述了胡氏家族的历史。在他的祖先中,最重要的是他的曾祖父。胡宿的曾祖父是一位当地的名士,曾经无偿地接济他人,解决当地的纠纷,并维护了乡镇的稳定。五代时期,胡宿的曾祖父希望通过传播佛法将家族的好运推扩到这个山河破

① 正如柏文莉(Beverly Bossler)所述,"尽管在哲人和词人的作品中都赞扬了亲亲和睦之德,但大多数家族仍面临着分崩离析、内部冲突以及频繁消失的危险"。参见柏文莉(Beverly Bossler):《权力关系:宋代中国的家族、地位与国家》[*Powerful Relations:Kinship,Status,and the State in Sung China*(960—1279)],第 154 页。
② 楼钥的家族与王氏家族几代联姻,他将其姻亲的运气归结为 160 年前一位居士所行善事的福报。参见楼钥:《安岩华严院记》,《攻媿集》卷五十七,第 8 页下—10 页下。
③ 胡宿在 1024 年进士及第,而后晋升为高官。在他写作这篇文章之前不久,他作为扬子尉救助了遭受长江洪害的"数千"灾民。参见欧阳修:《赠太子太傅胡公墓志铭》,《欧阳修全集》,第 514—520 页。

碎的国家。在征询了族人的意见后,曾祖父请求他们帮助修复家乡的寺院:

> 方今国步尚忧,人道未夷,而宗门得免乱世。吾闻西竺之教,利生接物,因权显实,使人崇十善持五戒①……超出生灭此神道之极,执津梁之至妙无生上法。虽然,成于解行有为胜业,亦以董于种性。盖兴故刹,以劝同闬,且为香火之集,②庶厌金革之难。③

胡宿的曾祖父并没有直接表明,自己的虔诚使家族远离战乱。但是,没有人会漏掉作者的这一暗示。胡宿暗示道,曾祖父的悲心促使他将自己的好运分享给乡邻。尽管他只是一名居士,却似乎通晓佛教义理,并致力于通过宗教实践来改善社会。胡宿生于这些事情的多年之后,未能亲耳聆听曾祖父的呼吁,不过,也许年长的亲戚或当地的僧人会将这些事讲给他听。可以确信的是,胡宿的曾祖父从未发表过任何演说。但是,胡宿选择以这种方式来纪念这位致力于奉献的居士。④ 这一篇文字结束于当地民众的热烈回应,同时,朝廷敕封了这座宏伟的寺院,并赐予了一块匾额。

　　文章的第二部分描述了寺院之外的另一种修复,即关于 *207*

---

① "十善"指的是远离杀生、偷盗、邪淫、妄语、两舌、恶口、绮语、贪欲、嗔恚以及邪见。
② 即香火繁盛之集会。
③ 胡宿:《常州兴化寺记》,《文恭集》卷三十五,第 4 页下—6 页上。
④ 作为杭州的地方官,胡宿促成了修建西湖畔最著名的寺院的大门和回廊一事,并以虔诚的措辞为这件事写了一篇长文。参见《下天竺灵山教院记》,《咸淳临安志》卷八十,第 6 页上—7 页下。在胡宿为母亲写的墓志铭中,特别提到了她热忱的佛教信仰。参见胡宿:《李太夫人行状》,《文恭集》卷四十,第 12 页上—14 页上。

胡家后代如何落实先祖之志。因为他们仅仅是继承了祖先未竟之业，所以这些工作需要以谦恭之词来记述，并确保后辈不会因前人之功而傲慢。在文章的这一部分，胡宿没有论及佛理，或许因为他的曾祖父已有相关论述，若强行附和，则不免失之放肆。相比于使世界变得更好的希冀，晚辈们的努力更来自于一种孝心。虽然曾祖父作为这一事业的发起者而得到了很多关注，但胡宿更是将近期以来的工作视为多方努力的结果。胡宿写道，一位伯父开始设计和筹资，在他死后，他的儿子继承其业。富有的乡邻们赞助了巨额的资金，当地的僧人管理着这座佛寺。胡宿用一些夸张之辞描述了寺院的完工，并赞其"镇兹一方"①。他在结论中补充了记录这件事情的必要性：

> 妹子格②跪而前曰："曾大以来，家世乐善。寺已绝而崛起，殿将压而勃兴。宜著文辞，有表后世，复援孔悝铭鼎③，论撰先祖之意。"④

胡宿的妹妹援引了《礼记》中的一段话，表明这篇文章是为了纪念先祖，使他们的名誉不朽。那些了解祖先的荣耀却没有为之作传的后代会被认为是自私、冷漠的人。因此，她的请求具有相当大的说服力，很难被胡宿拒绝。这一呼吁还表明，胡宿的妹妹受到过相当良好的教育，而且品行端正，这进一步提升了家族的

---

① 胡宿：《常州兴化寺记》，《文恭集》卷三十五，第 4 页下—6 页上。
② "妹子格"，据《文恭集》当作"妷子格"，即胡宿之侄胡子格，而非其妹，原书的解释有误。——译者按。
③ 孔悝是春秋时期卫国的大夫。卫公赐予他一尊大鼎，并刻上孔悝的祖先为国效力时做出的壮举。参见《礼记》卷五，《十三经注疏》，第 838—839 页。
④ 胡宿：《常州兴化寺记》，《文恭集》卷三十五，第 4 页下—6 页上。

声誉。至于寺院本身,则象征着胡家人的孝道和他们作为社群
领袖的地位。

胡宿的文章写于 1027 年,远在新儒学复兴之前。到了 12
世纪的时候,更多的(虽然可能不是全部)文人在与僧伽的关系
中表现出一种更强烈的儒者意识。话虽如此,即便是道学圈子
内的士人也乐于结交那些曾经帮助过他们家庭的僧人,就像周
行己(1091 年进士)在 1091 年所写的碑铭中表现的那样。周行
己在洛阳的时候,曾从学于程颐,并得到后者的盛赞,但他与这
位被列入“元祐党籍”的思想家的关系导致了自己仕宦生涯的挫
折。① 政治上的失意和强烈的孝心使周行己经常羁留于浙江温
州的老家。在那里,他曾应一位法号显琛的住持之请,为一座翻
修过的寺庙撰写碑记。尽管周行己有着复兴儒家之道的承诺,
但他还是将这位僧人当作与自己家庭关系亲密的伙伴和道德
楷模。②

在碑记的前半部分,周行己煞费苦心地凸显显琛在当地社
会的地位。据周行己讲,这位僧人的正直品格,证实了孔子之
语“十室之邑,必有忠信”③。周行己向他的读者担保,这位僧
人定期地进献贡品,并经常参加在墓地举办的家祭。此外,周
行己描绘了家族中男性直系亲属和姻亲的墓地位置,并指明这
些地点与寺庙间的相对位置关系。实际上,他通过文字叙述了
一幅将各个地点连在一起的示意图,从而使得寺庙成为其家族

① 参见《宋史翼》卷二十三,第 11 页上—12 页上。
② 在周行己的本传中,有一则故事讲述了他劝阻一个学生放弃儒学并遁入空门。
在周行己看来,这个学生应该等待程颐来到他的镇上,并从学于后者。参见《宋
史》卷四百二十八,第 12733 页。
③ 周行己:《闲心普安禅寺修造记》,《浮沚集》卷四,第 22 页上—24 页上。参见《论
语》,第五章,第 27 节。

墓园的一部分。他回想起在祖父的葬礼上,祖母在得知自己去
世后,显琛会为他们来生的命运祈福,内心得到了宽慰。因此,
除了赞美这个僧人,周行己通过回忆这段往事,展现了自己的
孝心。

　　周行己在碑记的第二部分加入了另一则故事。在返乡之后
(也有可能是通过殿试之后),周行己和他的父亲拜访了显琛,并
游历了被他翻修过的寺院。他们参观了住持指定的继承人——
一位法号道珂的僧人的住处,显琛请求周行己为这里撰写一篇
碑铭。周行己爽快地答应了,并引用了《论语》中的一段话呼应
了文章的开篇:

> 虽曰未学,①其违道不远矣。② 故吾以谓慈惠者,
> 德也;强敏者,才也;不居其成者,道也。合是三者举而
> 措之,天下无难矣。③

文章开篇对孔子言论的引用可以看作一种形式上的声明,以避
免他人对自己过于称颂外道之人产生离经叛道的怀疑;而在文
章结尾处,周行己不吝赞美之词,进一步增强了这种信念。程颐
的教导并未阻止周行己称赞一位有德之人,更何况此人与家族

---

① 《论语》,第一章,第7节。这段文字赞扬了这样一些人:他们虽然缺乏正式的学
　习,却能用合宜的敬意对待长者,控制自己的欲望,努力侍奉父母,无私地服侍君
　主,并真诚地对待朋友。因为显琛是一位僧人,所以周行己将他看作是一个没有
　接受过正统的儒家学习的人。
② 《中庸》,第十三章,第3节。参见《礼记》卷五,《十三经注疏》,第883页。根据理
　雅各的翻译,这句话的全文是"道不远人。人之为道而远人,不可以为道"。参见
　《四书》,第394页。这段话集中讨论了"忠恕"这个概念,即要求学生努力地省察
　自身并扩充本心。孔子的弟子曾子将"忠恕"视为孔子的"一以贯之"之道。参见
　《论语》,第四章,第16节。
③ 周行己:《闲心普安禅寺修造记》,《浮沚集》卷四,第22页上—24页上。

的交往超越代际。

周行己的文章将家族命运与当地僧人联系在一起。在周行己和他的父亲参拜寺院的时候,他们与显琛和道珂二僧相处甚好。这两位僧人在周行己的文章中被视为形式上的父子。显琛将寺院的未来和经营事宜交给了道珂,并将记述此事的工作委托给了周行己。周行己欣然同意了显琛的请求,借此报答僧人对自己亲人的关照之恩。这两个人分别在为传承家族和宗教事业而努力着。通过记录一座翻修的寺院所增益的功德,最终会使周家人在来生受益。有趣的是,周行己并没有透露他的家人是否该寺院的主要捐赠者。也许在这个实例中,儒家立场使周行己三缄其口。

佛教徒与孝道之联系最突出的例子,莫过于 13 世纪福建沿海地区的一篇碑铭。这个地区在宋代一直是文人集会和佛教事业的中心。① 该地区遍布豪门,而以莆田方氏家族为著。纵观整个宋王朝,方氏家族共诞生了 61 名进士和 101 名官员。② 其中,一位杰出人物便是方演孙,他是方大琼——一位 13 世纪朝廷政治中的重要人物——的独子。方演孙大部分时间都在家乡当地活动,也许这段经历促使他增进自己与亲族的关系。在 1261 年,他创立了一个慈善机构,以此来资助家族仪礼,并在每个月固定向族人发放粮食。③ 与此同时,他还建造并资助了一座墓旁

---

① 举例来说,1225—1275 年这段时间里,在全国范围内,福州比其他各县贡献了更多的进士,共计 74 人。参见贾志扬(John W. Chaffee):《棘闱:宋代科举与社会》(*The Thorny Gates of Learning in Sung China:A Social History of Examinations*),第 237 页。

② 参见小林義廣:《宋代福建莆田の方氏一族について》,收入中国中世研究会主编:《中国中世史研究》。

③ 关于宋代慈善机构的更多研究,可参见崔瑞德(Denis Twitchett):《范氏义庄,1050—1060》("The Fan Clan's Charitable Estate,1050-1760"),收入 (转下页)

的佛寺,请僧人们照看被家族六个分支所忽视的祖坟。① 他希望
这些举措会增强家族亲属之间的身份认同感。②

　　然而,创建这些设施,首先需要翻修当地的佛寺。刘克庄的
家族与方氏家族几代联姻,而他记录下了这项工程。③ 早在 10
世纪的时候,这座寺院就曾为方氏先祖进献祭品,④家族的杰出
人物则为寺院捐献田产。每逢中元节,成千上万的信徒会赶来
为逝者祈福。然而,到了 13 世纪中叶,官府的苛捐杂税使这座
寺庙破败了,住持也准备另投他处。方家的文人们虽然仍光顾
这座寺庙,但家族的集体仪式和对宗祠的关注显然不比以往。
在方演孙看来,挽救寺院的财政,使其重新振作,就能增强方家

(接上页)倪德卫(David S. Nivison)、芮沃寿(Arthur F. Wright)主编:《行动中的
儒教》(Confucianism in Action);万安玲(Linda Walton):《作为南宋中国治国方
略之一的"义庄"》("Charitable Estates as an Aspect of Statecraft in Southern
Sung China"),收入韩明士(Robert P. Hymes)、谢康伦(Conrad Schirokauer)主
编:《为世界排序:宋代的国家与社会》(Ordering the World: Approaches to State
and Society in Sung Dynasty China)。
① 参见小林義廣:《宋代福建莆田の方氏一族について》,收入中国中世史研究会主
编:《中国中世史研究》,第 512—515 页。
② 更早的时候,方演孙之父方大琮,曾经为族人编修了一本家谱。参见方大琮:《方
氏族谱序》,《铁庵集》卷三十一,第 1 页上—5 页上。
③ 关于刘克庄及其家族的更多研究,可参见伊沛霞(Patricia B. Ebrey):《刘克庄家
族的女人们》("The Women in Liu Kezhuang's Family"),《现代中国》(Modern
China),1984 年第 10 卷第 4 期。刘克庄曾为方氏家族的成员撰写过不下 19 篇
墓志铭,其中包括他自己的妹妹。参见刘克庄:《后村先生大全集》卷一百四十
八,第 5 页上—6 页下;卷一百四十八,第 11 页下—13 页下;卷一百四十九,第 1
页上—3 页下;卷一百四十九,第 11 页下—13 页上;卷一百四十九,第 14 页下—
15 页下;卷一百四十九,第 16 页下—18 页上;卷一百五十一,第 11 页上—12 页
上;卷一百五十二,第 10 页上—11 页上;卷一百五十三,第 14 页上—页下;卷一
百五十七,第 1 页上—2 页下;卷一百五十七,第 2 页下—4 页上;卷一百五十七,
第 5 页上—页下;卷一百五十八,第 13 页下—15 页上;卷一百五十八,第 15 页
上—16 页上;卷一百六十,第 15 页下—15 页下;卷一百六十一,第 5 页上—15
页;卷一百六十一,第 18 页下—21 页上;卷一百六十二,第 3 页上—6 页下;卷一
百六十二,第 16 页上—17 页下。
④ 这座寺院坐落于县衙所在地,距方家祖坟 30 里远。

的生者与逝者之间的联系。这就像很多慈善机构增强生者之间 ²¹⁹
的联系一样。① 方演孙首先偿清了寺院的债务,然后迫使地方官
将税收调整到原来的水平,取消额外的征税,并将寺院住持的任
免权转移到方氏家族手中。

伴随着这些外部变化,方家的内部改革也在如火如荼地进
行着。方演孙试图恢复寺院的庄严气氛。他禁止方家的文人在
寺院举办宴会,并命令他们将食物与仆役留给僧人。这个家族
实现了寺院地位从私到公的转变,使家族拥有了从僧众中选拔
住持的更大权力。② 在方演孙主导的改革下,寺中的僧伽增加到
了 12 人。新任的住持是一个甘于奉献的人,他用自己的鲜血誊
抄了方家挑选的两部经书。③ 此外,尽管寺院曾濒临破产,但据
刘克庄称,受过教育的族人仍然在佛堂上礼拜。实际上,他们这
样做,远比他们在宗祠中做得多。方演孙不满于这种厚此薄彼
的现象,他要求宗族内的学生和官员平等地对待方家祖庙。对
那些礼拜者而言,他们可能觉得佛堂更为灵验,因此喜欢通过祈
祷神明来帮助自己。

当然,很少家族能比肩于名气显赫的胡家与方家。这两大
家族可以通过几代人的努力经营寺院,而一般家族很难做到。
不过,缺乏这种财富与背景的人同样可以借助佛教资源来纪念
他们的父母和祖先。他们会为佛像撰写文章,甚至仅仅是自己

---

① 这项努力还需要同国家权力部门打交道,而这正是刘克庄拥有的便利条件。刘
　克庄的处理方法支持了韩明士的论断,即"在南宋,人们普遍接受当地精英阶层
　可以(甚至是应当)干预地方政府。一旦这种干预以默认的方式得到了通过,人
　们会庆祝此事"。参见韩明士(Robert Hymes):《官与绅:北宋和南宋时期江西抚
　州的社会精英》(*Statesmen and Gentlemen:The Elite of Fu-chou,Chiang-hsi,
　in Northern and Southern Sung*),第 129 页。
② 按照刘克庄的说法,这座寺院的所属宗派从律宗转变为禅宗。
③ 刘克庄:《荐福院方氏祠堂记》,《后村先生大全集》卷九十三,第 8 页上—11 页上。

的先祖礼敬过的那些佛像。正如我们前面提到的那样，文人们有时将自己的好运归因于已故亲人的善行。这种恩情的表达，在喜爱禅宗的侯溥于 1070 年为一尊观音像撰写的碑记中得到了最直观的体现。与其他文人仅仅尊重亲属的虔诚不同，侯溥把他的出生归因于父亲的信仰。早先，侯溥的父亲因为没有子嗣，便向观音菩萨祈福，并在梦中得到了菩萨的显灵和答复。父亲立即请一位画家将他的梦境画了下来。很快，侯溥就出生了。后来，他的父亲要求他礼敬每一尊观音像，并在可能的时候为之写一篇碑记。在父亲去世后，侯溥找到了一个合适的机会，实现报答父亲和菩萨的愿望。

211　　就这样，这种不同寻常的责任心为一篇不同寻常的文章奠定了孝敬的格调。侯溥把自己当作一个孝顺的典范，时刻留心父亲的教诲，"惟是恐，恐不敢放窃，欲求观音验应之地，以导发愚，素而未之获"①。当一座位于成都的寺院重新装饰了观音像，并请侯溥撰文纪念时，他觉得终于能兑现自己的承诺了。这组寺庙群中的一座，恰是伟大的唐代僧人玄奘在前往印度之前的一处修行地。玄奘以恭敬之心礼拜了这尊佛像，于是菩萨向他显灵，并向他保证，只要诵读《心经》，就会永保他远离危难。② 为了纪念此事，这座寺院同时供奉了玄奘和观音的造像。观音像响应了祈祷者的祈求，以致名声远播，各地的朝拜者用手将它摸成了黑色，因此亟需修复。侯溥的文章首先赞颂了观音的无量无边法力，并将其与玄奘在这座寺院修行的历史联系起来。这

---

① 侯溥:《圣寿寺重装灵感观音记》,《成都文类》卷三十八,第 10 页下—13 页下。
② 参见玄奘:《大唐西域记》,《大正新脩大藏經》,经号 2053,卷 50,第 224 页下;杜德桥(Glen Dudbridge):《〈西游记〉:16 世纪中国一部小说的前因考证》(*The Hsi-yu chi: A Study of Antecedents to the Sixteenth-Century Chinese Novel*),第 14—15 页。

个故事与侯溥之父的经历很相似：观音曾示现并祝福这两个人，而后此二人对观音像愈发恭敬。

然而，当描述现状的时候，侯溥在文中加入了一个不和谐的音符。和尚们告诉他，新修的观音像不是玄奘当初礼拜的那尊。当初那尊造像曾历经唐代和五代时期而幸存，但后来被损坏并埋在了土里。在听闻观音像的遭遇后，侯溥感到非常愤慨：

> 吁！圮而存，不犹愈于堙乎？居其居，食其食，灭其灵感之迹，视今贤公，厉力笃志，以完饰其象，彼独无愧于地下哉？①

在侯溥看来，寺院埋葬造像的行为亵渎了父亲。一直以来对观音像的尊敬，也违背了作为僧人应有的虔诚。在文章的其余部分，侯溥表达了他的不满。他指出，当地的僧人会很快翻修寺院破败不堪的部分，而不是整体建筑。然而，这尊复原造像的命运仍未可知。按照一般的惯例，僧众会因善行和翻修整座建筑得到作者的赞誉，但侯溥的这篇文章却打破了这种惯例。

侯溥的碑铭展现了孝道、佛教修行和官方谴责的奇特组合。作为一个文人，侯溥假定自己有权评判这些社会地位低下的僧人。再加上自小聆听时刻礼敬观音像的谆谆教诲，侯溥更是似乎站在了一个可以惩罚那些不虔诚的僧人的位置上。僧伽和他们的疏忽实际上起到了献祭的作用，这样侯溥就可以向父亲证明自己实现抱负的热情。在详细讨论寺院住持的时候，侯溥提到，该住持生于儒门，而该寺的兴盛则得之于他对"儒术"的运

---

① 《圣寿寺重装灵感观音记》，《成都文类》卷三十八，第10页下—13页下。

用。与前面那种斥责的语调相比,这些话可以被看作是一种间接的恭维,暗示侯溥和身为居士的父亲,要比这些佛教徒更懂得如何侍奉佛陀。当然,长期以来,对懒惰和无知的僧人的劝勉是佛教文学的一部分。维摩诘可能是这方面最出名的人。但是在这里,对僧人的劝勉展现出了一种非同寻常的形式。正如之前所述,侯溥和观音之间有着一种亲密的"私人"关系,类似于玄奘和菩萨的关系。然而,当 7 世纪的观音像被掩埋时,僧人们的行为切断了侯溥与这段史诗般过往的关联,也浇灭了他对宗教表达献身般的热忱。

除了上面那些文章,还有一些宋代文人以更谦卑的语气为佛像和先祖的虔诚心作记。我们可以看看崔敦礼在 12 世纪写下的一篇碑铭,是如何通过为佛寺撰写文章来表达孝心的。崔敦礼进士及第之后,仕宦生涯的大部分时光都在江苏南部度过,最终成为诸王公大小学教授。① 在 1163 年,他为一组佛教变相图撰写了一篇碑铭。②《占察善恶业报经》是中世中国最流行的伪经之一,这些变相图往往被用于这部经的插图。③ 黎惠伦已经在其他文章中对此有过详尽论述,他充分说明了地藏菩萨如何列出各种报应,对治着世间的善恶诸行。④ 在这一点上,这部经详细描述了人死之后的种种业报。

---

① 《景定建康志》卷四十九,第 39 页下。
② 这个概念我采用了梅维恒(Victor Mair)的翻译。参见梅维恒(Victor Mair):《佛变相记》["Records of Transformation Tableaux(Pien-hsiang)"],《通报》,1986 年第 72 卷。
③ 《大正新脩大藏經》,经号 17,卷 17,第 839 页。
④ 参见黎惠伦(Whalen Lai):《〈占察经〉:中国中古的宗教与巫术》(*The Chan-ch'a ching: Religion and Magic in Medieval China*),第 197 页。在黎惠伦看来,"对佛教的初学者而言,这部经是一本关于算命和业报感应的手册。而对神秘主义者而言,它是进入涅槃境界的真谛"。

　　崔敦礼的碑铭读起来很像一部家族史,他在读者面前呈现
了自己的多种形象。在文章开头,崔敦礼通过回忆童年而表明
了自己的儒家立场:他学习了很多儒家经典并做到"礼外无
他"。① 紧接着,他回忆了自己的祖父。祖父是一个富有同情心
又慷慨的居士,乡邻们以"放生"这个极具佛教风格的名字来称
呼他。《占察经》是他最喜欢的佛经,以至于请画家创作了整套
变相图,自己又为之写了一篇文章。不幸的是,靖康之难时这些
画卷都遗失了。深感家事之悲,崔敦礼写道:"至今,中夜以兴,
梦寐追想,常恐斯世之不获见。敦礼闻家君斯言,未尝不为深叹
而流涕也。"②这些画卷相当于家族的传家宝,它们的散佚可谓损
失惨重。此事尤能体现崔敦礼是一名孝顺的孙子,即便是在睡
梦中,他对这些画卷仍是念念不忘。

　　后来,一位乡邻找到了这些画,并希望自己出钱修复它们。
从某种意义上说,它们的重现仿佛祖父犹存,崔敦礼和父亲向它
们鞠躬敬拜。他们看到,与图画相配的文字部分已经腐烂了。
于是,父亲要求崔敦礼另写一篇文章来搭配这些画卷。起初,崔
敦礼谢绝此事,因为他觉得祖父博闻多识且深谙佛旨,这些是自
己无法企及的。另外,试图比肩于自己的祖父,则显得不够尊
重。然而,崔敦礼的父亲却不这样认为。父亲劝道,真正的孝
道,不是谦虚而无所作为,而是应该继承并推行祖父之志。对崔
敦礼来说,写一篇文章来赞颂这些失而复得的画卷,正是体现了
孙子的责任。在正文最后三分之一的部分,崔敦礼以居士的虔
诚口吻,概述了这部经的内容以及这些图画对读者的益处。直

① 崔敦礼:《地藏经文变相图记》,《宫教集》卷六,第 5 页下—7 页下。
② 同上。

到文章最后,他都保持着这样的文风,似乎不愿以别的语气论述,以免显得自己辜负了祖父的遗志。

崔敦礼的文章有多位倾诉的对象。首先是崔敦礼的父亲,他展现了同时作为父亲和儿子的共同理念。其次是崔敦礼的祖父。在文章的最后一部分,崔敦礼向祖父倾诉,生者将追思他的虔诚,并继续为他祈福。崔敦礼为这些画卷重新撰文,意味着再次彰显了祖父的功德。第三个角色是在地狱中救苦救难的地藏菩萨。修复后的画作和虔诚的结论展现了菩萨乐于接受崔氏家族代代延续的奉献。这可能会使地藏菩萨满意,并在未来继续护佑崔家。第四个角色是同时代的文人们。观看这部"家庭剧"的读者可能会对这家人的美德印象深刻。崔家将他们的祖先视为一个可敬的人,每当回想起他的时候,仿佛他只是刚刚过世,而努力修复这些作品则让他们感觉逝者犹生。总之,崔敦礼展现了他的多重形象,他既是一位学识渊博的古典学者,又是一位天生的阐明佛教功德的评论家。而正如周行己以儒家视角评论与自己家族关系密切的僧人一样,崔敦礼也在以佛教实践表达孝心之前,先表明了自己的儒者身份。

尽管从 12 世纪晚期到 13 世纪,道学的力量不断增强,但是很多士人仍积极为僧伽和寺院撰文,藉此为自己的祖先和在世的族人谋利。① 贾似道和马廷鸾分别是 12 世纪 60 年代和 12 世纪 70 年代的宰相,也为他们的家人创作了与佛教相关的碑铭。②

---

① 在 1191 年,孙应时为明州一座从律宗转为天台宗的寺院写了篇文章。孙应时批评了因僧人之间的不和导致的寺院地位下降的现象。孙应时的亲人们看到了这一变化,并坚持请他写一篇文章,他别无选择,只能依嘱为文。参见孙应时:《慈溪定香复教院记》,《烛湖集》卷九,第 14 页下—15 页下。

② 为了回应母亲施行功德的要求,贾似道在临安的一座名寺供养了 500 名僧人,并捐赠了 2000 亩田产。他的文章写于 1261 年。在 1287 年,马廷鸾为江（转下页）

当然，与此同时，文人及其过世的亲人仍会依照儒家礼制举办葬礼。包括司马光、程颐以及朱熹在内的一些学者完全致力于儒家学说，试图将家礼限制在传统规范中，并消除佛教习俗的影响。① 但是，大多数文人表示反对。其中的一个原因，是他们的祖先本身就是虔诚的佛教徒。孝子贤孙们继承了祖先之志，而且他们并不认为自己比祖先更了解佛教。在他们看来，如果逝者对后辈形成了一些好的影响，那么生者继承祖先的事业也不会有什么风险，反而会为生者带来好处。其次，尽管儒家传统的葬礼具有吸引力，但它们把服务逝者之责全部归之亲属。然而，在佛教传统中，诸佛和僧人可以协助安抚逝者的魂灵。他们减轻了生者的负担，并排遣了他们的丧亲之苦。

通过佛教来表达孝道，赋予了亲族很大的灵活性。按照上文的描述，家族可以修建祖祠、墓旁寺院并聘任僧人管理。他们还可以建造巨大的佛塔，绘制画像和修造佛像。通过这些活动，他们在展现自己美德的同时也反映了逝者的虔诚。在这一点上，文人们不需要求教于任何书本，因为自己的祖先在行动中已经提供了正确的范例。同样，这种灵活性也让文人们以各种态度来对待僧人。具有讽刺意味的是，僧伽赢得了程颐弟子周行己的极高尊敬。另外，诸如楼钥、方氏家族、胡宿等人，也将和尚们视为可靠的助手。对侯溥来说，这些僧人的"失职"可以使他更好地表彰父亲的虔诚。不过，对崔氏家族而言，他们也许没有

215

（接上页）西净土院写了一篇文章。一个世纪之前，他祖父的哥哥曾赠予这座寺院土地和偈颂。参见《上天竺灵感观音寺》，《咸淳临安志》卷八十，第 20 页上—21 页上；马廷鸾：《净土院舍田记》，《碧梧玩芳集》卷十七，第 9 页下—11 页下。
① 参见伊沛霞（Patricia B. Ebrey）：《帝制中国的儒教与家礼——一个关于仪礼的社会史著作》（*Confucianism and Family Rituals in Imperial China: A Social History of Writing About Rites*），第 68—101 页。

发挥出什么作用。虽然在照看祖祠这件事上有时会依靠僧众，但孝子并不需要他们的长期指导，文人们会铭记逝者及其诚心。无论如何，在宋代，佛教徒的奉献融入家庭生活之中，佛事活动成为了表达亲情的适宜方式。

同时，我们看到，逝者也成为了这些文章的焦点。然而，在一种专注于祖先崇拜的文化中，读者不禁要注意并判断受到尊敬的人与尊敬他人的人之间的关系。这些文人虽然为其先祖撰文，却提供了一条展现自己美德的渠道。结果，作者反倒成为了一个隐藏的主角，向所有读者展现自己见证并记录祖先功德的经历。在同一层面上，这些文章也证明了文人及其家族的功德。读者们很清楚，虔诚的善行一定会在未来提升家运。当然，没有任何一篇碑铭明确揭示出这个特征。对个人利益的追求永远不会在文中体现，而对美好命运的向往则会掩盖这一企图。在下一节中，文人将在舞台上正式成为主角，他们通过为佛寺撰写文章来追思自己的人生。

寺院的记忆与文人的身份

在很多碑铭中，作者呈现了两种叙事手法：一是关于佛寺的修建或重建之事，二是作者对该寺院的主观印象的完整阐述。不同的文章对这两种叙事手法的侧重不同，前者通常占据优势，因为寺庙的修造常常是一篇文章的缘起。然而，有的时候，文人会反身内省，将大部分注意力集中在个人经历上。当然，为某座寺院撰文有时并不能表达出个人的想法，但作者在文中首先要表明的，就是这座寺院对他的影响。在某种程度上讲，文人的感受反映了佛寺如何发挥了学校、图书馆、驿站和守墓人的共同功

能的。因此,无论士大夫是否喜爱佛教,寺院都和他们有着密切 216
的联系。

一些文人会撰文感谢帮助过他们的僧人。一个典型的例子就是
罗适。尽管罗适作为兴修水利的专家享有着极高的声誉,但他的名
字很少出现在政治史中。罗适的个人能力引起了神宗皇帝的注意,
并把他调任到都城周边任职。① 在人生的最后阶段,罗适在为泰州
的一座佛寺撰写的文章中,向两位教授过他儒家经典的僧人致以
饱含温情的谢意。② 在他的叙述中,表明了这些僧伽如何承拒起
挑战脱离俗世的"寺院生活"的责任。

罗适的人生展现了一个小镇男孩在僧人的帮助下,一步步
走向成功的历史。他的家乡位于浙江宁海县的一处偏远海滨。
那里只有一位年迈的塾师,罗适早先就学于他,但发现自己进步
缓慢。后来,在两位曾经到过杭州潜修的僧人的指导下,罗适逐
渐认识到了传统经典的深厚底蕴。这两位僧人的法号分别为智
贤和禹昭。对罗适而言,通过他们的帮助,自己才开始有所
启悟:

> 余成童时,好读书,而乡中无文籍。惟乡先生朱叟
> 绛,世传《论语》《毛诗》,皆无注解。余手写,读之茫然,
> 不知义旨之罅隙,唯永叹而已。

---

① 尽管罗适被任命为陈留的知县,但皇帝仍让他继续在邻县济阴知县任上履职。最终,
罗适一直做到府界提刑。参见《续资治通鉴长编》卷二百八十七,第7024页;卷四百二
十九,第10376页。
② 一位名为元绛的官员,最后为自己幼时读书的寺院修建了一座佛龛,并题写了一
块匾额。参见文莹:《湘山野录》,第18—19页。

> 庆历中，有僧智贤师、禹昭师①……惟贤通儒书，能
> 讲《五经》《论语》。二师性明敏志，坚而气刚，各以儒释
> 二家自负，不少下人。余因得与二师游，假其书，叩其
> 论，谊日浸淫开发。闻此达彼，由是知圣贤之门墙有可
> 入者。遂寻师访友，以终所业。余知经术之乐，权舆于
> 二师也。②

217　我们看到，这位被神宗钦点的水利工程专家，曾在一个偏远的南
方小镇上，从两名天台僧人那里接受了文化教育。尽管这些僧
人的传记粗略不详，但可以肯定，很多有学问的僧人（尽管不是
全部）出身于诗礼之家。③ 在他们出家前后，儒家经典和其他佛
教之外的经典著作会激发他们的兴趣和敬意。④ 他们利用知识
捍卫信仰，并在文学运动中为自己树立有学问的禅僧形象。正
如这篇碑记所展现的，博闻多识的僧人同样可以出现在非禅宗
的传统中。对罗适和其他士人来说，博学的僧人或许只是一种
有着不同身份的文人。

---

① 我能找到的关于这两位和尚的唯一记载，就是在罗适的碑铭中。参见《嘉定赤城
　志》卷三十五，第5页下。这两位僧人都与天台宗有关。
② 《永乐院记》，《嘉定赤城志》卷二十九，第10页上—11页上。
③ 在这方面，宋代的僧伽继承了早期的特征，中世的很多僧人都拥有或声称拥有显
　赫的身世。参见许理和（Erik Zürcher）：《唐代的佛教与教育》（"Buddhism and
　Education in T'ang Times"），《皇家亚洲学会杂志》（*Journal of the Royal Asiatic
　Society*），1982年第2期，第24—26页。
④ 参见于君方（Chün-fang Yü）：《宋代的禅宗教育：理想与路径》（"Ch'an Education
　in the Sung：Ideals and Procedures"），收入狄培理（Wm. Teodore de Bary）、贾志
　扬（John Chaffee）主编：《新儒家的教育：形成阶段》（*Neo-Confucian Education：
　The Formative Stage*），第80—81、86、90、99页。就像文章标题显示的那样，于
　君方探讨了禅僧的教育问题。但是，正如书中这个例子以及其他地方表明的那
　样，天台宗和律宗也不缺乏受过良好教育的僧众。

在 1092 年,即罗适通过殿试 30 年后①,他回到了宁海县。智贤已经圆寂,但禹昭仍然在世,罗适和他一起追忆了过去的时光。后来,他们游历了和尚隐退的住所,罗适描述了一幅诗意盎然的画面:

> 是时,春色在物,夕阳满山,野花开而百鸟啼,微风起而白云乱,幽芳可撷,逸兴俄生。于是与师扶栏握手,相顾而笑论无生之法,尽涤有虑之尘缘,言皆投机,默而心喻。何必须过虎溪,然后称陶潜远大师之忘形也与?②

对罗适来说,这次师徒会面显然意义重大,他试图通过大量撰述来凸显自己与僧人的亲密感。这段材料的最后一句话涉及一个典故,那就是当慧远大师在庐山为陶潜送行的时候,无意中跨过了虎溪。③ 虎溪是清修之地和外界俗世的边界。当他跨过虎溪时,忽闻猛虎长啸,仿佛在告诫他的过失。于是,几个人都笑了起来。将禹昭与慧远相比较,既彰显了这位宋代僧人潜心佛法之意,又暗示了二者的相似性。尽管罗适背井离乡多年,但他与禹旵的关系仍然密切。无论是否钟情于身旁的风景,他们都在谈论着佛法,甚至神悟于言语道断之中。在文章的后半部分,罗适详细讲述了这座寺院的历史,并以抒发对两位僧人的感激之情作结。他希

---

① 《永乐院记》原文曰:"自余登第三纪矣",罗适于治平二年(1065)中举,重回两浙为元祐七年(1092),其间相差 27 年。
② 《永乐院记》,《嘉定赤城志》卷二十九,第 10 页上—11 页上。
③ 諸橋轍次:《大漢和辭典》,32675.39,引自《庐山集》,《大正新脩大藏經》,经号2095 部,卷 51,第 1028 页上。

218　望自己的经历能够鼓励那些出身低微的年轻人。最后,他补充道,儒家并没有垄断人才,将来一些有才干的人也许会出家为僧。

　　罗适的其他作品和他的职业生涯表明,僧人的影响力远远超过了传统教育。在为一座佛寺所写的另一篇碑记中,罗适谴责了同时代的一些僧人对宗教修行的误解,因为他们放弃了研习经典和恪守戒律。① 就像在本书第二章中看到的那样,这样的异议往往伴随着对禅僧的批评。这似乎暗示了智贤和禹昭二僧塑造了罗适的佛教观。罗适在为官期间,曾以行善而著名。他指导民众灌溉工程和农业技术,捐出私俸买药济民,接济寡妇和孤儿,并在佛寺的帮助下埋葬暴尸。② 这种慈悲之举令民众大为感动,以至于为罗适修建生祠。③ 1101 年的一场夏旱之时,罗适请了僧人祈雨,并在法事中全程陪同。④ 他每天在高温烈日下跪拜、鞠躬,这让年迈的自己变得更加虚弱,最终病倒并很快去世了。佛教对罗适的影响,不仅在上文介绍的地方能够看到,更体现在他的诗文、贬谪或隐退之中。不过,作为一名官员,他已经展现了一种超凡的使命感与牺牲精神。⑤

---

① 《重修妙胜院记》,《乾道四明图经》卷十,第 9 页上—10 页下。

② 舒亶:《宋朝散大夫罗适墓志铭》,《台州金石志》卷四,第 1 页上—7 页上。

③ 同上书。以及秦观:《罗君生祠堂记》,《淮海集》卷三十八,第 13 页上—14 页上;另见王应麟:《赤城书堂记》,《深宁先生文钞摭馀编》卷一,第 12 页下—14 页上。(译者按:原著作者在注释中将《赤城书堂记》的作者视为"匿名"(anonymous),据查阅,该文作者应为南宋学者王应麟。)

④ 这里的法事指的是"瑜伽法"。这个词可能出自不空大师翻译的密宗求雨经《大云轮请雨经》(《大正新脩大藏經》,经号 989,卷 19)及其仪轨。

⑤ 两个世纪之后,另一位名叫舒岳祥的台州人,同样在回忆学习与科举时代的时候,寄托了对僧人的美好追思:"其倚山临路,乃白莲寺之庄宇也。炊黍未熟,举子亦得而游息焉。其主庄僧颇好事,设为书肆,凡举业之所资,学者之所宜有者,皆签揭而庋列之。或就取而观之,无拒色,亦不为二价。涧穷壑绝,见此小佳,余尝记之在心目也。"参见舒岳祥:《重建台州东掖山白莲寺记》,《阆风集》卷十一,第 12 页下—15 页上。

　　佛教与传统儒学的结合不仅影响到了罗适的仕宦生涯，也为杨时这种大学者的学思进路提供了启迪。杨时是程氏兄弟的弟子，在道学南传以及宋代中期的文化过渡中扮演了关键角色。他的弟子包括张九成、朱熹之父朱松。他在 1115 年为福建的一座寺院撰写的碑记中表明，文人在入仕前往往在寺庙中备考，而儒者的身份和意识也塑造于这段时间。对他们来说，作为祈福的地方，佛寺可以帮助他们实现年少时的梦想。在 1076 年进士及第之前，杨时曾于 1073—1074 年在寺院里读书。① 在写作这篇碑记的 14 年前，一名法号庆真的僧人在这座寺院中圆寂，杨时为此写了一篇文章。庆真和尚在火化后出现了一些舍利，这促使寺院的僧人们为其塑像，并建造佛龛来纪念他。杨时详细地讲述了这些事情，包括庆真坐化的时间和仪容、他的师承以及其他传记中该有的种种细节。这种认真而饱含敬意的态度，以及僧人们愿意等待这篇文章很多年，表明了杨时对僧人有着很深的感情。

　　杨时对庆真的追忆使他回想起了自己的少年时代。与罗适的例子相比，这些回忆是苦乐参半而间杂遗憾的。杨时认为那个时候的自己自负、幼稚且目光短浅：

　　　　是时，予尚幼，肆业为科举之文。挟策读书，日夜之力，为进取计，盖未知有亡羊之忧也。师每曳锡过堂下，释锥凿而议之数矣。予亦莫之省也。②

① 参见《宋儒杨文靖公集》的年表部分，《卷首》第 16 页下。
② 杨时：《含云寺真祠遗像记》，《龟山集》卷二十四，第 18 页下—19 页下。

这幅不讨人喜欢的自画像显示出,杨时在年少时即一心投入到
俗世功名的追求之中。"亡羊"使人想起《庄子》和《列子》中那些
舍本逐末或误入歧途的人。① "锥凿"暗指《庄子》中轮扁和桓公
的故事。② 根据轮扁的说法,桓公所读到所谓圣人的智慧,无非
是古人遗留下来的糟粕。真正的"术"得之于手而应之于心,却
不能以语言来表达。换句话说,庆真老和尚已经表达了他对杨
时忙于誊写记诵之事的质疑。在公元 1107 年程颐去世后,杨时
成了宋代儒家的中坚力量。然而,因为他反对王安石的新政,
导致作品被禁,他的官职至此也再未得到升迁。四十年后,庆真
的质疑似乎成为了出于好意且具有充分依据的预言——这是杨
时本该及早加以留意的。

当杨时进一步回忆他在寺院的往事时,他的语气变得非常
忧伤。这座寺院让他想起了自己浪费的时光和错失的机遇。
在和尚圆寂了很长一段时间之后,杨时哀叹了那些往事:

> 比予年加渐长,知为学之方,听其言,考其所知,益
> 信其贤。而予已出仕矣,始恨不得相从,复如昔日也。
> 今其已矣,过其庐,升其堂,萧然无复有斯人也。怆然
> 兴叹者久之,乃为之书。③

220　对庆真的怀念使杨时陷入到了深深的悔悟之中。逝者是杨时潜
在的精神导师,他的价值观已经被杨时领会,并克服了二者在教
义上的分歧。庆真的"不以俗事纷扰其心"的理念与杨时的"尧

---

① 参见《汉语大词典》卷二,第 294—295 页。
② 《庄子集释》,第 490—492 页。
③ 杨时:《含云寺真词遗像记》,《龟山集》卷二十四,第 18 页下—19 页下。

舜之道在行止疾徐间"相应。虽然杨时在其他地方站在儒家立场与佛教徒展开激烈争辩,但僧伽在他求学的回忆中仍占据着重要地位。①

同样在那一年(1115 年),杨时为一座佛寺写了另一篇高度私人化的、与众不同的碑铭。借此机会,他在佛寺中为自己的祖先立了一座佛龛,并为之撰文。这两篇文章尽管在创作时间和地点上很接近,却有着明显的不同。杨时之前的那篇文章追忆了过去,而这一篇却展望着未来。与其他文章不同,在这篇作品中,杨时和僧人只有着寥寥数语的交流,更不用说什么友谊。如果说他们之间有着什么显著关系的话,那就是这位僧人早在 11 年前就在请求杨时写作这篇文章。

在杨时的碑铭中,福建似乎是一处无忧无虑的世外桃源,也是包括他自己在内的很多隐士的理想之地。他介绍说,五代之时,当地人避开了其他地方的战乱并"乐居"其中。在文章最后一节中,他重复了这样的措辞,表明自己渴望在家乡过淡泊自得的生活。在人生最后的岁月里,杨时只想着继续写文章、安顿个体性命并照管家族的祖坟。他的这种田园牧歌式的生活不禁让人想起了陶潜,只不过杨时体现出更多古典儒者的自我意识而已。②

---

① 杨时的眼中钉王安石经常与僧人交游,被杨时特别诟訾之处在于王安石经常捐给佛寺钱财。参见杨时:《龟山先生语录》卷四,第 1 页上—1 页下。杨时:《答吴国华》,《龟山集》卷十七,第 4 页上—4 页下。他同样对韩愈与欧阳修辟佛的不彻底性给予了批评。参见刘子健(James T. C. Liu):《欧阳修的治学与从政》,第 171 页。

② 陶潜作品中的自然之风曾博得杨时的赞誉:"陶渊明诗所不可及者,冲淡深粹,出于自然。若曾用力学诗,然后知渊明诗,非着力之所能成。"参见杨时:《龟山先生语录》卷一,第 4 页上—4 页下。

> 幅巾杖履,徜徉龟山之阴①,与田夫野老相从于此,
> 枕石漱流,窃自比于舞雩之下,将有日矣。②

最后一句暗示了孔子给出的忠告:一个人需要将注意力高度集中于自己的人格涵养之上,而外在的得失是次要的。③ 福建的偏远宁静可能会让杨时专注于求道。这使杨时隔绝于很多外缘,比如都城中的文臣争斗、科举考试以及文人团体的活动。杨时的理念与古代的隐士之德相媲美,并预示着朱熹、陆九渊、陈亮以及元代隐士们对归隐乡间的独特偏好。

221　　然而,要想实现这种古代的田园理想,就需要佛教调和其中。对大道的学习和践履首先要求自己能够治理好那些贫瘠的山区。在杨时的家乡,祖坟遭到了忽视和慢渎,树木被乱砍乱伐,草地被用来放牧以致水土流失。当地的家族对此漠不关心,而杨时试图为此找到解决的办法:

> 予去松楸十有四年,始一归,而昔之蘖者,今拱矣。
> 牛羊斧斤,相寻于其上,而折泄者不可胜计。闾巷亦萧
> 然,非昔日也,为之怆然不能自释者累日。④

祖坟的荒废使杨时的内心极为不安。他继续写道,在当地,只有

----

① 杨氏家族的祖坟位于龟山之北(古时以山之北面为阴)。参见杨时:《先君行状》,《龟山集》卷二十九,第1页上—2页上。
② 杨时:《资圣院记》,《龟山集》卷二十四,第19页下—21页上。
③ 这句话出自《论语》,第十二章,第21节。这里引用了亚瑟·韦利(Arthur Waley)的翻译。樊迟曰:"敢问崇德,修慝,辨惑。"子曰:"善哉问! 先事后得,非崇德与? 攻其恶,无攻人之恶,非修慝与? 一朝之忿,忘其身,以及其亲,非惑与?"参见《论语》,第168—169页。
④ 杨时:《资圣院记》,《龟山集》卷二十四,第19页下—21页上。

重建的寺院有着生机和活力。寺院的兴盛得力于住持的贤能。于是,杨时将家族的祖坟托付给他。他补充道,除了住持,没有人能把此事做好,僧人的卓越才能由此可见。较之强烈辟佛的同僚,以及不愿依靠僧人来践行孝道的主张,人们可以视杨时这些论述为一种调解性的话语。实际上,如果没有保护好祖先的墓冢,那么即便返乡并继续追求圣人之道同样是徒劳无功的。与通常的角色相悖,僧人们在这里提供了一种"外护"(external protection),很多文人则远离了追求自我修养的道路。由于朝廷昏庸的政策压迫着官府和民众,并拒绝任用杨时这样的德才兼备之人,佛寺也就成了少数几个维护祖先与后裔之间道德秩序的机构之一。

在祭拜先祖这件事上,寺院也为杨时提供了很大帮助。比如,杨时将父亲的画像安置在寺院的家祠中,每逢祭祀之时就会供上祭品,并亲自到墓地祭拜。早些时候,在杨时对寺院的描述中,他曾经赞美弥勒和观音造像的庄重和亲切。庄严的诸佛形象可能让他放心将父亲的画像托付给寺院的住持,画像及其所受的尊敬对杨时而言是意义重大的。[①] 将家人的画像置于佛像旁边,似乎就可以从中汲取神力。杨时嘲讽地说,寺院住持没有反对供放他父亲的画像,或许是因为他为这座寺院写了篇文章,藉此作为交换的条件,使寺庙成为了祖祠。因此,当杨时将自己 222 视为一个博学的隐士时,寺院和住持发挥了不可替代的作用。

---

① 杨时讲道,程颐曾居住处一座佛寺,看到翟霖背对着佛像坐着,就让他将椅子转过来。当翟林拒绝的时候,程颐说:"但具人形貌,便不当慢。"另一则轶事是杨时对宋皇室的保护者、道教的真武大帝的讨论。他的看法是,造像是值得尊敬的,但人们需要对其保持距离,且不要将其与生活用品混放在一起,否则将削减其威严。参见杨时:《龟山先生语录》卷三,第 17 页上—17 页下;卷四,第 19 页上—19页下。

佛龛、园林以及寺院是 12 世纪的人们表达孝心的理想场
所,而宋代文人也深知,将献于祖先的贡品置于佛教僧人的照管
之下,会使自己感到心安,这与他们身负古典复兴的责任感无
关。对于那些无法为祖先设立灵位的人而言,这些地方可能会
引起相当大的不适,正如陆游在文章中所反映的那样。1163 年
秋,陆游被贬到镇江府,等待上任通判这个职位。那一年的早些
时候,收复中原的雄心使陆游毫不留情地批评了有着绥靖想法
的官员,致使他被贬到此地。① 赋闲期间,他去拜访了一位多年
未见的和尚,并为这位僧人的佛堂写了一篇碑记。在文章的开
头,一位年迈的僧人在寺院门前的松林中迎接中年的文人。在
了解了朋友们的命运后,二人悲喜交集,于是和尚带着陆游回到
了他的住处。尽管这些建筑曾给陆游留下了很深的印象,但眼
前这座豪华的园林还是让他大吃一惊。面对人工瀑布、清泉、岩
洞以及列尊佛像的壮观景象,陆游只能用这样的语言表达他的
感受:"使人如身在峨眉天台,应接不暇。"②陆游了解到,早在十
年前,和尚就应一位王姓施主之请,居住在这座佛堂里,并为前
者已故的父亲进献祭品。作为一位隐居读书的学者,王施主毫
不吝惜为僧人提供祭品、修造佛像和修建这些景观。

设施完备的寺院、僧人对它的管理、周围环境的清幽以及有
钱的施主不禁使陆游对自己的生活做出反省。与杨时不同,他
无法让自己的祖先享受到这样的待遇,这使他感到不安:

> 呜呼! 某不天,少罹闵凶,今且老矣,而益贫困。

---

① 参见于北山:《陆游年谱》,第 80—88 页。
② 陆游:《青州罗汉堂记》,《陆放翁全集》,第 98 页。

> 每游四方,见人之有亲而得致养者,与不幸丧亲,而葬
> 祭之具可以无憾者,辄悲痛流涕,怆然不知生之为乐
> 也。闻王君之事,既动予心,又况弈公勤勤之意乎? 记
> 其可辞?[1]

223

陆游的这篇文章以对王施主和弈公的赞扬作结,但这丝毫没有抵消读者体会到的某种强烈的挫败感。佛堂的华美庄重超乎人们的想象,使陆游对自己的孝道更为忧虑,即便他的父亲陆宰已经去世多年。虽然陆游还没到 40 岁,但他称自己"老矣",这暗示了内心焦虑和仕途不顺造成的身心俱疲。这座佛堂为陆游带来了深切的焦虑,并使他以某种严苛的标准来衡量自己。伴随着情绪的低落,陆游放弃了文章作者的身份,公开承认了自己的苦恼。这篇文章可以被视为一封致逝者的公开信,陆游希望父亲可以接受他的忏悔,而不单单是悼念。

　　佛寺唤起回忆的能力,甚至能够影响到一些不像杨时和陆游那样有着懊悔感与挫败感的文人。家庭与寺庙的联系也能唤起对早年的回忆,就像叶适在 1181 年为他的老家温州乐清的一座寺院新修的藏经阁所写的碑记呈现的那样。[2] 叶适受一位儿时熟人的侄子与养子之托,写下了这篇碑铭。这位熟人躺在病榻上,他让儿子暂停学业,筹集资金,并组织藏经阁的建设工作。叶适称赞了儿子的孝顺,而促使他写作这篇碑记的另一半原因是自己对这个地方的儿时记忆。所以,叶适同意了他们的请求,

---

[1] 陆游:《青州罗汉堂记》,《陆放翁全集》,第 98 页。
[2] 叶适因善于管理财政,获得了积极有为的政治家的声誉。在担任了几年地方官后,他获得了升迁,后来的职务包括兵部、工部和吏部侍郎。叶适和陈亮一起,批评了道学的玄虚空疏。参见罗文(Winston Wan Lo):《叶适的生平与思想》(*The Life and Thought of Yeh Shih*)。

因为"既去而不能忘也"①。他才刚刚 31 岁,但怀旧也许并不是老年人的专利。在离开乐清以后,他的生活变得更为艰辛。三年前,叶适进士及第,在都城的太学经历了一段悲惨的经历之后,②他的母亲、启蒙老师郑伯熊和吕祖谦,都相继去世了。他的第一个正式官职是武昌军节度推官,实际上只是一个闲职。③ 这些变故,以及在偏远地区的闲散生活,很可能让他回想起了那些单纯而快乐的时光。

于是,叶适以为藏经阁撰写文章的名义回到了故乡。叶适将乐清描述为一个风景优美而民风敦厚的世外桃源。他曾整日在河边读书,与求文者的养父和叔叔徒步旅行、钓鱼,并一起去拜访一个有着漂亮庄园的快乐老人。叶适若有所思地说,这样的乡村风貌,无疑应该成为国家的典范,其有助于纠正朝廷昏聩带来的混乱。至于寺院及其名字的由来,我们不得而知,只知道寺中的一位僧人擅长作诗。然而,叶适在乐清的所有伙伴都已去世,那座名贵的庄园也年久失修。对叶适来说,自己再也回不到那种田园牧歌式的生活了。在这种物是人非的情境下,寺院及藏经阁代表了不能挽回的人生中的残存记忆。有趣的是,尽管叶适在其他作品中提到自己在武昌时,曾广泛阅读佛书来打发时日,但他在这里却没有追问何以佛寺能够成为这个地方唯一有活力的场所。④

---

① 叶适:《白石净慧院经藏记》,《叶适集》,第 137—138 页。
② 叶适非常不喜欢在临安太学的那段日子。参见罗文:《叶适的生平与思想》,第 49—50 页。
③ 同上书,第 52 页。
④ 参见叶适:《题张君所注佛书》,《叶适集》,第 598—599 页。叶适宣称自己曾经研读过令朱熹和陈傅良感到困惑的三藏经。参见罗文(Winston Wan Lo):《叶适的生平与思想》(*The Life and Thought of Yeh Shih*),第 81 页。朱熹:《晦庵先生朱文公文集》卷五十六,第 7 页上—8 页上;《止斋先生文集》卷三,第 5 页上。

　　叶适在自己的一生中,不断发表关于佛教的独特见解。他后来写的碑铭更愿意深入探讨佛教的信仰和实践。佛教既让叶适感兴趣,也让他感到困惑。他在僧伽以及朱熹的道学圈子中都没有太亲密的朋友。有的时候,叶适会附和其他文人,谴责禅僧背离佛陀教义而不读佛经的做法。① 而在其他时候,他看上去难以领会佛教中的繁琐名相,并自称对佛寺的奢华和浩瀚的经书感到困惑——这是因为佛教同时标榜着诸行无常和言语道断。②

　　30 年后,即 1029 年左右,叶适结束仕宦生涯回到了永嘉。他又写下了一篇碑记,表达了他对佛教徒行为的一些不解。③ 与他更早一些的文章以及罗适和杨时的作品相比,他在这里并没有仅仅追忆过往人生。与此相反,这篇文章简述了一个人、一个地方以及叶适的看法。这个人就是曾经拜访过六祖惠能的唐代著名高僧永嘉玄觉。玄觉与惠能见面之后,在后者那里留宿了一晚,并于当晚开悟。这件事被称为“一宿觉”。④ 后来,玄觉曾在叶适隐退后居住的那个村子的山上居留和修行。叶适的文章在开头先赞颂了玄觉创作的蕴含信仰精神的诗歌。⑤ 他声称玄觉“虽不与中国之道合,余爱其拨钞疏之烦,自立证解”⑥。他补

---

① 参见叶适:《宗记序》,《叶适集》,第 222—223 页。

② 参见叶适:《法明寺教藏序》,《叶适集》,第 222 页。

③ 叶适在 1207 年被解职还乡与抗金失利一事有关。参见罗文:《叶适的生平与思想》,第 100 页。

④ 参见道原:《景德传灯录》,《大正新脩大藏經》,经号 2076,卷 51,第 241 页下。

⑤ 同上书,第 241 页下—242 页下。此外,后记中的“证道歌”,被收入《永嘉诗人祠堂丛刻》,其中收录了叶适的赞词。

⑥ 叶适:《宿觉庵记》,《叶适集》,第 158—159 页。除此之外,叶适在早年的文章中表示,自己在武昌供职时,曾用大量空闲时间研读了“尽数千卷”的佛书,并对佛教入华的历史有了大致的了解。参见叶适:《题张君所注佛书》,同上书,第 598—599 页。

充道，在玄觉圆寂之后，佛教徒们从未停止抄录他的作品。随后文章将时间转到当下，我们了解到有两位僧人劝说叶适从病床上起来，加入到他们登山远足的活动中。玄觉曾在那里修建了十余座寺庙，但只有少许留存完好，而寺中的园圃也荒废不堪。这种败落的场景打动了叶适。叶适修建了一座精舍，为之起了一个新的名字，委托一位僧人来照看它，并在四周种植了竹子。他认为，这种翻新能够吸引来往流动的僧众，也许其中就包含了玄觉这样的高僧大德。

在完成这项工程之后，叶适思考了自己作为一个儒者的所作所为：

> 呜呼！余老矣，病而力不给，惰而志不进，岂非不复知以古人自期，而邅流汩没于异方之学者哉！盖世有畏日暮，疾走猖狂而迷惑者，然犹反顾不已。余之记此，既以自警，而又以自笑也。[1]

叶适提出了一个应该如何对待晚年的问题。他对即将迈入老年这一现实感到恐惧。因为，很多老年人在生活中"反顾不已"，专注于为善积德，借此延缓死亡到来的时间并谋求善报。在表达了他的畏惧后，叶适表示自己可以好好休息了。恐惧虽然并没有让叶适获得行动的力量，却使他感到莫名的快乐。

从叶适的碑记中可以看到，佛教给 13 世纪早期的士人带来了身份认同问题。叶适赞赏玄觉的才智和文采：这位僧人留下了一个好名声以及被后人珍视的作品，而很多文人的抱负也在

---

[1] 叶适：《题张君所注佛书》，《叶适集》，第 598—599 页。

此得到实现。玄觉与叶适同处一地，这让他们在某种意义上成为近邻；僧人留下的作品和遗物，也将收藏在叶适修建的精舍中。重修的精舍展现了玄觉的人格魅力，而这篇文章也证明叶适愿意将自己与这位僧人联系在一起。叶适曾讲过，这位僧人通过诗歌将佛教早期作品系统化了，这与自己努力将儒家经典系统化的做法是一致的。我们从他的《习学记言序目》中可以看出这一点。但是，虔诚的老人渴望积累功德，又反映了佛教平民化的特征。这些教理对民众有着很强的感染力，而吸引文人的则是玄觉的文学素养和人格力量等方面。通过辨析这两种信仰，叶适试图规避读者对自己所做的善行的误解，并使自己能够 *226* 心安理得地保持儒者形象。

对这些文人来说，佛寺的重建代表了一段艰难的岁月。翻修寺院引发了文人们对自己日益衰老这个事实的讨论。尽管叶适在写那篇文章的时候只有 30 岁，而陆游也才刚刚 40 岁。在他们看来，只要付出很大努力，这些寺院就可以被翻新或扩建，这相比于重启一段仕宦生涯无疑要容易得多。重要的是，最具乐观精神的那篇文章出自罗适这个最虔诚的文人之手。他的乐观态度可能源于自己的为官经历不像其他人那样曲折，但也可能因为他与佛教有着更深厚的因缘。对罗适而言，他与当地僧人的关系使他的文章转向一种描述珍贵的士僧之谊的传统。但是对其他文人而言，不断翻新的佛寺可能只会增添他们的无力感和孤独感。

总　结

上面这些文章中的佛寺，地理位置都比较特殊。我们看到，在周行己、胡宿、罗适、杨时以及叶适撰写的碑记中，一些寺院或在他们的家乡附近，或者是他们进入学校之前居住过的地方。因此，这些寺院能够引发他们的思乡之情。仕途上的得失常使文人背井离乡，并让他们牵挂着家乡的命运。实际上，与家乡的其他公共设施相比，寺庙并不太容易衰落破败。即便寺院真的变得破旧了，一位勤勉的住持或慷慨的施主也会使其翻修如新。上述那些文人普遍成长于中国东南部的乡村地区，在那里，人们礼佛的寺院通常是当地最著名的地标式建筑，同时也是当地的骄傲。

在这些碑铭中，很少有作者详细阐发个人的佛教观。这种失语引发了各种各样的解释。难道说，对佛寺的惠顾有损于文人的儒者身份吗？周行己选择以儒家的措辞赞美当地住持，而崔敦礼不愿赞颂地藏菩萨，直到他的父亲坚持让他写一篇颂词。227 叶适煞费苦心地区分自己为一位唐代僧人重建精舍的事和那些积累功德的佛教善行。所有事例都表明，一些人觉得有必要使他们的作品区分于那些贯穿于整个宋朝的、以虔敬之辞敬献佛寺的碑铭。然而，对于胡宿、罗适、楼钥、侯溥以及方氏家族来说，这些预设是没有必要的。他们对自己的家族与当地的社会地位有着强烈的认同感，不必刻意保持与僧伽的距离。僧人与寺庙充当了逝者与当地豪族之间的主要沟通者。尽管儒家传统拥有着无可置疑的权威，但佛寺仍得到了重视，因为它帮助文人维护、铭记当地的历史文化，保护家族的遗存并保存他们的回忆。

是什么形成了文人们这种内省的品质？从一个角度来看，这些碑铭可被视作将公共的题记空间挪用于私人用途的标志。这种文本性的侵夺，可类比于14—15世纪兴起的家族、亲族将寺院与其所在地相融合，以服务于本族表达对祖先崇敬之情的现象。这一解读印证了将宋代思想史看作是儒家的进击与佛教的败退的观点。尽管此观点有吸引力，但结合特殊历史语境的、较少泛泛而谈的解释，或许更有说服力。如前所述，无论是在机构运作还是文学创作领域，宋代晚期的士僧交游比以往任何时候都要多。二者的熟悉程度可能不会衍生出双方轻蔑的态度，却可能削弱文人以虔敬的态度来描写佛寺的责任感。其次，尽管士僧之间有着很多方面的差异，但是无论禅宗还是道学都强调省察自我与天道的关系。文人们可能不需要与这些精神修炼联系起来或参与其中，却能受到它们的影响。最后，随着道德越来越成为评价个人价值的核心标准，类似于寺院碑记这样的应时之作，也许会成为一个人展示个性的合适平台，且这种展示会显得低调朴实。遭受贬谪、降职或在仕宦生涯中受挫的文人能够借此契机建立自己的声誉。考虑到几个世纪里的僧人重建和保护寺庙的行为，当其他公共设施被毁坏时，这些文人们相信家族对佛寺的施舍和个人的回忆会提高自己在子孙那里的声誉。

结 论

这本书检视了宋代文人在作品中反映出的对佛教和寺院的态度，以及与之相关的方方面面。正如乔纳森·史密斯（Jonathan Z. Smith）指出的那样："寺院充当了一枚聚焦透镜，将历史的意义折射出来。"[①]这里引用的一些文章，在验证了这种观点的同时，也凸显了不同群体对寺庙看法的显著差异。建筑史家认为，在当时，这类巨大的建筑是相似的，所以那些不同的佛教观并非来自寺庙本身。与其持有这种观点，倒不如说，纷繁复杂的佛教观来自宋代的文人们看到佛寺在中土发展起来，而他们要围绕这种现象展开对佛教、帝国政治、社会制度以及个人生活的讨论。文人们普遍认为，寺庙是相当重要的，但当他们写到关键之处时，却往往没有继续深入下去。

乍一看，文人对佛教的各种反应也许并不值得重新检视。毕竟，在很多个世纪里，文人都在为佛寺撰写文章，有着不同的讨论方式似乎是再寻常不过的（甚至是必然的）事情。但是，如果我们进一步考察的话，就会提出一些新的见解。首先，僧人经常邀请作为社会精英阶层的文人来为重建的佛寺创作碑记。这

[①] 史密斯（Jonathan Z. Smith）:《仪式的基本要素》（"The Bare Facts of Ritual"），收入《想象的宗教：从巴比伦到琼斯镇》（*Imagining Religion：From Babylon to Jonestown*），第 54 页。

种交往十分普遍,可谓是僧人与士大夫日常工作的部分职责。²²⁹

这些常见的情形很可能会产生俗套的回应。然而,在宋代并非如此。其次,从 11 世纪开始,士人的视野得到了更多拓展,这意味着他们的文章也扩展了论域。就像我在本书第一章中表明的,8、9 世纪的文章表现出相当一致的特征,并就佛寺存在的合理性达成了普遍的共识。① 这一共识的消失暗示着精英阶层对佛教及自己与寺院的关系有了新的看法。正如在引言中所提到的,士大夫们仍然认为寺庙是重要的,但是这些寺庙在宋代社会呈现出了新的复杂性,即它们与传统文化系统之间的张力。

13 世纪

在继续进行一般性分析之前,我们首先要考察历史上文人对待寺庙态度的转变。我们曾在本书的研究中采用了一种共时性的方法,却没有考虑时间带来的变化。这种忽视可能呈现出一种矛盾,特别是在考虑到几个世纪中社会发生了巨大变化的时候。然而,尽管其他领域有的时候处在"休耕"阶段,社群组织和士人实践的很多方面却都在不同程度上发生着变化。举例来说,在 11 世纪中叶,世俗社会对佛教的态度发生了巨大转变,但这段历史却没有以过多的笔墨来书写。从 10 世纪到 11 世纪,早期遗留下来的相关证据中几乎没有什么线索能够说明这种变化的成因。到了 13 世纪,一个相关问题涉及世俗社会对佛教的反应,那就是道学在文人群体中支持者的数量和势力都在持续增长。我们不禁要问,文人对佛寺的批评更苛刻

———————
① 然而,元代的一些文章超出了这个范围。

了吗？寺庙及其信徒的价值开始衰落了吗？限于篇幅，此处无法对该问题做出全面回应，但是仍要对两位文人的相关活动进行简要的审视。他们分别是罗大经和黄震。这里的分析将展现出多重见解，就像我们在对一两个世纪前那些文人的分析中看到的那样。

对于这两个文人，我们首先来探讨那个更知名一些的人物。在宋代最后的几十年中，黄震是道学圈子中最杰出的领军人物。① 在他的仕宦生涯中，他屡次批评宰相贾似道、地方乱政和淫祀活动，并努力减轻地方官和地主强加给农民的压迫。作为朱熹的弟子，黄震详尽阐发了师说。然而，黄震又是一名重视实干的官员，他对讨论心性问题的兴趣不大。他认为朱熹在解释知行问题的时候，没有将"知"与"行"统一起来。因此，黄震努力纠正这一点，并更加强调知行关系中"行"的一面。

就像我们在第四章中看到的那样，黄震的许多言论都充分暴露出他对佛教的敌意。尽管在朱熹死后，道学得到了进一步的发展，但黄震怀疑很多学人只是单纯地记诵朱子的言论，没有深刻理解朱子的思想。同时，佛教也在影响着这些学人的思想。黄震对禅宗提出严厉的批评，称它为"异端中的异端"②。在黄震看来，即便是宋代名儒，也很少能幸免于佛教的思想渗透。比如，程颐和朱熹就曾经倡导过静坐。但是，黄震批评了静坐的功夫。他认为，这种实践源自心灵中的迷妄，会导致心灵的麻木被动。与此类似，黄震认为朱熹对道统的理解也过于内向化了，对

---

① 关于黄震的思想地位，我们采用的是侯外庐的说法，参见氏著：《宋明理学史》，第622—645页。
② 异端之异端。

心性的反复讨论使朱学几近于禅。[1] 在制度方面,黄震也秉持着对佛教的敌对态度。所以,他上谏朝廷不要再册封僧人,并希望佛教徒们能够在中国的土地上逐渐消失。在这一点上,黄震附和了宋代辟佛者的批评。不过,他对朱熹的一些批评甚至暗合了几个世纪之后的学者对宋明儒学的诟病。

　　然而,黄震的这些批评虽然饱含力度,却只代表他与佛教关系的一个侧面。黄震至少为佛寺写过五篇碑记。黄震在两篇文章中都以相当饱满的热情赞颂了观音菩萨。在其中一篇文章中,他描述了朝拜者在普陀山遇到的异象,并认为这是菩萨对那些求助者的可靠回应。[2] 他写的其他碑记则记载了僧人们依靠行医和卖药的收入来修建寺院的事情。[3] 黄震赞扬了这些僧人的无私,并将他们的实践与中国传统积极入世的精神相类比。像我们在上文中引述过的很多文人一样,黄震坚持认为,这些僧人与同时代的那些违背佛陀原旨并宣扬异端思想的佛教徒是不一样的。他曾为大禹墓旁重建的一座佛寺撰写了一篇碑铭。[4] 黄震在文中写道,这些僧人看护着中国最伟大的英雄的遗迹,他们也将继承大禹的精神,对当代人产生积极影响。话虽如此,但和尚毕竟还是和尚,总是犯各种错误。佛寺的损毁,与不敬虔的

231

---

[1] 这个问题指的是"十六字心传",它最早出自《尚书》,并被朱熹在《中庸章句序》中所提及。参见《尚书》卷一,《十三经注疏》,第 55 页;朱熹:《中庸章句序》,《四书章句集注》,第 14—16 页。这里参考了陈荣捷的翻译,原文为:"人心惟危,道心惟微,惟精惟一,允执厥中。舜之所以授禹也。"参见陈荣捷:《新道统》,收入《朱子新探索》,第 321 页。

[2] 黄震:《绍兴府重修圆通寺记》《宝庆院新修观音殿记》,《黄氏日抄》卷八十七,第 31 页下—33 页上、第 37 页上—38 页下。

[3] 黄震:《普宁寺修造记》,《黄氏日抄》卷八十六,第 15 页下—18 页上;《寿圣接待寺记》,《咸淳临安志》卷七十七,第 5 页下—7 页上。

[4] 黄震:《大禹寺记》,《黄氏日抄》卷八十六,第 20 页下—23 页上。

禅僧的踩踏有关。寺院的修复工作是由一位与朝廷关系密切的新住持来领导的,他曾是前任郡守的兄弟,并被判绍兴府、理宗之弟、度宗之父赵与芮任命。黄震对此做出了积极的回应,他认可了住持虔诚的善行,严厉谴责了异端邪说,并强调了佛教与文人甚至道学关系的复杂性。

与黄震不同,罗大经没有为佛寺写过碑记。但是,他留存的作品通过描写宋代的士大夫阶层,却比黄震的文章展现出更多维的视角。罗大经在 1226 年进士及第,但穷其一生都没有担任太高的官职。① 不过,他留下了一本叫《鹤林玉露》的笔记。这部不同寻常的著作大概完成于 1252 年。② 与寺庙的碑记不同,这一类文章没有预设特定的受众,不需要去尝试赞扬什么人或宣扬道德教条,甚至连固定的格式都没有。③ 这些文稿通常成型于一段时间之内,尤其是当作者没有担任任何官职的时候。从没有人要求文人们汇编这些作品,所以它们并非应时之作。但是,当阅读它们的时候,我们可以体会到文人在赋闲时候的品味和兴趣。④

《鹤林玉露》收录了很多与佛教相关的文章。13 世纪文献的缺乏使得人们不得不重新考察这些材料。有几篇文章证明了佛教在世俗社会中的重要性。举例来说,在北宋末期,苏轼的作品遭到了查禁,南方一座寺院的僧众巧妙而迅速地藏匿了苏轼曾

---

① 相关传记的清晰材料可以在其随笔的附录中找到。参见罗大经:《鹤林玉露》,第 250—261 页。

② 同上书。

③ 参见陈文新:《中国笔记小说史》。

④ 关于这方面的内容,可参见贺巧治:《东坡志林》,收入吴德明主编《宋代书录》;包弼德(Peter K. Bol):《文人杂集与宋代知识分子史:以张耒的〈明道杂志〉为例》("A Literati Miscellany and Sung Intellectual History: The Case of Chang Lei's Ming-tao tsa-chih"),《宋辽金元研究》,1995 年第 25 卷。

为他们创作的书法作品。后来,当朝廷解除禁令,并搜寻苏轼的书法作品时,僧人们将拓本进献给了高宗,这让后者感激不已。[1]在这种情况下,当一些文人的遗稿面临严重威胁时,寺院就成为了它们的避难所。罗大经认为,寺院的第二个作用在于,当饥荒袭击某个村落时,临近的佛寺会提供饭食。在与那些视僧众为寄生虫的学者们争论的时候,罗大经甚至表明佛教甚至能够起到均贫富的作用。[2] 然而,尽管佛寺在世俗社会起到了很关键的作用,但超度亡灵才是佛教的保留节目。在《鹤林玉露》中,有一则故事谈到了一个神奇的预言和它的实现。这个预言就是,有个书生寄宿在一座寺院中,当晚梦到寺院中的一具女尸的亡灵给自己托梦。亡灵告诉书生,如果书生能将其安葬,自己就能保佑他科举及第。罗大经对这个故事深信不疑,并在结尾处表明,命运虽自有定分,而鬼神是无所不知的。[3] 最后,罗大经并没有用完全不加批判的眼光看待佛寺。他对僧伽们参加皇帝寿典一事表示质疑,且更愿意按照《尚书》中的规定去举办各种仪式,就像陆九渊曾经提议过的那样。[4]

罗大经的其他作品虽然没有提到佛寺,但仍然包含了前引的那些碑记中的主题。最突出的重点就是僧伽与文人的相似性。罗大经曾一度断言:"佛者之教,其等级次第,皆与吾儒同,特其端异耳,故曰异端。"[5]当然,道学家们使用"异端"这个词是针对佛老两家的一种谴责。但是,罗大经在使用这个词的时候,却试图将菩萨与文王、孔子联系起来,因此这个词在其他语境中

232

[1] 罗大经:《鹤林玉露》,第 170 页。
[2] 同上书,第 52 页。
[3] 罗大经:《鹤林玉露》,第 267—268 页。
[4] 同上书,第 164 页。
[5] 同上书,第 306—307 页。

所表现出的敌意几乎是不存在的。在其他地方,罗大经同样强调了僧伽与文人在实践上的相似之处。他写道,这两类人都在获得官方任命之前面临着巨大的困难,但当他们获得成功之后,却发现成功只会加重负担。① 与此相关,罗大经还指出当时的僧人和文人在某种程度上都背离了祖师之旨。② 此外,罗大经还在笔记中比较了双方在冥想和静坐功夫中的共同点。他认为,在修行上,僧人们比那些士大夫更有决心,也取得了更多的成就。③可以举出的例子还有很多,④但是,总而言之,笔记中的僧人和文人之间呈现出很强的可比较性,甚至在供职方面都有交集。在罗大经的笔下,僧人们经常被视为值得效仿的典范,就像我们在第四章列举的那些碑铭中看到的那样。

　　黄震是那个时代的著名人物,在道学圈子中享有极高的声誉和重要的地位。但是,相对来说,罗大经的人生就显得默默无闻了。他只留下了一些零散的材料,而这些材料却反映出他对自己生活的时代和地区的观察,因而有着巨大的参考价值。尽管这两个人身份悬殊,但他们对佛教的态度却有很多共同之处。与本朝前辈们一样,他们对寺院也有着多重看法。僧人、教义以及修行实践,都为他们提供了很多值得赞颂或是有待谴责的地方。僧众虽然与当朝者、家族本位主义者以及文化自觉性很强的文人们有着很大不同,却也与他们有着很多相似之处。僧人和文人,都根据本心的呼唤,在世俗社会中扮演了重要的角色。

233

---

① 罗大经:《鹤林玉露》,第 154 页。
② 同上书,第 303 页。
③ 同上书,第 290 页、第 337 页。
④ 举例而言,罗大经比较了《楞伽经》和《易经》中体现的"无常"与"变易",认为佛教起源于老庄思想之中。他还认为,皇权也与观音的威慑力有着相似之处。参见上书,第 183、194—195、289、240 页。

黄震和罗大经没有像黄庭坚那样表现出对佛教的热爱,但他们都承认了宗教、神明以及佛寺的精神力量。简而言之,尽管1250年的中国较之于1100年那个时候有所转变,但是文人佛教观仍呈现出一种传承性和相似性。这些观点没有太多变化,更几乎没有出现针锋相对的局面。

起因、条件和结论

接下来让我们转向更大的问题,是什么导致了从唐代到宋代的文章修辞上的转变? 为这样一个难以捉摸的态度上的转变,而非为税制变动或外交政策调整等寻找原因,至多是一种不严谨的尝试。实际上宋代文人从未认识到,毋庸说讨论为何同时代的人们以未见于晚唐的方式来描述佛寺。也就是说,这一转变追随或者说伴随着宋代思想界与制度领域随处可见的、大范围的结构性改变。首先,正如我们在第二章中谈论过的,禅宗实现了佛教的转型,使佛教成为一种更具自我意识的、多元化的宗教,禅僧之间有时甚至会出现论点上的冲突。许多僧人宣称,尽管不同的禅宗派别存在着某些差异,但它们在佛教教义和实践理路层面基本是统一的。不过,现实的情况却显得差强人意。居士们可以自由地评判佛教信仰的哪方面是真实可靠的,并谴责他们发现的不可靠的方面。其次,佛寺与朝廷在制度上更紧密的联系促使士大夫对佛教重新进行审视,并任命杰出僧人为重要佛寺的住持。随着时间的流逝,这种利用与被利用的关系也使寺院制度发生了改变:寺院曾经拥有的自治制度在士人的审视中逐渐瓦解。在文人愈发了解佛寺的情况下,僧人们失去了决定士大夫如何在碑铭中展现佛教威严的权力。

此外,这一变化源自知识分子阶层的扩大。宋代文化史的
很多方面仍有待深入研究。许多学者一致认为,宋代文化的特
点是士人们通过各种努力形成了多元的世界观。在包弼德
(Peter K. Bol)对欧阳修的研究中,他这样描述士大夫的世
界观:

> 在未来的时代,学习将深化学者的自我意识,使他
> 们站在制高点来观察世界,包括世俗社会以及天人之
> 际的全部内容,并发现那些逸出传统框架价值观……
> 学习能够带来的最大收获是:通过它,文人能够建立一
> 种整体而连贯的视角,他们将认识到政治与道德、自我
> 与社会的和谐统一。通过这种方式的学习,他们能够
> 重建公共机构和社会、政治和道德价值观的统一。他
> 们希望在一种整体性的视域下,为宋代建立起整体性
> 的社会秩序提供思想基础。①

这种整体性可以通过各种方式来实现。一些人在对儒家经典
的解读与诠释中找到了方案。这种方法注定是排外的,且最终
塑造了道学群体中的辟佛观念。但是,上文引述的黄震的例子
却说明,朱熹的追随者们并没有彻底地拒斥佛教。如第二章所
述,这种融合儒释的努力可能意味着,一些学者试图接纳并赞
扬佛教的教义和实践。他们以儒家思想补充佛教的不足,最终
实现二者的充分结合。这些更具包容心态的士人没有将自己

---

① 参见苏德恺(Kidder Smith):《宋代对〈易经〉的应用》(*Sung Dynasty Uses of the I Ching*),第 42 页。

定位于文化本位主义的群体之中。他们没有明确的政治偏见，同时也相对显得更为自然。在他们编纂的百科全书和笔记汇编中，融入了多元化的世俗元素，即便这可能是某种假设，而非他们真心在寻求内在的统一。对于罗大经这样的学者而言，佛教的教义、实践及其体系已经构成了超越寺院本身的价值面向。

最后，这种修辞上的改变对宋代中国的佛教有何影响呢？或者，我们可以更直接地问，如果文人们随心所欲地为佛寺写作，这是否意味着佛教威严的减损？当文人们将各种话题都纳入到寺庙的碑铭中时，是否也反映了官方层面对佛寺的控制？也许确实如此。我们可以先借用涂尔干（Émile Durkheim）的陈旧但仍有说服力的宗教观来说明这个问题。涂尔干认为，宗教会"在历史普遍的循环中逐渐退场"。人们一般难以领会宗教的本质，"除了那些有资格接近它并利用它的人"[1]。如果寺庙的碑铭应该包含庄严的文学空间，我们可能会认为，唐代的僧人是可以决定如何利用这种空间的。唐代的文人们赞颂并捍卫了佛法，然后将空间"归还"给了僧伽。他们经常用隐晦的手法，将寺庙描述为一个脱离于世俗社会却能够庇佑皇室的场所。即便在那种情况下，这种联系也并非在宗教与世俗之间，而是展现为两个神圣的实体之间。但是，在宋代，早期对"文学圣地"使用的限制消失了，文人们可以随心所欲地创作碑铭。这一类碑铭在文人群体中广泛流传，以致更多文人以世俗的眼光看待佛寺及僧众。这样看来，神圣的皇权和世俗的佛寺就处在截然相反的位

235

---

[1] 参见苏德恺：《神圣之地》（"The Topography of the Scared"），第 104 页，转引自涂尔干（Émile Durkheim）：《职业伦理与公民道德》（*Professional Ethics and Civic Morals*），第 143 页。

置上。无可置疑的是,在这场零和博弈中,"宗教性"不再被视为神秘莫测的东西。

无论这个强有力的解释有什么吸引人的地方,都需要详加审视,这样才能使读者对结论感到满意。首先,涂尔干致力于阐述规范性的概念。他将自己的作品命名为《宗教生活的基本形式》[The Elementary (or Elemental) Forms of Religious Life],并没有试图去分析诸如唐代和宋代中国那种高度文明社会中的宗教信仰和实践。其次,这种观点没有很好地审视僧人与在家居士之间的重要关系。换句话说,禅宗的文学一般采用半白话的语言,其揭示出开悟的进路应在日用常行之中,这实际上就已经开始模糊了轮回和涅槃之间的界限。从这层意义上说,中国文人只是不自觉地走进早已由僧人自己打开的门中。再次,国家对寺院的严格掌控,并不必然意味着寺院神圣性和自治制度的衰微。对于很多僧人和寺院来说,这种新的关系意味着他们会有更多的机会和资源来提高声望和财务状况。值得注意的是,宋代的僧伽从未遭受过任何一种公元 960 年之前经常发生的全国性放逐。

236　　　　最后,在宋代,士人们以一种新的方式塑造了自身的形象。篇幅所限,我们无法对这个话题进行更全面的研究。但是,很多重要的证据表明,当时的许多文人较之唐代文人,能够以一种更虔诚的眼光对待佛教。宋代的文人们以一种专注的态度来学习佛经。他们不仅将佛经视为真理之源,更试图通过对佛经的学习来实现对社会和学术界的全面改造,并借此改良和推广传统的礼仪。宋代文人的某些举措可能会因为近禅而备受争议。很多文章将僧伽与文人的生活实践进行类比,这暗示着前者的世俗化,但同样也赋予了后者一种神圣性。换句话说,精英阶层的文人们并没有在世俗的层面上看待佛教和僧人，而是将自己视为处理宗教问题的专家（尽管是以另一种方式）。在这种新的结构下，士僧之间的差异被缩小了。正如我们所看到的，多数文人仍然觉得他们有很多要向僧人学习的地方。当然，也有一些人持更多的理由，来寻找使士人远离佛教徒的方法。

让我们再回到涂尔干的说辞。他认为，神圣的存在超越了普遍的历史循环。神圣的存在有着特殊的权力，它可以扩展自身并容纳一个新的群体。在宋代，这个群体就是文人士大夫。文人当然视自己为精英阶层，如果他们能够随心所欲地为佛寺撰写文章，这种自由也没有在任何意义上减损佛法的庄严和纯洁。他们的这种新身份来自一种强烈的自我认同感，而不是来自对佛教的新审视。当然，文人们仍属世俗人群，因为他们并没有在实质意义上出家。但是，他们构成了一种特殊的世俗群体，他们的社会地位与求道的热情为他们提供了一个评判僧徒的有利位置。他们与儒家文化和佛寺关系的不断变化模糊了圣俗之间的范畴界限。在他们看来，佛教太重要了，不能仅为僧徒所有。

士人描述的寺院之变及其多样性，揭示了知识分子非常重视佛教的存在。在这本书的引言中，我们曾将宋朝士大夫的心态概括为一种世俗中的奉献精神。换句话说，文人们解构了佛教，在拥护宗教信仰的某一方面的同时，又对另一方面进行严厉的批判。宋代的文人虽然很少一心皈依佛教，但大多数的人即便不顶礼膜拜，也对其中的某些方面心生敬畏。文人们将佛寺视为世上的合理存在，且认为它们仍将在中国的土地上存在数个世纪之久。在宋代，这些佛寺蓬勃的生命力使文人们参与到佛教事务中来，并使用（或不使用）佛教术语讨论终极价值的问

237

题。这一立场源自知识、历史和社会进程的复杂组合。文人自我意识的转变,僧伽制度的兴盛,以及宫廷赞助的模式可能都会导致士人以不同的方式来描写佛寺。但是,那是另外的语境,这里所描绘的各种场景都证明:佛教及其在文学中的形象变革绝非处于精英社会之边缘,而是在中国从中古向晚期帝国转型的过程中发挥了核心的作用。

参考文献

一、缩略语

CTS＝Chiu T'ang shu《旧唐书》

CTW＝Chin-ting Ch'üan T'ang wen《钦定全唐文》

CYYL＝Chien-yen i-lai hsi-nien yao-lu《建炎以来系年要录》

FTTC＝Fo-tsu t'ung-chi《佛祖统纪》

HCP＝Hsü Tzu-chih t'ung-chien ch'ang-pien《续资治通鉴长编》

HJAS＝Harvard Journal of Asiatic Studies《哈佛亚洲研究学报》

JAS＝Journal of Asian Studies《亚洲研究学报》

JIABS＝ Journal of the International Association of Buddhist Studies《国际佛教研究协会杂志》

SHY＝Sung-hui-yao chi-kao《宋会要辑稿》

SKCS＝Ssu-k'u ch'üan-shu《四库全书》

SKHP＝Shih-k'o shih-liao hsin-pien《石刻史料新编》

SPTK＝Ssu-pu ts'ung-k'an《四部丛刊》

SS＝Sung shih《宋史》

SYTFC＝Sung-Yüan ti-fang-chih san-shih-ch'i chung《宋元地方志三十七种》

T＝Taishō shinshō daizōkyō《大正新脩大藏經》

TP＝T'oung Pao《通报》

TWT＝T'ang wen-ts'ui《唐文粹》

ZZ＝Dai Nihon Zokuzōkyō《大日本續藏經》

二、工具书

罗竹风主编:《汉语大辞典》,上海:汉语大辞典出版社,1990 年。

《アジア歴史事典》，东京：平凡社，1960 年。

《仏書解説大辞典》，东京：大东出版社，1964 年。

净土宗宗典刊行会编：《淨土宗大詞典》，东京：净土宗开宗八百年纪念庆讚准备局，1974 年。

伍华主编：《周易大辞典》，广州：中山大学出版社，1993 年。

北京市文物建筑所编：《中国古代建筑辞典》，北京：中国书店，1992 年。

慈怡主编：《佛光大辞典》，高雄：佛光出版社，1989 年。

望月信亨：《佛教大辞典》，东京：世界圣典刊行协会，1957—1968 年。

諸橋轍次：《大漢和辭典》，东京：大修馆书店，1955—1960 年。

王应麟：《玉海》，北京：文物出版社，1987 年。

Encyclopedia of Religion，edited by Mircea Eliade et al. New York：Macmillan，1987.

Franke，Herbert，ed. *Sung Biographies*. Wiesbaden：Steiner，1976.

Hucker，Charles O. *A Dictionary of Official Titles in Imperial China*. Stanford：Stanford University Press，1985.

三、古籍

张方平：《乐全集》，《四库全书》本。

张耒：《张耒集》，北京：中华书局，1990 年。

张嵲：《紫微集》，《四库全书》本。

张守：《毗陵集》，《四库全书》本。

沈涛：《常山贞石志》，《石刻史料新编》本。

赵孟坚：《彝斋文编》，《四库全书》本。

赵抃：《清献集》，《四库全书》本。

赵彦卫：《云麓漫钞》，北京：中华书局，1996 年。

晁公溯：《嵩山集》，《四库全书》本。

晁说之：《嵩山文集》，《四部丛刊》本。

真德秀：《政经》，《四库全书》本。

真德秀：《西山先生真文忠公文集》，《四部丛刊》本。

真德秀：《文章正宗》，《四库全书》本。

陈傅良：《止斋先生文集》，《四部丛刊》本。

陈亮：《陈亮集》，北京：中华书局，1987 年。

姚思廉编：《陈书》，北京：中华书局，1972 年。

陈舜俞：《都官集》，《四库全书》本。

陈郁：《藏一话腴》，《四库全书》本。

程颢、程颐:《二程集》,北京:中华书局,1981 年。

程珌:《洺水集》,《四库全书》本。

扈仲荣编:《成都文类》,《四库全书》本。

陈耆卿纂:《嘉定赤城志》,《宋元地方志三十七种》本。

张津纂:《乾道四明图经》,《宋元地方志三十七种》本。

俞希鲁纂:《至顺镇江志》,《宋元地方志三十七种》本。

徐硕纂:《至元嘉禾志》,《宋元地方志三十七种》本。

房玄龄等编:《晋书》,北京:中华书局,1974 年。

陆耀遹:《金石续编》,《石刻史料新编》本。

王昶:《金石萃编》,《石刻史料新编》本。

秦观:《淮海集》,《四库全书》本。

童诰等辑:《钦定全唐文》,清嘉庆十九年武英殿刻本。

确安等编,崔文印笺证:《靖康稗史笺证》,北京:中华书局,1988 年。

宋奎光撰:《径山志》,载《中国佛寺史志汇刊》,台北:明文书局,1980 年。

周应合纂:《景定建康志》,《宋元地方志三十七种》本。

刘昫编:《旧唐书》,北京:中华书局,1975 年。

周城:《宋东京考》,北京:中华书局,1988 年。

周孚:《蠹斋铅刀编》,《四库全书》本。

周行己:《浮沚集》,《四库全书》本。

周辉:《清波杂志校注》,北京:中华书局,1994 年。

周密:《齐东野语校注》,上海:华东师范大学出版社,1987 年。

周密:《癸辛杂识》,北京:中华书局,1988 年。

周必大:《周文忠集》,《四库全书》本。

周紫芝:《太仓稀米集》,《四库全书》本。

孙星衍撰:《周易集解》,上海:商务印书馆,1936 年。

朱熹:《晦安先生朱文公文集》,《四部丛刊》本。

朱熹:《四书章句集注》,北京:中华书局,1983 年。

朱熹:《朱子语类》,北京:中华书局,1986 年。

朱松:《韦斋集》,《四库全书》本。

杨慎:《全蜀艺文志》,《四库全书》本。

彭定求等编:《全唐诗》,北京:中华书局,1960 年。

郭庆藩撰:《庄子集释》,北京:中华书局,1961 年。

杨伯峻:《春秋左传注》,北京:中华书局,1981 年。

杨伯峻:《列子集释》,北京:中华书局,1979 年。

孙应时纂:《重修琴川志》,台北:成文出版社,1983 年。

扬雄:《法言》,长沙:商务印书馆,1939 年。

范成大:《吴船录》,长沙:商务印书馆,1937 年。

方大琮:《铁庵集》,《四库全书》本。

费衮:《梁溪漫志》,太原:山西人民出版社,1986 年。

韩愈著,钱仲联校释:《韩昌黎诗系年集释》,上海:古典文学出版社,
1957 年。

马通伯主编:《韩昌黎文集校注》,香港:中华书局,1972 年。

吴文治编:《韩愈资料汇编》,北京:中华书局,1983 年。

韩元吉:《南涧甲乙稿》,《四库全书》本。

范晔撰:《后汉书》,北京:中华书局,1965 年。

夏竦:《文庄集》,《四库全书》本。

谢逸:《溪堂集》,《四库全书》本。

潜说友撰:《咸淳临安志》,《宋元地方志三十七种》本。

欧阳修、宋祁等撰:《新唐书》,北京:中华书局,1975 年。

许景衡:《横塘集》,《四库全书》本。

嵇璜等撰:《续通典》,台北:商务印书馆,1987 年。

胡宿:《文公集》,《四库全书》本。

胡寅:《崇正辩/斐然集》,北京:中华书局,1993 年。

杨守敬撰:《湖北金石志》,《石刻史料新编》本。

黄震:《黄氏日抄》,《四库全书》本。

黄庭坚:《黄庭坚全集》,成都:四川大学出版社,2001 年。

傅璇琮:《黄庭坚和江西诗派卷》,北京:中华书局,1978 年。

黄宗羲:《宋元学案》,台北:世界书局,1986 年。

杨希闵主编:《黄文节公年谱》,载《十五家年谱丛书》,1877 年。

吕祖谦:《皇朝文鉴》,《四部丛刊》本。

皇甫湜:《皇甫持正文集》,《四部丛刊》本。

洪迈:《夷坚志》,北京:中华书局,1981 年。

洪迈:《容斋随笔》上海:上海古籍出版社,1996 年。

李肇:《唐国史补》,上海:古典文学出版社,1957 年。

李昭玘:《乐静集》,《四库全书》本。

李之仪:《姑溪居士前集》,《四库全书》本。

李心传:《建炎以来系年要录》,北京:中华书局,1988 年。

李心传:《建炎以来朝野杂记》,北京:中华书局,2000 年。

李纲:《梁溪集》,《四库全书》本。

李觏:《李觏集》,北京:中华书局,1981 年。

李流谦:《澹斋集》,《四库全书》本。

李弥逊:《筠溪集》,《四库全书》本。

李石:《方舟集》,《四库全书》本。

李焘:《续资治通鉴长编》,北京:中华书局,1985 年。

李幼武:《宋名臣言行录外集》,《四库全书》本。

李元弼:《作邑自箴》,《四部丛刊》本。

阮元纂:《两浙金石志》,《石刻史料新编》本。

周一良主编:《入唐求法巡礼行记校注》,石家庄:花山文艺出版社,1992 年。

林希逸:《竹溪鬳斋十一槀续集》,《四库全书》本。

刘跂:《学易集》,《四库全书》本。

刘勰著,施友忠译注:《文心雕龙》,台北:中华书局,1975 年。

刘一止:《苕溪集》,《四库全书》本。

刘克庄:《后村先生大全集》,《四部丛刊》本。

刘攽:《彭城集》,《武英殿聚珍版全书》本。

刘宰:《漫堂文集》,《四库全书》本。

柳宗元:《柳宗元集》,北京:中华书局,1979 年。

王国安编:《柳宗元诗笺释》,上海:上海古籍出版社,1993 年。

刘禹锡:《刘禹锡集》,北京:中华书局,1990 年。

罗大经:《鹤林玉露》,北京:中华书局,1983 年。

楼钥:《攻媿集》,《四部丛刊》本。

陆容:《菽园杂记》,北京:中华书局,1985 年。

陆游:《老学庵笔记》,北京:中华书局,1979 年。

陆游:《陆放翁全集》,北京:中国书店,1985 年。

吕南公:《灌园集》,《四库全书》本。

吕本中:《东莱吕紫微师友杂志》,长沙:商务印书馆,1939 年。

吕本中:《童蒙训》,《四库全书》本。

陈奇猷:《吕氏春秋新校释》,上海:上海古籍出版社,2002 年。

程树德编:《论语集释》,北京:中华书局,1990 年。

马廷鸾:《碧梧玩芳集》,《四库全书》本。

马永卿:《元城先生语录解》,《四库全书》本。

孟元老等编:《东京梦华录外四种》,台北:大立出版社,1980 年。

张四维辑:《名公书判清明集》,北京:中华书局,1987 年。

牟巘:《陵阳集》,《四库全书》本。

李延寿编：《南史》，北京：中华书局，1975 年。

欧阳修：《欧阳修全集》，北京：中华书局，2001 年。

洪本健主编：《欧阳修资料汇编》，北京：中华书局，1995 年。

白居易：《白居易集》，北京：中华书局，1979 年。

班固：《汉书》，北京：中华书局，1962 年。

张淏纂：《宝庆会稽续志》，《宋元地方志三十七种》本。

毕沅：《续资治通鉴》，上海：上海古籍出版社，1986 年。

皮日休：《皮子文薮》，上海：上海古籍出版社，1981 年。

罗克涵纂：《沙县志》，台北：成文出版社，1975 年。

袁珂编：《山海经校注》，上海：上海古籍出版社，1980 年。

李维祯纂：《山西通志》，清光绪十八年刻本。

孟凡港纂：《山左金石志》，《石刻史料新编》本。

胡聘之纂：《山右石刻丛编》，《石刻史料新编》本。

杨潜纂：《绍西云间志》，《宋元地方志三十七种》本。

沈括：《长兴集》，载《沈氏三先生文集》，《四部丛刊三编》本。

沈括撰、胡道静校证：《梦溪笔谈校证》，上海：上海出版公司，1956 年。

王应麟编：《深宁文钞摭余编》，载《四明文献集》，《四明丛书》本，1932 年。

沈亚之：《沈下贤文集》，《四部丛刊》本。

石介：《徂徕石先生文集》，北京：中华书局，1984 年。

史浩：《鄮峰真隐漫录》，《四库全书》本。

史绳祖：《学斋占毕》，《百川学海》本，1921 年。

林荣华校编：《石刻史料新编》，台北：新文丰出版社，1979 年。

阮元校刻：《十三经注疏》，台北：艺文印书馆，1976 年。

《十通》，台北：商务印书馆，1987 年。

舒岳祥：《阆风集》，《四库全书》本。

文渊阁《四库全书》，台北：商务印书馆，1983 年。

纪昀主编：《四库全书总目提要》，上海：商务印书馆，1933 年。

司马迁：《史记》，北京：中华书局，1959 年。

司马光：《温国文正司马公文集》，《四部丛刊》本。

司马光：《资治通鉴》，北京：古籍出版社，1956 年。

张元济纂：《四部丛刊》，上海：商务印书馆，1920—1937 年。

苏辙：《苏辙集》，北京：中华书局，1990 年。

苏轼：《东坡志林》，北京：中华书局，1981 年。

苏轼：《苏轼文集》，北京：中华书局，1986 年。

四川大学中文系唐宋文学研究室编：《苏轼资料汇编》，北京：中华书局，1994年。

苏舜钦：《苏舜钦集编年校注》，成都：巴蜀书社，1991年。

孙应时：《烛湖集》，《四库全书》本。

宋祁：《景文集》，上海：上海印书馆，1936年。

赵汝愚：《宋名臣奏议》，上海：上海古籍出版社，1999年。

脱脱编：《宋史》，北京：中华书局，1985年。

窦仪编：《宋刑统》，北京：中华书局，1984年。

徐松辑：《宋会要辑稿》，台北：世界书局，1977年。

徐松辑：《宋会要辑稿补编》，北京：全国图书馆文献缩微复制中心，1987年。

丁傅靖编：《宋人轶事汇编》，上海：商务印书馆，1935年。

冯琦原辑：《宋史纪事本末》，台北：华世出版社，1976年。

陆心源：《宋史翼》，北京：中华书局，1991年。

沈约编：《宋书》，北京：中华书局，1974年。

傅增湘辑：《宋代蜀文辑存》，香港：龙门书店，1971年。

吕祖谦编：《宋文鉴》，《四部丛刊》本。

《宋元地方志三十七种》，台北：国泰文化事业有限公司，1980年。

郭荐纂：《大德昌国州图志》，《宋元地方志三十七种》本。

黄瑞撰：《台州金石录》，《石刻史料新编》本。

李昉辑：《太平广记》，北京：中华书局，1961年。

李昉辑：《太平御览》，北京：中华书局，1963年。

长孙无忌撰：《唐律疏议》，北京：中华书局，1983年。

姚铉编：《唐文粹》，《四部丛刊》本。

邓肃：《栟榈集》，《四库全书》本。

蔡襄：《蔡忠惠公集》，《四库全书》本。

曹勋：《松隐集》，《四库全书》本。

王钦若编：《册府元龟》，北京：中华书局，1960年。

曾肇：《曲阜集》，《四库全书》本。

曾巩：《曾巩集》，北京：中华书局，1984年。

曾敏行：《独醒杂志》，上海：商务印书馆，1937年。

曾慥：《类说》，北京：文学古籍刊行出版社，1955年。

邹浩：《道乡集》，《四库全书》本。

崔敦礼：《宫教集》，《四库全书》本。

度正：《性善堂稿》，《四库全书》本。

杜光庭:《录异集》,《正统道藏》,台北:艺文印书馆,1977 年。

杜牧:《樊川文集》,上海:上海古籍出版社,1978 年。

王重民等编:《敦煌变文集》,北京:人民文学出版社,1957 年。

洪业编:《琬琰集删存》,上海:上海古籍出版社,1990 年。

王安石:《王文公文集》,上海:上海人民出版社,1974 年。

王称:《东都事略》,台北:文海出版社,1969 年。

王铚:《默记》,北京:中华书局,1981 年。

王明清:《挥麈录》,北京:中华书局,1961 年。

王辟之:《渑水燕谈录》,北京:中华书局,1981 年。

王谠:《唐语林校注》,北京:中华书局,1987 年。

王定保:《唐摭言》,台北:世界书局,1967 年。

王通:《中说》,台北:中国子学名著集成,1977 年。

王应麟:《困学纪闻》,《四部丛刊》本。

王禹偁:《小畜集》,上海:商务印书馆,1938 年。

魏了翁:《重校鹤山先生大全文集》,《四部丛刊》本。

魏收:《魏书》,北京:中华书局,1974 年。

萧统编:《文选》,台北:华正书局,1994 年。

文同:《丹渊集》,《四库全书》本。

马端临:《文献通考》,北京:中华书局,1986 年。

文莹:《湘山野录》,北京:中华书局,1984 年。

《文苑英华》,北京:中华书局,1965 年。

吴处厚:《青箱杂记》,北京:中华书局,1985 年。

范成大纂:《吴郡志》,《宋元地方志三十七种》本。

陆心源纂:《吴兴金石录》,《石刻史料新编》本。

王溥辑:《五代会要》,上海:上海古籍出版社,1978 年。

钱谷:《吴都文粹续集》,《四库全书》本。

杨亿:《武夷新集》,《四库全书》本。

杨时:《龟山集》,《四库全书》本。

杨时:《龟山先生语录》,《四部丛刊》本。

张万寿:《扬州府志》,台北:成文出版社,1974 年。

叶昌炽:《语石》,台北:商务印书馆,1956 年。

叶梦得:《石林居士建康集》,《四库全书》本。

叶梦得:《岩下放言》,《四库全书》本。

叶梦得:《避暑录话》,长沙:商务印书馆,1939 年。

叶梦得:《石林燕语》,北京:中华书局,1984 年。

叶绍翁:《四朝闻见录》,北京:中华书局,1989年。

叶适:《叶适集》,北京:中华书局,1961年。

叶适:《习学记言序目》,北京:中华书局,1977年。

马泽纂:《延祐四明志》,《宋元地方志三十七种》本。

余靖:《武溪集》,《四库全书》本。

元稹:《元稹集》,北京:中华书局,1982年。

袁甫:《蒙斋集》,武英殿聚珍版书本。

袁燮:《絜斋集》,《四库全书》本。

王存编:《元丰九域志》,上海:商务印书馆,1937年。

岳珂:《桯史》,北京:中华书局,1981年。

四、佛典

《占察善恶业报经》,《大正新脩大藏經》,经号839,卷17。

僧祐:《出三藏记集》,《大正新脩大藏經》,经号2145,卷55。

智顗:《净土十疑论》,《大正新脩大藏經》,经号1961,卷46。

志磐:《佛祖统纪》,《大正新脩大藏經》,经号2035,卷51。

慧然辑:《镇州临济慧照禅师语录》,《大正新脩大藏經》,经号1985,卷47。

般若流支译:《正法念处经》,《大正新脩大藏經》,经号721,卷17。

鸠摩罗什译:《佛说阿弥陀经》,《大正新脩大藏經》,经号366,卷12。

鸠摩罗什译:《妙法莲华经》,《大正新脩大藏經》,经号262,卷9。

鸠摩罗什译:《维摩诘所说经》,《大正新脩大藏經》,经号475,卷14。

畺良耶舍译:《佛说观无量寿佛经》,《大正新脩大藏經》,经号365,卷12。

妙原编:《虚堂和尚语录》,《大正新脩大藏經》,经号2000,卷47。

玄奘:《大唐西域记》,《大正新脩大藏經》,经号2087,卷51。

慧皎:《高僧传》,《大正新脩大藏經》,经号2059,卷50。

慧远:《净土十疑论》,《大正新脩大藏經》,经号1961,卷46。

佛驮跋陀罗:《观佛三昧海经》,《大正新脩大藏經》,经号643,卷15。

陈舜俞编:《庐山记》,《大正新脩大藏經》,经号2095,卷51。

念常:《佛祖历代通载》,《大正新脩大藏經》,经号2036,卷49。

裴休:《注华严法界观门序》,《大正新脩大藏經》,经号1884,卷45。

蕴闻编:《大慧普觉禅师语录》,《大正新脩大藏經》,经号1998,卷47。

道宣:《续高僧传》,《大正新脩大藏經》,经号2060,卷50。

道宣:《广弘明集》,《大正新脩大藏經》,经号2103,卷52。

道原:《景德传灯录》,《大正新脩大藏經》,经号 2076,卷 51。

道原:《景德传灯录》,东京:中文出版社,1984 年。

赞宁:《宋高僧传》,《大正新脩大藏經》,经号 2061,卷 50。

赞宁:《大宋僧史略》,《大正新脩大藏經》,经号 2126,卷 54。

僧伽提婆译:《增一阿含经》,《大正新脩大藏經》,经号 125,卷 2。

宗密:《大方广圆觉修多罗了义经疏》,《大正新脩大藏經》,经号 1795,卷 39。

宗密:《注华严法界观门序》,《大正新脩大藏經》,经号 1884,卷 45。

佛陀多罗译:《圆觉经》,《大正新脩大藏經》,经号 842,卷 17。

德辉:《敕修百仗清规》,《大日本續藏經》第 111 册。

宗鉴编:《释门正通》,《大日本續藏經》130 册。

正受编:《嘉泰普灯录》,《大日本續藏經》第 137 册。

祖琇编:《隆兴佛教编年通论》,《大日本續藏經》第 130 册。

元照:《芝园集》,《大日本續藏經》第 105 册。

《大正新脩大藏經》,东京:大正一切经刊行会,1922—1923 年。

《大日本續藏經》,京都:藏经书院原刊/台北:新文丰出版公司,1977 年。

五、中文著作

中国科学院自然科学史研究所编:《中国古代建筑技术史》,北京:科学出版社,1985 年。

中国美术全集编辑委员会编:《敦煌壁画》,收入《中国美术全集·绘画编》,上海:人民美术出版社,1985 年。

张邦炜:《宋代皇亲与政治》,成都:四川人民出版社,1992 年。

昌彼得等编:《宋人传记资料索引》,台北:鼎文书局,2001 年。

陈文新:《中国笔记小说史》,新田:志一出版社,1995 年。

陈寅恪:《元白诗笺证考》,上海:上海古籍出版社,1978 年。

陈垣:《中国佛教史籍概论》,北京:中华书局,1962 年。

陈垣:《释氏疑年录》,北京:中华书局,1964 年。

蒋义斌:《宋代儒释调和论及排佛论之演进:王安石之融通儒释及程朱学派之排佛反王》,台北:商务印书馆,1988 年。

钱穆:《中国学术思想史论丛》,台北:东大图书公司,1978 年。

金其桢:《中国碑文化》,重庆:重庆出版社,2002 年。

周宝珠:《宋代东京研究》,郑州:河南大学出版社,1992 年。

朱金城:《白居易年谱》,上海:上海古籍出版社,1982 年。

朱庆余编:《沈亚之研究资料》,台北:天一出版社,1981年。

方积六等编:《唐五代五十二种笔记小说人名索引》,北京:中华书局,1992年。

傅璇琮:《唐五代人物传记资料综合索引》,北京:中华书局,1982年。

侯外庐主编:《宋明理学史》,北京:人民出版社,1984年。

徐师曾:《文体明辨续说》,台北:长安出版社,1978年。

黄启江:《北宋佛教史论稿》,台北:商务印书馆,1997年。

黄启芳:《王禹偁研究》,台北:学海出版社,1979年。

黄敏枝:《宋代佛教社会经济史论集》,台北:学生书局,1989年。

高亨:《周易大传今注》,济南:齐鲁书社,1979年。

加藤繁:《中国经济史考证》,台北:华世出版社,1976年。

顾吉辰:《宋代佛教史稿》,郑州:中州古籍出版社,1993年。

郭光:《陆游传》,郑州:中州书画社,1982年。

李国玲:《宋人传记资料补编》,成都:四川大学出版社,1994年。

刘子健:《欧阳修的治学与从政》,香港:新亚研究所,1963年。

潘桂明:《中国居士佛教史》,北京:中国社会科学出版社,2000年。

三门峡市文物工作队编:《北宋陕州漏泽园》,北京:文物出版社,1999年。

汤用彤:《汉魏两晋南北朝佛教史》,北京:中华书局,1955年。

王德毅:《宋代灾荒的救济政策》,台北:商务印书馆,1970年。

严耕望:《唐史研究丛考》,台北:新亚研究所,1969年。

于北山:《陆游年谱》,北京:中华书局,1961年。

余英时:《中国近世宗教伦理与商人精神》,台北:联经出版事业公司,1987年。

六、中文论文

陈晓芬:《柳宗元与苏轼崇佛心理比较》,《社会科学战线》1995年第2期,第219—226页。

蒋义斌:《吕本中与佛教》,《佛学研究中心学报》1997年第2期,第129—155页。

朱惠良:《南宋皇室书法》,《故宫学术季刊》1985年第4期,第17—52页。

庄尚严:《宋徽宗的"瘦金体"书法》,台北《故宫博物院年刊》1967年第4期,第1—9、16页。

赖永海:《柳宗元与佛教》,《哲学研究》1984年第3期,第59—65页。

李建民:《中国古代"掩骼"礼俗考》,《清华学报》1995 年第 3 期,第 319—343 页。

刘子健:《刘宰和赈饥》,收入《两宋史研究汇编》,台北:联经出版事业公司,1987 年,第 307—359 页。

罗香林:《唐代三教讲论考》,收入《唐代文化史》,台北:商务印书馆,1955 年,第 159—176 页。

孙昌武:《白居易的佛教信仰与生活态度》,收入《唐代文学与佛教》,西安:陕西人民出版社,1985 年,第 102—125 页。

苏文擢:《柳宗元与佛教之关系》,《大陆杂志》1977 年第 5 期,第 41—48 页。

王德毅:《宋代澶州晁氏族系考》,收入衣川强主编《庆祝刘子健教授七十华诞宋史论文集》,京都:同朋社,1989 年,第 21—28 页。

吴文治:《关于佛学对柳宗元的影响及其"禅理"诗的评价问题:与邓潭洲先生商榷》,《文史哲》1981 年第 6 期,第 53—62 页。

颜尚文:《梁武帝受菩萨戒及舍身同泰寺与"皇帝菩萨"地位的建立》,《东方宗教研究》1990 年第 1 期,第 42—89 页。

七、外文著作

The Analects of Confucius. Translated and annotated by Arthur Waley. London: George Allen and Unwin, 1938. Reprint, New York: Vintage, 1989.

Chuang-tzu: The Inner Chapters. Translated by A. C. Graham. London: George Allen and Unwin, 1981.

The Book of Lieh-tzŭ: A Classic of Tao. Translated by A. C. Graham. New York: Columbia University Press, 1960.

Mencius. Translated by D. C. Lau. Middlesex: Penguin Books, 1970.

The Four Books. Translated by James Legge. Shanghai: Chinese Book Co., 1933.

She King. Translated by James Legge. Hong Kong: Hong Kong University Press, 1960.

Li Chi: Book of Rites. Translated by James Legge. New Hyde Park, NY: University Press Books, 1967.

I Ching: The Classic of Changes. Translated with an introduction and commentary by Edward Shaughnessy. New York: Ballantine, 1996.

The Teaching of Vimalakirti. Translated by Sara Boin from the French translation by Etienne Lamotte. London: Pali Society, 1976.

Wen xuan, or *Selections of Refined Literature*. Translated by David Knechtges. Princeton: Princeton University Press, 1982.

Barrett, Timothy. *Li Ao: Buddhist, Taoist, or Neo-Confucian?* Oxford: Oxford University Press, 1992.

Barrett, Timothy, *Taoism Under the T'ang*. London: Wellsweep, 1996.

Bol, Peter K. *"This Culture of Ours": Intellectual Transitions in T'ang and Sung China*. Stanford: Stanford University Press, 1992.

Boltz, Judith M. *A Survey of Taoist Literature: Tenth to Seventeenth Centuries*. Berkeley: Institute of East Asian Studies, 1987.

Bossler, Beverly J. *Powerful Relations: Kinship, Status, and the State in Sung China* (960—1279). Cambridge, MA: Council on East Asian Studies, Harvard University, 1998.

Brokaw, Cynthia J. *The Ledgers of Merit and Demerit: Social Change and Moral Order in Late Imperial China*. Princeton: Princeton University Press, 1991.

Brook, Timothy. *Praying for Power: Buddhism and the Formation of Gentry Society in Late Ming China*. Cambridge, MA: Harvard University Press, 1993.

Bush, Susan, and Hsio-yen Shih eds. *Early Chinese Texts on Painting*. Cambridge, MA: Harvard University Press, 1985.

Chaffee, John. *The Thorny Gates of Learning in Sung China: A Social History of Examinations*. Cambridge: Cambridge University Press, 1985.

Chaffee, John. *Branches of Heaven: A History of the Imperial Clan of Sung China*. Cambridge, MA: Harvard University Asia Center, 1999.

Chan, Wing-tsit. *A Source Book in Chinese Philosophy*. Princeton: Princeton University Press, 1963.

Chan, Wing-tsit. *Chu Hsi: New Studies*. Honolulu: University of Hawaii Press, 1989.

Chang Chung-yüan. *Original Teachings of Ch'an Buddhism*. New York: Pantheon Books, 1969.

Ch'en Jo-shui. *Liu Tsung-yüan and Intellectual Change in T'ang*

China, 773—819. Cambridge: Cambridge University Press, 1992.

Ch'en, Kenneth. *Buddhism in China*. Princeton: Princeton University Press, 1964.

Ch'en, Kenneth. *The Chinese Transformation of Buddhism*. Princeton: Princeton University Press, 1973.

Chow, Kai-wing. *The Rise of Confucian Ritualism in Late Imperial China: Ethics, Classics, and Lineage Discourse*. Stanford: Stanford University Press, 1994.

Cole, Alan. *Mothers and Sons in Chinese Buddhism*. Stanford: Stanford University Press, 1998.

Conze, Edward. *Buddhist Scriptures*. London: Penguin Books, 1959.

Davis, Edward L. *Society and the Supernatural in Song China*. Honolulu: University of Hawaii Press, 1994.

Davis, Richard L. *Court and Family in Sung China*, 960—1279. Durham: Duke University Press, 1986.

de Bary, Wm. Theodore, ed. *Sources of Chinese Tradition*. New York: Columbia University Press, 1960.

de Bary, Wm. Theodore, and the Conference on Ming Thought. *Self and Society in Ming Thought*. New York: Columbia University Press, 1970.

de Groot, J. J. M. *The Religious System of China*. 6 vols. Reprint, Taipei: Southern Materials Center, 1989.

Demiéville, Paul. *Le concile de Lhasa*. Paris: Imprimerie Nationale de France, 1952.

Donner, Neal, and Daniel B. Stevenson. *The Great Calming and Contemplation: A Study and Annotated Translation of the First Chapter of Chih-i's Mo-ho chihkuan*. Honolulu: University of Hawaii Press, 1993.

Dudbridge, Glen. *The Hsi-yu chi: A Study of Antecedents to the Sixteenth-Century Chinese Novel*. Cambridge: Cambridge University Press, 1970.

Dudbridge, Glen. *The Legend of Miao-shan*. Oxford: Oxford University Press, 1978.

Dudbridge, Glen. *Religious and Lay Experience in T'ang China: A Reading of Tai Fu's Kuang-i chi*. Cambridge: Cambridge University

Press, 1995.

Durkheim, Émile. *Professional Ethics and Civic Morals*. Translated by Cornelia Brookfeld. London: Routledge and Paul, 1957.

Ebrey, Patricia. *Confucianism and Family Rituals in Imperial China: A Social History of Writing About Rites*. Princeton: Princeton University Press, 1991.

Ebrey, Patricia. *The Inner Quarters: Marriage and the Lives of Chinese Women in the Sung Period*. Berkeley: University of California Press, 1993.

Egan, Ronald C. *The Literary Works of Ou-yang Hsiu*. Cambridge: Cambridge University Press, 1984.

Egan, Ronald C. *Word, Image, and Deed in the Life of Su Shi*. Cambridge, MA: Harvard University Press, 1994.

Elvin, Mark. *The Pattern of the Chinese Past*. Oxford: Oxford University Press, 1973.

Ennin's Diary: The Record of a Pilgrimage to China in Search of the Law. Translated by E. O. Reischauer. New York: Ronald Press, 1955.

Entry into the Realm of Reality. Translated by Thomas Cleary. Boston: Shambhala, 1987.

Faure, Bernard. *The Rhetoric of Immediacy: A Cultural Critique of Chan/Zen Buddhism*. Stanford: Stanford University Press, 1991.

Faure, Bernard. *The Will to Orthodoxy: A Critical Genealogy of Northern Chan Buddhism*. Stanford: Stanford University Press, 1997.

Forte, Antonio. *Political Propaganda and Ideology in China at the End of the Seventh Century*. Naples: Istituto Universitario Orientale, 1976.

Gernet, Jacques. *Daily Life in China on the Eve of the Mongol Invasion* 1250—1276. Stanford: Stanford University Press, 1962.

Gernet, Jacques. *Buddhism in Chinese Society: An Economic History from the Fifth to the Tenth Centuries*. Translated by Franciscus Verellen. New York: Columbia University Press, 1995.

Giles, Herbert A. *A History of Chinese Literature*. New York: D. Appleton Century, 1933.

Graham, A. C. *Two Chinese Philosophers: Ch'eng Ming-tao and*

Ch'eng Yi-ch'uan. London: Lund Humphries, 1958.

Graham, A. C. *Disputers of the Tao: Philosophical Argument in Ancient China*. La Salle, IL: Open Court, 1989.

Grant, Beata. *Mount Lu Revisited: Buddhism in the Life and Writings of Su Shih*. Honolulu: University of Hawaii Press, 1994.

Gregory, Peter N. *Tsung-mi and the Sinification of Buddhism*. Cambridge, MA: Harvard University Press, 1991.

Gregory, Peter N. *Inquiry into the Origin of Humanity: An Annotated Translation of Tsungmi's Yüan jen lun with a modern commentary*. Honolulu: University of Hawaii Press, 1995.

Gregory, Peter N. and Daniel A. Getz, Jr., eds. *Buddhism in the Sung*. Honolulu: University of Hawaii, Press, 1999.

Haeger, John Winthrop, ed. *Crisis and Prosperity in Sung China*. Tucson: University of Arizona Press, 1975.

Hansen, Valerie. *Changing Gods in Medieval China*, 1127—1279. New Haven: Yale University Press, 1989.

Hartman, Charles. *Han Yü and the T'ang Search for Unity*. Princeton: Princeton University Press, 1985.

Hay, John. *Kernels of Energy, Bones of Earth: The Rock in Chinese Art*. New York: China House Gallery, 1986.

Heine, Steven A. and Dale S. Wright, eds. *The Kōan: Texts and Contexts in Zen Buddhism*. Oxford: Oxford University Press, 2000.

Heine, Steven A. and Dale S. Wright, eds. *The Zen Canon: Understanding the Classic Texts*. Oxford: Oxford University Press, 2004.

Hervouet, Yves, ed. *A Sung Bibliography*. Hong Kong: Chinese University Press, 1978.

Hsieh Shan-yüan. *The Life and Thought of Li Kou*, 1009—1059. San Francisco: Chinese Materials Center, 1979.

Hymes, Robert P. *Statesmen and Gentlemen: The Elite of Fu-chou, Chiang-hsi, in Northern and Southern Sung*. Cambridge: Cambridge University Press, 1986.

Jan Yün-hua. *A Chronicle of Buddhism in China* 581—960 A. D. Santiniketan, India: Visva-Bharati, 1966.

Jones, Lindsay. *The Hermeneutics of Sacred Architecture: Experience, Interpretation, Comparison*. 2 vols. Cambridge, MA:

Harvard University, Center for the Study of World Religions, 2000.

Kern, Martin. *The Stele Inscriptions of Ch'in Shih-huang: Text and Ritual in Early Chinese Imperial Representation*. New Haven: American Oriental Society, 2000.

Kieschnick, John. *The Impact of Buddhism on Chinese Material Culture*. Princeton: Princeton University Press, 2003.

Kselman, Tomas A. *Miracles and Prophecies in Nineteenth-Century France*. New Brunswick, NJ: Rutgers University Press, 1983.

Levi, Sylvain et al. , eds. *Hobogirin*. Tokyo: Maison Franco-Japonaise, 1929.

Liu, James T. C. *Ou-yang Hsiu: An Eleventh-Century Neo-Confucianist*. Stanford: Stanford University Press, 1967.

Liu, James T. C. *China Turning Inward: Intellectual-Political Changes in the Early Twelfth Century*. Cambridge, MA: Harvard University Press, 1988.

Lo, Winston. *The Life and Thought of Yeh Shih*. Hong Kong: Chinese University of Hong Kong, 1974.

McMullen, David. *State and Scholars in T'ang China*. Cambridge: Cambridge University Press, 1988.

McRae, John R. *The Northern School and the Formation of Early Ch'an Buddhism*. Honolulu: University of Hawaii Press, 1986.

McRae, John R. *Seeing Through Zen: Encounter, Transformation, and Genealogy in Chinese Chan Buddhism*. Berkeley: University of California Press, 2004.

Naquin, Susan, and Chün-fang Yü, eds. *Pilgrims and Sacred Sites in China*. Berkeley: University of California Press, 1992.

Nienhauser, William H. , Jr. , ed. *The Indiana Companion to Traditional Chinese Literature*. Bloomington: Indiana University Press, 1986.

Nienhauser, William H. , Jr. *The Grand Scribe's Records*, vol. 7, *The Memoirs of Pre-Han China by Ssuma Ch'ien*. Bloomington: Indiana University Press, 1994.

Nienhauser, William H. , Jr. , et al. *Liu Tsung-yüan*. Boston: Twayne Publishers, 1973.

Orzech, Charles. *Politics and Transcendent Wisdom: The Scripture for Humane Kings in the Creation of Chinese Buddhism*. University Park: Penn State University Press, 1998.

Owen, Stephen. *The Poetry of Han Yü and Meng Chiao*. New Haven: Yale University Press, 1975.

Owen, Stephen. *The Great Age of Chinese Poetry: The High T'ang*. New Haven: Yale University Press, 1981.

Owen, Stephen. *Remembrances*. Cambridge, MA: Harvard University Press, 1985.

Owen, Stephen. *The End of the Chinese 'Middle Ages': Essays in Mid-T'ang Literary Culture*. Stanford: Stanford University Press, 1996.

Owen, Stephen, ed. *An Anthology of Chinese Literature: Beginnings to 1911*. New York: W. W. Norton, 1996.

Robinson, Richard H. *Early Madhyamika in India and China*. Delhi: Motilal Banarsidass, 1976.

Schafer, Edward. *The Vermillion Bird: T'ang Images of the South*. Berkeley: University of California Press, 1968.

Shiba Yoshinobu. *Commerce and Society in Sung China*. Translated by Mark Elvin. Ann Arbor: Center for Chinese Studies, University of Michigan, 1970.

Smith, Kidder, Jr., et al. *Sung Dynasty Uses of the I Ching*. Princeton: Princeton University Press, 1990.

Strassberg, Richard E. *Inscribed Landscapes*. Berkeley: University of California Press, 1994.

Strickmann, Michel. *Mantras et mandarins: Le bouddhisme tantrique en Chine*. Paris: Gallimard, 1996.

Swanson, Paul J. *Foundations of T'ien-t'ai Philosophy*. Berkeley: Asian Humanities Press, 1989.

Takakusu Junichiro et al., eds. *The Essentials of Buddhist Philosophy*. 2nd ed. 1949.

Tambiah, S. J. *World Conquereor and World Renouncer: A Study of Buddhism and Polity in Tailand Against a Historical Background*. Cambridge: Cambridge University Press, 1976.

Teiser, Stephen. *The Ghost Festival in Medieval China*. Princeton: Princeton University Press, 1988.

Teiser, Stephen. *The Scripture of Ten Kings and the Making of*

Purgatory in Medieval Chinese Buddhism. Honolulu: University of Hawaii Press, 1994.

Ter Haar, B. J. *The White Lotus Teachings in Chinese Religious History*. Leiden: E. J. Brill, 1992.

Tillman, Hoyt Cleveland. *Confucian Discourse and Chu Hsi's Ascendancy*. Honolulu: University of Hawaii Press, 1992.

Traité des fonctionaires et traité de l'armée, vol. 1. Edited and annotated by Robert des Rotours. Leiden: E. J. Brill, 1947.

Tsien, Tsuen-hsuin. *Written on Bamboo and Silk: The Beginnings of Chinese Books and Inscriptions*. Chicago: University of Chicago Press, 1962.

Tsung-mi. *Inquiry into the Origin of Humanity: An Annotated Translation of Tsung-mi's Yüan jen lun with a Modern Commentary*. Translated and annotated by Peter N. Gregory. Honolulu: University of Hawaii, 1995.

Twitchett, Denis ed. *The Cambridge History of China, vol. 3, Sui and T'ang China, 589—906, part 1*. Cambridge: Cambridge University Press, 1979.

Van Zoeren, Steven. *Poetry and Personality: Reading, Exegesis, and Hermeneutics in Traditional China*. Stanford: Stanford University Press, 1991.

Walton, Linda. *Academies and Society in Southern Sung China*. Honolulu: University of Hawaii Press, 1999.

Wang, Jing. *The Story of Stone: Intertextuality, Ancient Chinese Stone Lore, and the Stone Symbolism in Dream of the Red Chamber, Water Margin, and The Journey to the West*, Water Margin, and The Journey to the West. Durham, NC: Duke University Press, 1992.

Wechsler, Howard J. *Offerings of Jade and Silk: Ritual and Symbol in the Legitimation of the T'ang Dynasty*. New Haven: Yale University Press, 1985.

Weinstein, Stanley. *Buddhism Under the T'ang*. Cambridge: Cambridge University Press, 1987.

Wilson, Thomas A. *Genealogy of the Way: The Construction and Uses of the Confucian Tradition in Late Imperial China*. Stanford: Stanford University Press, 1995.

Wong，Dorothy C. *Chinese Steles：Pre-Buddhist and Buddhist Use of a Symbolic Form*. Honolulu：University of Hawaii Press，2004.

Wu Cheng-en. *The Journey to the West*，vol. 1. Translated by Anthony C. Yu. Chicago：University of Chicago Press，1977.

Wu，Pei-yi. *The Confucian's Progress：Autobiographical Writings in Traditional China*. Princeton：Princeton University Press，1990.

Yampolsky，Philip B. *The Platform Sutra of the Sixth Patriarch：The Text of the Tun-huang Manuscript，with Translation，Introduction，and Notes*. New York：Columbia University Press，1967.

Yifa. *The Origins of Buddhist Monastic Codes in China：An Annotated Translation and Study of the Chanyuan qinggui*. Honolulu：University of Hawaii Press，2002.

Yü Chün-fang. *Kuan-yin：The Chinese Transformation of Avalokitesvara*. New York：Columbia University Press，2001.

Zürcher，Erik. *The Buddhist Conquest of China*. Reprint，Leiden：E. J. Brill，1972.

阿部肇一:《中國禪宗史の研究》,東京:研文出版,1986 年。

荒木見悟:《佛教と儒教》,京都:平楽寺書店,1963 年。

荒木見悟:《大慧書》,東京:筑摩書房,1969 年。

竺沙雅章:《中國佛教社會史研究》,京都:同朋社,1982 年。

日比宣正:《唐代天臺學序說:湛然の著作にかんする研究》,東京:山喜房佛書林,1966 年。

日比宣正:《唐代天臺學研究:湛然の教學にかんする研究考察》,東京:山喜房佛書林,1975 年。

石井脩道:《宋代禪宗史の研究》,東京:大東出版社,1987 年。

牧田諦亮:《五代宗教史研究》,京都:平楽寺書店,1971 年。

牧田諦亮:《疑經研究》,京都:京都大学人文科学研究所,1976 年。

道端良秀:《唐代佛教史の研究》,京都:法藏館,1957 年。

望月信亨:《中国浄土教理史》,京都:法藏館,1942 年。

諸戸立雄:《中国仏教制度史の研究》,東京:平河出版社,1990 年。

野上俊静:《元史釋老傳の研究》,京都:朋友書店,1978 年。

斯波義信:《宋代商業史研究》,大阪:風間書房,1968 年。

斯波義信:《宋代江南経済史の研究》,東京:东洋文化研究所,1988 年。

下中邦彦:《書道全集》,東京:平凡社,1954 年。

友枝龍太郎編:《朱子學大系》,東京:明德出版社,1983 年。

高雄義堅：《宋代仏教史の研究》，京都：百华苑，1975 年。

常盤大定：《支那に於ける仏教と儒教道教》，东京：东洋文库，1930 年。

塚本善隆：《魏書釋老志の研究》，京都：佛教文化研究所，1961 年。

堤留吉：《白楽天研究》，东京：春秋社，1969 年。

柳田聖山：《初期禅宗史書の研究》，京都：法藏館，1967 年。

賴富本宏：《中国密教の研究》，东京：大东出版社，1979 年。

今村与志雄译注：《酉陽雑俎》，东京：平凡社，1981 年。

八、外文论文

Balazs, Etienne. "A Forerunner of Wang An-shih." In *Chinese Civilization and Bureaucracy*, pp. 277—289. New Haven: Yale University Press, 1964.

Barrett, Timothy. "Buddhism, Taoism and Confucianism in the Thought of Li Ao." Ph. D. dissertation, Yale University, 1978.

Berling, Judith A. "Bringing the Buddha Down to Earth: Notes on the Emergence of Yü-lu as a Buddhist Genre." in *History of Religions* 27. 1 (1987): 56—88.

Bol, Peter K. "Culture and the Way in Eleventh Century China.", Ph. D. dissertation, Princeton University, 1982.

Bol, Peter K. "The Sung Examination System and the Shih." in *Asia Major*, 3rd series, 3. 2 (1990): 149—171.

Bol, Peter K. "A Literati Miscellany and Sung Intellectual History: The Case of Chang Lei's Ming-tao tsa-chih." in *Journal of Sung-Yuan Studies* 25 (1995): 121—151.

Boltz, Judith M. "Not by the Seal of Office Alone: New Weapons in Battles with the Supernatural." in Patricia Buckley Ebrey and Peter N. Gregory eds. *Religion and Society in T'ang and Sung China*, pp. 241—305. Honolulu: University of Hawaii Press, 1992.

Boodberg, Peter A. "Cedules from a Berkeley Workshop in Asiatic Philology." in Alvin P. Cohen ed. *Selected Works of Peter A. Boodberg*, pp. 217—218. Berkeley: University of California Press, 1979.

Borrell, Ari. "Lü Pen-chung's 'Explanation of the Great Learning': An Unorthodox Approach to Learning and Knowledge." Unpublished 1987 seminar paper.

Borrell, Ari. "Ko-wu or Kung-an? Practice, Realization, and Teaching in the Thought of Chang Chiu-ch'eng. " In *Buddhism in the Sung*, edited by Peter N. Gregory and Daniel A. Getz, Jr. , pp. 62—108. Honolulu: University of Hawaii Press,1999.

Cahill, Suzanne. "Taoism at the Sung Court: The Heavenly Text Affair of 1008. "*Bulletin of Sung-Yüan Studies* 16 (1980): 23—44.

Buswell, Robert E. , Jr. "The 'Short-cut' Approach of K'an-hua Meditation: The Evolution of a Practical Subitism in Chinese Ch'an Buddhism. " In *Sudden and Gradual: Approaches to Enlightenment in Chinese Thought*, edited by Peter N. Gregory, pp. 321—377. Honolulu: University of Hawaii Press,1987.

Campany, Robert F. "Notes on the Devotional Uses and Symbolic Functions of Sutra Texts as Depicted in Early Chinese Buddhist Miracle Tales and Haigiographies. " *JIABS* 14. 1 (1991): 28—72.

Chaffee, John. "The Historian as Critic: Lin Hsin-ch'uan and the Dilemmas of Statecraft in Southern Sung China. " In *Ordering the World: Approaches to State and Society in Sung Dynasty China*, edited by Robert P. Hymes and Conrad Schirokauer, pp. 310—335. Berkeley: University of California Press, 1993.

Chan, Chi-wah. "Chih-li (960—1028) and the Crisis of T'ien-t'ai Buddhism in the Sung. " In *Buddhism in the Sung*, edited by Peter N. Gregory and Daniel A. Getz, Jr. , pp. 409—41. Honolulu: University of Hawaii Press, 1999.

Chan, Hok-lam. "Liu Ping-chung (1216—1274): A Buddhist-Taoist Statesman at the Court of Khubilai Khan. " *TP* 30 (1967): 98—146.

Ch'en, Kenneth. "Anti-Buddhist Propaganda During the Nan-Ch'ao. " HJAS 15(1952): 166—192.

Ch'ien, Edward T. " The Neo-Confucian Confrontation with Buddhism: A Structural and Historical Analysis. " *Journal of Chinese Philosophy* 9 (1982):307—328.

Dalia, Albert A. "The 'Political Career' of the Buddhist Historian Tsan-ning. " In *Buddhist and Taoist Practice in Medieval Chinese Society: Buddhist and Taoist Studies II*, edited by David W. Chappell, pp. 146—180. Honolulu: University of Hawaii Press, 1987.

Demiéville, Paul. "La situation religieuse en Chine au temps de Marco Polo. " In *Choix d'études sinologiques*,pp. 166—209. Leiden: E. J. Brill,

1973.

Demiéville, Paul. "The Mirror of the Mind. " In *Sudden and Gradual* :
Approaches to Enlightenment in Chinese Thought, edited by Peter N.
Gregory, pp. 13—40. Honolulu: University of Hawaii Press, 1987.

Duara, Prasenjit. "Superscribing Symbols: The Myth of Guandi,
Chinese God of War. " *JAS* 47. 4 (1988): 778—795.

Dudbridge, Glen. "Miao-shan on Stone: Two Early Inscriptions. "
HJAS 42. 2 (1982):589—614.

Dudbridge, Glen. "Buddhist Images in Action: Five Stories from the
T'ang. " *Cahiers d'Extrême Asie* 10 (1998): 377—391.

Ebrey, Patricia. "The Women in Liu Kezhuang's Family. " *Modern
China* 10. 4(1984): 415—440.

Ebrey, Patricia. "The Early Stages in Descent Group Organization. " In
Kinship Organization in Late Imperial China 1000—1940, edited by
Patricia Ebrey and James L. Watson, pp. 16—61. Berkeley: University of
California Press, 1986.

Ebrey, Patricia. "Cremation in Sung China. " *American Historical
Review* 95. 2 (1990):406—428.

Ebrey, Patricia. "The Response of the Sung State to Popular Funeral
Practices. " In *Religion and Society in T'ang and Sung China*, edited by
Patricia Ebrey and Peter N. Gregory, pp. 209—239. Honolulu: University
of Hawaii Press, 1992.

Ebrey, Patricia. "Portrait Sculptures in Imperial Ancestral Rites in
Song China. " *TP* 83(1997): 42—92.

Farquhar, David M. "Emperor as Bodhisattva in the Governance of the
Ch'ing Empire. " *HJAS* 38 (1978): 5—34.

Faure, Bernard. "Space and Place in Chinese Religious Traditions. "
History of Religions 26 (1987): 337—356.

Foulk, T. Griffith. "The 'Ch'an School' and Its Place in the Buddhist
Monastic Tradition. " Ph. D. dissertation, University of Michigan, 1987.

Foulk, T. Griffith. "Myth, Ritual, and Monastic Practice in Sung
Ch'an Buddhism. " In *Religion and Society in T'ang and Sung China*,
edited by Patricia Buckley Ebrey and Peter N. Gregory, pp. 147—208.
Honolulu: University of Hawaii Press, 1993.

Foulk, T. Griffith. "Sung Controversies Concerning the 'Separate

Transmission' of Ch'an. "In *Buddhism in the Sung*, edited by Peter N. Gregory and Daniel A. Getz, Jr. , pp. 220—294. Honolulu: University of Hawaii Press, 1999.

Fu, Charles Wei-hsun. "Morality or Beyond: The Neo-Confucian Confrontation with Mahayana Buddhism," *Philosophy East and West* 23. 3 (1973): 375—396.

Gardner, Daniel K. "Modes of Thinking and Modes of Discourse in the Sung: Some Thoughts on the Yü-lu ('Recorded Conversations') Texts. " *JAS* 50. 3(1991): 574—603.

Getz, Daniel. "Siming Zhihli and Tiantai Pure Land in the Sung Dynasty. "Ph. D. dissertation, Yale University, 1994.

Getz, Daniel. "T'ien-t'ai Pure Land Societies and the Creation of the Pure Land Patriarchate. " In *Buddhism in the Sung*, edited by Peter N. Gregory and Daniel A. Getz, Jr. , pp. 477—523. Honolulu: University of Hawaii Press,1999.

Gimello, Robert M. "Chang Shang-ying on Wu-t'ai Shan. " In *Pilgrims and Sacred Sites in China*, edited by Susan Naquin and Chünfang Yü, pp. 89—149. Berkeley: University of California Press, 1992.

Gimello, Robert M. "Marga and Culture: Learning, Letters, and Liberation in Northern Sung Ch'an. " In *Paths to Liberation: The Marga and Its Transformations in Buddhist Thought*, edited by Robert E. Buswell, Jr. and Robert M. Gimello, pp. 371—437. Honolulu: University of Hawaii Press, 1992.

Gimello, Robert M. "Notes on the Relationship Between T'ien-t'ai Buddhism and Northern Sung Literati Culture. " Paper given at the Buddhism in the Sung conference, held at the University of Illinois, April 20—22, 1996.

Golas, Peter J. "Rural China in the Song. " *Journal of Asian Studies* 39. 2 (1980):291—325.

Gómez, Luis O. "Purifying Gold: The Metaphor of Effort and Intuition in Buddhist Thought and Practice. " In *Sudden and Gradual: Approaches to Enlightenment in Chinese Tought*, edited by Peter N. Gregory, pp. 67—165. Honolulu:University of Hawaii Press, 1987.

Hansen, Valerie. "Review of Chikusa 1982. " *Bulletin of Sung-Yüan Studies* 20 (1988): 97—107.

Hansen, Valerie. "Gods on Walls: A Case of Indian Influence on Chinese Lay Religion?"In *Religion and Society in T'ang and Sung China*, edited by Patricia Buckley Ebrey and Peter N. Gregory, pp. 75—114. Honolulu: University of Hawaii Press, 1993.

Hargett, James M. "The Pleasure Parks of Kaifeng and Lin-an During the Sung(960—1279)." *Chinese Culture* 30. 1 (1989): 61—78.

Harrell, C. Stevan. "When a Ghost Becomes a God." In *Religion and Ritual in Chinese Society*, edited by Arthur P. Wolf, pp. 193—206. Stanford: Stanford University Press, 1974.

Hartwell, Robert M. "Demographic, Political, and Social Transformations of China, 750—1550." *HJAS* 42 (1982): 365—442.

Hatch, George. "Tung-po chih-lin." In *A Sung Bibliography*, edited by Yves Hervouet, pp. 280—88. Hong Kong: Chinese University Press,1978.

Hightower, James R. "Han Yü as Humorist." *HJAS* 44. 1 (1984): 5—27.

Holzman, Donald. "Shen Kua and his Meng-ch'i p'i-t'an." *TP* 46. 3—5 (1958):260—292.

Hsieh, Ding-hwa Evelyn. "Yuan-wu K'o-ch'in's (1063—1135) Teaching of Ch'an Kung-an Practice: A Transition from the Literary Study of Ch'an Kung-an to the Practical K'an-hua Ch'an." *Journal of the International Association of Buddhist Studies* 17. 1 (1994): 66—95.

Huang Chi-chiang. "Experiment in Syncretism: Ch'i-sung (1007—1072) and Eleventh-Century Chinese Buddhism." Ph. D. dissertation, University of Arizona, 1986.

Hurvitz, Leon. "Chih-i (538—597): An Introduction to the Life and Ideas of a Chinese Buddhist Monk." *Mélanges chinois et bouddhiques* 12 (1962): 1—372.

Hymes, Robert P. , and Conrad Schirokauer. "Introduction." *In Ordering the World: Approaches to State and Society in Sung Dynasty China*, edited by Robert P. Hymes and Conrad Schirokauer, pp. 1—58. Berkeley: University of California Press, 1993.

Idema, Wilt, and Stephen H. West. *Chinese Theatre*, 1100—1400: *A Source Book*. Wiesbaden: Steiner, 1982.

Johnson, David. "The City-God Cults of T'ang and Sung China."

HJAS 45. 2(1985): 363—457.

Jan Yün-hua. "Chinese Buddhism in Ta-tu: The New Situation and New Problems. "In *Yüan Thought: Chinese Thought and Religion Under the Mongols*, edited by Hok-lam Chan and Wm. Theodore de Bary, pp. 375—417. New York: Columbia University Press, 1982.

Janousch, Andreas. "The Emperor as Bodhisattva: The Bodhisattva Ordination and Ritual Assemblies of Emperor Wu of the Liang Dynasty. " In *State and Court Ritual in China*, edited by Joseph P. McDermott, pp. 112—149. Cambridge: Cambridge University Press, 1999.

Jay, Jennifer W. "The Li Hsün Faction and the Sweet Dew Incident of 835. "*T'ang Studies* 7 (1989): 39—58.

Jay-Preston, Jennifer. "The Life and Loyalism of Chou Mi (1232—1298) and His Circle of Friends. " *Papers on Far Eastern History* 28 (Sept. 1983): 49—105.

Lachman, Charles. "Why Did the Patriarch Cross the River? The Rushleaf Bodhidharma Reconsidered. " *Asia Major*, 3rd ser. , 6. 2 (1993): 237—268.

Lai, Whalen. "The Meaning of 'Mind-Only' (wei-hsin): An Analysis of a Sinitic Mahayana Phenomenon. " *Philosophy East and West* 27. 1 (1977): 65—83.

Lai, Whalen. "The Chan-ch'a ching: Religion and Magic in Medieval China. " In *Chinese Buddhist Apocrypha*, edited by Robert E. Buswell, Jr. , pp. 175—206. Honolulu: University of Hawaii Press, 1990.

Levering, Miriam L. "Ch'an Enlightenment for Laymen: Ta-hui and the New Religious Culture of the Sung. " Ph. D. dissertation, Harvard University,1978.

Levering, Miriam L. "Ta-hui and Lay Buddhists: Ch'an Sermons on Death" In *Buddhist and Taoist Practice in Medieval Chinese Society: Buddhist and Taoist Studies II*, edited by David W. Chappell, pp. 181—206. Honolulu: University of Hawaii Press, 1987.

Levering, Miriam L. "Dahui Zonggao and Zhang Shangying: The Importance of a Scholar in the Education of a Song Chan Master. " *Journal of Sung-Yuan Studies* 30(2000): 115—139.

Lévi, Jean. "Les fonctionnaires et le devin: Luttes de pouvoirs entre divinités et administrateurs dans les contes des Six Dynasties et des Tang. "

Cahiers d'Extrême-Asie 2 (1986): 81—110.

Lewis, Mark Edward. "The feng and shan Sacrifices of Emperor Wu of the Han. " In *State and Court Ritual in China*, edited by Joseph P. McDermott, pp. 50—80. Cambridge: Cambridge University Press, 1999.

Liu, James T. C. "An Early Sung Reformer: Fan Chung-yen. " In *Chinese Thought and Institutions*, edited by John K. Fairbank, pp. 105—131. Chicago: University of Chicago Press, 1957.

Liu, James T. C. "How Did a Neo-Confucian School Become the State Orthodoxy?" *Philosophy East and West* 23 (1973): 483—505.

Liu, James T. C. "Polo and Cultural Change: From T'ang to Sung China. " *HJAS* 45(1985): 203—244.

Liu Xinru. "Buddhist Institutions in the Lower Yangtze During the Sung Dynasty. " *Bulletin of Sung-Yüan Studies* 21 (1989): 31—51.

Lynn, Richard John. "The Sudden and the Gradual in Chinese Poetry Criticism: An Examination of the Ch'an-Poetry Analogy. " In *Sudden and Gradual: Approaches to Enlightenment in Chinese Thought*, edited by Peter N. Gregory, pp. 381—427. Honolulu: University of Hawaii Press, 1987.

Mair, Victor. "Records of Transformation Tableaux (Pien-hsiang). " *TP* 72(1986): 3—43.

Mather, Richard B. "Wang Chin's 'Dhuta Temple Stele Inscription' as an Example of Buddhist Parallel Prose. " *Journal of the American Oriental Society* 83. 3(1963): 338—359.

McDermott, Joseph P. "Charting Blank Spaces and Disputed Regions: The Problem of Sung Land Tenure. " *Journal of Asian Studies* 44. 1 (1984): 13—41.

McMullen, David. "Historical and Literary Theory in the Mid-Eighth Century. "In *Perspectives on the T'ang*, edited by Arthur F. Wright and Denis Twitchett, pp. 307—342. New Haven: Yale University Press, 1973.

McMullen, David. "Bureaucrats and Cosmology: The Ritual Code of T'ang China. " In *Rituals of Royalty: Power and Ceremonial in Traditional Societies*, edited by David Cannadine and Simon Price, pp. 181—236. Cambridge: Cambridge University Press, 1987.

McMullen, David. "Han Yü: An Alternative Picture. " *HJAS*, 49. 2

(1989)：603—657.

McRae，John R. "Encounter Dialogue and the Transformation of the Spiritual Path in Chinese Ch'an. " In *Paths to Liberation：The Marga and Its Transformations in Buddhist Thought*, edited by Robert E. Buswell, Jr. and Robert M. Gimello, pp. 339—369. Honolulu：University of Hawaii Press，1992.

Moore, Oliver. "The Ceremony of Gratitude. " In *State and Court Ritual in China*, edited by Joseph McDermott, pp. 197—236. Cambridge：Cambridge University Press，1999.

Murray, Julia. "Sung Kao-tsung as Artist and Patron：The Theme of Dynastic Revival. " In *Artists and Patrons：Some Social and Economic Aspects of Chinese Paintings*, edited by Chu-tsung Li et al. , pp. 27—36. Lawrence：University of Kansas，Kress Foundation Department of Art History，1989.

Neskar, Ellen G. "The Cult of Worthies：A Study of Shrines Honoring Local Confucian Worthies in the Sung Dynasty（960—1279）. " Ph. D. dissertation, Columbia University，1993.

Nienhauser, William H. , Jr. "*Han Yü，Liu Tsung-yüan，and Boundaries of Literati Piety.*" *Journal of Chinese Religions* 19 (1991)：75—104.

Overmyer, Daniel. J. "The White Cloud Sect in Sung and Yüan China. " *HJAS*42. 2 (1982)：615—642.

Pease, Jonathan. "Lin-ch'uan and Fen-ning：Kiangsi Locales and Kiangsi Writers During the Sung." *Asia Major*, 3rd ser. , 4. 1 (1991)：39—85.

Penkower, Linda L. "T'ien-t'ai During the T'ang Dynasty：Chan-jan and the Sinification of Buddhism. " Ph. D. dissertation, Columbia University，1993.

Peterson, Charles. "The Restoration Completed：Emperor Hsien-tsung and the Provinces. " In *Perspectives on the T'ang*, edited by Arthur F. Wright and Denis Twitchett, pp. 151—192. New Haven：Yale University Press,1973.

Peterson, Willard J. "Making Connections：'Commentary on the Attached Verbalizations' of the Book of Change. " *HJAS*42. 1 (1982)：67—116.

Pulleyblank, Edwin G. " Neo-Confucianism and Neo-Legalism in T'ang Intellectual Life, 755—805. " In *The Confucian Persuasion*, edited by Arthur F. Wright, pp. 77—114. Stanford: Stanford University Press, 1960.

Rudolph, R. C. "Preliminary Notes on Sung Archaeology. " *JAS* 32. 2 (1963):169—177.

Russell, Terence. "The Taoist Elegies of Ku K'uang. " *T'ang Studies* 7 (1989):169—195.

Sargent, Stuart H. "Can Latecomers Get There First? Sung Poets and T'ang Poetry. " *Chinese Literature, Essays, Articles, and Reviews* 4 (1982): 165—198.

Schafer, Edward. "Notes on Tuan Ch'eng-shih and His Writings. " *Asiatische Studies* 16 (1963): 14—33.

Schafer, Edward. " The T'ang Imperial Icon. " *Sinologica* 7. 3 (1963): 156—160.

Schafer, Edward. "Notes on T'ang Culture, III. " *Monumenta Serica* 30 (1972—73): 100—103.

Schlütter, Morton. "Silent Illumination, Kung-an Introspection, and the Competition for Lay Patronage in Sung Dynasty Ch'an. " In *Buddhism in the Sung*, edited by Peter N. Gregory and Daniel A. Getz, Jr. , pp. 109—147. Honolulu:University of Hawaii Press, 1999.

Schmidt-Glintzer, Helwig. " Zhang Shangying (1043—1122)—An Embarrassing Policy Adviser Under the Northern Song. " In *Collected Essays on Sung History Dedicated to Professor James T. C. Liu in Celebration of His Seventieth Birthday*, edited by Tsuyoshi Kinugawa, pp. 521—530. Kyoto: Dōhōsha, 1989.

Schopen, Gregory. "Archaeology and Protestant Presuppositions in the Study of Indian Buddhism. " *History of Religions* 31. 1 (1991): 1—23.

Sharf, Robert H. "The Scripture in Forty-two Sections. " In *Religions of China in Practice*, edited by Donald S. Lopez, Jr. , pp. 360—371. Princeton: Princeton University Press, 1996.

Sharf, Robert H. " The Scripture on the Production of Buddha Images. " In *Religions of China in Practice*, edited by Donald S. Lopez, Jr. , pp. 261—267. Princeton:Princeton University Press, 1996.

Sharf, Robert H. " On the Allure of Buddhist Relics. " *Representations* 66 (1999): 75—99.

Sharf, Robert H. , and T. Griffith Foulk. "On the Ritual Use of Chan Portraiture in Medieval China. " *Cahiers d'Extrême Asie* (1993—94): 149—219.

Shinohara, Koichi. " Ta-hui's Instructions to Tseng K'ai: Buddhist 'Freedom' in the Neo-Confucian Context. " In *Meeting of Minds: Intellectual and Religious Interaction in East Asian Traditions of Thought* , edited by Irene Bloom and Joshua A. Fogel, pp. 175—208. New York: Columbia University Press,1997.

Sivin, Nathan. " Shen Kua: A Preliminary Assessment of His Scientifc Thought and Achievements. " *Sung Studies Newsletter* 13 (1977): 31—56.

Smith, Jonathan Z. "The Bare Facts of Ritual. " In *Imagining Religion: From Babylon to Jonestown* , pp. 53—65. Chicago: University of Chicago Press, 1982.

Smith, Jonathan Z. "The Topography of the Sacred. " In *Relating Religion: Essays in the Study of Religion* , pp. 101—116. Chicago: University of Chicago Press, 2004.

Soper, Alexander C. "A Vacation Glimpse of the T'ang Temples of Ch'ang-an. "*Artibus Asiae* 23 (1960): 15—40.

Stein, Rolf A. " Religious Taoism and Popular Religion from the Second to the Seventh Centuries. " In *Facets of Taoism* , edited by Holmes A. Welch and Anna Seidel, pp. 53—81. New Haven: Yale University Press, 1979.

Steinhardt, Nancy Schatzman. "Taoist Architecture. " In *Taoism and the Arts of China* , Stephen Little et al. , pp. 57—75. Chicago: Art Institute of Chicago, in association with University of California Press, 2000.

Stevenson, Daniel B. " Protocols of Power: Tz'u-yün Tsun-shih (964—1032) and T'ien-t'ai Lay Buddhist Ritual in the Sung. " In *Buddhism in the Sung*, edited by Peter N. Gregory and Daniel J. Getz, Jr. , pp. 340—408. Honolulu: University of Hawaii, 1999.

Stevenson, Daniel B. " Text, Image, and Transformation in the History of the Shuilu fahui, the Buddhist Rite for Deliverance of Creatures of Water and Land. " In *Cultural Intersections in Later Chinese Buddhism*, edited by Marsha Weidner, pp. 30—70. Honolulu: University of Hawai Press, 2001.

Strickmann, Michel. "The Longest Taoist Scripture. " *History of Religions* 17(1978): 334—351.

Strickmann, Michel. " The Taoist Renaissance of the Twelfth Century. " Paper given at the Third International Conference of Taoist Studies, Unterageri, Switzerland,September 3—9, 1979.

Tao Jing-shen. "Barbarians or Northerners: Northern Sung Images of the Khitans. " In *China Among Equals: The Middle Kingdom and Its Neighbors*, 10*th*—14*th Centuries*, edited by Morris Rossabi, pp. 66—86. Berkeley: University of California Press, 1983.

Ter Haar, B. J. " Buddhist-Inspired Options: Aspects of Lay Religious Life in the Lower Yangzi from 1100 until 1340. " *TP* 87 (2001): 92—152.

Tillman, Hoyt Cleveland. " Proto-Nationalism in Twelfth-Century China? The Case of Ch'en Liang. " *HJAS* 39 (1979): 403—428.

Twitchett, Denis. "The Fan Clan's Charitable Estate, 1050—1760. " In *Confucianism in Action*, edited by David S. Nivison and Arthur F. Wright, pp. 97—133. Stanford: Stanford University Press, 1959.

Twitchett, Denis. "The Composition of the T'ang Ruling Class: New Evidence from Tunhuang. " In *Perspectives on the T'ang*, edited by Arthur F. Wright and Denis Twitchett, pp. 47—85. New Haven: Yale University Press, 1973.

von Eschenbach, Silvia Freiin Ebner. "Public Graveyards of the Song Dynasty. "In *Burial in Song China*, edited by Dieter Kuhn, pp. 215—252. Heidelberg: Ed. Forum, 1994.

Walton, Linda. "Charitable Estates as an Aspect of Statecraft in Southern Sung China. " In *Ordering the World: Approaches to State and Society in Sung Dynasty China*, edited by Robert P. Hymes and Conrad Schirokauer, pp. 255—279. Berkeley: University of California Press, 1993.

Watson, Burton. "Buddhism in the Poetry of Po Chü-i. " *Eastern Buddhist* 21. 1(Spring 1988): 1—22.

Welter, Albert. "A Buddhist Response to the Confucian Revival:

Tsan-ning and the Debate over Wen in the Early Sung. " In *Buddhism in the Sung*, edited by Peter N. Gregory and Daniel A. Getz, Jr. , pp. 21— 61. Honolulu: University of Hawaii Press, 1999.

Welter, Albert. "Lineage and Context in the Patriarch's Hall Collection and the Transmission of the Lamp. " In *The Zen Canon: Understanding the Classic Texts*, edited by Steven Heine and Dale S. Wright, pp. 137—179. Oxford: Oxford University Press, 2004.

Wheatley, Paul. "Geographical Notes on Some Commodities Involved in Sung Maritime Trade. " *Journal of the Malayan Branch of the Royal Asiatic Society* 43. 3 (1959): 5—140.

Wright, Arthur F. "Fu I and the Rejection of Buddhism. " *Journal of the History of Ideas* 12. 1 (1951): 33—47.

Wright, Arthur F. "The Formation of Sui Ideology, 581—604. " In *Chinese Thought and Institutions*, edited by John K. Fairbank, pp. 71— 104. Chicago: University of Chicago Press, 1957.

Wright, Arthur F. "T'ang T'ai-tsung and Buddhism. " In *Perspectives on the T'ang*, edited by Arthur F. Wright and Denis Twitchett, pp. 265— 306. New Haven: Yale University Press, 1973.

Wu, Pei-yi. "An Ambivalent Pilgrim to T'ai Shan in the Seventeenth Century. " In *Pilgrims and Sacred Sites in China*, edited by Susan Naquin and Chün-fang Yü, pp. 65—88. Berkeley: University of California Press, 1992.

Yanagida Seizan. "The 'Recorded Sayings' Texts of Chinese Ch'an Buddhism. " In *Early Ch'an in China and Tibet*, edited by Lewis R. Lancaster and Whalen Lai, pp. 185—205. Berkeley: Asian Humanities Press, 1983.

Yao Tao-chung. "Buddhism and Taoism Under the Chin. " In *China Under Jurchen Rule: Essays on Chin Intellectual and Cultural History*, edited by Hoyt Cleveland Tillman and Stephen H. West, pp. 145—80. Albany: State University of New York Press, 1995.

Yü Chün-fang. "Ta-hui Tsung-kao and Kung-an Ch'an. " *Journal of Chinese Philosophy* 6 (1979): 211—235.

Yü Chün-fang. "Chung-feng Ming-pen and Ch'an Buddhism in the Yüan. " In *Yüan Thought: Chinese Thought and Religion Under the Mongols*, edited by Hoklam Chan and Wm. Theodore de Bary, pp. 419—

477. New York: Columbia University Press, 1982.

Yü Chün-fang. "Ch'an Education in the Sung: Ideals and Procedures. " In *Neo-Confucian Education: The Formative Stage*, edited by Wm. Teodore de Bary and John Chaffee, pp. 57—104. Berkeley: University of California Press, 1989.

Yü Chün-fang. "P'u-t'o Shan: Pilgrimage and the Creation of the Chinese Potalaka. "In *Pilgrims and Sacred Sites in China*, edited by Susan Naquin and Chün-fang Yü, pp. 190—245. Berkeley: University of California Press, 1992.

Ziporyn, Brook. "Anti-Chan Polemics in Post-Tang Tiantai. " *Journal of the International Association of Buddhist Studies* 17. 1（1994）: 26—65.

Zürcher, Erik. "Perspectives in the Study of Chinese Buddhism. " *Journal of the Royal Asiatic Society* 2（1982）: 161—176.

Zürcher, Erik. "'Prince Moonlight': Messianism and Eschatology in Early Medieval Chinese Buddhism. " *TP* 68. 1/3（1982）: 1—76.

Zürcher, Erik. "Buddhism and Education in T'ang Times. " In *Neo-Confucian Education: The Formative Stage*, edited by Wm. Teodore de Bary and John Chaffee, pp. 19—56. Berkeley: University of California, 1989.

安藤智信:《宋の张商英について:仏教关系の事蹟を中心として》,《東方学報》1961 年第 22 卷,第 57—66 页。

安藤智信:《張商英の护法论とその背景》,《大谷学報》1963 年第 42 卷第 1 期,第 29—40 页。

荒木見悟:《宋元時代の佛教道教に関する研究回顾》,《久留米大学比較文学研究所紀要》1987 年第 1 期,第 87—129 页。

松尾芭蕉:《奥の细道》,收入唐纳德・凯内主编《日本文學選集——從早初到十九世紀中期》,纽约:格罗夫出版社,1955 年,第 363—373 页。

竺沙雅章:《蘇軾と仏教》,《東方学報》1964 年第 36 卷,第 457—480 页。

竺沙雅章:《宋初の政治と宗教》,收入衣川强主编《劉子健博士頌壽紀念宋史研究論集》,京都:同朋社,1989 年,第 179—195 页。

合山究:《呂本中の「江西詩社宗派図」について》,《九州中國學會報》1970 年第 16 卷,第 32—48 页。

平野显照:《白居易の文学と仏教》,《大谷大學研究年報》1964 年第 16

卷,第 117—187 页。

石田肇:《周密と道學》,《東洋史研究》1990 年第 2 期,第 249—271 页。

石川重雄:《宋元時代における接待・施水庵の展開》,收入宋代史研究会主编《宋代の知識人》,东京:汲古书院,1993 年。

石川重雄:《宋代祭祀社会と観音信仰—「迎請」をめぐって》,收入柳田节子先生古稀纪念论集编集委员会编《柳田節子先生古稀記念 中国の伝統社会と家族》,东京:汲古书院,1993 年。

成尋:《参天台五臺山記》,收入《大日本佛教全書》册 115,东京:大日本全书刊行会,1931 年。

金井德幸:《宋代の村社と仏教》,《仏教史学研究》1976 年第 18 卷第 2号,第 31—57 页。

神田喜一郎:《梁肅年譜》,收入《東方學會創立二十五周年紀念・東方學論集》,东京:东方学会,1972 年,第 259—274 页。

春日礼智:《全唐文佛教関係選述目録》,《日華仏教研究会年報》1936年第 1 期,第 20—55 页。

河内昭圓:《柳宗元における佛教受容の一齣》,《大谷学報》1967 年第 47 卷第 1 期,第 46—58 页。

衣川强:《宋代の名族:河南呂氏の場合》,《神戸商科大学人文論集》1973 年第 1—2 期,第 134—166 页。

小林義廣:《宋代福建莆田の方氏一族について》,《中国中世史研究》,京都:京都大学学术出版会,1995 年。

小林義廣:《宋代の割股の風習と士大夫》,《名古屋大学東洋史研究報告》1995 年第 19 卷,第 88—106 页。

小島毅:《儒教の偶像観—祭礼をめぐる言説》,《中国—社会と文化》1992 年第 7 期,第 69—82 页。

小島毅:《嘉靖の礼制改革について》,《東洋文化研究所紀要》1992 年第 117 卷,第 381—426 页。

近藤正則:《程伊川における「勇」の解釈と衍義:宋代『孟子』受容史の視点から》,《東洋研究》1994 年第 113 卷,第 19—43 页。

牧田諦亮:《水陸會小考》,《東方宗教》1957 年第 12 期,第 14—33 页。

牧田諦亮:《趙宋仏教史における契嵩の立場》,收入《中國仏教史研究》第 2 卷,东京:大东出版社,1984 年,第 146—177 页。

牧田諦亮:《賛寧とその時代》,收入《中国仏教史研究》第 2 卷,东京:大东出版社,1984 年,第 111—145 页。

牧田諦亮:《僧伽和尚》,收入《中国仏教史研究》第 2 卷,东京:大东出版社,1984 年,第 28—55 页。

宮崎市定:《宋代における殺人祭鬼の習俗について》,收入《アジア史研究》第 4 辑,京都:同朋社,1968 年,第 100—144 页。

宮崎市定:《宋代の士風》,收入《アジア史研究》第 4 辑,京都:同朋社,1968 年,第 130—169 页。

副島一郎:《宋人の見えた柳宗元》,《中國文學報》1993 年第 47 卷,第 103—145 页。

鈴木中正:《宋代仏教結社の研究》,《史学雑誌》1941 年第 1—3 期,第 65—98 页;.第 205—241 页;第 302—333 页。

塚本善隆:《宋の財政難と仏教》,收入《塚本善隆著作集》第 1 卷,东京:大东出版社,1975 年,第 1—43 页。

渡邊紘良:《宋代在郷の士大夫について》,《史潮》1986 年第 19 卷,第 67—79 页。

柳田聖山:《臨済義玄の人間觀》,《禅文化研究所紀要》1969 年第 1 期,第 65—136 页。

柳田聖山:《看話と黙照》,《花園大学研究紀要》,1975 年 6 期,第 1—20 页。

柳田聖山:《語録の歴史——禪文献の成立史的研究》,《東方学報》1985 年第 57 卷,第 211—663 页。

吉川忠夫:《裴休傳》,《東方学報》1992 年第 64 卷,第 115—277 页。

吉川忠夫:《韓愈と大顚》,收入礪波護主編《中國中世の文物》,京都:京都大学人文科学研究所,1993 年,第 547—580 页。

译后记

　　自内藤湖南提出唐宋变革论以来,唐宋之变一直是史学界关注的重点问题。在这一变革中佛教自身及其和世俗的关系出现了哪些变化,是佛教研究领域的一个重要内容。此书的研究是基于这一背景展开的,它所关注的问题是在唐宋之变中文人士大夫的佛教观出现了怎样的变化。作者的关注点不在佛教内部,而是在于佛教和世俗社会的关系,并且其考察的视角亦非从佛教出发,而是从世俗社会中的知识精英出发。通过对这一群体如何看待佛教的具体分析,"反向"地说明佛教对世俗社会的诸种影响。原书名"寺院之外"(*Out of the Cloister*)便是这一研究视角的集中反映。

　　为尽可能充分考察宋代文人对佛教的种种看法,作者从大量的文集(包括个人文集和《全宋文》《文苑英华》等文章总集)和方志中筛选出与主题相关的寺院碑记,将其归拢到不同的问题之下,通过几个方面进行综合呈现,包括他们如何看待教义的变化、如何理解佛教和国家-社会的关系,以及如何定位佛教在自身生活中的角色等。贯穿这几个方面的一根主线是,宋代文人对佛教的看法出现了哪些重要变化、为何出现这些变化。书中强调,思想史研究的标签化容易造成宋代理学昌盛、佛教边缘化的印象,但事实上,佛教在宋代远没有被推到中国文化的边缘,而是融入到文人士大夫的日常生活中，成为他们生活的一个重要部分。

在此书中，"文人"（literati）、"士大夫"（scholar-officials）和"士"（*shi*）等语词是可以互换的。在中文语境里，如果细究起来，这几个语词还有一定的区别。"士"的范围更广，"士大夫"常用来称谓唐宋以降的"士"，而"文人"则可说是"士"的一个类型。当然，如果不作细分，就知识精英这一身份来说，这些语词的含义也大致相当。此书的使用正是基于后一种情况，因而我们在翻译中也根据语境灵活使用这些语词。

依据佛教和世俗社会中不同群体或阶层的关系，可以划分出皇室佛教（court buddhism）、民众佛教（popular buddhism）、士大夫佛教（gentry buddhism）等不同类型。这是许理和（Erik Zürcher）在《佛教征服中国》（*The Buddhist Conquest of China*）一书中对佛教的分析方法。由此来看，此书也可归入士大夫佛教研究的范围。当然，它关注的重点不在于士大夫如何开展修行，乃在于这一群体如何看待佛教。

这种三分法其实暗含着一个前提——"士"在中国文化上的地位很特别，这一群体既不完全属于统治阶层，也不能简单归为普通民众。这一群体是中国文化传统中的一个"未定项"：他们可以为官，但其功能不全受官僚属性的限制；他们也可以为社会某一阶层发言，但其立场又能超越这一阶层的利益；基于这样的一种超越性，"士"也拥有着相对的自由（见余英时：《士与中国文化》，上海人民出版社 2003 年，第 8 页）。

在此背景下，也就容易理解士人佛教观的独特性。面对这一宗教，统治阶层主要是出于维护社会秩序和统治地位的考虑（无论是崇佛还是灭佛，皆与此有关），民众则更多是基于功德福报的考虑。二者的出发点虽各有不同,但其实都免不了功利的诉求。然而,士人看待佛教的视角与前二者大有不同。虽然其间也不排除对个人功利的考虑,但这不是主要的,在此之外,士人的视角还具有超越性,即超越自身利益而关心天下福祉,进而关注真理本身。

选择翻译此书,主要是出于兴趣。我们是中国哲学领域的研究者(叶树勋主要研究先秦哲学,单虹泽主要研究宋明理学),在学习过程中也经常涉及佛教的情况,但当我们开始翻译之后,发现这里边的"佛教"和我们平日所接触的"佛教"大不一样。在中国哲学领域内,我们关注的是作为中国哲学思想重要组成部分的佛教各个宗派的学理和教义,而此书关注的是文人士大夫对佛教的态度和看法,以及由此体现的佛教和世俗社会的种种关系。

简要来说,这是一本基于文人寺记开展史学分析的书。对于两位"做中国哲学"的人来说,知识背景的相对陌生,是翻译过程中首先面临的一个困难。为此,我们开展相关领域的阅读和学习,尤其是关于佛教史、士大夫文化的论著。此外,在材料搜集方面我们也面临一定的困难。此书所涉材料繁多,且大多是在我们平时所接触的范围之外。为此,我们在请教相关领域之师友的同时,自己慢慢摸索,逐渐了解相关的渠道。

总之,此书的翻译在根本上是一个学习的过程。这不仅是学习如何将书中英文的意义尽可能确切地用中文表达出来,同时也是学习宋代的佛教文化、士大夫文化,在更大的范围上来说,则是学习如何研究问题。在此过程中我们可以感受史学研究的一些味道。不同学科的方法之间,大有相互借鉴的意义。

有关此书的翻译体例,我们基本上遵循这套丛书的做法。

有以下情况在此作出说明。一是关于人名：书中所涉西方汉学家，如有中文名，则示以中文名，如无中文名，则示以音译名，皆后加括号，示以原外文名；华人学者，一般示以中文名，后不加外文名；日本学者，则示以原名。二是关于所引论著：书中所引西文论著，先示以中译名，后加括号，示以原名；日文论著，则示以原名；专著的出版信息在参考文献处统一列出，在注释处不列出。

感谢丛书主编刘东先生给我们学习的机会，也感谢他对我们翻译工作的指导。关于翻译工作，刘先生有一生动的说法——"要看意思出来没有"。这看起来很普通的一句话，实是指导我们开展翻译的一个原则。众所周知，严复先生提出了翻译的"信""达""雅"三原则。"雅"是高层次的要求，我们"心向往之"；"信"和"达"是基本的要求，我们力求做到。"意思出来"可以说是对这两项准则的生动概括。倘若不"信"，则"出来"的不是原来的"意思"；倘若不"达"，则"意思"还没有"出来"。"意思出来"其实意味着原著的"意义"在另一种语言中得到尽可能如实的"呈现"。

感谢作者何复平先生耐心地为我们解疑释惑。翻译中遇到一些问题，我们写信向远在大洋彼岸的何先生请教。对于我们的问题，何先生给予了细致解答，让我们对他的研究背景和目的具有了更多认识。

感谢南开大学哲学院赵文先生。赵先生主要从事佛教方面的研究，过程中曾给我们很多的指教，最后还帮我们通读了译稿，提出了许多宝贵的意见。感谢南开大学出版社编辑叶淑芬、北京师范大学研究生叶树声，他们是学历史出身，在相关历史知识以及资料搜集上提供了很多帮助。

感谢江苏人民出版社诸位同仁。此书翻译耗时颇久,在此过程中王保顶先生、康海源先生以及金书羽女士等人给予了很多的指教和帮助。

本书引言、第一章、第二章、第四章第一节,由叶树勋翻译,余者由单虹泽翻译,最后由叶树勋统稿。我们水平有限,不当之处在所难免,祈望方家不吝指正。

译者

2020 年 6 月 11 日

修订版补记

此译著在 2022 年 1 月出版后,陆续得到了热心读者的赐教。南开大学哲学院的廖娟老师、南开大学历史学院的曹杰老师、河北大学宋史研究中心的刘云军老师、中国人民大学博士生谢文康同学、南开大学哲学院博士生方炳星同学和张开宇同学,提供了许多宝贵意见。谨向诸位同道致以诚挚的谢意!水平有限,不当之处仍在所难免,祈望方家继续赐教。

译者

2024 年 5 月 18 日

"海外中国研究丛书"书目

79. 德国与中华民国 [美]柯伟林 著 陈谦平 陈红民 武菁 申晓云 译 钱乘旦 校
80. 中国近代经济史研究:清末海关财政与通商口岸市场圈 [日]滨下武志 著 高淑娟 孙彬 译
81. 回应革命与改革:皖北李村的社会变迁与延续 韩敏 著 陆益龙 徐新玉 译
82. 中国现代文学与电影中的城市:空间、时间与性别构形 [美]张英进 著 秦立彦 译
83. 现代的诱惑:书写半殖民地中国的现代主义(1917—1937) [美]史书美 著 何恬 译
84. 开放的帝国:1600年前的中国历史 [美]芮乐伟·韩森 著 梁侃 邹劲风 译
85. 改良与革命:辛亥革命在两湖 [美]周锡瑞 著 杨慎之 译
86. 章学诚的生平与思想 [美]倪德卫 著 杨立华 译
87. 卫生的现代性:中国通商口岸健康与疾病的意义 [美]罗芙芸 著 向磊 译
88. 道与庶道:宋代以来的道教、民间信仰和神灵模式 [美]韩明士 著 皮庆生 译
89. 间谍王:戴笠与中国特工 [美]魏斐德 著 梁禾 译
90. 中国的女性与性相:1949年以来的性别话语 [英]艾华 著 施施 译
91. 近代中国的犯罪、惩罚与监狱 [荷]冯客 著 徐有威 等译 潘兴明 校
92. 帝国的隐喻:中国民间宗教 [英]王斯福 著 赵旭东 译
93. 王弼《老子注》研究 [德]瓦格纳 著 杨立华 译
94. 寻求正义:1905—1906年的抵制美货运动 [美]王冠华 著 刘甜甜 译
95. 传统中国日常生活中的协商:中古契约研究 [美]韩森 著 鲁西奇 译
96. 从民族国家拯救历史:民族主义话语与中国现代史研究 [美]杜赞奇 著 王宪明 高继美 李海燕 李点 译
97. 欧几里得在中国:汉译《几何原本》的源流与影响 [荷]安国风 著 纪志刚 郑诚 郑方磊 译
98. 十八世纪中国社会 [美]韩书瑞 罗友枝 著 陈仲丹 译
99. 中国与达尔文 [美]浦嘉珉 著 钟永强 译
100. 私人领域的变形:唐宋诗词中的园林与玩好 [美]杨晓山 著 文韬 译
101. 理解农民中国:社会科学哲学的案例研究 [美]李丹 著 张天虹 张洪云 张胜波 译
102. 山东叛乱:1774年的王伦起义 [美]韩书瑞 著 刘平 唐雁超 译
103. 毁灭的种子:战争与革命中的国民党中国(1937—1949) [美]易劳逸 著 王建朗 王贤知 贾维 译
104. 缠足:"金莲崇拜"盛极而衰的演变 [美]高彦颐 著 苗延威 译
105. 饕餮之欲:当代中国的食与色 [美]冯珠娣 著 郭乙瑶 马磊 江素侠 译
106. 翻译的传说:中国新女性的形成(1898—1918) 胡缨 著 龙瑜宬 彭珊珊 译
107. 中国的经济革命:20世纪的乡村工业 [日]顾琳 著 王玉茹 张玮 李进霞 译
108. 礼物、关系学与国家:中国人际关系与主体性建构 杨美惠 著 赵旭东 孙珉 译 张跃宏 译校
109. 朱熹的思维世界 [美]田浩 著
110. 皇帝和祖宗:华南的国家与宗族 [英]科大卫 著 卜永坚 译
111. 明清时代东亚海域的文化交流 [日]松浦章 著 郑洁西 等译
112. 中国美学问题 [美]苏源熙 著 卞东波 译 张强强 朱霞欢 校
113. 清代内河水运史研究 [日]松浦章 著 董科 译
114. 大萧条时期的中国:市场、国家与世界经济 [日]城山智子 著 孟凡礼 尚国敏 译 唐磊 校
115. 美国的中国形象(1931—1949) [美]T. 克里斯托弗·杰斯普森 著 姜智芹 译
116. 技术与性别:晚期帝制中国的权力经纬 [英]白馥兰 著 江湄 邓京力 译

117. 中国善书研究　[日]酒井忠夫 著　刘岳兵 何英莺 孙雪梅 译

118. 千年末世之乱:1813 年八卦教起义　[美]韩书瑞 著　陈仲丹 译

119. 西学东渐与中国事情　[日]增田涉 著　由其民 周启乾 译

120. 六朝精神史研究　[日]吉川忠夫 著　王启发 译

121. 矢志不渝:明清时期的贞女现象　[美]卢苇菁 著　秦立彦 译

122. 纠纷与秩序:徽州文书中的明朝　[日]中岛乐章 著　郭万平 译

123. 中华帝国晚期的欲望与小说叙述　[美]黄卫总 著　张蕴爽 译

124. 虎、米、丝、泥:帝制晚期华南的环境与经济　[美]马立博 著　王玉茹 关永强 译

125. 一江黑水:中国未来的环境挑战　[美]易明 著　姜智芹 译

126. 《诗经》原意研究　[日]家井真 著　陆越 译

127. 施剑翘复仇案:民国时期公众同情的兴起与影响　[美]林郁沁 著　陈湘静 译

128. 义和团运动前夕华北的地方动乱与社会冲突(修订译本)　[德]狄德满 著　崔华杰 译

129. 铁泪图:19 世纪中国对于饥馑的文化反应　[美]艾志端 著　曹曦 译

130. 饶家驹安全区:战时上海的难民　[美]阮玛霞 著　白华山 译

131. 危险的边疆:游牧帝国与中国　[美]巴菲尔德 著　袁剑 译

132. 工程国家:民国时期(1927—1937)的淮河治理及国家建设　[美]戴维·艾伦·佩兹 著　姜智芹 译

133. 历史宝筏:过去、西方与中国妇女问题　[美]季家珍 著　杨可 译

134. 姐妹们与陌生人:上海棉纱厂女工,1919—1949　[美]韩起澜 著　韩慈 译

135. 银线:19 世纪的世界与中国　林满红 著　詹庆华 林满红 译

136. 寻求中国民主　[澳]冯兆基 著　刘悦斌 徐硙 译

137. 墨梅　[美]毕嘉珍 著　陆敏珍 译

138. 清代上海沙船航运业史研究　[日]松浦章 著　杨蕾 王亦铮 董科 译

139. 男性特质论:中国的社会与性别　[澳]雷金庆 著　[澳]刘婷 译

140. 重读中国女性生命故事　游鉴明 胡缨 季家珍 主编

141. 跨太平洋位移:20 世纪美国文学中的民族志、翻译和文本间旅行　黄运特 著　陈倩 译

142. 认知诸形式:反思人类精神的统一性与多样性　[英]G.E.R.劳埃德 著　池志培 译

143. 中国乡村的基督教:1860—1900 年江西省的冲突与适应　[美]史维东 著　吴薇 译

144. 假想的"满大人":同情、现代性与中国疼痛　[美]韩瑞 著　袁剑 译

145. 中国的捐纳制度与社会　伍跃 著

146. 文书行政的汉帝国　[日]富谷至 著　刘恒武 孔李波 译

147. 城市里的陌生人:中国流动人口的空间、权力与社会网络的重构　[美]张骊 著　袁长庚 译

148. 性别、政治与民主:近代中国的妇女参政　[澳]李木兰 著　方小平 译

149. 近代日本的中国认识　[日]野村浩一 著　张学锋 译

150. 狮龙共舞:一个英国人笔下的威海卫与中国传统文化　[英]庄士敦 著　刘本森 译　威海市博物馆 郭大松 校

151. 人物、角色与心灵:《牡丹亭》与《桃花扇》中的身份认同　[美]吕立亭 著　白华山 译

152. 中国社会中的宗教与仪式　[美]武雅士 著　彭泽安 邵铁峰 译　郭潇威 校

153. 自贡商人:近代早期中国的企业家　[美]曾小萍 著　董建中 译

154. 大象的退却:一部中国环境史　[英]伊懋可 著　梅雪芹 毛利霞 王玉山 译

155. 明代江南土地制度研究　[日]森正夫 著　伍跃 张学锋 等译　范金民 夏维中 审校

156. 儒学与女性　[美]罗莎莉 著　丁佳伟 曹秀娟 译